KB248586

신학의 스캔들,
스캔들의 신학

신학의 스캔들, 스캔들의 신학

2011년 4월 15일 초판 1쇄 인쇄
2011년 4월 19일 초판 1쇄 발행

지은이 | 차정식
펴낸이 | 김영호
펴낸곳 | 도서출판 동연
편　집 | 조영균　디자인 | 이선희　관　리 | 이영주
등　록 | 제1-1383호(1992. 6. 12)
주　소 | 서울시 마포구 망원2동 472-11 2층
전　화 | (02)335-2630
전　송 | (02)335-2640
이메일 | ymedia@paran.com
누리집 | www.y-media.co.kr

ISBN 978-89-6447-143-2　93200

※ 이 저서는 2008년도 정부(교육과학기술부)의 재원으로 한국학술진흥재단의 지원을
　　받아 수행된 연구임(KRF-2008-812-A00097)

신학의 스캔들 스캔들의 신학

차정식 지음

동연

나는 겨우 13년 전 성서학을 전공한 신학대학 교수로 이 땅의 신학계에 입문했다. 아무런 논의나 동의 절차가 없었기에 '입문'이라고 하기에는 계면쩍지만, 그래도 외국에서만 10년 넘게 신학대학의 물을 먹어온 처지로서 아무런 연고나 배경 없이 이 땅에서 신학자 노릇을 한다는 것은 참 어설픈 국외자의 행로였다. 그 이후로 나는 아론의 혈통 대신 멜기세덱의 계보를 좇아 낙하산 타고 내려온 사람이라며 다소 자조적으로 내 바람 같은 신학의 기원을 포장했지만 거기에는 일차원적 연고주의의 체계 바깥을 고향으로 삼은 자로서 지닌 일말의 자긍심도 깃들어 있었음을 부인하지 않는다.

그 이후 13년 간 교회와 신학대학에서 말과 글을 연장 삼아 노동하며 생활의 현장을 일구어오면서 나는 성서학자들이 텍스트의 경계 내부에서 '말씀'의 더 올바른 의미를 파헤치고자 몰두하는 일에 점차 싫증이 나기 시작했다. 그것은 결과적으로 하나마나하든지 누구라도 할 만한 작업이란 판단이 강하게 생겼기 때문이다. 내가 '주석쟁이'의 권태로운 노동으로 규정한 이 작업을 벗어나 그 바깥에서 '타자성'의 텍스트를 대하는 일은 경이로운 발견이었고 또 다른 공부의 즐거움을 선사했다. 그리스도교 안과 밖에서 고래로 숱하게 생산된 미지와 미답의 텍스트가 거기에 있었다. 인간의 문자와 완연히 다른 상형문자 비슷한 표정으로 신의 몸짓을 체현하는 자연이라는 또 다른 텍스트도 내 신학적 사색의 자장 안으로 편입되어왔다. 자연과 역사 사이로 깃든 인간 세상이 만들어놓은 문화의 세계 역시 결코 얄팍하지 않은 모양으로 신의 놀이터처럼 다가왔다. 그리하여 성서에서 그 바깥의 세계로 운신하면서 발견한 하나님은 내부의 자폐된 체계로 작동하는 현실 속의 신학을 농담 삼아 비웃는 듯했다.

그러나 잠시간 발견의 기쁨이 가라앉을 때 그 하나님이 당혹스럽게도 침묵과 여백의 무한 가운데 미지와 미답의 메시지를 던질 때마다 나는 우리 시대의 신학이 거듭나고 구원받아야 할 당위적 요청 앞에서 아연하지 않을 수 없었다. 거기서 신학의 스캔들이 눈에 띄었고 그 스캔들이 신학으로 성육화되는 무수한 입자와 그 틈새에 골몰하면서 신학이 처한 근본적 곤경에 좌절하기도 하였다. 그 좌절이 상처를 낳고 상처가 흔적으로 굳어질 무렵 나는 이 책의 제목을 계시처럼 내 작업의 목록에 기입하였다. 이 책은 이러한 사연과 함께 이 땅에 탄생하게 되었지만, 나는 십자가의 예수에게서 발원한 그 스캔들의 신학적 의미가 아직도 낯설다. 그것을 개인적으로 충분히 살아내어 과감히 헤치고 다시 짓는 스캔들의 공력을 이루지 못한 까닭도 있겠다. 그러나 무엇보다 그토록 밤마다 창공에 가득 찬 장식적 십자가의 전성시대에도 불구하고 오늘날 그것이 성서의 메시지를 가로지르며 우리 시대의 사회와 문화를 속속들이 헤집고 비평하는 적실한 신학적 은유로서 정립하는 작업이 만만치 않기 때문이다. 이 책은 그러한 실험적 부담의 가중된 힘으로 이 땅에 빚어지게 되었다. 신학의 온갖 역설과 아이러니로 무장한 스캔들의 거친 활극은 그 시작만으로도 이 세상에 하나님을 다시 말하게 할 만한 풍성한 이유를 제공할 수 있으리라 기대한다.

다시 저녁이 찾아오면 내 신체의 한 구석이 결리고 너저분한 주변은 걸림돌과 장애물로 소란스레 들썩거린다. 그 소모적 들썩거림이 있기에 스캔들의 또 다른 얼굴은 고요하게 세상의 새 날들을 일구며 또 한 덩이의 희망을 암흑 가운데 잉태한다. 구질구질한 삶의 진흙탕 속에서 연꽃같이 뽀얀 밝음이 잠시 위안을 건네듯, 내 2년간의 작업 끝에 지은 이 허공의 집이 그 지루한 스캔들의 신학적 투쟁을 일단락지은 뒤 한줄기 상큼한 기쁨의 빛줄기를 선사하길 내심 기원해본다.

이 저서의 연구 작업은 한국연구재단의 인문저술사업 연구비 지원으로 개시될 수 있었다. 밑도 끝도 없는 연구의 심연을 향해 꾸준히 투자해온 이 기관의 성의에 감사드린다. 이 책이 세상에 빛을 보게 된 것은 도서출판 동연의 사장이신 김영호 장로님의 호의 어린 신뢰에 빚진 바 크다. 그는 뜬금없는 나의 투박한 제안을 지루한 계산 없이 담백하게 수용해주셨다. 점점 더 이해타산에 민감해지고 그 차이에 각박해지는 세태 가운데 책을 만드는 사명을 선교적 과업으로 수락하고 묵묵히 후원해주시는 은혜에 고개 숙여 감사의 마음을 전한다. 아울러 성실한 편집의 노동으로 이 책의 완성도를 높여주신 조영균 선생의 배려에도 고마움을 표한다.

2011년 3월 13일
저자 씀

차례

II부. 진화하는 스캔들의 신학: 성서와 함께, 성서를 넘어

'스칸달론' / '스캔들' 의 역설

이 시대에 유행처럼 번지는 각종 '스캔들' 은 대개 연예계나 정계가 그 진원지이다. 그것은 인간의 말초적 욕망의 언저리를 가볍게 맴돌다가 사라지는 '성적 추문' 의 통상적인 표현으로 운위되기 일쑤이다. 그러나 스캔들의 본래적 의미는 그렇게 가볍지도 않았고, 말초신경의 욕망에 그렇게 쉽사리 휘둘리지도 않았다. 이 어휘의 뿌리를 캐어보면 거기에서 우리는 '스칸달론' (σκάνδαλον) 이라는 중요한 희랍어와 마주친다. 보통 '걸림돌' '장애물' 등의 의미로 풀이되는 이 어휘는 신약성서에 명사로 15회, 동사로 29회 사용되고 있다. 그 어휘가 사용되는 맥락은 다양하다. 가령, 걸려 넘어지는 대상은 대개 사람이고 고착된 세상의 체제이며, 그 동인이나 매개는 몸의 지체와 그 욕망, 언어, 음식을 비롯한 생활

관습 등이다. 그 의미 역시 부정적이며 동시에 긍정적인 역설의 구도를 보여준다. 앞서 열거한 사람과 체제에 연루된 스칸달론이 대체로 부정적인 맥락에서 사용되는 반면, 예수 그리스도와 연계될 때 이 말은 유일하게 긍정적이다. 이 말의 동사적 의미는 본래 '(다리를) 절룩거리다'라는 함의를 지녔는데, 이후 '넘어지게 하다'라는 뜻으로 정착되었다. 이것이 바로 '스칸달론'이라는 명사가 '넘어지게 하는 것', '걸림돌'이라는 의미로 통용되게 된 의미론적 배경이다.

물론 이 연구는 '스칸달론'의 사전적 개념과 어원론적 함의에 머물지 않는다. 그것을 출발점으로 하여 이 연구는 '스칸달론'을 하나의 신학적 메타포로 취함으로써 성서의 안과 밖을 넘나들면서 이 시대의 인문학적 관심사들을 통찰하고 그 심층의 구조를 해석하는 새로운 학문적 지평을 개척하고자 한다. '약'이면서 동시에 '독'인 플라톤의 '파르마콘' (φάρμακον) 비유처럼, '스칸달론'도 양날의 검처럼 이중적이고 역설적인 개념이다. 그 역설의 힘으로 이 개념은 신학의 제반 관심사를 가로지르며 새로운 해석학의 미래를 개척할 만한 창조적 메타포로서의 가능성을 내장하고 있다는 것이 이 연구의 대전제이다. 요컨대, 그것은 파괴하면서 창조하는 신학의 에너지이며, 해체하며 재구성하는 자율적 생명의 신진대사이다. 나아가 신학적 메타포로서의 '스칸달론'은 생활세계와 사유의 지형을 헤치면서 보듬고 억제하면서 가로지르는 정중동의 생성 원리이며, 체계의 원칙과 그 바깥의 에누리를 두루 포괄하는 담론 생산의 요체이다.

세상을 두루 살펴보건대, 우리 시대는 인간이 '문화'의 이름으로 자초한 들끓는 욕망의 용광로 속에 다양한 사연으로 서로 대립하며 갈등하는 삶의 풍경들을 곳곳에서 보여주고 있다. 그것은 때로 치명적인 일격으로 분출하여 개인과 공동체의 생명을 해치며 한 종족과 국가를 망치는, 누구도 원치 않는 비극을 끊임없이 만들어내고 있다. 약육강식이라는 정글의 경쟁논리로, 또 적자생존의 진화법칙에 운명적으로 순응하면서 의도적으로, 또는 우발적으로 한 생명은 다른 생명을 걸어 넘어지게 하는 스캔들로 작용한다. 그때 스캔들은 파괴적이며 부정적인 장애물이다. 그러나 이미 부정적 스캔들의 구조에 빠져 절룩거리는 자에게 스캔들은 파괴되어야 할 구조물을 해체하고 다시 재건할 토대를 마련하는 창조적 힘의 메타포이다. 이 후자의 함의에 착안하여 바울은 예수 그리스도의 존재 자체나 그의 대속적 죽음을 표상하는 십자가를 '스칸달론'의 맥락에서 긍정적으로 해석했다.

일찍이 '스캔들'을 중요한 신학적 개념으로 포착한 사람은 신학자가 아닌 인류학자 르네 지라르René Girard였다. 그는 3자간 모방적 욕망의 상승 작용을 통해 만인 대 만인의 싸움이 벌어지는 하극상의 세상 현실에서 희생양을 통해 그 구도를 일인 대 만인의 싸움으로 바꾸어나가는 욕망과 폭력의 구조를 발견해냈다. 그는 그 모방적 욕망의 소용돌이 가운데 증폭·심화되어가는 폭력의 구조를 '스캔들'이란 성서적 개념으로 조명하였다. 그 구조의 혁파는 곧 아무도 모방하지 않는 상태의 추구로써 가능해지는데, 여기서 그는 실현 가능한 대안으로 하나님을 닮고자 한 예수의 삶과 죽음을 제시한다. 그러나 지라르는 스캔들의 복합적이며 중층적인 구조를 두루 헤아리지 못했다. 그는 특히 예수의 십자가 죽음이 어떻게 모방적 욕망의 소용돌이를 끊는 긍정적 스캔들이 될 수 있는지 깊이 통찰하지 못했다. 그는 부정적 스캔들을 '사탄'으로 규정하는 재치를 발휘하면서도, 그 사탄을 제압하고 이 세상의 모방 욕망과 폭력의 구조를 까발리고 해체한 예수의 무죄한 죽음이 어떻게 또 다른 창조적 스캔들로 기능할 수 있는지에 주목하지 못했다. 즉, 그는 스캔들을 제거하는 스캔들, 스캔들을 돌파하는 스캔들로서의 예수 사건이 어떻게 욕망의 아수라 세상에서 부정적 장애물을 해체하고 파괴할 뿐 아니라 그 터전 위에서 혁신하고 창조하는 신학적 메타포로 작용할 수 있는지 그 가능성에 둔감하거나 소홀했던 것이다. 그만큼 그는 인류학자였고 신학자가 못 되었다.

이러한 연구사적 배경과 이 시대에 착종된 삶의 현실 지형을 세밀하게 관찰하면서, 이 저술은 성서인문학의 지평을 개척하고 인문학으로서 신학의 잠재력을 회복·갱생시키는 차원에서 신학적 스캔들의 진정성을 탐구하고자 한다. 이 작업은 곧 이 세상의 통념화된 고상한 가치들을 '회칠한 무덤'으로 까발려 부정적 스캔들로 만들고, 권력의 그늘에 가려 매장된 삶의 생기를 복원·갱생하는 긍정적 스캔들의 계발을 겨냥하게 될 것이다. 그 이론적 방법으로 내가 특별히 참조하게 될 대상은 르네 지라르뿐 아니라, 가라타니 고진, 알랭 바디우, 엠마누엘 레비나스, 조르주 바타이유 등이다. 이들의 인문학적 핵심 개념을 통해 나는 신학적 메타포로서 스캔들의 차원을 그동안 신학의 대상에서 소외된, 그러나 우리의 일상을 규정하는 중요한 주제들로 확산시키고자 한다.

이러한 취지와 배경하에 이 저술은 다음과 같은 몇 가지의 목적을 집중적으로 추구하고자 한다.

첫째, 이 저술은 '스캔들'을 일상적 용어에서 신학적 개념으로 재해석함으로써 그 성서적 역설을 오늘날 신학의 지형과 현실적 삶의 맥락에 개입시켜 새로운 해석학적 통찰을 우려내는 데 목적이 있다. 이는 성서의 텍스트에 대한 문자적 주석을 넘어서 학제적인 심층 해석과 그 신학적 의미의 증폭을 통해 인문주의적 '정신'과 삶의 '방법'을 계발하는 데까지 응용하는 실천 학문으로서의 기능을 살려보려는 취지에 부합된다.

둘째, 이 저술은 그동안 서구 편향적 이식 학문으로 맴돌아온 국내의 신학계에 생기를 부여하고 자연과학과 생명공학의 파고에 위축된 신학의 인문학적 위상을 제고하려는 데 목적이 있다. 그것은 곧 인문학의 신학적 지분을 긍정적으로 되살려 상호간의 활달한 소통 작업으로 담론의 경계를 넘어서는 데 기여하게 될 것이다.

셋째, 이 저술은 가시적 삶의 세계 내 존재로서 욕망의 충족에 들떠 사는 세태의 반문화적 양식으로 신학이 기여할 수 있는 가능성을 탐지하는 데 목적을 둔다. 물론 그 이론적 가능성은 구체적인 담론의 형성과 현장 적용을 통해 파란만장한 삶의 도처에서 변혁의 실천 동력으로 육화되어야 한다. 이로써 신학이 오늘날 부박한 일차원적 스캔들의 문화를 변혁시키는 창조적 스캔들로서 그 진정성을 고양할 수 있을 것이다.

이 저술은 모두 II부 12장으로 구성되어 있다. 먼저 총론으로 "'스칸달론'/'스캔들'의 역설"이라는 주제하에 새로운 신학적 메타포로서 '스캔들' 개념을 정의하고 그 대안적 가능성을 타진하고 점검한다. 여기서 나는 이 저술의 연구 배경과 목적을 압축적으로 밝히고 이 시대의 왜곡된 스캔들 문화를 비판하면서 그 기반 작업으로 희랍어 'σκάνδαλον(스칸달론)'의 개념을 신약성서의 용례를 중심으로 분석하고자 한다. 우리 시대는, 철학자 김영민의 표현을 빌리면, 문화文化가 문화文禍가 되는 세태로 특징지어진다. 이는 곧 문화가 그 자체로 스캔들의 부박한 틀 위에서 공전하는 물질과 욕망의 교합적 산물이라는 진단에 다름 아니다. 나는 이러한 현실에 비판적 메스를 가하면서, 스캔들의 성서적 역설이 신학적 해석의 새로운 돌파구를 열 수 있는 방안을 모색해보고자 한다. 그 과정에서 왜 신학이 '스캔들'을 문제 삼을 수밖에 없는지, 스캔들이 신학과

어떻게 접속되는지, 나아가 오늘날 신학이 어떻게 온갖 부정적 스캔들의
문화를 타파하는 창조적 스캔들로 작동할 수 있는지 그 가능성을 탐색해
보고자 한다.

I부에서는 "신학적 스캔들의 원형"이라는 제목으로 예수와 바울의 경
우를 다룬다. 신약성서에 사용된 스캔들 관련 어휘들은 대부분 예수에
의해, 또는 예수에 관해 복음서와 바울 서신에 등장한다. 따라서 신학적
메타포로서 스캔들의 원형을 이 두 인물에게서 찾으려는 시도는 큰 무리
가 없을 것이다. 특히, 이 대목에서 바울뿐 아니라 신학의 대상으로만
치부된 예수를 그 수동적 해석의 틀에서 해방시켜 신학의 주체로 부각시
키는 전략은 I부의 전체 주제에 비추어 주효하리라 본다.

I부의 전체 주제하에 다루어질 여섯 장의 논문은 복음서와 바울 서신
을 중심으로 제기된 스캔들의 개념을 일차적으로 조명하되, 그 신학적
함의를 '지금 여기'의 시공간으로 끌어당겨 신학과 윤리의 맥락에서 전
유하게 될 것이다.

I부의 1장은 "예수의 여행과 '교통 공간'"이라는 제목으로 다루어진
다. '교통 공간'은 칼 마르크스가 사용한 '교통'이란 어휘를 가라타니
고진이 재구성하여 사용한 독특한 개념이다. 그것은 안과 밖이 따로 없
이 활달하게 소통하는 열린 공간으로, 뭇 세계 종교들이 그 태초의 기원
에서 추구했던 사회적 에토스(공동체의 파토스가 아니라)의 차원을 일컫
는다. 거기에는 닫힌 경계가 존재하지 않는다. 이 교통 공간의 개념을
지리적·종족적·문화적·종교적 경계를 넘어 기동력 있게 운용하면서
'하나님 나라'의 복음을 선포하며 활약한 예수의 여행과 포개놓고 보면
매우 흥미로운 풍경이 산출된다. 예수야말로 당시 유대인의 선민주의와

유대교 체제에서 안과 밖, 정과 부정의 경계를 집요하게 집적거리며 그것을 혁파해나간 대표적인 이단자였기 때문이다. 예수가 그 몸의 동선으로 개척한 팔레스타인 일대의 여행 공간은 움직이는 '교통'의 표상이었고, 그 공간은 전통적 공동체의 가치를 전복시키며 예기치 않은 종교적 변혁의 계기를 마련해주었다. 그를 따르거나 만난 제자들이 후대에 개척한 선교적 동선이 어떠했는지를 살펴보면 예수의 여행에 담긴 패러다임 전환의 신학사적 의의가 얼마나 지대한지 알 수 있다.

2장에는 "스캔들과 타자의 윤리 - 예수의 어록을 중심으로"라고 제목을 붙였다. 복음서의 예수는 '스캔들'과 관련하여 적지 않은 어록들을 남겼다. 그중에서 대표적이고 일관된 메시지는, 지극히 작은 자들에게 '스캔들'이 되는 자는 연자 맷돌을 목에 매고 바다 속으로 자멸하는 것이 낫다(막 9:42)는 것이었다. 르네 지라르는 이 구절을 이 세상의 때가 묻지 않은 순진한 영혼들에게 전염되는 '모방적 욕망'의 차단으로 해석했지만, 예수의 본래 의도는 자기가 구축한 공동체 성원들에 대한 환대를 추동하는 데 있었다. 이는 나아가 하나님이 사회적 약자를 보호하는 신이라는 전통적 이해와, 언어와 물질의 사용을 통한 타인의 욕구에 대한 배려라는 윤리적 목표에 연동되어 있었다. 이처럼 예수의 스캔들 관련 어록은 언어와 물질뿐 아니라 신체와 정신, 욕망과 환경 등을 아우르는 역동적인 의미의 층위를 내포한다. 이에 대한 신학적 의미 탐색은 이른바 '타자의 윤리'라는 견지에서 2장의 주요 내용을 채우게 될 것이다.

3장은 "침묵과 절규 - 수난사화에 얽힌 이중적 스캔들"이라는 제목의 논문으로 구성된다. 주지하듯, 예수의 최후에는 스스로 결단한 자발적 '죽음'의 요소와 당시 정치적인 역학관계 속에 가해진 '죽임'의 동기가 두루 섞여 있다. 죽음에 임박하여 예수는 이상한 침묵으로 자신에 대한 변론을 포기한 인상을 주지만 겟세마네와 십자가상에서는 치열한 언어와 격렬한 감정으로, 마감되는 자신의 생명을 붙들고 절규한 바 있다. 나는 이 대립적인 모티프를 분석하면서, 수난사화에서 예수가 침묵과 절규라는 정반대의 방법으로 자신의 죽임에 얽힌 나쁜 스캔들을 폭로하고, 동시에 그것을 용인한 아버지 하나님을 향해 극단적인 탐문의 형식으로 자신의 마지막 운명에 저항하는 또 다른 스캔들의 풍경을 신학·윤리적 맥락에서 해석할 것이다. 그리하여 예수의 침묵과 절규가 상반되는 몸짓으로 어떻게 동일한 목적을 성취하는지, 그 과정에서 어떻게 스캔들의 이중성이 드러나는지를 규명할 것이다.

1, 2, 3장이 예수를 붙들고 연구한 내용이라면, 4, 5, 6장은 기독교의 실질적 개척자 사도 바울의 신학에 물꼬를 댄 것들이다. 먼저 4장의 제목은 "스캔들을 제거하는 스캔들 – 로마서와 외교적 그리스도론"이다. 로마서 역시 두 종류의 스캔들을 말한다. 바울이 "보라 내가 '스칸달론'과 거치는 바위를 시온에 두노니… 그를 믿는 자는 부끄러움을 당하지 아니하리라"(롬 9:33)고 구약성서를 인용할 때 그 해석적 맥락에서 이 스캔들의 주인공은 예수 그리스도이다. 반면 그가 "우리가 다시는 비판하지 말고 도리어 부딪힐 것이나 '스캔달론'을 형제 앞에 두지 않도록 주의하라"(롬 14:13)고 말할 때, 그 스캔들의 내용은 제거해야 할 장애물이다. 로마 교회의 당시 상황에 비추어 그것은 지식 있는 강한 교인들이 지식이 없는 약한 교인들에게 '자유'를 앞세워 음식 관습의 차이를 차별로 만들고 거기서 우월한 위상을 확보하려는 인정 욕구와 권력에의 의지였다. 바울은 이와 관련하여, 그리스도 예수라는 스캔들로써 유대인과 이방인(이교도), 유대인 그리스도교도와 이방인 그리스도교도, 나아가 로마 교회와 그 외부의 다른 교회들 사이에 가로놓인 잠재적 또는

현실적 스캔들을 제거하는 고도의 외교적 수사를 발휘한다. 그 수사가 그리스도론의 신학적 맥락에서 소통되고 있다는 점에서 '외교적 그리스도론'이라 불릴 만하다.

이 논의의 연속선상에서 이어지는 5장은 고린도 서신을 매개로 "스캔들을 내파하는 스캔들 – 고린도 서신과 십자가의 지혜"라는 주제를 다룬다. 고린도전서는 예수 그리스도의 십자가를 유대인과 헬라인 모두를 향해 '스칸달론'이라 규정한다. 그것은 세상의 수사적 지혜를 자랑하는 자들과 표적을 내세우는 자들 모두에게 두루 스캔들로서 역행하며 그들의 그러한 위대한 가치를 단박에 전복시키는 하나님의 어리석은 구원 방식이다(고전 1:23). 바울은 이 십자가의 스캔들로, 갈라디아서에서 '할례의 복음'을 대적했듯이, 고린도 교회를 향해서는 갈등선상에 놓인 교회의 분파와 대립적 혼란을 겨냥한다. 그 혼란이 바울의 사도적 리더십과 신뢰까지 훼손하는 절박한 상황에서, 십자가의 스캔들은 교회 내부의 그 복합적인 스캔들을 과감하게 돌파해나가는 전위적 해결사로 기능했다. 그러한 화해와 일치의 사역은 일부 유화적인 외교적 제스처에도 불구하고 고린도 서신을 통틀어 대체로 '투쟁적인' 태도로 견지된다. 이와 같은 스캔들에 의한 스캔들의 투쟁 과정에서 바울은 정파적 갈등, 교리적 문제, 관습적 혼선, 생활 윤리적 관심사 등등 다양한 주제들을 붙들고 씨름하며 십자가의 스캔들이 발휘하는 파괴적 위력을 드러낸다.

I부의 마지막 6장 "매인 몸의 나타남과 그 계시적 징후 – 빌립보서의 매트릭스"는 옥중서신 빌립보서를 중심으로 그의 수감된 몸이 감옥 밖으로 나타나 알려질 때, 특히 빌립보 교인들을 향하여 어떤 계시적인 징후를 드러내는지 연구한 논문이다. 빌립보서를 통해 볼 때 바울의 매인 몸은 수감된 당사자의 심경에 실존적 고뇌의 파문을 야기했고, 역동적인

선교의 반응을 유발했으며, 훈계적 권위를 창출하는 동시에 호혜적 코이노니아의 강화를 가져왔다. 이러한 다채로운 현상은 계시와 권위의 출처로서 특정한 상태의 몸이 지니는 매개적 기능에 대한 신학적 탐침을 유도한다. 이러한 맥락에서 몸의 신학이라 이를 만한 주제가 도출되거니와, 나는 빌립보서에서 제시된 바울의 매인 몸에 대한 신학적 초상이야말로 이와 연계된 가장 적절한 사례라고 판단한다. 이 연구는 매인 몸의 나타남이 또 다른 신학적 스캔들의 공간을 확보하면서 새로운 사유의 관점을 제공할 것이다.

Ⅱ부에는 "진화하는 스캔들의 신학: 성서와 함께, 성서를 넘어"라고 전체의 제목을 달았다. 이는 예수와 바울에 연원을 둔 신학적 스캔들의 원형을 좀더 넓은 논의의 지평으로 확산시키면서 스캔들을 견고한 신학적 메타포로 돋을새김하기 위한 테마들로 구성하였다. 이는 신구약성서에서 해당 주제와 관련된 사유의 핵심 모티프를 끌어내면서 동시에 성서 밖의 인문학적 맥락을 논의의 틀로 차용하기 위한 전략에 잇닿아 있다.

먼저 1장에서는 "금기와 향유 - 신학적 주체의 전회"라는 제목하에, 인간의 욕망을 억압하는 금기의 원칙과 그 욕망을 즐기며 누리고자 하는 향유의 원칙을 대립적으로 조명하며 그 신학적 근거를 탐색하고자 한다. 이를 위해 나는 구약성서에서 선악을 알게 하는 나무를 필두로 제시하는 다양한 음식의 금기, 인간관계의 금기, 인간과 특정 공간의 접촉에 관한 금기 등의 율법 조항들이 신학적 사유의 주체로 작동되어온 체제의 조직적 간계를 비판적으로 검토하고, 그 주체가 어떻게 인간의 욕망에 관대하고 그것의 향유를 적극적으로 장려하는 인문주의적 규례들로 전이되어왔는지 살펴볼 것이다. 아울러, 그동안의 역사 과정에서 금기와 향유

사이에 어떤 진보의 계기가 있었는지를 신학적 주체의 전회라는 관점에서 조명하고자 한다. 이는 자연스레 오늘날 제도권 종교에서 여전히 유통되는 금기와 향유 원리의 상호 긴장과 그 신학적 의미를 탐구하는 방향으로 논의가 심화될 것이다.

II부의 2장에서는 "잠과 꿈, 그리고 불면의 신학적 의미"란 주제로 기독교 신학의 진리를 일상적 생활 감각의 차원에서 재조명해보고자 한다. 일찍이 철학자 레비나스E. Levinas는 잠을 일상적 주체의 갱신이라는 관점에서 해석하면서 불면을 그 주체의 불안과 연계지어 설명한 바 있다. 고대 희랍과 유대교의 신학에서도 잠과 불면은 이러한 이중적 대립관계에서 안식과 죽음, 고통과 각성이라는 신학적 메타포로 통용되곤 하였다. 이러한 관점에서, 나는 가령 창세기의 야곱이 돌베개를 베고 광야에서 노숙할 때의 그 잠과 시편에서 다윗이 노래한 하나님의 은총 어린 선물로서의 잠, 그리고 수난사화에서 겟세마네의 예수가 역설한 깨어 있음의 반제로서 제자들의 잠 사이의 신학적 거리를 조율하고, 마찬가지로 에스더서에 나오는 느부갓네살의 불면과 적들에게 쫓기며 불안 가운데 떨던 유랑자 다윗의 불면, 나아가 이른 새벽에 광야에서 기도하며 깨어 있던 예수의 불면 사이에 가로놓인 의미의 역동적인 측면들을 가로지르며 탐사하고자 한다. 이와 더불어, 성서에 나오는 수많은 꿈의 계시적 층위와 신학적 의미 또한 흥미로운 탐사의 요처가 될 터이다. 이러한 텍스트의 해석을 통해 나는 수면과 불면의 중첩된 리듬이 일상적 삶의 지렛대로서 그 주체를 해체 · 재구성하는 역할을 할 뿐 아니라, 영원한 진리의 관념을 일상의 터 위에 생활인의 일리로 육화시키는 이치를 조명하고자 한다.

이어지는 3장에서 나는 "식사와 치유, 혹은 '마지막 욕망'에 대한 성찰"이란 주제로 인간의 가장 끈질긴 욕망의 정체를 탐구해보고자 한다.

그것은 곧 건강한 생존을 희구하는 식욕과 건강의 갈망으로 대변되거니와, 이 또한 신학적 거대 담론을 집적이며 넘어가는 참신한 스캔들의 소재가 될 만하다. 성서에는 숱하게 많은 식사의 풍경과 치유의 현장이 제시되어 있다. 그것은 제의적 측면과 함께 일상적 삶의 내용을 고스란히 드러내준다. 그런데 그동안 그것을 유발하는 하나님의 능력과 은총에 대한 신앙적 인식은 필요 이상으로 풍성했지만 이상하게도 그것을 경험하는 주체로서 인간의 욕망에 대한 신학적 성찰은 미미했다. 바로 이런 허방을 짚으면서 이 주제를 다루고자 한다.

4장의 제목으로 선택된 "광야 체험의 유형과 신학적 구조"는 말 그대로 성서의 개인과 집단이 겪어낸 다양한 광야 체험을 유형별로 분석하고 그로부터 신학적 의미를 체계화하고자 하는 의욕의 소산이다. 안정된 농경생활과 견고한 도시의 체제에 대하여 광야는 스캔들의 공간이다. 공간적으로뿐만 아니라 거기에 내포된 역사 체험과 그 신학적 함의가 특히 그렇다. 모세의 미디안 광야 생활, 출애굽 백성의 40년간 광야 체험, 다윗과 엘리야의 광야 유랑, 그리고 예수의 40일간 광야 시험과 바울의 아라비아 행로는 그 유형별 독특성과 상호 차이점에도 불구하고 공통된 신학적 특징을 드러낸다. 그것은 우발적 '교통 공간'으로서의 광야가 지니는 신학적 의미뿐 아니라, 영성의 갱생과 역사의 변혁을 두루 아우르는 섭동적 탈주를 목표로 삼고 있다는 점이다. 이러한 성서 사건에 대한 분석을 토대로 이 대목에서 나는 서구 기독교의 역사를 통틀어 광야의 신학적 유산이 어떻게 작용해왔는지, 그에 따라 기독교와 신학의 풍경이 어떻게 달라졌는지 접근 가능한 자료들을 토대로 거시적인 광야 신학의 밑그림을 그려볼 요량이다.

"고난과 희생 담론의 신학적 스캔들"로 명명한 5장은 고난과 희생이라는 신학 원리와 그로써 조장된 체계 속에 억압받고 스러져간 부조리의 그늘을 해부하는 작업으로 채워진다. 고난과 희생의 신학이 가장 찬란한 빛을 발한 역사의 무대는 국가 멸망과 민족 해체의 위태로운 정황 속에서 생존의 의미를 한 가닥 살려보려는 불가피한 외곬의 현실이었다. 그때 그 신학적 체계 속에 피어난 상처투성이의 고난과 희생의 삶은 강력한 국가 체제가 보장하는 자폐적 행복과 만족의 삶을 향해 거침없는 스캔들의 위력을 발휘할 수 있었다. 그러나 그러한 역사적 맥락이 소거된 채 원리로서만 유통되어온 고난과 희생의 신학 담론은 종교적 폭력을 정당화하기 위한 수사학적 변신술에 다름 아니다. 그것은 예수가 질타한 '회칠한 무덤'의 계보를 가지고 있으며, 따라서 부정적 스캔들로 작용할 수밖에 없다. 특히, 비합리적인 조직이나 단체일수록 즉흥적 열정을 매개로 이러한 고난과 희생의 신학 담론이 무성하게 번지며, 그 부조리의 현실도 심각한 편이다. 이에 대한 신학적 비판의 필요성이 더욱 절박해지는 교회 안팎의 세태 속에 이 연구는 적절한 성찰의 기제가 될 것이다.

II부의 마지막 6장에는 "폭력적 죽음의 내력과 대안적 희망"이라 이름 붙였다. 이 부분에서 나는 폭력적으로 강제된 죽음의 사례들에 대한 유형학적 분석과 신학적 해석을 가할 것이다. 가인의 아벨 살해와 이스라엘의 이방족속 살육, 사사 입다의 친자 살해, 이방 선지자들에 대한 야훼주의자 엘리야의 종교적 집단 살육, 헤롯에 의한 집단적 유아 살해 등등 모든 폭력적 죽음의 현장에는 종교와 권력이 교차하면서 폭력의 욕망이 교착되는 풍경을 보여준다. 그것은 저자의 신학적 입장에 따라 '성전聖戰'이나 '순교' 등으로 미화되고 또 그 자체의 신앙적 의미도 탐지되지만, 많은 경우 그런 죽음이 폭력적으로 조장되고 권력 지향적 체계의 의지가 작용한다는 점에서 사회심리학적 차원의 문제가 짐짓 심각하다.

'진리를 위해 죽을 수 있는 자를 경계하라' 는 역설적 경구는 종교적 진리가 폭력적 죽음의 이념형으로 변하여 몽매한 열정에 사로잡힌 자들을 선동하는 저간의 세태에 대한 일침이 될 만하다. 이 또한 심각한 종교적 신학적 스캔들이 아닐 수 없다. 나는 이 대목에서 종교적 신앙을 빌미로 작동하는 이러한 부정적 스캔들의 체계를 비판적으로 성찰하면서, 그 대안적 희망으로 계몽과 성숙과 구원이 함께 작동하는 건강한 공생의 길을 모색해보고자 한다.

마지막 결론에서는 "하나님의 에누리 또는 신학이라는 스캔들"이라는 제목하에, 선행하는 모든 논의를 압축적으로 응집하고 그 핵심 논지를 정리하면서 하나님에 대한 믿음의 체계에 하나님도 은근히 허용한 에누리의 요소들을 신학적 사유의 틈새로 뚫어보려 한다. 이는 곧 신학이 교회라는 체계를 에누리 없이 정당화해주는 주술적 담론의 장치가 아니라 그 허방을 짚어, 우리가 진리로 주워섬기며 받들어 모셔온 많은 주류의 가치들이 기실 거대한 스캔들의 미끼였음을 고발하고 그 상처를 싸매고 치유하는 학문으로 거듭나는 제3의 길이다. 그것은 십자가에 비견되는 신학이라는 스캔들이 역사 속에 자라온 자기 몸을 해부하여 그 병폐를 진단하고 도려내는 작업에 나서야 함을 암시하는바, 스스로 스캔들의 대상이자 주체임을 선포하는 데서 이 작업은 실질적으로 가능해진다. 이 결론을 통해 나는 21세기 신학의 새로운 가능성이란 차원에서 스캔들의 신학을 주창하면서 그 전제로서 신학이 스캔들로서 무엇이 되고 무엇을 해야 하는지 되짚게 될 것이다.

I 부
신학적 스캔들의 원형:
예수와 바울

_01

예수의 여행과 '교통 공간'*

문제 제기

우리는 예수의 행적을 '사건'으로 표현하는 데 익숙하다. 그것은 물론 역사 속의 사건이고 역사화된 사건이다. 그러나 그 사건이 특정한 공간을 역사적 장소로 만들면서 발생했다는 점에는 상대적으로 둔감하다. 예

---

* 이 논문은 한국신약학회의 2010년 춘계학술대회에서 발표된 내용을 보완하고 다듬은 것이다. 여기서 '예수의 여행'이라는 주제와 관련하여 이 논문을 논찬한 김학철 교수(연세대)는 그 예수의 역사적 정체성과 그 근거 자료의 선택에 있어 타당성 여부에 대한 논평을 제기한 바 있다. 그는 공관복음서의 그 자료 선택 기준이 '자의적'이라고 비판했고, 일부 다른 학자(류은걸 교수, 호서대학교)도 그 지적에 공감하며 필자의 기준을 따져 물었다. 이에 대해 나는 그 '기준'에 관한 한 서구학계가 역사적 예수 연구

수의 역사적 행적에 공간의 요소가 개입되지 않으면 그 사건성의 신학적 의미는 반감된다.[1] 예수의 행적과 연관하여 공간의 요소가 중요한 까닭은 그의 행적이 각기 다른 장소를 옮겨 다니면서 발생했기 때문이다. 한 마을에서 또 다른 마을로 이동해나간 그의 동선은 그의 하나님 나라 사역이 '정주'보다 '탈주', '안착'보다 '개척'을 지향했음을 시사하거니와, 그의 그러한 동선상의 특징에 대한 신학적 의의 탐사는 좀처럼 진지하게 이루어진 바 없다.

갈릴리 지역을 선회한 그의 유랑 동선은 그가 왕성한 여행자였음을 시사한다. 그는 공적인 사역을 시작한 이래 제자들과 함께 활발하게 이동하면서 하나님 나라의 복음을 전했다. 물론 도보 여행자로서 그 여정을 일관되게 감당했다. 여느 공적인 캠페인이나 대중운동이 대개 그러하듯, 예수의 하나님 나라 운동 역시 최대한 많은 사람들과 접촉해야 했을 테니 그로서는 공간 이동이 불가피했을 것이다. 그러나 그의 그런 여행의 불가피성이 그의 하나님 나라 사역에 특별한 신학적 의미를 부여했는지 여부와 그 역사적 의의를 어떻게 평가해야 하는지의 문제는 사후적 과제로 우리에게 남아 있다. 물론 그의 여행이 만든 동선은, 가령 구약성서의 벧엘에 얽힌 야곱 이야기처럼 특정 지역과 결부된 기원론적 설화를 남기지 않았다.[2] 그렇지만 그의 여행은 이미 주어진 그 지명의 의미를 깊이 심화하거나 넓게 증폭시키면서 신학적 장소화에 이바지하는 것만

의 이력을 통틀어 노정해온 천태만상의 '기준들'과 '결과들'에 비친 복잡하게 착종된 현실을 들어 방어했다. 더구나 이 논문은 역사적 예수의 그 모호한 '객관성'이 탐구의 전제가 아니라 공관복음서 가운데 투사된 예수의 여행 모티프가 추상하는 인문학적 지평과 문화신학적 의미를 탐구의 기반과 방향으로 삼아 거기에 초점을 맞추고 있다. 우리는 모든 예수 관련 연구가 특정한 기준으로 편제된 자료 범주에 터한 특정한 역사적 예수 상(像)에 잇닿아 있어야 하는 것은 아니라는 점에 유의해야 한다.

은 틀림없다. 그것은 가라타니 고진의 고전적 개념을 빌면 '교통交通 intercourse 공간'의 회복이라 이름 붙일 만한 또 다른 사건화의 층위라 할 수 있다.[3]

이 글은 예수운동의 사건성에 연루된 여행의 의미를 구조적으로 분석함으로써 그 사회사적 위상을 가늠해보려는 데 일차적 목적이 있다. 나아가 금세기의 영향력 있는 인문학자 가라타니 고진이 조형한 '교통 공간'이라는 개념에 비추어 예수의 여행 현장과 동선을 평가하는 것을 핵심 과제로 삼고자 한다. 이는 기존의 예수 연구의 지형에 비추어 짐짓 생소한 시도로 비칠 수 있다. 이는 그동안의 예수 연구가 공간 내의 역사적 존재인 그가 밟고 다니면서 온 몸으로 사건화한 공간의 장소 지향성에 소홀했음을 반증한다. 이러한 관점과 통찰을 내가 중시하는 이유는 단지 그동안 연구의 미흡이나 결핍에만 있지 않다. 거기에는 세계 종교의 씨알을 머금고 잉태한 그리스도교가 점점 더 통할하는 영토를 넓혀가면서 애당초 예수가 보여준 '교통 공간'이 망실된 부작용에 대한 신학적 반성의 동기도 작용한다. 이는 곧 대화의 폐색과 단절을 초래하여 이른바 제도권 종교의 자기동일성이란 늪에 함몰하는 빌미가 된다. 이른바 '약속의 땅'에 정착한 이래 보여준 유대교의 역사적 행보와 특히 예수 당시의 유대교 역시 아브라함 일가의 까마득한 유랑과 출애굽 백성의 광야 체험이 지향한 원초적 교통 공간을 상실한 탓이었거니와, 그러한 장소의 기억을 다시 견인한 예수의 여행이야말로 그 회복을 보여준 역동적 사건의 연쇄 과정이었다는 것이다.

여행의 고대적 유형과 예수의 경우

일상 사회학의 대가 게오르그 짐멜은 당시 부유층에서 알프스 여행의 교육 효과를 부각시킨 점과 관련하여 그 사회심리적 측면을 다음과 같이 예리하게 지적한 바 있다.

이같이 알프스 여행의 정신적인 측면과 교육적 가치를 특별히 강조함으로써 이를 단순히 감각적인 만족만을 추구하는 다른 행위들로부터 구분하려는 사람들은 다음과 같이 잘못된 자기기만을 범하고 있다. 즉 그들은 이기주의적인 자신의 문화에 경악하고는 가장 주관적인 것을 '더 높은 관점'으로부터 도출하고자 하며, 또한 그들의 모든 쾌락을 뻔뻔스럽게 객관적으로 정당화하고자 한다.[4]

이는 여유로운 여행의 쾌락을 도덕과 교육이라 포장하여 감추려는 부르주아 계층의 이중성을 꼬집고 있지만 그 반대의 양상도 존재한다. 알프스 여행자들이 갈망하는 만년설과도 무관한 메마르고 척박한 대지를 자동차나 기차와 같은 편리한 이동수단 없이 제 두 발로 걸으면서 여행하는 자들의 도덕적 교육적 가치가 과도하게 경홀히 여겨지는 경우가 그렇다. 이즈음 배낭여행과 선교 및 순례여행 등으로 일정 부분 명맥을 잇고 있지만 고대의 여행에는 분명 이러한 측면이 뚜렷한 유형으로 자리 잡고 있었다.

물론 예나 지금이나 여행하는 동기나 목적은 다양하다. 장 그르니에는 여행의 동기를 기준으로 그 종류를 다음의 여섯 가지로 분류한다:[5] ① 생계나 직업상의 필요에 따른 여행; ② 유배형이나 망명으로 예시되

 | 신학적 스캔들의 원형: 예수와 바울

는 강압에 의한 여행; ③ 특정 사물이나 사람을 점유하는 목적을 띤 사업상의 출장이나 국제 무역에 이르는 거래, 외교나 무력에 의한 정복, 종교적 포교 등의 공격적인 여행; ④ 탐험이나 세계 일주 따위의 호기심에 의한 여행; ⑤ 미래 여행과 같은 시간 조작을 통한 여행; ⑥ 초월과 승화를 목적으로 하는 고행과 순례의 여행. 고대인들이 여행을 한 사유도 이와 큰 틀 위에서 겹쳐진다고 볼 수 있다. 복음서의 선한 백부장이나 사도행전의 고넬료처럼 군인이나 관료들은 자신이 속한 부대의 이동과 함께 자신의 의지와 무관하게 새 임지로 강압적으로 여행을 떠나야 했을 것이다. 정치적인 이유로 떠난 여행의 사례로는 가령 브리스길라와 아굴라 부부처럼 황제의 유대인 추방 칙령에 순복하여 실행한 경우를 들 수 있다(행 18:2). 사업의 목적을 대표한 여행의 사례는 아시아 두아디라 시에 기반을 둔 사업가로 빌립보에 터전을 마련한 루디아의 행보가 주목된다(행 16:14). 실제로 로마 시대에는 '모든 길은 로마로 통한다' 는 말처럼 로마를 중심으로 뻗은 편리한 교통망이 장거리 여행을 한층 더 수월하게 만드는 배경이 되었다. 아울러 포에니 전쟁 이후 급속히 발달한 해상 운송은 해로를 통한 여행을 촉진시켰다. 바울의 세 차례에 걸친 선교 여행과 로마행은 이러한 여행 수단의 발달이란 배경에 비추어볼 때 잘 이해할 수 있다.

그렇다면 예수의 여행은 저러한 유형적 틀에 빗대어 어떻게 보아야 할 것인가? 그가 다닌 갈릴리와 팔레스타인 일대의 길은 대리석을 깐 로마 제국의 대로와 거의 무관했다. 그런 길이 일부 깔렸을 법한 세포리스와 가이사랴 등지로 그가 다닌 흔적이 보이지 않는 점은 그의 길이 좁은 길이었음을 우회적으로 암시한다. 그는 '좁은 길로 들어가라' '멸망으로 인도하는 길은 넓다' 는 어록을 남기기도 했지만,[6] 실제로 그가 다닌 길도 물리적 공간으로서는 비좁은 시골길 위주였을 것이다. 그의 여행 가운데 공생애 직전 광야에 드나든 기록은 그 실제의 역사적 진정성 여부가 어떠하든 어떤 형태로든 있었을 법한 통과 의례적 행보로 파악된다. 즉 중요한 생의 이정표를 구하기 위한 탐구 여행의 일종이었으리라는 것이다. 바울이 가말리엘 문하에서 공부하기로 작정하여 다소에서 예루살렘으로 여행을 떠난 경우와 일견 통하는 듯하지만, 광야에 선 예수에게는 별도의 제도권 학교나 카리스마를 전수할 스승이 따로 있었던 게 아니었다. 그럼에도 이 예수의 여정에 가장 근접한 예의 범주는 고행과 승화를 목적으로 하는 고행과 순례의 여행이다. 그렇다면 그 이후 진행된 하나님 나라의 선교 여행은 종교적 포교를 목적으로 진행된 것으로 볼 때 이른바 '사람 낚는' 여행의 ③번 항목에 연계지어 이해할 수 있다.

그러나 이러한 유형 범주는 예수의 여행을 제대로 설명하기에 충분히 정밀하지 못한 듯하다. 왜냐하면 예수는 특정 종교의 조직과 활성화를 위해 선교를 한 것이 아니었고 또 그런 목적으로 사람을 낚고자 한 것도 아니었기 때문이다. 따라서 그의 분주한 여행 역시 그와 같은 조직화 활동이나 오늘날과 같은 부흥 성장의 목적과 거리가 먼 것이었음이 틀림없다. 그는 오히려 자신이 가야 할 '길'에 대한 자의식으로 충만했다. 산상 수훈에서 명기한 '좁은 문/길'과 '넓은 문/길'의 대조도 그 한 범례가 되려니와, 실제로 그는 자신의 선교적 극점에서 마주쳐야 할 모종의 장애물까지 그 길의 일부로 수용하는 자세를 보여준다. 예컨대, 헤롯의 위협에 대한 결기 어린 다음의 응수는 그의 여행이 현실적인 성공이나 성취에 집착한 것과 별로 상관이 없었음을 암시한다.

너희는 가서 저 여우에게 이르되 오늘과 내일은 내가 귀신을 쫓아내며 병을 고치다가 제 삼일에는 완전하여지리라 하라. 그러나 오늘과 내일과 모레는 내가 갈 길을 가야 하리니 선지자가 예루살렘 밖에서는 죽는 법이 없느니라"(눅 13:32-33).

여기에는 물론 누가의 편집적 의도가 강하게 스며들어 있다. 이를테면 예수의 십자가 죽음에 대한 사후 승인적 해석의 관점이 도드라져 있다. 그의 죽음을 '삼일만'의 '완성'이란 차원에서 조명한 것이 그 대표적인 증거이다. '선지자가 예루살렘 밖에서 죽는 법이 없다'는 진술도 예수의 수난전승에 연계된 예언자 전통의 변용으로 읽힌다. 그러나 예수가 가야 할 길의 '오늘과 내일과 모레'는 그의 여정이 탐구자적 도상에서 운행되었음을 시사한다.

탐구적 여행 또는 구도적 여정의 원형적 모델은 오디세우스의 고전적 사례로 소급된다. 트로이 전쟁을 마치고 신산한 우여곡절을 거쳐 마침내 고향인 이타카Ithaca로 돌아간다는 이 서사의 여행적 구도는 자유로운 영혼의 방랑적 삶의 포즈를 부추기는 전범으로 계승되어왔다. 이러한 전통은 후대에 특히 견유학자들Cynics의 유랑적 삶의 양식으로 이어졌다. 그들은 무소유의 가치를 실천하면서 영혼의 절대 자유를 추구하는 방식으로 유랑하는 삶을 선택했다. 그리하여 그들의 사상과 삶을 최대한 밀착시킴으로써 세상의 권력과 명예, 물질적 소유에 포획되지 않는 영혼의 해방을 시위하고자 하였다. 스토아 사상가들과 달리 그들은 특정 지역에서 아카데미 강단을 조직하지 않았고 국가 권력 체제의 확립에 기여하려는 의욕을 부리지도 않았다. 외려 멀리 변두리로 유랑하면서 기존의 권력 체제와의 창조적 불화에 힘쓰는 것이 그들의 일상적 삶의 스타일처럼 보였다. 그들이 그렇게 길 위의 사상을 지향했다는 점에서 일찍이 예수

와의 유사점이 주목을 받기도 하였다.[7]

　적잖은 분석과 연구 결과 근래에는 그 차이점을 더 강조하는 추세이지만,[8] 그렇다고 양자 간 그 스타일상의 유사점마저 무시할 수는 없을 것이다. 특히 '여행'이란 모티프를 중심으로 보았을 때 그들은 궁극적 가치인 '하나님의 나라' 또는 '자유'를 목표로 길 위에서 떠도는 무소유와 무주의 유랑적 스타일로 구도자 내지 탐구자의 여행이란 고전적 스타일을 선회한 흔적을 보여준다. 다만 신약성서의 복음서는 예수의 여행이란 외형적 틀을 서사의 기본 구도로 최소화한 대신 그 여행의 내용을 최대한 부각시키는 전략의 담론을 구사한 것이 큰 차이로 드러날 뿐이다. 그러한 차이에도 불구하고 여행자 예수의 자의식을 대변하는 고백적 언사로 다음의 구절을 증거로 제시할 수 있다. "예수께서 이르시되 여우도 굴이 있고 공중의 새도 거처가 있으되 인자는 머리 둘 곳이 없다 하시더라"(마 8:20). 이 구절에 대한 다양한 해석적 관점을 차치하고 일단 외견상 확연한 요점은 그의 여행이 무주無住의 방식을 강조했다는 사실이다. 물론 그의 여행에는 각 지역마다 후원하는 동조자들이 마련해준 거처가 있었을 것이고 여관을 사용했을 가능성도 있다. 그렇지만 특정한 공간에 안주하지 않고 다시 떠나는 그의 일상적 몸의 동선은 자꾸만 유예되는 최종 목표를 향하여 집요하게 '구하고 찾고 두드리는' 구도자적 스타일에 잇닿아 있다.[9] 이러한 원초적 여행 패턴은 나아가 예수의 발자취가 도출해낸 종교적 실현을 가라타니 고진이 조형한 '교통 공간'의 개념으로 해석할 만한 여지를 제공한다.

교통 공간의 개념과 적용

서양 철학의 전통을 서양 철학자들보다 더 잘 이해한다고 정평이 나있는 일본 출신의 세계적인 인문학자 가라타니 고진은 두 편의 비교적 짧은 에세이를 통해 그의 해석학적 비평 작업을 응축시키는 '교통 공간'이란 개념을 조형하였다. 그의 책『탐구』2권의 5장에 실린 "교통 공간"과 또 다른 책『유머로서의 유물론』에 게재된 "교통 공간에 대한 노트"가 그것이다.[10] 이 개념은 칼 마르크스가『독일 이데올로기』에서 제출한 '교통'이란 개념으로 소급된다. 고진은 이 개념을 공간학적 위상학적 성찰을 통해 확대·발전시키고 있는데, 그에 따르면 이는 마르크스가 이후 이를 대체한 '생산관계'라는 개념보다 더 탄력적이다. "'생산관계'의 개념이 다소 폐쇄된 관계 시스템을 생각하게 하는 것에 비해 '교통'은 동적이고 우연적"이라는 것이다.[11]

한 마디로 정의하여 교통 공간은 안과 밖의 구별이 없는 공동체의 사이 공간이다. 고진에게 공동체는 긍정적인 모델이 아니다. 그는 '공동체'라는 말을 '사회'라는 말과 엄격히 구별하여 사용하는데, 이러한 측면에서 양자는 극단적인 대조를 이루는 개념이다. 공동체는 외부를 전제로 성립되며 공동의 가치 체계와 규범으로 그 체제의 배타적 단위가 확립된다. 반면 사회는 내부와 외부의 구별이 없이 사위四圍로 열린 소통의 공간이다. 그는 이를 설명하기 위해 여러 메타포를 사용하는데, 곧 도시-사막-바다가 대표적인 사례이다. 이는 가시적인 공간이라기보다 추상적인 공간으로 닫힌 체계로서의 유클리드적 모델을 넘어서는 세계이다. 이 세계에서 사상은 상인의 교역과 같이 유통되며 무한을 지향한다. 고진은 이러한 교통 공간의 역동성을 부각시키기 위해 헤르메스에 대한 프랑스 사상가 미셸 세르의 논평을 인용한다.

> 커뮤니케이션을 수행하는 것은 여행하고 번역하며 교환하는 것이다. 즉 '타자'의 장소로 이행移行하는 것이고, 질서 파괴적이라기보다는 횡단적橫斷的인 이본異本으로서의 '타자'의 말을 받아들이는 것이며, 담보로써 보증된 물품을 서로 매매하는 것이다.[12]

여기서 고진은 세르의 '커뮤니케이션'을 마르크스의 '교통' 개념과 등치시킨다. 그것은 곧 규칙을 공유하지 않는 이질적인 사람들과의 만남을 지향한다는 점에서 곧 '타자'의 발견을 전제한다.

고진의 교통 공간이 '공간' 개념을 넘어 형이상학적 위상을 띠는 것은 그가 이로써 철학의 기원과 퇴락을 설명하고 세계 종교의 문제를 거론하는 맥락에서다. 공간의 경계가 내부와 외부의 분할로 설정되듯, 사상과 문화의 대립은 의식/무의식, 이성/비이성, 본질/현상, 코스모스/카오스, 일一/다多의 구별로 특징지어진다. 유한한 공동체의 경계로서의 토포스와 경계 없는 무한의 차이와 이에 따른 차별적 평가로 마찬가지의 위상적 의미를 띤다. 즉 전자는 긍정적인 세계로 편안하고 친밀하며heim-lich 후자는 부정적인 세계로 두렵고 생경한unheimlich 것으로 인식된다. 교통 공간은 이러한 공동체의 자기동일성에 선행하며 그 외형을 넘어 "횡단적인 이종 결합이 끊임없이 진행하고 있는 상태"[13]를 가리킨다.

이러한 교통 공간의 불균형성, 불균질성, 비방향성은 나아가 구석기 시대의 원도시 개념과 결부되어 좀더 선명하게 조명된다.[14] 제인 제이콥스Jane Jacobs의 주장대로 도시가 생긴 것은 농촌이 발전한 뒤가 아니라 처음부터 도시가 있었다는 것이다. 이른바 구석기 시대의 '원도시'는 당대의 교통 결절점으로 그곳에 정보가 집적되면서 비로소 농업이 발명되었다는 것이다. 그러므로 이러한 원도시는 차이화가 정체해버린 '거리'(町)나 시골(村)과 다르다. 원도시의 생태는 앎(知)의 원천과 관련한 알란의 비유를 빌면 선원과 상인의 메타포에 상응한다.[15] 그에 따르면 선원의 비유는 우리가 결코 지배할 수 없는 '타자'로서의 자연에 대한 앎을 가진 자를 가리킨다. 이에 비해 상인은 자연이 아닌 인간을 상대로 설득하고 유혹하는 자로서 공동체 외부에서 예측 불가능한 타자를 만나 그의 자유를 받아들임으로써만 교역할 수 있다. 이는 마치 오늘날 과학철학자들이 진리를 객관적 사실의 발견이라기보다 설득이나 언어의 게임으로 보는 추세에 비견된다. 즉 과학자 역시 상인처럼 언어가 교착하는 세계에서 타자를 설득하는 위치에 있다는 것이다. 공동체의 규율화된 주술적 언어의 질서를 벗어나는 바로 그 지점에서 철학적 사고가 탄생한다는 것이 고진의 주장이다. 반면 농부는 자연을 궁리하여 사물의 구조를 응시하거나 인간을 설득하기보다 마술로써 자연에 대항하여 자연을 지배하려는 시도의 비유이다. 그 전통의 뿌리 깊은 곳에 샤머니즘이 자리하며 이는 종교의 보편적 기초로 파악하는 일각의 긍정적 평가에도 불구하고 교통 공간 가운데 타자와 교섭하는 세계 종교가 반드시 극복해야 할 대상이었다. 세계 종교는 공동체 바깥의 타자를 포용함으로써 안팎의 경계를 무화시키는 데 비해 샤머니즘으로 특징지어지는 주술적 종교는 '자기애적이고 인간중심적이며 감정이입적인 것'으로 타자(외부)를 부인하며 타자와 교통하지 않는 사고를 대표하기 때문이다.[16]

고진은 이러한 교통 공간의 개념을 유사한 동시대의 사상적 개념과 접속하여 세르의 선형적 모델과 도표적 모델, 나아가 들뢰즈/가타리가 조형한 나무와 리좀의 패턴, 구획된 공간과 매끄러운 공간 등에 견주어 설명하면서 후자와의 개념적 유사성을 암시하고 있다.[17] 그도 그럴 것이 그에게 교통 공간은 관계의 비대칭성(사회성)을 중시하며 우연성의 회복을 목표로 삼기 때문이다. 억압된 것의 회귀라는 관점에서 세계 종교야말로 교통 공간이 개시된 표상적 범주이다. 여기서 세계 종교는 세계적으로 확대되어 강한 영향력을 발휘하는 기성 종교를 가리키지 않는다. 그것은 공동체가 아닌 사회로서의 열린 세계를 개시했다는 점에서 세계 종교라는 말이다.[18]

　예수가 그리스도교라는 이름이 생겨나기 전 보여준 하나님 나라의 여행 동선 역시 이런 관점에서 본다면 세계 종교의 씨알을 품고 있었다고 볼 수 있다. 그는 비록 유대인 남자였지만, 그래서 응당 출신 성분상의 역사적 제약을 지닌 존재였을 테지만, 당시 유대교의 규율에 순응하기보다 그 규율이 세워놓은 배타적 경계와 장벽을 넘어섬으로써 불순하고 낯선 타자들을 하나님 나라의 백성으로 존중하는 포용적 자세를 보여주었다. 그 모든 것이 단숨에 성취되었다고 보기 어렵다. 그러나 그의 생래적 경계를 향한 부단한 집적임의 동선은 그 여행을 통한 지리적 경계의 확산과 더불어 계급이나 종교를 넘어서는 다층적 경계의 절합과 이종적 타자들의 횡단이라는 교통 공간의 이론적 명분에 부응한 측면이 강하다. 더구나 그의 주요 활동 무대였던 광야와 마을들 사이의 공간, 바다(갈릴리)의 공간적 표상이야말로 하나님 나라의 복음을 매개로 소통하며 교환하는 기능을 상기시켜준다. 그리하여 갈릴리 지역의 소작농들이 침윤된 유대교의 동일성 규범이 마법적 효력을 발휘하는 현장에서 그는 또 다른 대안 주술이 아니라 온갖 억압과 폭력에서 놓임을 선포하는 해방의 메시지로 대응해나갔다.[19] 그것은 자기동일성의 규율로 똘똘 뭉친 기존의 유대인/유대교 공동체를 해체함으로써 보편적 세계(사회)를 지향한 의욕의 발로였다고 볼 수 있다. 이를테면, 어떤 종류의 원수라 하더라도 그에게는 보복해야 할 외부의 대적이 아니라 사랑해야 할, 다시 말해 만나서 대화하며 포용해야 할 창조주 하나님의 생명이었던 것이다.

성서적 교통 공간의 선례

고진이 성서의 대표적 사례로 제시하는 교통 공간은 모세의 사막, 곧 출애굽 백성과 함께 동고동락하던 시나이 반도의 광야였다. 즉 모세는 가나안 땅에 들어가기 전 유대인들에게 살해당했으며 그 이유는 그가 사람들에게 그 광야에 머물기를 강요했기 때문이었다는 것이다. 그 배경과 관련하여 고진은 이른바 '약속의 땅'이 가나안과 같은 공동체가 아니라 사막이라는 교통 공간이었다는 모세의 신념을 제시한다.[20] 이러한 주장은 프로이트의 흥미로운 논문 "인간 모세와 유일신교"에 근거를 둔 것이다.[21] 프로이트는 당대의 성서학 연구 성과에 기대어 모세가 이집트의 다신교적 주술 신앙을 극복하고 유일신 신앙인 아텐교를 보급한 파라오 아케나텐의 측근이었다고 전제한다. 그 군주의 후대에 다신교적 반동과 함께 기원전 1350년 18왕조가 몰락하자 투트 모시스라는 사람이 좌절한 나머지 변방의 셈족 이방인을 자기 백성으로 삼고 이집트 땅을 벗어나 아텐교의 교리를 받아들이게 하였다는 것이다. 나아가 이 종교의 특징이었던 할례의 예식을 통해 그들을 신성한 백성으로 삼았지만 그 지도자의 율법에 반기를 든 유대인들이 그를 죽이고 물이 풍부한 카데스에서 친연 관계에 있던 타 부족과 합류하여 화산신 야훼를 섬기는 새로운 종교를 창설했다는 것이다. 그러나 모세의 유일신 전통과 할례 의식은 그 이후의 유대교 가운데 깊은 흔적을 남겨 통합적으로 발전해나갔다는 것이 그의 핵심 논지이다.

19세기의 성서학 연구 성과에 의존한 이 이집트인 모세 학설은 오늘날 학계의 폭넓은 지지를 받지 못하는 형편이다. 그러나 그가 40년간 복잡한 행보로 유랑한 시나이 반도의 광야는 그 정체가 '약속의 땅'이든, 아니면 그 직전의 예비적 영역이든, 다양한 환경적 변수와 맞물린 유랑의 동선 가운데 고착된 공동체이길 거부했다는 점에서 다분히 교통 공간의 위상을 암시한다. 특히, 훗날의 예언자 전통 가운데 출애굽 사건과 함께 진행된 광야적 삶의 스타일이 지속적으로 회억回憶의 대상으로 부각되면서 정착과 안주 이후의 제반 현실을 반성하는 대안적 이상으로 되새김 된다는 점에서 광야의 신학적 전통은 참신한 세계 종교의 모태로서 주목할 만하다. 물론 시내산 전통에 연원을 둔 십계명과 사제 전통에 의해 성립된 일련의 희생 제의, 이와 관련된 각종 율법과 규례는 안과 밖의 경계를 선명히 구별하여 배타적 정체성을 세우려 했던 또 다른 흐름을 반영한다. 반면 팔레스타인 정착 이래 되풀이된 제의주의 전통에 예언자들이 항변적 어조로 공히 내세웠던 기치는 하나님의 공의를 회복하는 것이었다. 이는 곧 공동체의 이기적 풍요를 구가하기보다, 가령 만나와 메추라기 에피소드가 암시하는 사회적 나눔과 교통에 힘쓰는 광야 정신의 회복이었다.

한편 모세가 지향한 유일신 신앙은 당대의 현실에 비추어 다른 신들의 존재를 전제로 한 보편적 가치였다. 다시 말해 대화와 소통, 교류와 포용을 통해 피차가 우열을 겨루면서 승패를 초래하는 관계의 역동성이 거기에 있었다. 그러나 역사적 현실은 승자 독식주의의 행로를 보여주었고, 유일신의 보편적 신앙은 점점 더 경직화되었다. 그리하여 일자一者

가운데 모든 다자多者를 복속시키는 통치 이데올로기의 차원으로 전락하여 야훼주의 신앙은 전쟁과 살육, 약탈의 역사를 정당화하는 쪽으로 성전聖戰의 신학을 구축하였다. 그런가 하면 가나안 토착 신이었던 바알은 풍요의 축복을 미끼로 백성들에게 공동체의 마법적 주술이란 비성찰적 맹목과 물질적 향락을 극대화하는 안주의 생활 스타일을 증폭시켰다. 구약성서는 이스라엘의 역사를 통틀어 이 상극의 흐름이 충돌하면서 나타난 역사적 사건들을 비극적인 논조로 조명하는 이야기로 풍성하다. 그러나 그럼에도 불구하고 이스라엘 민족을 둘러싼 근래의 연구는 보다 복잡하고 다층적인 합류의 흐름이 있었음을 증언한다. 요컨대 출애굽을 통한 단일 민족의 단일 사건만으로 그 민족과 종교의 역사적 기원을 단순히 조명하는 시각에 점진적 침투/이주설, 가나안 소작농의 봉기설 등과 같은 다양한 관점이 부가된 것이다.[22] 이는 광야로 표상되는 모세와 이스라엘 족속의 종교에 상이한 전통들이 부대끼고 피차 번역하면서 교착되는 역동적 변용의 현장으로서 교통 공간의 가능성을 상정한다.

물론 피상적이나마 이질적인 타자들을 신앙의 대상으로 접합시키려는 시도가 전혀 없지는 않았다. 특히 강고한 신학적 이념이 부재했던 대중 종교인들은 산당의 제례를 통해 전통적인 야훼 숭배와 함께 가나안의 토착신을 두루 받드는 습관에 익숙했던 것으로 보인다. 이는 이집트 나일 강 지역의 엘레판틴에서 출토된 자료에서 확인되듯, 주신 야후와 함께 그의 한 반려자로 보이는 아낫-야후Anat-Yahu가 모셔졌다는 사실로써도 어느 정도 유추된다.[23] 그런가 하면 가나안 땅에 정착하여 이스라엘 백성들이 꾸려간 지파동맹체의 시절에도 교통 공간의 흔적은 간헐적으로 탐지된다. 이 시기에 열두 지파의 결속을 추동하며 외견상 표방되었던 신앙적 주조는 야훼주의였다고 볼 수 있다. 그 흔적이 바로 여호수아라는 대표적 지도자에 깃든 야훼라는 이름이다. 그러나 이후 지파동맹이 지속되면서 각 부족들의 일상 세계에 자리한 신의 이름은 야훼보다 바알이 압도적이다. 사사 시대의 대표적인 영웅 기드온의 별칭이 여룹바알이었다는 사실(삿 6:32)은 바알이 그의 집안을 지키는 수호신이었음을 반증한다. 한편 이스라엘의 초대 왕 사울의 삼촌 이름이 바알이었고(대상 9:36) 그의 아들 중 하나가 에스바알이었다. 또 요나단의 아들 이름은 므립바알로 칭해졌다(대상 8:34). 그렇지만 사울의 장자로 왕권을 계승할 대외적 명분을 지닌 요나단은 야훼의 이름과 연계됨으로써 전통적 지파동맹체의 유산과 함께 대중 종교의 기호를 아우르는 모습을 보여준다.[24] 그 밖에 수리아와 팔레스타인 지역의 여러 지명이 바알과 연계된 사실(갓바알, 바알스본, 바알브올, 바못바알, 바알브몬 등등) 또한 바알 종교가 지닌 폭넓은 대중적 지지를 시사한다. 반면 야훼라는 이름은 왕국의 말기에 집중되어 나타나는 현상이 두드러진다. 유다 왕국 후기의 개혁군주 요시아를 비롯하여 그의 아들 여호야김, 여호아하스, 시드기야 그리고 여호야김의 아들 여호야긴 등이 그러한 사례에 해당한다. 이러한 신 이름의 중층적 교접 현상이란 맥락에 비추어 흔히 야훼 신앙의 퇴락과 영적인 기풍의 약화로 왕조시대의 종교적 실상을 특징짓는 것만으로는 부족해 보인다. 왕조 국가 특유의 권력 체계가 가한 물리적 폭압의 도전과 이에 예언자적 결기로 대응한 전통 신앙의 응전이란 상극적 대립의 틈새로 끊임없이 새로운 통합적 세계 종교의 가능성을 모색해온 교통 공간의 모험이 이어졌기 때문이다.

유다 왕국의 멸망과 함께 찾아온 바빌론 포로기의 이방 공간은 유대인들에게 또 다른 교통의 가능성을 선사했음이 분명하다.[25] 그것은 한편으로 안식일과 유월절 등의 율법을 더욱 공고히 함으로써 민족적 정체성의 재확립이라는 보수적 과제에 부응한 전통주의의 측면도 있지만, 다른 한 편으로는 이방 세계를 향하여 진리의 빛을 발하여 전통적인 민족신 야훼의 경계를 뛰어넘는 보편주의의 신학적 비전을 투사하는 쪽으로 발흥하기도 하였다.[26] 후자의 한 갈래는 협착해진 모세 종교의 민족주의적 기표를 뛰어넘어 아브라함의 전통을 다시 발견하는 방향으로 뻗어간 것으로 보인다. 그 범주 안에 유대교가 세계 종교로 진보할 수 있는 포용 반경을 확대시켜놓은 셈이다. 그런가 하면 또 다른 갈래는 묵시주의 신학의 발전과 함께 지상의 역사를 초월하여 아예 하나님의 구원사를 우주적 공간으로 승화시켜버렸다. 그 우주의 물리적 공간은 다시 보편적 신학적 공간으로 변형되어 종교를 핵자로 구축된 이 땅의 권력 체계가 철저히 와해되는 지점에 이르러 교통 공간이라는 원초적 형이상학의 개념을 정초할 수 있게 된 것이다. 흥미롭게도 이는 구약성서 시대에 이스라엘 민족의 디아스포라 여행이, 비록 역사의 강요에 의한 것이긴 하였지만, 가장 다각적으로 폭넓게 확산된 정황과 연계된다.

예수의 선교 동선과 교통 공간

| 예수의 여행 경로와 패턴 |

앞서 전제한 대로 예수는 왕성한 도보 여행자였다. 마태복음의 유아 시절 기록은 비록 후대의 관점에 터한 신학적 재구성의 혐의가 강하지만 여행 동선이란 관점에서만 취한다면 그의 움직임은 베들레헴에서 시나이 광야를 거쳐 이집트에 이르는 광활한 역출애굽의 경로를 보여준다. 물론 다시 출애굽의 동선을 모사하여 귀환했으니 그의 이러한 동선이 시사하는 신학적 암시인즉, 모세와 이스라엘 백성의 광야 체험을 그 또한 교통 공간의 예비적 조건으로 포용했다는 것이다. 나사렛을 중심으로 보낸 30년 가까운 세월 동안 예수에게 어떤 여행이 있었는지 기록이 없어 그 정확한 행로를 가늠하기란 불가능하다. 그러나 그가 목수의 아들이자 목수로서(또는 석수 장인으로서) 가족을 부양하는 장자의 의무를 웬만큼 이행했다면 일감을 쫓아 세포리스를 비롯한 인근의 도시를 활보하면서 생계를 매개로 다양한 네트워크를 구축했을 가능성을 추리해볼 수는 있다.

예수는 광야의 시험을 거쳐 나사렛이라는 육체적 고향을 떠나 가버나움이라는 정신적 고향을 개척한 것으로 보인다. 그의 가버나움 이주는 그러나 또 다른 정착의 기반을 닦고자 함이 아니었다. 그는 그곳을 중심으로 인근의 여러 갈릴리 마을을 순회하며 하나님 나라의 복음을 전파했다. 복음서의 기록을 토대로 그의 동선을 추적해보면 그는 육로와 뱃길 여행을 통해 동서남북의 근거리 지역을 반복 순회하면서 점차 그 반경을 확대하여 꽤 멀리 탈주해나간다.[27] 갈릴리 바다 인근의 도시들로부터 시작하여 그가 개척한 선교적 동선은 동편으로 멀리 이방 도시이자 교역의 요충지였던 데가볼리 지역에 이르고 북쪽으로는 이방 신전과 함께 제국의 권력이 휘황하게 전시되어 있던 가이사랴 빌립보에 미친다. 그런가 하면 북서쪽 지중해변으로는 해상 왕국 페니키아의 영광이 서린 두로와 시돈이라는 또 다른 이방 강역으로 뻗어가고 남쪽으로는 먼 옛날 앗시리아 제국의 침략으로 파멸과 혼합의 상처를 안고 있던 사마리아 땅으로 진입한다. 거기서 예수가 만나는 사람들은 식민지 치하의 압제로 인해 군대 귀신이 들린 생명과 역시 딸의 질고로 탄원하는 수로보니게 이방 여인, 그리고 사마리아인들 가운데도 도덕적 흠이 많은 우물가 여인 또는 나병환자들처럼 사회의 경계 밖에 처한 사람들이었다. 그들과의 만남과 소통을 통해 영적인 교역과 함께 지리적 종족적 문화적 경계 넘기가 발생한다. 그들이 섬기던 종교의 형태적 차이는 이들의 만남 가운데 전혀 논란의 대상이 되지 않는다. 심지어 폭풍우라는 자연의 도전을 제압하며 예수는 바다 한가운데서 자연과 인간(또는 인자) 사이의 경계를 단숨에 건너뛴다.

이러한 순회의 여정을 분석해보면 예수에게 갈릴리의 바다와 대지는 안과 밖, 부정과 정결, 자연과 인간 문명의 경계를 지우며 사위로 열린 접속과 교통의 도상으로 파악된다. 이렇듯, 그의 신학이 있다면 그것은 길 위에서 진보하고 영글어갔을 것이다.[28] 물론 예수의 하나님 나라 사역의 많은 부분은 마을에서 이루어졌고 그 내용의 상당 부분은 치유와 축귀의 사역이었다. 그러나 예수가 경험한 마을은 단순히 일률적인 체계로 구획된 공간이 아니라 그러한 공간을 혁파하며 넘어서는, 그래서 먼저 된 자가 나중 되고 나중 된 자가 먼저 되는 전복의 공간이었다. 그 점에서 그의 마을은 건축물이나 시설이 아니라 예수의 선교적 성취에 근거하여 볼 때 도시의 교통 공간을 방불케 한다. 그뿐 아니라 그는 한 마을에서 다른 마을로 신속히 이동하는 기동력을 중시하여 그 사이 공간에서 발생한 가르침과 사역 또한 활발하였다. 그런가 하면 오병이어 기적과 같은 사건은 마을과 마을 사이의, 마을과 멀리 떨어진 광야에서 발생한 점이 주목된다. 이에 비추어 예수의 광야 사역은 지상의 수평적 교역에 그치지 않고 하늘 아버지를 향한 축사와 그로 말미암는 은총을 매개하였다는 점에서 수직적 관계를 머금은 또 다른 교통의 사례로 평가할 만하다.

예수의 여행 공간과 그 유형적 특징을 분석하면서 이를 세계 종교의 가능성을 머금은 원초적 교통 공간으로 자리매김하기에 껄끄러운 몇 가지 장애물이 등장한다. 이는 외면하거나 적당히 눙치기보다 정확하게 지적하는 것이 예수와 연루된 교통 공간의 역동적 복잡성을 드러내는 데 유익하다. 역사의 현장에 진입한 그는 1세기 유대인의 보편적 통념과 전혀 무관할 수 없었을 것이다. 일단 그의 교통 공간에 놓인 장애물은 당시 종교적 지형에 기득권을 쥐고 있던 바리새인과 서기관들, 사두개인과 장로들의 세력이었다. 물론 그들 바깥으로는 로마의 제국적 권력이 포진하여 경우에 따라 그들과 부대끼며 타협하는 정치적 양면 구조를 띠고 있었다. 그들 내부의 질서 또한 매우 복잡다단하여 상황에 따라 이합집산하는 혼란을 담고 있었지만 엄연한 안과 밖의 경계를 설정하여 제의적 부정과 정결, 정치적 안정과 불안의 요소에 민감하게 반응하는 공통점을 내비치고 있었다. 그러나 예수의 교통 공간을 정초함에 있어 장애물은 예수의 사상적 내부에도 그 흔적을 드러낸다. 그의 원초적 교훈을 담은 것으로 정평이 난 산상수훈에서 그는 하나님의 언약 백성과 이방인을 엄격히 구분하는 배타적 경계의식을 노출한다. 가령, 다음과 같은 어록들이 이와 관련 사례로 충분하다.

또 너희가 너희 형제에게만 문안하면 남보다 더하는 것이 무엇이냐? 이방인들도 이같이 아니하느냐?(마 5:47). 또 기도할 때에 이방인과 같이 중언부언하지 말라. 그들은 말을 많이 하여야 들으실 줄 생각하느니라(마 6:7). 그러므로 염려하여 이르기를 무엇을 먹을까 무엇을 마실까 무엇을 입을까 하지 말라. 이는 다 이방인들이 구하는 것이라. 너희 하늘 아버지께서 이 모든 것이 너희에게 있어야 할 줄을 아시느니라(마 6:31-32).

여기서 유대인 '무리'와 '제자들'을 포괄하는 '너희'의 범주와 '이방인들'의 범주는 냉철하게 분리되는 듯하다. 이방인들의 처지와 수준 역시 열등한 것으로 간주된다. 게다가 예수는 이스라엘 역사의 중요한 결절점이었던 예루살렘 성을 '큰 임금의 도성'으로 존중하며 맹세의 수단으로 삼지 말 것을 종용한다. 이 모두가 당대의 경건한 유대인 남자들이 품었을 법한 종교적 세계관의 반영이라 할 만하다. 또한 선교 명령을 하달함에 있어서도 그는 열두 제자들에게 "이방인의 길로도 가지 말고 사마리아인의 고을에도 들어가지 말고 오히려 이스라엘 집의 잃어버린 양에게로 가라"(마 10:5-6)고 말한다. 이 모든 것이 마태복음의 특수한 신학적 배경을 반영하는 편집적 소산으로 보아야 할까? 여기에 예수의 육성이 가미되어 있다면 이는 그와 연계된 교통 공간의 활로에 장애물로 인정해야 하지 않을까?[29]

그러나 정작 예수 자신은 이방인의 마을로 들어갔다. 수로보니게 여인을 만났고 비록 그녀를 일순간 개로 비하했지만 집요한 요청과 그 믿음에 감복한 나머지 그녀의 딸을 고쳐주었다(막 7:24-30). 제 수하의 종이 처한 딱한 처지를 호소한 선한 이방인 백부장의 처신과 행동과 관련하여 이스라엘 가운데 볼 수 없었던 위대한 믿음으로 칭송하기도 하였다(마 8:5-13). 사마리아 여인을 만났고(요 4장) 그보다 더 금기시된 나환자들과의 접촉을 꺼리지 않았다(막 1:40-45; 눅 17:11-19). 이방인과 언약 백성을 나누는 그 분할의 어록과 함께 그는 선인과 악인을 초월하여 햇빛을 비추시고 의로운 자와 불의한 자에게 차별 없이 비를 내리시는 하늘 아버지(마 5:45)의 자녀가 되는 길로 '하나님 닮기imitatio Dei'의 길을 제시하기도 했다. 유대교 환경에서 유대인으로서 그가 타고난 태생적 환경의 장애물에도 불구하고, 그는 그 장애물과 함께 장애물을 넘어가는 동선을 보여줌으로써 사상과 일상적 삶의 현장이 교통 공간 가운데 역동적으로 부대끼면서 배타적 경계를 짚적이며 경계를 넘어 마침내 포용적 지평을 개척했던 것이다.

| 신학적 교통 공간의 창출 |

그의 공생애 시작에 즈음하여 나타난 예수의 표상적 공간은 광야(또는 사막, *erēmos*)이다. 그는 거기서 이른바 마귀의 '시험'을 받는다. 돌을 떡으로 만들어보라는 시험, 성전 꼭대기에서 뛰어내려보라는 시험, 자신에게 엎드려 경배하라는 시험이 이어진다(마 4:1-11; 눅 4:1-13). 물론 마귀는 그에 대한 반대급부로 명예와 영광, 권력을 약속한다. 이러한 제안은 마귀에게 하나님의 아들을 훼절시키려는 도전이었고 예수에게는 인간적인 유혹이었지만 객관적으로 살피면 영적인 교섭이자 이질적인 타자를 포섭하려는 설득의 과정이었다. 그러나 마침내 마귀의 시험은 파탄에 이르고 전혀 다른 타자로서 예수의 위상을 인정하고 물러남에 따라 그 모든 교섭은 일단락된다. 그의 이 광야 체험은 바람처럼 이끌려 인간의 모든 욕망을 압축적으로 체험했을 뿐더러 전혀 이질적인 타자와의 교섭과 씨름 가운데 그 욕망의 한계를 넘어 새로운 삶의 발판을 제공했다는 점에서 교통 공간의 기표로 음미해볼 만하다. 인간의 본능적 욕구와 명예나 권력 등속의 세속적 가치를 넘어서는 세계 종교의 가능성이 그 언저리에서 꿈틀거리기 때문이다. 거기에는 겸비와 자족, 자존과 순결이란 덕성이 이기적이고 배타적인 종파주의를 넘어설 토대를 제공해준다.

예수의 광야 체험은 선례가 없지 않다. 전술한 모세와 이스라엘 백성의 광야 체험이 중요한 전형적 패턴을 제시한다. 그러나 예수의 광야는 통솔해야 할 민족 단위의 조직을 가지고 있지 않았다. 예언자들의 광야 역시 유사한 패턴으로 접속되거니와, 교통 공간의 가능태로서 예수의 광야는 그들처럼 야훼주의라는 신앙적 이념의 선명성을 시위하지 않는다. 가장 근접한 형태가 세례자 요한의 광야 모델이 되겠지만, 예수의 광야에는 하나님의 언약 백성으로 입문하기 위해 세례라는 통과 절차의 인준을 요청하고 베푸는 수많은 군중과 세례자 사이의 제의적 관계가 전혀 강조되지 않았다. 차라리 그의 광야는 고적한 공간에 홀로 무릎 꿇은 주체로서 하나님과의 대화를 향해 열린 소통의 채널과 이 세상의 희망을 향한 무한한 가능성으로 특징지어진다. 실제로 그는 그러한 양태로 광야의 고적한 공간을 찾아 홀로 기도한 것으로 기억된다. 이는 갈멜산의 위대한 승리를 정점으로 찍고 40주야를 유랑하며 시내산에 이르기까지 걸어간 엘리야의 광야 체험(왕상 19:1-18)과 일맥상통하는 듯하다. 그러나 예수의 광야 기도와 묵상은 엘리야가 로뎀나무 아래서 안식하는 가운데 던진 탄식과 달리 무기력하지 않고, 겟세마네로 표상되는 십자가와 죽음이란 극단적인 현실적 여건에도 불구하고 세상을 두루 감싸는 낙관적 구원의 미래를 지향한다.

아울러, 앞서 분석한 예수의 갈릴리 마을들과 그 사이 공간으로서 유리하는 양떼 같은 무리와 함께한 또 다른 광야, 그리고 그 바다 위의 여행 공간을 교통 공간의 관점에서 평가해볼 수 있다. 이러한 공간에서 예수는 홀로 있지 않고 그의 제자들, 군중들, 병든 이웃들과 함께 있었다. 그는 예의 갈릴리 마을들을 우회하지 않고 관통해갔다. 그러나 중심부의 유력한 곳, 회당 같은 곳을 찾아 공식적인 예전에 맞추어 설교를 한 것이 아니었다. 반대로 그는 주변부의 병든 생명을 주로 살폈고 그 생명을 건강하게 회복시켜주는 실질적 접촉에 집중하였다. 그것을 하나님 나라의 실체로 선포하면서 제자들에게도 사방으로 흩어질 때 같은 사명을 주문했다. 이 점에서 그의 사역은 오늘날의 관점에서 동일성과 균질성을 추구하는 '목회'보다 복잡성의 현실 자체를 헤쳐 나가는 '선교'에 가까웠다. 사람들을 중앙에 회집시켜 관리하기보다 미답의 공간, 미지의 사람들을 향해 변두리로 퍼졌기 때문이다.[30]

그런가 하면 건강한 생명의 회복이 지속적인 일상이 되도록 그는 더불어 나누어 먹는 광야의 향연을 실시했다. 광야라는, 더불어 식사를 하기에 전혀 어울리지 않는 이 공간에서의 뜬금없는 이 사건은 우발적으로 들어온 작은 물자로써 전체의 누림을 가능케 한 교통의 최대 성공 사례라 할 만하다. 한편 갈릴리 바다는 이러한 성취와 함께 찾아온 대중적 명성을 해체하고 새로운 공간을 향해 원점에서 다시 떠나는 횡단과 탈주의 동선을 표상한다. 바다의 행로는 사방으로 열려 있기에 교통 공간의 '무한성'을 표상한다.[31] 노 젓는 대로 모든 곳이 길이 되고 바람 부는 대로 길이 만들어지기 때문이다. 그와 함께 새로운 대상, 전혀 이질적인 타자의 출현이 가능해지기 때문이다. 이러한 원초적 생성과 발견의 모험은 자아와 타자의 경계를 혼란시키면서 융합시키는 계기로 작용하기도 한다. 한밤중에 바다를 걸어오는 형상은 분별과 인식의 밀도에 따라 유령에서 주님으로 변모한다(마 14:22-33). 배 밖으로 몸을 움직인 베드로의 경우처럼 물 위로 걸어갈 수 없는 불가능한 물리의 세계 질서조차 믿음으로 새로운 초월의 가능성을 선사한다. 이처럼 신학적 교통 공간 내에서 공포의 대상으로서 물리적 자연은 인공세계와의 모든 불화를 넘어 더불어 화기애애하게 어울리던 태초의 창조세계로 되돌아간다.

요약 및 결론

이 글에서는 가라타니 고진이 조형한 '교통 공간'의 개념을 빌려 그리스도교의 원초적 공간에 자리한 예수의 여행과 그 활동 반경에 스민 '세계 종교'의 맹아적 흔적을 탐사하는 데 주력하였다. 교통 공간은 바다와 광야의 메타포가 암시하듯 동질적인 '공동체'의 대척점에서 이질적인 것들의 횡단적 결합이 끊임없이 발생하는 '사회'를 앞세운다. 거기서 전혀 예기치 않은 존재들이 만나 서로 대화하고 소통하며 유혹하고 설득한다. 또한 교환하고 번역하며 타자의 이질성을 인정하고 수긍함으로써 안과 밖의 경계를 무화시킨다. 이는 선형적 모델 대신 도표적 모델과 등치되고 '나무'보다는 '리좀'의 패턴과 상합하며 가지런한 줄무늬 공간이 아닌 매끄러운 공간과 유사하다.

고진의 예시대로 모세와 이스라엘 백성이 함께 누빈 광야의 장소들은 분명 교통 공간으로서의 가능성을 품고 있었다. 후대의 예언자들이 상기하고 역사적 전통이 회고한 대로 모세와 그들에게 약속의 땅은 교통 공간이란 관점에서 볼 때 가나안의 정착지 가운데 경계지어진 삶이 아니라 광야의 유랑적 삶이었을지 모른다. 또 다른 성서적 교통 공간의 선례로 나는 가나안 정착 이래 펼쳐진 역사를 통해 전통적 규범으로서의 야훼주의와 일상적 요청으로서의 바알 신앙이 습합된 현상을 중심으로 종교적 문화적 타자를 수용하는 교통 공간적 징후의 일례로 파악하였다. 그런가 하면 유다 왕국의 멸망과 함께 바빌론 포로기에 본격적으로 나타난 디아스포라적 삶의 현실은 또 다른 이질적 타자와의 만남을 추동한 교통 공간으로 조명된다. 거기서 유대교는 규범화된 모세 종교의 배타적 민족주의와 제의적 성결주의를 넘어 이방 족속들과 함께한 하나님을 섬기는 보편주의적 비전을 개척함으로써 세계 종교로서의 비전을 품게 된 것으로 보인다.

예수의 교통 공간적 활로는 전통적 신학을 갱신하려는 이러한 노력의 일환으로 인식된다. 그에게 여행과 유랑자적 삶의 스타일은 단순히 조직의 구축과 사업상의 목표 달성을 추구한 것도 아니고 강요에 의한 선택도 아니었다. 그의 유랑적 삶을 단순히 낭만화하거나 과장하지 말아야 하겠지만 그렇다고 그가 특정 종파의 구축과 안주를 지향한 것이 아니었음도 분명하다. 도리어 그는 당시 유대교 종교 체제와 로마 제국의 정치 체제가 각기 구축한 정결과 부정, 안돈과 혼란이란 안팎의 경계를 가로지르며 새로운 타자들과의 만남과 결합을 탐험하였다. 비록 외부 세력과 내부 사상의 장애물이 없지 않았지만 그것들과도 이종 결합의 동선을 보여줌으로써 예수는 예전과는 형색과 구조가 다른 교통 공간의 창출과 회복에 기여한 것으로 평가된다. 공생애 직전에 떠난 그의 광야행은 보기에 따라 '유혹'이고 '시험'이었지만, 동시에 '교역'이면서 설득이었고 궁극적으로 대화와 극복의 과정을 보여준다. 이후의 갈릴리 사역을 통해 나타난 육상 행보와 바다의 뱃길 여행 역시 당시 이질적 타자의 표상이었던 이방인과 여자, 각종 병자, 귀신 들린 자 등의 범주와 교통하는 활로를 개척해주었다. 그뿐 아니라 폭풍우로 표상되는 폭압적 자연과의 불화를 해소하는 사건도 있었고, 최소한의 물자로 최대한의 향유를 선사한 광야의 풀밭 식탁이 또 다른 교통 공간으로 배설되기도 하였다.

예수의 여행 동선은 이후 그의 제자들에 의해 그 반경이 점차 확대되어갔다. 특히 바울이라는 걸출한 선교사에 의해 예수의 복음은 예수에 대한 복음과 결부되어 지중해를 건너 밤빌리아, 갈라디아, 소아시아를 섭렵했고 마침내 마게도냐와 아가야로 넘어가 유럽의 디딤돌을 놓았다.

 | 신학적 스캔들의 원형: 예수와 바울

외형적으로 선교의 강역이 확대되었고 메시지의 내용상으로도 훨씬 더 풍성해진 것만은 틀림없다. 이는 분명히 그리스도교가 제도권의 세계 종교로서 발돋움하는 발판이었지만 그렇다고 그 궤적 속에서 교통 공간이 확대 증폭된 것으로 보이지는 않는다. 외려 다시 경쟁상대로 유대교와 이방 종교에 맞서야 배타적으로 투쟁해야 했고, 선교적 성공은 다시 안과 밖의 경계를 확립시켜야 하는 과제로 이어졌다. 이른바 새로운 종교로서의 '정체성' 구축이 교통 공간을 상실한 외형적 세계 종교의 결산이었다. 그래서 다시 예수의 이름으로 저주를 하고 하나님의 사랑을 앞세워 생명을 압제하고 살상하는 일이 번다해진 것이다. 그 이후 2000년 가까이 흘러 다채롭게 분기하며 저만의 성채를 세워놓은 각종 종파와 교단의 모습은 그것이 곧 교세 성장의 궤적과 맞물려 있다고 종종 강변되지만, 이즈음처럼 교통 공간의 활성화가 절실한 때도 없는 것 같다. 그것은 전혀 새로운 외부에서 예측불허의 상태에서 혁명적 타자로 출현할 것인가? 아니면 내부의 갱신과 개혁을 통해 재생 가능한 요소인가? 21세기에 접어들어 세속사회는 과연 '사회' 답게 안과 밖의 구별이 모호해지는 포스트모던 시대의 뫼비우스 담론으로 넘실대지만, 기성 종교의 제도권 내에서 이루어지는 신앙생활 가운데는 그 '공동체' 의 경계가 너무 선명한 터라 이즈음 원초적 교통 공간의 기미는 여전히 희미할 뿐이다.

스캔들과 타자의 윤리
– 예수의 어록을 중심으로

스캔들과 타자, 또는 이타적 주체의 문제

복음서에는 '스칸달론*skadalon*'의 동사로 '스칸달리조*skandalizō*'라는 단어가 여러 차례 사용되고 있다. 이는 관련 명사의 핵심 함의를 살려 번역하면 '장애물을 놓다' '절룩거리다'라는 뜻이 될 터이다. 그런데 한글 개역(개정개역)에서 이 단어는 '실족하다(실족케 하다)' '넘어지다' '걸리다' '배척하다' 등과 같이 다채롭게 번역되고 있다. 그만큼 이 어휘의 해석적 함의가 단순 명료하지 않다는 것이리라. 나는 이 글에서 이 동사를 비록 어색하고 현대 영어의 한국적 전유 현상으로 오해의 소지도 있지만, '스캔들에 빠지다(빠트리다)' '스캔들로 넘어지다(넘어트리다)'라고 풀어쓰고자 한다. 이는 현대적 어감의 스캔들 이면에 헬라어 '스칸달론'이 자리하고 있음을 명확히 드러내고 또 그 고대적 '스칸달론'과 오늘날의 '스캔들' 사이의 개념적 유사성과 이질성을 동시에 감지하려는 의도에서다.

스캔들은 타자와의 복합적인 관계를 전제한다. 예수의 복음서 어록에서 언급하는 동사로서의 스캔들은 대체로 부정적으로 취급되는데, 이는 특히 그 타자가 상대적으로 약한 자('작은 자')일 경우 그 부정적 함의의 강도가 더하다. 그뿐 아니라 스캔들은 타자와의 관계에서 주체의 문제를 내포하는 것으로 보인다. 그 주체는 자신의 내부적 욕망의 분열을 제어하거나 극복하면서 스캔들에 빠지길 거부하는 결단적 주체이고 연약한 타자를 배려하는 이타적 주체이다. 그런가 하면 예수라는 이타적 주체를 신뢰하고 따르면서 스캔들에 빠져 넘어지는 관계의 단절이 복음서의 관련 어록에 종종 시사되기도 한다. 이는 우리가 신앙적 주체로서 이타적 주체인 그 신앙/신뢰의 대상(예수)과의 관계를 통해 재주체화하면서 얼마나 충실성을 견지할 수 있는지 여부, 곧 충성과 배반의 심리적 구조를 묻고 있다. 예수는 스캔들에 빠지거나 빠트리는 것의 불가피성을 지적하면서 동시에 그로 인한 재앙 또는 화禍의 가능성을 우려한다. 이는 예수가 전제한 다층적 맥락에서 곧 주체의 균열과 왜곡의 문제와 연계되는 바, 이 논문은 그 제반 현상을 분석함으로써 나쁜 스캔들의 원형을 신학적으로 해명하는 데 초점을 맞추고자 한다.

이를 위해 먼저 예수의 스캔들 관련 어록이 복음서에 어떻게 분포되어 있으며 그것의 개념적 범주는 어떠한지 살펴본 연후 그것이 자리한 문맥과의 연관성을 따져볼 것이다. 나아가 예의 스캔들 어록이 복음서와 예수 신학의 전통에서 수행하는 문학적인 기능과 신학적인 의미를 차례로 고찰하게 될 것이다. 이는 종국적으로 예수의 제자로서 스캔들이 불가피한 실존적 현실 앞에서 우리는 과연 분열 이후에 통합된 주체로서 거듭날 수 있는지, 신뢰 어린 충실성의 관계에서 스승과의 우의적 연대가 스캔들로 파탄을 겪는 대표적 증상은 무엇인지 텍스트 이면의(또는 이전의) 진실을 파악하길 기대한다. 나아가 자신과 타자와의 중층적 관계에서 나쁜 스캔들을 넘어설 수 있다면 그 방안은 무엇인지, 특히 연약한 타자와의 관계 아래 우리는 어떻게 이타적인 윤리적 주체로 우뚝 설 수 있는지, 또 그 신학적 근거는 무엇인지 조명해보고자 한다.

스캔들 어록의 분포, 범주, 맥락

스캔들 관련 어록은 복음서에 골고루 나오는 편이다. 양적으로 마태복음(13회)과 마가복음(8회)에 상대적으로 많이 나오고 누가복음과 요한복음에는 각각 2회에 불과하다. 각 어록의 이미지와 신학적 함의는 서로 다르지만 타자와의 관계에서 윤리적 규범을 문제 삼고 있다는 점에서는 피차 일맥상통한다.

욕망의 균열과 내부적 스캔들

마태복음의 산상수훈은 오른 눈과 오른손의 지체가 스캔들의 진원지가 되는 사례를 들어 판단 주체의 분열과 과격한 신체 절단이라는 명령을 통해 종말론적 결단의 메시지를 전한다.

만일 네 오른 눈이 너를 스캔들에 빠트리거든 빼어 내버리라. 네 백체 중 하나가 없어지고 온 몸이 지옥에 던져지지 않는 것이 유익하며 또한 만일 네 오른손이 너로 스캔들에 넘어지게 하거든 찍어 내버리라. 네 백체 중 하나가 없어지고 온 몸이 지옥에 던져지지 않는 것이 유익하니라(마 5:29-30).

가정법의 문학적 대칭구조isocolon; chiasm로 짜인 이 어록은 독립적인 전통을 지닌 것으로 추정된다. 이 어록을 유도한 간음이란 주제(마 5:27-28)와 애당초 무관하던 것이 산상수훈의 편집자에 의해 결합되었으리라는 것이다.[1] 그도 그럴 것이 이와 거의 유사한 어록이 마태복음 18:8-9와 마가복음 9:43-48에서는 전혀 다른 주제와 결합된 상태로 제시되고 있기 때문이다. 오른 눈과 오른손 모두 인체의 매우 소중하고 긴요한 기관이다. 오른손은 권위를 나타내는 상징적인 의미가 부가되기도 한다. 간음이란 맥락에서 눈은 이성의 신체를 욕망의 대상으로 삼으며 유혹을 부추기는 작용을 한다. 그것이 마음의 탐욕을 불러일으켜 마침내 간음이라는 죄로 번질 때 이는 곧 스캔들에 걸리는 격이다. 마찬가지 맥락에서 오른손이 저지르는 간음의 사례로 자위 행위 같은 성욕의 해소 작용을 떠올려볼 수 있다. 이러한 경우에 그 오른 눈과 오른손을 제거해 버리는 것이 온 몸이 지옥에 던져지는 것보다 유익하리라는 것이다. 물론 이는 작은 사례로 중요한 사항을 논증하는 방식a minori ad maius의 과장된 수사로 읽는 것이 옳다.[2] 따라서 어록의 액면 그대로 문자적 적용을 명령하는 의미로 풀어서는 안 될 것이다.

그러나 간음이란 맥락과 별도의 독립적인 어록으로 취할 경우 이는 신체의 특정한 지체가 온 몸의 통합된 질서를 어지럽히는 내적인 분열이란 현실을 상정한다. 이는 세밀한 신경조직으로 연결된 유기체로서 몸의 각 지체들이 질서정연하게 상합하여 단일한 판단과 행동을 유발하지 못하는 자기 괴리적 상황이다. 거기서 그 괴리를 만드는 동인은 눈과 손과 같은 특정 지체를 민감하게 달구는 욕망이고 따라서 신체의 분열은 곧 욕망의 분열이라고 할 수 있다. 아울러 상황을 분별하고 판단하는 자아가 혼란에 휩싸인다는 점에서 그 욕망의 분열은 나아가 주체의 분열로 연계된다. 단지 손과 눈의 독립적인 판단 아래 이루어지는 주체 없는 감각의 소동이 아닌 것이다. 이때 문제의 해법은 다른 지체들이 연합하여 그 특정 지체를 다독이거나 꾸짖어 스캔들을 피하도록 이끌어주는 것이다. 이는 분열된 주체의 의식을 다시 통합하는 길이다. 그러나 욕망의 분열 상황이 그 권유를 수용하지 못할 만큼 극렬할 경우 극단적인 선택은 그 특정한 지체를 잘라내어 그것에 감염되지 않도록 하는 길이다. 이는 외과 수술이라는 치료법을 통해 상용화되는 의학적 처방으로 그 고대적 맥락이 반영되어 있는 듯하다.

물론 이러한 내적인 신체의 욕망과 결부된 주체의 분열과 연계된 스캔들의 상황조차 타자와의 관계를 전혀 배제하지는 못한다. 왜냐하면 신체의 특정 지체로 그렇게 욕망의 대상으로 삼은 이웃이 스캔들의 함정에 더불어 빠지게 되기 때문이다. 이는 간음의 경우 무엇보다 가정을 파괴하는 동인이 되며, 그 밖에 다른 상황에서도 제 '온 몸'의 정돈되지 않는 돌발적 스캔들의 상황은 결국 주변의 타자들을 불안하게 만드는 요인으로 작용한다. 그러나 상기 어록이 그 고유한 맥락에서 강조하는 것은 내부적 스캔들의 부정적 결과이다. 종말론적 심판(지옥)의 자리에서 온 몸이 고초를 겪을 수 있기 때문이다. 그러느니 차라리 일부를 희생시키는 것이 낫다는 주장이다. 이는 자기에의 배려가 단순히 욕망에의 배려로서 쾌락의 추구만이 아니라 그 쾌락의 조율 방식으로서 절제라는 경제적 선택을 강조하는 듯하다. 이렇듯 신학이란 마당에서도 경제는 선택과 집중

을 요구한다. 그 선택과 집중의 묘법에 따라 스캔들의 함정에 빠져 생의
불행을 자초하기도 하고, 자기희생을 통해 내부적 균열을 봉합하여 스캔
들 이후의 비극적 종말의 상황을 사전에 극복하기도 한다.

| 충실성의 붕괴와 신뢰의 스캔들 |

복음서에서 또 한편으로 강조하는 스캔들의 요처는 제자들이 따르는
스승 예수와의 관계가 위태롭게 되는 상황이다. 이는 곧 예수를 권위 있
는 선생으로 따르고자 한 초발심의 붕괴 위기 곧 충실성의 위기를 상정
한다. 여기서 나는 이를 '신뢰의 스캔들'이란 범주의 개념으로 정의하고
자 한다. 몇 가지 예를 들어보자.

① 누구든지 나로 말미암아 스캔들에 걸리지 않는 자는 복이 있도다
  하시니라(마 11:6; 눅 7:23).
② 이 사람이 마리아의 아들 목수가 아니냐? 야고보와 요셉과 유다와
  시몬의 형제가 아니냐? 그 누이들이 우리와 함께 여기 있지 아니하
  냐? 하고 예수로 인해 스캔들에 떨어졌다(막 6:3; 마 13:57)
③ 내가 이것을 너희에게 이름은 너희로 스캔들에 넘어지지 않게 하려
  함이니(요 16:1).
④ 베드로가 대답하여 이르되 모두 주로 인해 스캔들에 넘어질지라도
  나는 결코 스캔들에 넘어지지 않겠나이다(마 26:33; 막 14:29).

①은 세례자 요한이 감옥에 갇힌 채 예수의 메시아 됨과 그 진정성을
탐문하는 자리에서 예수가 답변하면서 결론구로 제시한 어록이다. ②는
예수가 고향 나사렛에서 그의 고향 사람들로부터 받은 반응을 요약하는

구절이다. ③은 예수의 고별설교 중 일부로 제자들이 장차 겪게 될 핍박의 현실과 이를 견딜 수 있도록 도와줄 성령의 일을 설명하는 도입부의 구절이다. ④는 예수의 수난에 앞서 제자들의 배반을 예고하는 지점에서 베드로가 자신감을 피력하는 대목의 구절이다. 앞의 구절들은 다양한 상황을 전제하고 있지만 공통적으로 예수와의 인격적 관계를 전제하고 있다. 물론 그 관계의 핵심 요건은 신뢰와 충실성이다.

주지하듯, 세례자 요한에 대한 복음서의 묘사는 메시아의 앞길을 예비하는 사명을 지닌 자이다. '광야의 외치는 자'로서 요한은 자신에게 부여된 '회개의 세례'를 베푸는 사명을 감당했고 그의 체포와 함께 예수는 그가 외친 '하나님 나라가 가까이 왔다'는 케리그마를 계승하여 본격적인 사역에 임한다. 그러나 그는 이제 수감자로 위축된 상태에서 더욱이 바깥의 정보가 차단되면서 예수에 대해서 의문을 품게 된다. 그래서 확인차 제기한 질문이 "오실 그이가 당신이오니까? 우리가 다른 이를 기다리오리까?"(마 11:3)였다. 이에 대한 예수의 답변은 가시적인 하나님 나라의 실현 증거와 함께 자신에게 실족하지 않는 자가 복이 있다는 직설적인 신뢰에의 요청이었다. 여기서 특정한 개인과의 신뢰관계가 스캔들에 걸리는 사유는 마음의 분열 상태인 의심이다. 신체의 감각적 분열이 내부적 주체의 분열을 초래하듯, 마음의 분열은 의심으로 직행한다. 이는 바디우의 논법대로 말하자면 요한을 최초의 진리사건과 함께 도래한 충실성이 훼손될 위기에 빠트리는 것인데,[3] 그것이 곧 신뢰의 스캔들로 이어지는 셈이다. 폐쇄된 환경 가운데 생긴 의심이 세례자 요한이 부대낀 스캔들의 함정이었다면 예수의 체포와 수난이란 상황에서 제자들이 걸릴 법한 스캔들의 난관은 신뢰의 결핍 또는 과잉이었다. 베드로의 큰 소리는 자신이 다른 제자들과 다르다는 어투로 충실성을 과시하지만

 | 신학적 스캔들의 원형: 예수와 바울

그의 그 과잉 신뢰는 곧 신뢰 결핍의 또 다른 얼굴로 판명된다. 그들에게 목숨의 위협이 스캔들의 넘어짐을 유발했다는 점에서 세례자 요한의 위협적 실존과 일맥상통한다. 제자들과 달리 세례자 요한에게는 탈출(또는 탈주)의 통로가 없었을 뿐이다.

①④와 달리 ②③의 경우 스캔들의 요인은 무지이다. 예수의 진정한 정체를 알지 못해서 예수의 고향 사람들은 스캔들에 떨어진다. 그들은 예수를 예전의 어린 시절 모습만으로 이해했고 혈통적 연고관계 내에서 분별했다. 그들의 앎의 반경 내에서 예수는 태생적으로 목수 아버지의 아들로 역시 목수일 뿐, 그 직업 너머/이후의 새로운 모습에는 감감했다. 그 때문에 나사렛의 고향 사람들은 그를 새로운 정체로 발견하고 수용하는 데 장애물이 생겼고 그 장애물에 걸려 뒤틀린 그들의 심사는 거부감이 일었다. ③에서는 장차 다가올 핍박의 상황에 대한 무지가 전제되어 있다. 그 핍박은 아직 미완의 상황이고 성령의 도우심으로 사전에 예방할 수 있다. 그러나 스캔들은 여전히 피치 못할 장애물로 제자들의 앞에 놓여 있다. 성령의 도우심이 없을 경우, 또 성령의 기능을 알지 못하는 상태에서 그들은 그 출교와 살육의 어둔 미래로 인해 예수와의 신뢰 어린 유대관계를 망칠 수 있다.

예수는 하나님을 향한 신뢰의 표상이고 제자들이 하나님을 닮아가는 행실의 사표이다. 그는 적어도 복음서에서 하나님의 아들로서 그 신뢰의 위상이 뚜렷하다. 요한복음 저자의 묘사대로 그가 "길이요 진리요 생명"으로서 하나님을 향한 충실성 또는 순종의 신앙을 대표한다면 그를 믿고 따르는 신뢰의 붕괴는 여러 방면으로 스캔들의 요처로 인식된다. 이는 마음의 분열과 함께 찾아드는 의심, 일신의 안위가 급박한 나머지 생기는 배신, 그리고 무지로 인한 무시와 불안이 만드는 신뢰 관계의 아킬레스건이라 할 수 있다. 예수는 이로써 이미 복음서의 단계에서 스캔들의 잠재적 출처로 기록된다. 그것은 분명 나쁜 스캔들이지만, 추후 십자가의 스캔들을 통한 전복적 통찰을 선사하는 바울 신학의 진보적 관점을 예비하는 스캔들의 역동적 자산이라 평가할 수 있다.

| 연약한 타자의 외면과 배제의 스캔들 |

예수의 어록에서 가장 힘차게 기록된 스캔들의 동사는 연약한 타자, 이른바 '작은 자'를 향해 저질러지는 행태로써 표현된다. 이는 선행하는 두 가지 사례와 마찬가지로 나쁜 스캔들로 제시되지만 예수와의 신뢰적 관계와 달리 이 범주의 스캔들은 타자의 윤리를 역으로 조명하는 개념으로 선명하게 드러난다. 다음의 어록이 그 대표적인 사례이다.

또 누구든지 나를 믿는 이 작은 자들 중 하나라도 스캔들에 걸리게 하면 차라리 연자맷돌이 그 목에 매여 바다에 던져지는 것이 나으리라(막 9:42).

이 어록은 마가복음의 맥락에서 그리스도에 속한 자에게 물 한 그릇이라도 주면 결코 상을 잃지 않으리라는 또 다른 선행 어록과 대칭 구조를 이루고 있다. 이는 또다시 "우리를 반대하는 자"와 "우리를 위하는 자"의 범주 설정에 연이어 배치되어 있는데, 그와 관련된 상황은 어떤 익명의 사람이 주의 이름으로 축귀 활동을 하는 것을 두고 제자들이 금한 적이 있었다는 것이다(막 9:38-40). 물론 이러한 상황은 제자들 가운데 누가 큰지 논쟁하는 그 직전의 에피소드와 어린아이의 영접에 대한 교훈(막 9:33-37)에 연이어 등장한다는 점에서 앞의 '작은 자들'이 누구인지 그 정체에 대한 논란을 낳을 수 있다.[4]

제자들로 취할 경우 그 작은 자들을 스캔들에 걸리게 한다는 것은 그들의 헐벗은 처지를 무시하고 영접하지 않는 모욕적 언행과 이에 따른 제자들의 참담한 굴욕을 가리키는 것일 터이다. 주지하듯, 예수의 제자들은 가족과 재산을 떠나면서 자발적 무소유의 삶을 추구하였다. 완벽하게 그 이념적 목표가 그들의 일상 가운데 실현되지 않았을지라도 그들의 그러한 자발적 가난은 후원자를 필요로 하였을 것이다. 그렇지 못할 경우, 즉 그들의 생계를 위한 도움이 거절당하는 경우, 그것은 종말론적 징표로서 기꺼이 뜨거운 상징이 된 제자들의 입장에서 수치와 모욕의 경험이었을 것이다. 예의 어록은 제자들의 정당성을 옹호하면서 그들의 생계 보전을 위한 주변인들의 윤리적 의무를 강력하게 표현한 것으로 해석할 수 있다. 반면 그 작은 자들을 그리스도교 공동체 내의 어린아이들로 읽을 때, 그들을 스캔들에 떨어트린다는 것은 아이들과 성적인 방식으로 관계를 맺는 행위를 암시한다. 이는 유대교 전통에서 가혹한 징벌의 대상으로 거론되었거니와(시락 9:5; 솔로몬시편 16:7), 그들은 종말의 심판에서 영원한 형벌을 받느니 미리 이 땅의 생명을 그렇게 가혹하게 마감하는 편이 차라리 낳으리라는 지적이다.[5] 그 어느 쪽으로 읽든, 이 어록은 세상의 거친 삶의 현실에서 무방비로 노출된 여린 생명을 보호해야 하는 공동체의 윤리적 의무를 강조하고 있다.

한편 마태복음은 이 구절을 천국에 들어가기 합당한 자격으로 어린아이를 예로 들면서 마가복음의 '그리스도에 속한 자'를 '어린아이'로, '물 한 그릇'의 대접을 그를 '영접'하는 것으로 바꾸어 편집한다. 아울러 예의 스캔들 관련 어록을 앞서 산상수훈에서 나온 신체의 스캔들 어록과 뒤섞어 부연 설명하고 또 권면하면서 스캔들의 현상에 대한 나름의 관점을 드러낸다.

스캔들에 빠지게 하는 일이 있음으로 말미암아 세상에 화가 있도다. 스캔들에 빠트리는 일이 없을 수는 없으나 스캔들에 빠트리는 그 사람에게는 화가 있도다(마 18:7).

삼가 이 작은 자 중의 하나도 업신여기지 말라. 너희에게 말하노니 그들의 천사들이 하늘에서 하늘에 계신 내 아버지의 얼굴을 항상 뵈옵느니라(마 18:10).

세상의 화는 스캔들에 빠지게 하는 행태에서 연유한다. 특히 작은 자들을 대상으로 스캔들을 만들어내는 일은 세상을 특징짓는 중요한 요소이다. 세상은 약육강식 적자생존의 정글 논리가 지배하는 동물적 욕망의 현장이기 때문이다. 거기서 한 생명이 다른 생명에게 보호막이 되기보다 장애물과 함정이 되는 억압과 살육, 모욕과 상처의 왜곡된 관계가 파생된다. 그러한 불가피한 세상의 현실에서 연약한 생명을 괴롭히는 스캔들의 장본인은 화를 피할 길이 없다. 외관상 아무리 볼품없고 연약할지라도 그들을 지키는 천사들이 있기 때문이다. 그들이 항상 하늘 아버지를 대면한다는 것은 작은 자들의 안위에 대한 신적인 관심과 배려를 암시한다. 이로써 이 땅에서 학대받는 연약한 타자들의 곤경은 하늘을 통해 위로받을 길이 열린다. 그 신적인 보호와 위안의 열린 통로야말로 이 땅에서 연약한 생명을 배제하기보다 포용하고 보살펴주어야 할 윤리적 의무를 정당화하는 신학적 기제이다. 그 의무를 이행하는 동안, 그 의무의 윤리적 진정성만큼 불가피한 스캔들의 세속적 현실은 지연되고 제어된다.

 | 신학적 스캔들의 원형: 예수와 바울

스캔들 어록의 인문 신학적 함의

예수의 스캔들 어록은 일차적으로 신학적 논의의 대상이 된다. 그러나 그 신학은 전통 신학의 틀을 벗어나 새로운 인간학의 지식과 접맥될 수 있다. 그 돌파구를 연 선구적 학자가 르네 지라르이다. 그의 명민한 이론 모델은 복음서의 스캔들을 재조명할 수 있는 방법을 개척했다. 물론 그 한계 역시 지적해야 한다. 이로써 우리는 스캔들의 부정성을 인문적 균형 감각으로 조율하여 신학의 밑절미로 삼아야 할 것이다.

| 르네 지라르의 스캔들론 |

프랑스 출신 인류학자로 학문의 여정을 시작하여 폭력과 욕망, 희생양 등에 대한 창조적인 이론을 수립한 르네 지라르René Girard는 '스캔들'을 중요한 문화신학적 개념으로 주목한 최초의 인물이다. 더욱 흥미로운 점은 그가 바로 그 '스캔들' 개념을 이해하는 전거를 신약성서에서 취하고 있다는 것이다. 물론 그의 그런 이해가 얼마나 보편타당한 해석에 근거하고 있느냐 하는 점은 별도로 따져봐야 할 터이다. 그러나 그는 오늘날 인문학의 대가들 가운데 그리스도교와 성서에 대한 호의적인 입장을 취하면서 여타의 신화들과 대범하게 차별화히는 매우 희귀한 학자이다.

그의 스캔들 개념을 이해하기 위해서는 먼저 그의 제반 이론에 중요한 출발점이 되는 모방 욕망, 폭력과 희생양 등의 개념을 살펴보아야 한다.[6] 그는 폭력의 기원을 논하면서 그것을 계급 갈등과 지배로 보는 정치적 입장이나 죽음에 대한 공포로 말미암는 인간 특유의 본능적 공격성으로 보는 생물학적 정신분석학적 입장과 달리 '모방적 경쟁관계'로 파악했다. 이 이론에 따르면 인간은 무엇을 욕망할 때 그 대상과의 직접적인 관계 아래 그것을 일대일의 구도로 욕망하지 않고 타인이 욕망하는 것을 욕망한다. 즉 제3의 타인이 욕망의 매개로 개입하여 그와의 모방적 경쟁관계를 통해 그 욕망을 부추긴다는 것이다. 그 경쟁관계는 욕망을 부풀리고 마침내 선망과 질시, 원한과 갈등을 증폭시키면서 제3의 타인을 '짝패'로 만든다. 인간 사회에서 그 모방적 경쟁관계의 소용돌이는 만인 대 만인의 투쟁을 부르고 이를 해소하기 위한 지혜의 처방으로 그 경쟁의 갈등관계를 만인 대 일인의 구도로 바꾸어놓았으니 그것이 바로 '희생양'이다. 고대로부터 지금까지 한 집단의 모방적 경쟁의 소용돌이가 정점에 달할 때, 그 폭력은 희생양을 지목하여 그에게 만장일치적 폭력을 행사함으로써 그 폭력을 진정시키는 효과를 거두곤 하였다.[7]

그런데 이 모든 과정에서 고대의 모든 신화들은 그 희생양을 유죄로 인정하여 내부의 모방적 경쟁관계와 거기에 잠재된 폭력의 욕망을 은폐하지만, 오로지 성서만이 그 희생양은 무죄라고 선언한다. 그 희생양의 정점에 십자가에 달려 죽은 예수가 있고, 예수는 아무것도 모방하지 않는 하나님을 모방함으로써 그 모방적 경쟁관계에 따라 악순환하는 폭력의 사슬에서 벗어났다. 이와 같이 예수가 보여준 대안은 아무것도 욕망의 대상으로 모방하지 않는 하나님을 모방하는 것이다. 그것이 바로 '하나님 닮기'의 신앙적 표본인데, 실제로 예수는 그 표본을 자신의 삶과 죽음을 통해 이행함으로써 모방적 경쟁과 폭력의 악순환을 중단시켰다. 가령, 악한 사람과 착한 사람에게 자신의 햇빛을 비추어주는 것, 가을 추수 때까지 알곡과 가라지를 함께 자라도록 내버려두는 선택, 인간이 하나님의 이러한 공평무사함을 모방한다면 모방의 사이클로부터 벗어날 수 있으리라는 것이다.

이러한 논의의 맥락에서 지라르는 모방적 경쟁관계를 '스캔들'이라고 정의한다.[8] 나아가 그는 스캔들을 사탄과 근본적으로 동일한 것이라고 규정한다. 이러한 동일시는 베드로가 예수의 십자가 수난을 가로막는 장애물로 나서자 그를 향해 '사탄아 물러가라'고 일갈한 복음서의 에피소드(막 8:27-38)에 기초해 있다. 하나님의 길과 사탄의 길이란 교차로에서 베드로는 권력을 숭상하는 사탄의 길을 택함으로써 예수 앞에 '장애물' 곧 모방적 경쟁 구조로서 스캔들을 만들었다는 것이다. 여기서 베드로는 "스캔들을 뿌리는 자, 즉 사람들로 하여금 경쟁적인 모델을 위해 하나님을 저버리게 하는 사탄"[9]과 다를 바 없다. 이와 같이 "사탄은 스캔들이라는 씨를 뿌린 다음 모방 위기라는 혼란을 거두어들인다."[10]

지라르의 관점에서 하나님과 사탄은 두 개의 '원형 모델'로 제시된다. 전자의 모델은 탐욕이 적어서 어떤 것도 경쟁적으로 욕망하지 않는다. 따라서 그 추종자들 역시 장애물이나 경쟁자로서 모방적 경쟁이라는 스캔들을 만들지 않는다. 반면 후자의 경우는 탐욕이 아주 큰 탓으로 그 추종자들에게 직접적인 영향을 끼치고 마침내 그들을 악마와 같은 장애물로 만들어버린다.[11] 심지어 후자의 모델은 모방 폭력을 종식시키는 희생양에게 유죄라고 믿도록 설득함으로써 그 이후에도 모방적 경쟁의 구도를 계속 반복하며 부가하도록 만든다.

지라르는 모방 욕망이 인간성과 자유의 본능을 특징짓는 필수적인 것이라고 여기듯이 스캔들 역시 일어나기 마련이라고 그 불가피성을 인정한다. 또한 그는 운용하기에 따라 모방 욕망은 인간을 동물적 본능에서 벗어나게 해주는 좋은 것이 될 수 있다고 본다. 이를테면 모방 욕망은 "우리 안에 있는 최선과 최악의 것에 대한 원인"[12]으로 인간을 동물보다 우월하게 만들 수도 있고 동물 이하의 존재로 전락시킬 수도 있다는 것이다. 그러나 끝없는 모방적 경쟁관계로서의 이 스캔들은 우리가 물리칠

수록 더 매력적으로 우리를 끌어당기면서 선망, 질투, 원한, 증오와 같은 해로운 독소를 퍼트리며 경쟁자들뿐 아니라 그 주변 사람들에게까지 강박적으로 반복된다. 오늘날에도 이 스캔들은 인간의 영광과 권력 욕구를 매개로 정치, 군사, 경제, 스포츠, 예술, 지성, 종교 등 삶의 제반 영역으로 파급되어 광범위하게 감염시키면서 모방 위기를 악화시키고 있다.[13]

지라르의 이러한 스캔들 이론은 오로지 모방적 경쟁관계라는 단 하나의 초점으로 수렴된다.[14] 이 단순 명료한 관점이 성서의 스캔들 관련 텍스트를 참신하게 재조명할 수 있는 비평적 안목을 제공한 점은 충분히 인정된다. 특히 나쁜 스캔들의 출처로서 모방적 경쟁의 구조와 그 폭력적 성격을 규명한 점은 탁월한 성취로 평가할 만하다. 실제로 오늘날 성서 연구자들과 신학자들, 그리고 목회자들은 여전히 믿음을 중시하고 소망과 사랑을 역설하지만 그것이 제도화된 사회와 교회의 삶의 자리 가운데 모방적 경쟁관계에 함몰된 강박적 반복의 측면을 내장하고 있음을 통찰하지 못한다. 또한 평화와 정의의 구호를 즐겨 표방하지만 그것을 실천하는 조직 내부의 체계와 제 삶의 일상적 맥락에 스며든 폭력의 정체를 단호히 적발하는 데 둔감한 편이다. 교회 공동체 역시 사회의 생리를 닮아 배타적 자기동일성의 가치체계로 묶여 여전히 경쟁을 부추기고 내부의 단속과 갈등의 해소를 위해 부단히 희생양을 구한다. 물론 정결의 논리와 공동체의 생존이 그 희생양 처단의 명분이다. 이러한 현실에 비추어 지라르의 통찰이 시사하는 바는 매우 크다고 할 것이다. 그리스도교의 믿음이 성서의 메시지를 내세워 지향해야 할 궁극적인 가치의 '구조'를 보여주었다는 점이 가장 도전적이다. 나아가 그의 이론은 기왕의 역사를 통해 그리스도교가 실행한 구원의 은총, 신적인 사랑이 신의 본래 속성을 배제한 채 얼마나 폭력적이었는지 성찰할 수 있는 효율적인 이론적 기제로 활용될 수도 있다. 특히, 그의 스캔들 이론은 오늘날 교회 안팎의 대중문화에 스며든 인간의 욕망 구조를 투시하여 그 은폐된 폭력과 왜곡된 욕망의 현실을 반성하는 노력에 매우 요긴한 지적인 양식이 아닐 수 없다.

그러나 그의 모방적 욕망과 폭력 이론에는 무비판적 모방의 그늘도 엿보인다. 그는 그 모방적 경쟁관계가 왜 생겨나고 스캔들로서 그 부정적 성격이 신학적으로 어떻게 규명되어야 하는가에 대해서는 진지한 탐구를 결여하고 있다. 이 점에서 그는 '스캔들＝모방적 경쟁＝사탄'이라는 등식을 가지고 모든 것을 설명하려는 환원주의의 함정을 스스로 반복적으로 확대·모방·증폭함으로써 또 다른 측면에서 이론적 장애물을 놓는 것은 아닌가 하는 혐의를 풍긴다. 이는 결국 그의 이론에 내장된 구조주의의 한계와 일정한 연관이 있어 보인다. 더구나 그는 예수의 관련 어록과 에피소드를 특정한 메타포를 중심으로 도식적으로 이해한 나머지 그 자료들의 비평적 함의를 충분히 살리지 못한 약점을 드러내고 있다. 요컨대, 그는 복음서를 비롯한 성서의 자료를 모델화하는 데는 성공했지만, 그 이론의 내용을 풍성한 해석으로 채우는 데는 취약하다는 것이다. 관련 자료가 사용된 맥락에 대한 세밀한 분석의 결여와 성서비평적 이론의 무시로 인한 공백이 크기 때문이다.

| 스캔들의 부정성과 그 신학적 함의 |

지라르는 신체의 지체가 만드는 스캔들에 대한 예수의 과격한 어록과 관련하여 "스캔들은 아주 무서운 것이기 때문에 예수는 이를 경고하기 위해 평소에 잘 쓰지 않던 과장된 어조를 사용하고 있다"[15]고 지적한다.

이는 앞서 지적한 대로 분명 '과장된 어조'이다. 그런데 그 '무서운' 내용이 무엇일까. 이 대목에서 우리는 지라르가 시종 일관 강조하는 '모방 전염'의 우려를 지적할 수 있다. 눈이든, 손이든, 한 지체의 욕망이 타자를 향할 때 그것이 다른 지체들을 감염시킬 수 있는 여지는 크다. 오른 눈이 왼 눈을 부추기고 그것이 내면의 심장을 달구고 또 사지를 충동하여 온 몸이 집중된 에너지로 타자를 탐욕의 대상으로 삼는 경우가 많기 때문이다. 이는 비유적 어법을 빌려 신체의 각 지체들 간에 벌어지는 모방적 경쟁관계와 충동적 상승 작용의 사례로 조명할 수 있을 듯하다. 그런데, 이 모방의 소용돌이를 제어하기 위해 단절하는 눈이나 손을 희생양이라고 할 수 있을까? 또 그 희생양을 무죄하다고 선포할 수 있을까? 여기서 지라르는 희생양의 예외적 경우, 즉 그 희생양이 유죄일 수 있고 따라서 그 배제가 '희생'과 무관한 단속과 징벌의 정당한 선택일 수 있는 가능성을 보지 못한다. 그런데 의외로 그런 예외적 가능성이 우리 사회에서 그리 희박하지 않다는 점이 놀랍다.[16]

한편 잘라버리고 찍어내야 할 손과 눈이 스캔들의 주역임에도 불구하고 그것은 또 다른 스캔들로 대치되거나 해소될 수 없는 점이 주목되어야 한다. 즉, 욕망의 분열은 대치를 불필요하게 만든다는 것이다. 지라르가 언급한 욕망의 삼각형 구도는 고정 불변이 아니라 다양하게 분기하되, 모방을 일삼는 욕망과 모방을 끊는 욕망, 그리고 그 사이의 다채로운 어중간한 선택의 욕망으로 해체되고 통합되기를 반복한다는 것이다. 스캔들의 무서움은 그 해체와 통합의 반복적 과정에서 욕망이 선택과 결단을 한없이 유보한 채 주체의 입지를 살리지 못하기 때문에 생겨난다. 주체의 탄생 이전 분열된 욕망은 한없는 무감각과 무기력, 무성찰과 무결단의 식물성 인간과 동물성 인간의 상태를 방치해둘 터이기 때문이다.

한편 충실성의 붕괴로 인한 예수와의 신뢰 관계가 스캔들에 떨어지는 경우, 그 스캔들의 부정성은 또 다른 욕망의 지형을 보여준다. 세례자 요한과 예수의 관계, 나사렛 고향 사람들과 예수의 관계, 그리고 제자들(베드로)과 예수의 관계에서 그들은 서로를 전혀 욕망하지 않으려는 욕망으로 스캔들을 초래한다. 양자 간의 관계를 매개하는 제3의 타자는 외관상 보이지 않는다. 잠재적 가능태를 따질 때 세례자 요한에게 예수를 대신하는 '또 다른 이'가 이른바 '짝패'일 수 있다. 그러나 그 익명의 타자는 예수에 대한 선망과 질시를 낳는 모방적 경쟁의 상대가 아니라, 외려 예수를 의심하며 덜 욕망하게 만드는 신뢰 역행의 요인이다.

나사렛 고향 사람들의 스캔들 역시 예수가 옛 시절 목수였던 기억과 그 태생적 연고를 근거로 현재 그가 보인 기적의 비중을 약화시킨다. 욕망의 감퇴와 불신의 기제로 과거의 기억과 고정관념이 작용하는 셈이다. 여기서 그들이 겪는 스캔들의 정체는 과거의 고루한 기억과 현재의 기발한 모습 사이에서 빚어지는 균열일 수도 있고, 예수의 태생적 배경에 대한 과거의 기억―목수 예수―에 집착함으로써 발생하는 실망감의 결과일 수도 있다. 그 어떤 경우든, 여기에서도 고향 사람들과 예수 사이의 관계에서도 서로간의 욕망을 부추기는 모방적 경쟁상대는 확연히 드러나지 않는다. 아마 그들 역시 위대한 군사적 영웅이나 정치 지도자로서 왕족의 위엄을 갖춘 또 다른 메시아의 이미지가 그들의 상상력 가운데 잠재적 짝패로 작용했을지 모른다. 그러나 그러한 막연한 상대를 상정하기에 양자의 신뢰 관계를 매개하는 욕망의 결핍은 심각한 수준으로 보인다. 도리어 욕망의 결핍이 스캔들을 낳는 또 다른 사례인 것이다.

예수와 제자들의 관계에서 빚어지는 스캔들의 실체는 욕망의 결핍보다는 욕망의 상실이란 편이 더 어울리는 사례로 볼 수 있다. 물론 이는 베드로의 호언장담이 시사하듯 과잉 욕망으로 빚어진 역전의 파행에 해당한다. 제자들 간에 있었던 누가 더 크냐는 논쟁(막 9:33-34)은 분명 그들 가운데 모방적 경쟁관계 아래 스캔들이 싹텄을 가능성을 시사한다. 베드로의 장담은 그 경쟁에서 압도적인 우위를 점하려는 이른바 '선수치기'의 전략이었을 것이다. 그러나 그 모든 경쟁의 구도는 그들 간의 모방 폭력을 낳지 않았다. 그 대신 제자들에게 스캔들은 욕망의 상실과 함께 신뢰의 상실로 이어졌고, 이 점에서 그들의 스캔들은 모방을 배제하는 수동적인 퇴거의 형태로 드러났다. 물론 훗날의 사정은 또 다른 역전을 예비했다. 베드로의 경우가 대표적이지만 그들의 배신은 참회와 함께 새로운 자기 갱신의 활로를 찾았던 것이다.[17] 예수에게 폭력을 전가한 것은 스캔들의 장본인이었던 제자들이 아니라 익명의 유대인과 그들을 사주한 대제사장 등의 유대교 지도자들이었다. 이렇듯, 예수의 수난과 죽음에 있어서 폭력은 내부의 모방적 경쟁관계의 스캔들과 무관한 외부로부터 온 것이다.

또 다른 범주로 설정한 연약한 타자와의 관계에서 강자가 범하는 스캔들의 사례는 배제의 욕망을 넘어서는 포용의 윤리로 특징지을 수 있다. 이는 지라르의 통찰대로 아무것도 욕망하지 않는 하나님을 모방하여 연약한 타자를 환대하며 배려하는 선택이다. 하나님이 '고아와 과부의 보호자'라는 전통적 믿음대로 하나님은 그 연약한 '작은 자들'을 향해 상대적으로 더 강하게 욕망한다고 볼 수 있다. 그러나 그 욕망은 권력과 영광을 매개로 질시와 원한과 선망과 증오 따위를 퍼뜨리는 스캔들의 출처가 아니다. 실상은 그 반대이다. 즉, 작은 자를 다독여 부추겨주고 격려하며 보호하려는 균형 감각이 그들을 향한 배려란 차원에서 발진한 긍정적 욕망의 결과라는 것이다. 그런데, 그 '작은 자들'을 부정적으로 욕망하는(탐욕의 대상으로 삼는) 강한 자들의 속셈은 무엇일까? 그것은 어린 아이를 성적 욕망의 노리개로 삼는 경우든, 박탈과 결핍에 처한 제자들의 생계를 방기한 채 외면하는 것이든, 그들에게 가해지는 폭력은 모방적 욕망의 경쟁관계와 달리 현실적 존재 자체의 배제 또는 가학적 욕구의 해소 장치로서 자리매김될 수 있다. 그것은 타자의 윤리에 가장 치명적인 스캔들이란 점에서 그들의 천사가 배려하고 그들의 하나님이 이해하는 관점의 신학적 차원을 개입시키지 않은 상태에서 욕망론적 차원만으로는 설명되기 어렵다.

한편 연약한 타자가 험악한 꼴을 보는 스캔들이 없을 수 없다는 그 불가피한 현실의 긍정을 운명론적 당위로 치부해서는 곤란하다. 그 현실의 중심부에는 항상 가해자와 피해자라는 구체적인 사람이 있고 그들의 욕망과 함께 그 욕망을 반성하며 분열하는 욕망의 잔가지들이 많기 때문이다. 동시에 그 욕망을 초월하려는 욕망, 욕망하지 않으려는 욕망 부재의 욕망까지 감안할 때 스캔들·사탄·모방적 욕망의 경쟁관계를 등치시키고 아무것도 욕망하지 않는 하나님(그리스도)을 모방하라는 막연한 도식적 관점으로는 연약한 타자와 스캔들의 악연을 제어할 길은 요원해 보인다.

약한 타자와 나쁜 스캔들의 악연 깨기

예수의 스캔들 관련 어록이 약자와의 관계 또는 신뢰의 위기 상황에만 국한되는 것은 아니다. 예수의 가르침은 또한 강자와의 관계에서도 모종의 스캔들로 작동한다. 가령, 예수의 특정 가르침은 바리새인들을 스캔들에 넘어지게 하고(마 15:12), 그의 특정 행동이 세상 임금을 스캔들에 걸리게 할 수도 있다(마 17:27). 전자의 경우는 이미 발생한 현실이고 후자의 경우는 가능하지만 억제되고 있는 상황이다. 예수와 복음서 저자는 이 스캔들의 현실과 관련하여 선명한 입장을 취하고 있지 않다. 전자와 관련하여 예수는 다만 그 사실을 우회적으로 인정할 뿐이고, 후자와 관련해서는 세금을 납부할 의무가 없지만 납부하기로 행동을 굳힘으로써 세상 임금을 스캔들에서 구제하고 있다. 전자의 어록에 이어 바리새인들을 지칭하여 "맹인이 되어 맹인을 인도하는 자"(마 15:14)로 규정한 점으로 미루어 그는 그들의 스캔들 경험을 당연히 여기는 듯하다. 그러나 실제로는 그들이 스캔들에 걸린 것 자체보다 왜 걸렸는지에 더 관심을 보인다.

상대적으로 강한 자들과의 관계에서 그들을 스캔들에 넘어지게 하는 것은 메타포로 사용된 신체의 일부나 인격이 아니라 예수의 가르침이나 행태이다. 그러나 약한 자들과의 관계에서 스캔들의 출처는 독립적 인격체들 간의 신뢰 자체가 된다. 최초의 진리 사건에 연유하는 충실성이 그 신뢰의 존재론적 토대이다. 이는 기대와 만남을 통한 인격적 사귐 가운데 발생하고 공동의 이상을 추구하면서 서로 의지하는 유기체적 연대를 통해 작동한다. 그러나 주체의 혼란과 마음의 분열은 모방적 경쟁관계 아래 제3의 타자에 의한 매개 작용 없이도 신뢰를 유린하면서 충실성의 관계를 파괴한다. 이는 모방적 욕망의 소용돌이가 부정적 스캔들을 야기하는 경우와 달리 외려 욕망하지 않으려는 욕망이 관계의 영도를 초래하는 또 다른 상황이다.

그 욕망의 결핍이 약한 자들과 작은 자들을 배제하거나 괴롭히는 충격으로 작용할 때 스캔들은 모방적 욕망의 단절만으로 극복될 수 없다. 죄

없는 희생양의 반복적 선언만으로도 그들은 스캔들에서 저절로 구제되
지 않는다. 이는 타자의 욕망론이 의도하는 탐욕의 관계를 넘어 타자의
윤리학으로 나아가 연약한 이웃을 향한 적극적 의욕의 관계를 구축할 때
희망의 가능성을 보인다. 그때 비로소 내 이웃을 내 몸같이 사랑할 수 있
는 욕망의 거듭남을 기대할 수 있기 때문이다. 여기서 모방적 경쟁과 폭
력을 부추기는 '짝패'는 소멸하고 분열하는 자아의 반성하는 성찰적 의
식이 욕망의 틈새를 내며 스캔들의 위기에 노출된 작은 자들을 살피고
보호하는 매개적 타자로 기능한다.

스캔들·사탄·모방적 욕망을 등치시킨 지라르의 이론적 구도는 분
명히 그리스도교의 규범과 성서의 메시지를 새롭게 조명하는 인간학적
인 심연을 열어보였다. 교회와 사회 공동체 내에 표방된 사랑과 구원,
평화와 정의의 한구석에 도사린 폭력의 욕망을 발견할 수 있는 심오한
통찰을 선사한 것도 사실이다. 그러나 그의 삼각형 욕망 모델과 모방적
경쟁관계에 터한 폭력의 기원론은 희생양조차 되지 못한 채 배제되는 연
약한 자들을 위한 타자의 윤리를 정초하는 데 또 다른 스캔들로 작용할
위험이 있다. 왜냐하면, 앞서 예수의 관련 어록에 대한 분석이 시사하듯
이 모방 욕망의 단절은 아무것도 모방하지 않는 하나님을 모방하는 원론
의 인식으로는 실현 가능성이 전무하기 때문이다. 오히려 욕망의 존재인
인간이 그 욕망을 반성하는 타자를 자신의 분열하는 욕망의 틈새에서 발
견하여 그로써 이타적인 타자의 윤리를 생성할 때 모방적 경쟁을 부추기
는 '탐욕'은 비로소 건강한 개입의 '의욕'으로 전환될 수 있다. 동시에
질시와 갈등의 타자인 '짝패'는 반성하는 자기 안의 타자로 변신할 여지
를 얻는다.

게다가 강자와의 관계에서 스캔들이 묵과될 수 있는 것은 이때 스캔들

이 전복적인 도전으로서의 동력을 창출할 수 있기 때문이다. 예수와 복음서는 이를 모호하게 암시했을 뿐이지만, 오늘날 스캔들의 부정성은 마냥 부정적이지만은 않다. 그만큼 우리의 내부와 외부에는 연약한 타자의 윤리를 정상 가동시키기 위해 넘어뜨려야 할 강고한 체제와 은폐된 권력이 많기 때문이다. 이로부터 스캔들은 정치 신학적 개념으로 확산된다. 이러한 맥락에서 약한 타자와 나쁜 스캔들의 구조화된 악연은 중층적 성찰의 계기를 얻고 마침내 해체의 희망을 보게 된다.

침묵과 절규
– 수난사화에 얽힌 이중적 스캔들

절규와 침묵 – 수난의 두 메아리

고난과 고통에 대응하는 인간의 방식은 단순한 듯 보이지만 단순치 않은 속내를 감추고 있다. 육체의 욕망에 관한 한 모든 고난은 불온하다. 그래서 그 통증의 감각이 구체적으로 체험되는 육신은 그로부터 벗어나려 몸부림치게 마련이다. 그것이 다양한 몸짓과 표정을 동반하면서 비명, 절규, 탄식 등의 반응을 유발한다. 거기에는 일단 그 고통을 겪는 자신의 신세에 대한 한스러움의 토로가 담겨 있지만 그 고통을 유발하는 데 일조한 타인들이나 이런저런 조건들에 대한 항변의 어조가 실리기도 한다. 그러나 다른 한편으로 사람들은 여러 가지 배경과 이유로 고난 앞에 조용히 침묵을 택하기도 한다. 그 침묵의 의미는 추론컨대 다양할 터이다. 체념일 수도 있고 성찰일 수도 있다. 혹은 막연하지만 겸손한 희망의 표현일 수도 있고 은근한 저항의 표시일 수도 있다.[1]

육체적 통증이든, 정신적 고충이든, 한 생명의 안녕을 위협하는 감각적인 자극이 구체적인 억압으로 다가올 때 우리가 그것을 성찰할 여유를 갖기란 쉽지 않다. 그 타격을 회피하거나 그 충격으로부터 심신을 추스르느라 워낙 정신없는 터라 시간적 여유와 함께 넉넉한 심적인 여백을 확보할 수 없기 때문이다. 그러나 자신의 고통을 애써 감내하면서 그 성찰의 거리가 확보되면 그 순간부터 단말마의 비명 이외에 다른 반응들이 생겨난다. 무엇보다 먼저 당사자는 그 고통의 원인과 배경을 따져보게 되고 그 현실로부터 벗어날 방도를 강구하게 된다. 그리 쉽게 단숨에 그 현실에서 벗어나지 못할 경우 현재 당하는 그 곤경의 있을 법한 의미를 궁구하며 비로소 '왜'를 묻게 되고 그 불가해한 수수께끼 앞에 좌절 어린 신음과 탄식을 토해낸다. 그것이 대체적인 인지상정의 귀결이지만 그 끄트머리에 혹은 그 불가피성을 자신의 운명과 연계시켜 수긍하는 지경에 이르기도 한다.

이 글에서는 이러한 논의의 맥락을 예수의 수난 경험과 연관시켜보고자 한다. 그가 온 몸으로 겪은 수난의 의미는 그의 몸이 체감한 고난의 내용과 무관하지 않다는 전제 아래 예수는 자신의 수난이 코앞에 닥친 상황에서, 또 그 수난의 과정을 자신의 몸으로 통과해나가는 과정에서 왜 침묵했는지, 또 왜 절규하며 탄식했는지 그 의미의 저변을 살펴보고자 하는 것이다. 예수의 수난과 죽음은 그의 하나님 나라 사역을 갈릴리 지역에서 일단 중단시킨 장애물이었다는 점에서 평범한 의미의 '스캔들'로 볼 수 있다. 그 '중단'은 물론 십자가 죽음을 그 사역의 성취로 보

 | 신학적 스캔들의 원형: 예수와 바울

는 신학적 관점에서 '일단락'이고 '완성'으로 바꾸어 표현할 수 있지만, 한 개체의 생명으로서는 분명 중단이고 단절의 경험이었을 것이다. 이러한 판단은 예수가 자신의 인간성에 충실한 욕망의 존재였다는 기준에 비추어 자신의 생명이 그 부당하고 불온한 고난과 죽음의 족쇄에서 벗어나길 갈구했음을 시사한다. 그리하여 아무리 만유를 구원할 메시아적 소명의 자의식을 그가 품고 있었다고 할지라도 자신에 대한 배려 차원에서 제 일신의 생명을 그 파탄의 수렁에서 구해내고자 하는 나름의 동력이 전혀 없었을 리 만무하다. 이는 예수가 자신의 치열한 수난과 죽음에 대해 반응한 외견상 수상할 것 없는 절규와 침묵이 왜 비범한 인간론적 해석의 관건이 될 수 있는지 증언한다. 이 장은 복음서의 자료가 제시하는 선에서 예수의 그 두 반응이 보여주는 스캔들의 이중성을 조심스럽게 드러내는 작업이 될 것이다. 그 이중성은 역사적 인간 예수의 이중성일 뿐 아니라 그에게 억지로 수난과 죽임의 족쇄를 채운 가해자들과 그들을 둘러싼 상황의 이중성이기도 할 것이다. 곰곰이 살피면 이는 또한 오늘날 다양한 수난의 잠재적 상황을 살아내야 하는 우리 자신들의 이중성과도 긴밀히 내통하는 또 다른 수난신학의 맥점이 될 수 있으리라 생각한다.

수난과 절규, 그 정직한 인간화의 길

예수는 다가오는 수난의 체감도가 높아져올 때 탄식과 절규로 반응했다. 이는 겟세마네 이야기의 기도 장면에서 극명하게 드러나는데,[2] 십자가에서 또 한 차례 정점에 이르렀다. 이 두 절규의 신학적 의미를 살펴보기로 하자.

겟세마네 이야기만큼 예수의 수난에 대한 체감지수가 높이 느껴지는 곳도 없을 것이다. 공관복음서 전승에 따르면 그는 제자들과 마지막 식사를 나눈 뒤 감람산의 한 구석에 위치한 겟세마네라는 곳으로 들어가 기도했다. '겟세마네'(기름 짜는 틀)라는 지명이 암시하듯,[3] 그는 이 공간에서 매우 치열한 자기와의 싸움을 벌인 것으로 기록되어 있다. 물론 그것은 기도를 통한 싸움이었고 결국 하나님의 뜻과 자신의 뜻 사이에 놓인 균열을 넘어서려는 싸움이었다. 나아가 그 싸움은 자신의 육체적 생명이 처한 한계 상황을 돌파하려는 불가피한 욕망과 의지의 각축전이었다고 볼 수 있다.[4] 죽음에 접근해나가는 이런 삶의 자리에서 탄식과 절규가 나오지 않을 리 없었을 터이다.

겟세마네에 당도한 예수는 비로소 자신에게 닥친 죽음의 운명을 육체적으로 직감하기 시작한다. 그래서 그는 심히 '두려워하기 시작했고 *erxato ekthambeisthai*' '슬픔 *lypein*'의 감정이 표출되기 시작했다. 이것은 이전에 자신의 죽음에 대한 예견과 성찰의 거리를 가지고 있던 시점과 달리 구체적인 감각이 동원되던 시점이었던 터라 분명 '시작'의 특이한 징후를 엿볼 수 있는 틈새이다. 또한 그는 동시에 심각한 '고뇌 *adē̄monein*'에 잠기게 된다. 이러한 감정적 표현은 예수의 기도가 잠잠한 내면으로의 침잠이나 묵상이 아니라 격렬한 절규의 어조가 되리라는 짐작을 가능케 한다.[5] 과연 그는 제자들과 헤어진 뒤 잠시 떨어진 곳에서 엎드려 가능한 한 그 고난의 시간이 자기에게서 지나가기를 청하며 간구한다. 그 간구의 기도인즉, "아바, 아버지여 아버지께서는 모든 것이 가능하오니 이 잔을 내게서 옮기시옵소서"(막 14:36)였다. 이는 분명 탄원조의 기도였고 은근한 절규를 내포하고 있다.

예수는 여기서 자신의 고난과 죽음을 유발할 적대자들의 존재와 그들의 적의를 전혀 의식하지 않고 있다. 그는 다만 자신의 죽음을 기정사실화하여 그 문제를 놓고 내심 괴로워하고 있는 것이다. 더구나 생명의 근원이자 동시에 '아버지'인 하나님을 향해 제 생명이 겪어야 하는 고난과 죽음의 문제를 놓고 탄원하듯 간구하고 있는 셈이다. 예수가 인정한 대로 창조주로서의 하나님은 모든 것이 가능한 전능한 존재이다. 더구나 그 아들과의 관계에서 그 무궁한 권능을 생명을 살리는 쪽으로 행사하는 것은 지당한 노릇이다. 그 권능을 아들에게 발휘하여 당면한 고난과 죽음의 잔을 자신에게서 옮겨달라는 것이다. 이는 자신의 앞길에 놓인 고난과 죽음의 잔을 바람직한 선물이 아니라 하나의 '스캔들'로 인식했음을 우회적으로 시사한다. 그것은 하나님이 생명의 신이라는 전제하에 마땅히 제거되어야 할 장애물, 옮겨버려야 할 걸림돌이었던 것이다.

그러나 예수는 하나님의 선택을 열린 가능성의 차원에서 인식하는 듯하다. 자신의 뜻이 아버지 하나님의 뜻과 만나 합치되는지 아직 확인할 길이 없다. 서로 일치하지 않을 경우, 즉 예수의 살고자 하는 소원과 그것을 넘어서 또 다른 선택을 준비한 하나님의 뜻이 엇갈리는 경우, 예수는 그 선택의 우선권을 하나님께 넘긴다. 이러한 겸비한 순종의 자세로 예수의 저 감정적 토로와 절규 어린 간구는 격렬하게 폭발되지 않고 제어되기에 이른다. 이는 고난과 관련하여 자연스레 표출되는 감정들이 그리 부정적인 요소가 아님을 암시한다. 이는 자신이 처한 현실을 냉엄하게 인식하는 과정에서 그 앞에 놓인 온갖 왜곡된 편견과 사심, 오해와 헛된 소문을 스캔들로 투시하고 그것들을 제거하거나 용해시키는 역할을 수행하기 때문이다. 따라서 절박한 기도일수록 이와 어울리는 감정은 그 기도의 동력을 증폭시키는 촉매제인 동시에 그 기도의 현실적 정황을 명

징하게 파악할 수 있도록 도와주는 자기 정화제라 할 수 있다.[6]

이로써 겟세마네 이야기가 보여준 수난과 죽음 앞에 선 예수의 초상은 그의 진솔한 감정적 토로와 절규 어린 간구의 기도를 통해 그의 인간화에 절대적으로 기여하는 것으로 판단된다. 그 '인간화'의 현장에서 예수는 적대자들로 우글거리는 세상의 현실을 체험한다. 아울러 자신의 존재가 갈등의 한 축이 되어 생사의 갈림길에서 고뇌하는 인간의 진정성을 부조해 보여준다. 그것은 소크라테스라는 고전적 범례에 따라 순치된 스토아적 초연의 제스처와 분명 차별화된다.[7] 나아가 그가 보여준 탄식과 절규의 유형은 죽음이란 실존적 한계 상황을 극복해야 할 스캔들로 분별하지 못한 채 쫓기며 비굴하게 회피하다가 '수치'와 '비인간화'라는 또 다른 스캔들에 한 번 더 걸려 넘어지는 또 다른 유형의 죽음과도 구별해야 할 것이다. 그는 자신의 내부를 표상하는 '나의 뜻/욕구'를 넘어 '당신의 뜻/섭리'를 위한 여백을 확보하였기 때문이다. 그것이 자신의 죽음을 생생하게 체감하기 '시작'한 지점에서 예수가 확보한 제2의 성찰적 거리였다고 볼 수 있다.

| 십자가상의 절규와 신학적 인간학 |

예수의 겟세마네 기도가 단순한 심리적 타협이나 교조적 결론이 아니었다는 증거는 그가 사형 판결을 받고 십자가상에 달려 있을 때 드러난다. 그는 자신의 예정된 운명을 규정짓고 그것과 편리하게 화해하지 않았다는 것이다. 그리하여 그는 십자가상에서 삶의 욕구가 가장 절박해지고 죽음의 위기가 최고조에 달했을 때 시편의 어조를 빌려 큰 소리로 절규한다. "나의 하나님, 나의 하나님 어찌하여 나를 버리셨나이까?"(막 15:34). 이는 표면상 '왜'를 묻는 질문이지만 이미 자신을 '버린' 완료된 행위의 인식에 터하여 탄식하는 어조로 읽어야 한다. 그 탄식에 물론 원망의 의도가 전혀 배제되었다고 보기 어렵다. 모든 탄식에는 아무리 문학적 수사로 포장할지라도[8] 그 탄식에 이르게 한 상황과 거기에 관여한 사람들의 직간접 공모에 대한 원망이 은연중 깔려 있기 때문이다. 아울러 이 절규에는 이미 버림받은 존재로서 자신의 처지와 운명에 대한 비탄 어린 방기적 자의식이 엿보이는 것도 사실이다. 체념과 자기 방기는 삶의 희망을 죽음의 현실이 압도하는 형국에서 불가피한 인간의 심리적 귀결이다.

그러나 그 와중에서도 희망이 깡그리 소멸했다고 보기 어려운 것은 이 절규는 동시에 하나님이 자신을 막판에 건져주시리라는 일망의 기대를 걸고 있기 때문이다. 그도 그럴 것이 이 시편의 탄식이 자리한 본래의 맥락에서 이 탄식의 절규는 연이어 "어찌 나를 멀리 하여 돕지 아니하시오며 내 신음 소리를 듣지 아니하시나이까?"(시 22:1)로 나온다. 다시 말해 극단적인 고통에 처한 아들의 사정을 아버지 되는 하나님이 돌보지 않으면 안 되며 지금이라도 사태를 다시금 통찰하여 돌이켜 보살피는 것이 지당한 하나님의 의무라는 것이다. 이로써 예수는 가장 극단적인 방식으로 아버지로서 아들에게 아버지다운 도리와 사명을 상기시키고 있는 셈이다.[9]

이 절규의 구절이 기록된 편집적 사정과 그 역사적 진정성과 관련하여 적잖은 논란이 있어왔다. 전통적인 그리스도교 신앙의 계통에서 이 구절은 당연히 예수께서 시편 22:1의 예언을 실현하는 차원에서 친히 말씀하심으로 메시아 됨을 증언한 결과로 받아들여졌다. 그러나 이는 그 반대의 해석을 정당화해주는 근거로 작용할 수 있다. 이를테면 예수의 제자들이 그를 신앙적으로 존중하여 메시아의 증거를 구약성서의 해당 구절에서 찾아 그 실현의 증거로 제시했다는 해석이 그것이다. 다시 말해, 부활 사건에 비추어 예수에 대한 신앙적 재발견의 근거를 사후 승인적으로 첨부했다는 것이다. 그런가 하면 이에 대한 재반론의 차원에서 예수가 평소 구약성서의 말씀에 무관심하거나 무감각하지 않고 반대로 명민한 기억 속에 그 말씀의 흔적을 간수하고 있었다면 그것을 되뇌면서 자신의 처절한 정황을 표현하는 출구로 삼을 수 있었으리라는 추론이 제기되기도 한다.[10] 이는 곧 예수가 메시아적 자의식을 품었을 가능성을 상정하는 관점이다.

그 어느 관점을 취하든 이 절규에서 복음서의 예수는 자신의 수난과 치열하게 정면으로 대결하는 모습을 보여준다. 그의 시선은 자신을 죽이고 있는 이 지상의 권력자들을 여전히 빗겨간다. 절규라는 형태로 표출된 그의 심사는 일관되게 하늘 아버지에게로 향한다. 자신의 삶과 죽음의 문제가 궁극적으로 아버지인 하나님과 아들인 자신의 인격적 관계로 수렴되고 있는 셈이다. 여기서 필연적으로 제기되는 신학적 난제가 바로 신정론theodicy이다.[11] 인간의 고난, 그것도 당신의 아들인 예수의 고난과 죽음을 이와 같이 비극적으로 방치하는 것이 하나님의 의로움이란 속성과 일치하느냐는 것이다. 이 의문은 지극히 당연한 것이지만 그 해답은 숱한 신학적 모색에도 불구하고 여전히 오리무중의 상태이다. 이에 대한 가장 간명한 해법은 이 세상의 죄악을 향한 하나님의 구원사적 경륜이란 관점에서 교리적인 타협을 모색하는 선택이다. 인간의 죄악상에 대해 하나님의 의와 사랑을 골고루 온전히 충족시키는 방법이 바로 아들의 십자가 죽음이었기에 하나님조차 어쩔 수 없었다는 견해가 그로부터 파생된다. 이는 수난과 죽음을 스캔들로 파악하는 관점을 생략할 때 가능한 논법이다. 그러나 이는 편리하지만 신학적으로 불충분하고 해석학적으로 부자연스럽다. 예수는 분명 그것을 '치워버려야' 할 스캔들로 인식했기 때문이다. 신학적 인간학의 관점에서 볼 때 예수의 절규는 차라리 그의 인간화를 극단으로 밀어붙이는 정직한 방식이다. 이로써 그는 한 생명이 죽음을 통과해가는 인간적 방식을 체현함으로써 자신의 온전한 인간됨을 나타내 보였던 것이다.

'엘리 엘리 라마 사박다니' 라는 절규가 지상에 머무는 사람들에게는 주의 깊게 들려지지 않았던 모양이다. 그들은 아무리 큰 소리로 외쳐도 절박하게 들리지 않는 이 단말마의 외침을 제각각 오해하고 엉뚱한 소문으로 유포하면서 방기한다. 예수는 죽음의 주체로서 자신의 방기적 운명에 대한 탄식을 하늘의 아버지께로 읍소하였던 것에 비해 지상의 인간들은 그들의 왜곡된 풍문을 지상의 구전으로 무의미하게 전했을 뿐이다. 그런데 예수는 이에 여전히 무심한 상태로 자신의 생명에 집중하여 큰 소리를 지르고 숨을 거두었다고 한다(막 15:37). 우리는 그 '큰 소리' 가 무슨 소리였는지 확실히 검증할 길이 없다. 앞의 절규와 동일한 내용인지 다른 내용인지 불분명하지만 여하튼 예수는 숨을 거두는 마지막 순간까지 자신의 인간됨에 충실했고 인간의 생명에 진정한 관심과 배려를 보여주었던 사실만은 충분히 짐작할 수 있다. 그것은 자신의 꺼져가는 생명에 대한 안타까움의 발로이자 생명을 주관하는 하나님 아버지의 불가해한 처사에 대한 집요한 의문이 아니었을까 싶다. 그리하여 신정론의 논쟁은 여전히 논쟁으로 유효해진다. 하늘은 예수의 처형과 죽음 이후 여전히 침묵으로 일관하고 있기 때문이다. 예수의 죽음에 대한 그 하늘의 침묵과 땅의 절규는 인류가 겪어낸 고난의 역사를 통틀어 면면히 지속되어온 신학적 인간학의 견고한 대립구도라 할 수 있다. 역설적으로 그 대립구도로 인해 인간은 고난에 처할수록 각종 허세와 일상적 습속을 벗어던지고 진정한 인간의 모습을 회복하면서 하나님을 향해 탄식하며 절규하게 된다. 그러나 절규로써 예수가 스캔들을 만들지 않고 오히려 수난과 죽음이라는 생의 최후 스캔들을 넘어갔듯, 우리는 때로 믿음의 절규로써 신실하게 우리 생의 치명적인 장애물을 넘어간다.

수난과 침묵, 그 기이한 아이러니

| 수난을 둘러싼 침묵의 두 정황 |

예수가 또 다른 한편으로 자신의 수난을 현실화하는 방식은 침묵의 형태로 나타났다. 그는 자신을 체포한 산헤드린 성전권력자들 앞에서 거짓 증언들의 고변을 침묵으로 응대하였다. 그리고 또 한 차례 빌라도 법정에서도 자신의 정체성을 묻는 물음에 간단히 응대하고 온갖 소란한 고발 내용을 내내 침묵으로 응수하였다.

겟세마네에서의 기도 이후 예수가 체포되자 그는 대제사장들과 장로들과 서기관들 앞에 서서 심문을 받게 된다. 이 산헤드린 공회의 소집 목적은 뻔했으니, 곧 애당초의 음모대로 예수를 궁지에 몰아 죽이려는 술책이었다. 당시 산헤드린 공회가 인명의 박탈을 처결하는 사법적인 권한을 가지고 있었는지 여부는 로마 총독부의 정치적 통제가 엄연했던 상황에서 종종 의문시되곤 하지만, 신성모독 같은 종교적인 관심의 영역에서 돌로 쳐서 죽이는 예외적인 경우가 없지 않았을 것이다. 예수를 족치는 방식은 거짓증인들을 사주하여 "손으로 지은 이 성전을 내가 헐고 손으로 짓지 아니한 다른 성전을 사흘 동안에 지으리라"(막 14:58)는 증언을 제출하는 것이었다. 이는 예수가 성전과 관련하여 남긴 마가복음 내의 다음 어록과 다소 차이가 난다. 그는 다만 제자들에게 성전의 건물을 지칭하며 "이 큰 건물들을 보느냐? 돌 하나도 돌 위에 남지 않고 다 무너뜨려지리라"(막 13:2)고 말했을 뿐이다. 이 수동태의 표현은 예수가 직접 성전을 허물어버리고 다른 성전을 사흘 간 지으리라는 고변과 확연한 차이를 드러낸다.

거짓 증언의 내용인즉 예수의 상이한 두 어록이 혼란스럽게 얽혀지면서 내용을 왜곡시킨 결과로 추론된다.[12] 예수는 애당초 이교적 상업주의에 오염된 성전 권력을 비판하면서 이와 관련된 나름의 어록을 남겼을 것이다. 이는 세상에 대한 예수의 종말론적 심판의 어록과 연계되어 AD 70년 성전의 멸망을 사후에 추인하는 맥락에서 예수가 그 사실을 언급하는 내용으로 발전해나갔을 가능성이 있다. 즉 예수 부활의 신앙이 제자 공동체 가운데 보편화되면서 예수가 사흘 만에 무덤에서 다시 살아났다는 공식이 예수를 또 다른 성전으로 보는 유비적 해석에 터하여 확립되었을 것이다. 이는 또한 사흘 만에 성전을 허물고 다시 짓겠다는 풍문이 확산되면서 예의 거짓 증언을 낳았을 것이다. 중요한 점은 이러한 산헤드린의 기획된 무대에서, 그 엇갈리는 시끄러운 증언들 틈바구니에서, 예수는 아무런 응대도 하지 않고 내내 침묵을 지켰다는 사실이다. 거짓 증인들의 증언에 일언반구 대꾸하지 않던 그는 "네가 찬송 받을 이의 아들 그리스도냐?"(막 14:61)라는 대제사장의 추궁에는 "내가 그니라"고 응답하며 연이어 "인자가 권능자의 우편에 앉은 것과 하늘 구름을 타고 오는 것을 너희가 보리라"(막 14:62)고 다니엘서의 묵시적 인자 어록을 종말론적 맥락에서 되뇌며 자신의 정체성을 우회적으로 언급한다.[13]

예수의 침묵 어린 응대는 빌라도 법정에서도 여일하게 등장한다. 다음과 같은 빌라도 심문 자리의 대화 내용과 정황 묘사는 예수의 침묵을 유

난히 강조하는 저자의 초점이 지속적인 일관성을 유지하고 있음을 시사
한다.

> 빌라도가 묻되 네가 유대인의 왕이냐? 예수께서 대답하여 이르시되 네 말이
> 옳도다 하시매 대제사장들이 여러 가지로 고발하는지라. 빌라도가 또 물어
> 이르되 아무 대답도 없느냐? 그들이 얼마나 많은 것으로 너를 고발하는가
> 보라 하되 예수께서 다시 아무 말씀으로도 대답하지 아니하시니 빌라도가
> 놀랍게 여기더라(막 15:2-5).

빌라도의 심문은 대제사장의 "네가 찬송 받을 이[=하나님]의 아들
그리스도냐?"라는 질문에 대비되는 "네가 유대인의 왕이냐"였다. 이 질
문은 예수의 정체성을 탐문한다는 점에서 유사한 듯하면서 미묘한 차이
를 내포하고 있다. 대제사장의 질문은 종교적 권위에 대한 것이었다. 자
신들이 대행하는 하나님의 권위를 예수가 직접 하나님의 아들이 되어 행
사하려는지, 또 그가 그들의 유대교 전통이 그토록 강조해왔고 또 대중
들이 절박하게 갈망해온 메시아의 도래와 구원 역사를 이루어나갈 당사
자인지 여부를 확인하고자 한 것이다. 반면 빌라도의 "유대인의 왕" 관
련 질문은 정치적인 의도가 농후하다. 그는 예수가 유대인들의 세력을
규합하여 봉기를 일으킬 만한 정치적 요주의 인물인지 여부가 궁금했던
것이다.[14]

그러나 이들의 질문은 자신의 의도가 워낙 뚜렷했던 나머지 예수의 의
도와 무관하게 겉돌면서 동문서답의 가능성을 그 자체로 내장하고 있었
다. 메시아인지 그 여부를 묻는 대제사장의 질문에 짤막하게 그 사실을
용인하면서 예수는 묵시록적 배경을 깔고 미래의 메시아를 가리킴으로

써 엇박자의 소통을 노정한다. 그러나 대제사장의 관심은 현재 예수가 답변한 사실을 근거로 신성모독의 빌미를 잡아 그를 죽이는 데 있었을 뿐이다. 마찬가지로 빌라도의 질문에 우회적 긍정으로 답변하여 그 취지를 용인하는 듯하면서 예수는 정작 빌라도의 의도를 배반한다. 이러한 아이러니의 상황과 별도로 예수는 원고 측의 구체적인 증언들에 대해서는 침묵으로 외면해버린다. 산헤드린 법정에서 여러 거짓증인들의 증언을 그렇게 묵묵히 견뎌냈듯이 빌라도 법정에서는 대제사장들의 고발 내용에 아무런 대꾸도 하지 않은 채 침묵했던 것이다. 이는 그에게 죄를 물어 사형을 판결할 빌라도를 놀라게 하는 엉뚱한 반응을 유발하게 된다. 죄의 대가로 그 벌을 받을 피고가 그 언도된 판결에 놀라는 것이 아니라 정반대로 판결할 위치에 있는 자가 놀라게 되었다는 것이다. 이러한 전복적 아이러니의 상황은 모두가 침묵으로 인해 빚어진다.

| 침묵의 스캔들과 아이러니 |

예수는 첫 번째 침묵으로 일단 고용된 거짓증인들의 고발을 추문으로 만든다. 이때 그의 침묵은 고발에 대한 묵묵한 고발로 기능한다. 이를 소극적 저항으로 보는 관점은 이른바 '침묵 시위'라는 용어 속에 그 함축적 의미를 고스란히 드러낸다. 표면상 예수의 법정 침묵은 법성 투쟁에 비해 무기력한 체념의 인상을 주는 것이 사실이다. 이는 나아가 하나님을 향해 그가 치열하게 절규의 어조로 간구하고 탄원한 것과는 대조적인 측면이다. 바로 그 '대조'가 예수의 침묵에 얽힌 비밀을 푸는 해석적 열쇠가 될 수 있다. 예수는 이를테면 하나님께 간구하고 탄원한 자신의 간구가 응답되는지 기대하는 방식으로 침묵했다고 볼 수 있다. 간단히 말해 하나님께 모든 것을 맡긴 자는 이 땅의 잡다하게 얽힌 사정을 인위적으로 풀려고 안간힘을 쓸 필요가 없게 된다. 그것이 그의 침묵을 유발케 했을 터이다. 그 침묵의 진정성을 뒷받침하는 기준은 예수의 입장에서 보면 '그가 누구인가' 라는 물음에 연동된 존재론적 기반이다. 특히 하나님과의 관계에서 자신의 존재론적 정체성을 확고히 세워두어야 그로부터 침묵이 피상적 제스처나 체념의 그늘이 아닌 역동적인 에너지가 된다. 바로 이런 연고로 예수는 '네가 그리스도냐?' '네가 유대인의 왕이냐?' 라는 대제사장과 빌라도의 속셈 빤한 질문에 나름대로 자신의 존재론적 위상을 확실히 천명한 것이다.

여기서 주체의 입지를 추구하는 그 존재론이 그리스도론을 포함하는 제반 신학적 항목들과 연관된다는 점이 의미심장하다. 무엇보다 이런 견지에서 그의 침묵은 하나님의 의로움을 끝까지 버텨주는 신정론의 보루가 될 만하다. 하나님이 아직 확실하게 까발리지 않은 미지의 영역까지 견디면서 신뢰하는 선택이 침묵으로 표출되었다고 볼 수 있는 것이다. 그 침묵은 마침내 인자가 하늘에서 도래하는 종말론적 심판의 시점까지 연기시킨다. 그러나 동시에 분명한 것은 예수가 이러한 침묵으로써 신정론의 확실한 최종 답변을 이끌어내는 지점까지는 보여주지 않는다는 점이다. 그 대신 그의 침묵은 물음을 머금고 있다. 그는 물으면서 겸손하게 종말론적 희망 가운데 기다릴 뿐이고, 그 기다림 가운데 지속적으로 '왜' 와 '언제까지' 를 탐문하고 있는 것이다. 구약성서 탄식시편의 공통 모티프를 형성하는 그 소리 없는 탐구는 절규의 모티프와 마찬가지로 창조주와 구원자로서, 특히 아버지로서 하나님의 위상을 인정하는 동시에 그가 그 위상에 걸맞게 이행해야 하는 의무를 꾸준히 상기시켜주는 역할을 한다.[15]

한편 이러한 계통의 침묵은 죽음을 지체시키면서 온갖 부당한 죽임의 시도들을 잠정적 스캔들로 치부하는 전략이 되기도 한다. 다시 말해 예수의 침묵에 정치신학적 맥락을 부여할 수 있다면 그는 이미 산헤드린 성전 세력의 작당과 음모를 빤히 꿰뚫고 있는 상태에서 그들이 짜놓은 각본대로 움직이기를 거부하는 결단으로 침묵을 택했으리라는 것이다. 이로써 그는 그들의 음모와 각본을 추문으로서의 스캔들로 만들어버린다. 애당초 그들의 체포와 거짓 고발, 그리고 각본에 따른 그 심문 현장은 예수의 생명을 볼모로 그에게 장애물로서의 스캔들을 장치한 것이었다. 그런데 예수는 그 장치를 그들에 대한 침묵의 대응을 통해 추문으로서의 스캔들로 뒤바꿈으로써 그 도전적 공격을 아무것도 아닌 익명의 소동으로 전락시킨다. 처음에 산헤드린이 앞세운 거짓증인들의 고발에 맞장구치며 불거진 대중들의 소란은 예수의 침묵으로 그 위력을 발하지 못한다. 다음으로 빌라도 법정에서 앞의 심문자였던 대제사장들이 다시 또 거짓증인의 위치에서 고발하지만 그들의 그 소란 역시 예수의 침묵에 부대껴 반향 없는 독백으로 떨어지는 모양새다. 끝으로 빌라도가 예수의 침묵 어린 대응을 희한하게 여긴 나머지 "아무 대답도 없느냐?"라고 변론을 유도하지만 그는 아무 말도 하지 않음으로써 빌라도를 포함하여 예수를 정죄하고 심판하는 위치에 있는 모든 자들의 장애물을 공허한 추문으로 돌려버린다.

이와 같은 일련의 과정에서 예수는 사악한 인간들이 음모를 꾸며 자신을 넘어뜨리려는 스캔들에 대해 침묵을 통해 그것을 뒤집고 까발리는 또 다른 전복적인 스캔들의 잠재력을 발휘한 것으로 판단된다. 이는 침묵에 의해 의도되지 않는 아이러니의 상황을 낳는다. 정죄하려는 무리들이 예수의 침묵으로 말미암아 그들 스스로 제기한 고발의 소용돌이 속에 스스로 휘말려듦으로써 그 정죄의 화살이 자신들에게로 되돌아오는 문학적 효과를 유발하는 것이다. 이와 같은 문학적 효과는 당시 벌어진 역사적 상황의 구체성과 맞물려 정치적 사건을 야기한다. 이는 지라르의 지적대로 모방적 경쟁의 소용돌이로 인한 만인 대 만인의 싸움을 일인 대 만인의 대립 구도로 돌려놓은 형세인데,[16] 그 고독한 일인의 침묵은 그 치열한 폭력적 욕망의 구조에 마치 폭풍의 눈과 같은 창조적 스캔들의 요체가 된다. 그 가운데 모든 적대자들의 음모는 일거에 무화되고 그 일사불란한 흐름은 단절되기 때문이다.

또 한 가지 주목할 사항은 예수의 침묵이 이렇게 은근한 폭로와 전복과 단절의 위력을 발휘하는 신학적 에너지로서 우리는 하나님의 침묵에 대한 모방의 힘을 거론할 수 있다. 인간 사회의 모든 모방 경쟁과 그 폭력적 소용돌이에 초연한 채 침묵하는 하나님의 존재 방식은 아무것도 하지 않는 듯하면서 기실 모든 것을 이루는 이른바 무위자연의 도道로 압축해 제시할 수 있다. 이와 같이 아무것도 모방하지 않는 하나님을 모방하는 예수의 자유가 이 수난과 침묵의 상관관계 속에 탐지된다. 신학적 미덕과 정치적 전략으로서의 침묵은 따라서 외부적 억압을 내면적 평정심으로 이겨내는 자유의 이행을 목표로 한다. 침묵과 자유가 초연한 평정심의 근저로 여겨져 수행의 준칙을 제공한 사례는 고대 스토아 철학을 비롯하여 동서의 종교적 실천 가운데 허다하다. 그러나 예수의 침묵은 마냥 초연한 제스처로 고착되지는 않았다. 그것이 예수에게는 여타의 철학적 이념 가운데 추구된 숱한 경우들과 달리 관념의 스타일이 아니었기 때문이다. 그에게 침묵은 차라리 생사의 기로에서 당도한 필연적인 수순으로 곧 자유와 신뢰의 통풍구였다고 볼 수 있다. 더구나 예수의 경우 침묵은 수난과 죽음을 매개로 그 대척점에 하나님을 향한 절규의 요소를 맞보고 있지 않았던가.

이러한 기이한 침묵의 경계는, 가령 요한복음의 초연한 예수의 초상과 구별된다.[17] 요한의 예수는 대제사장과 빌라도 앞에서 당당하게 자신의 입장을 변증한다. 거기에는 예수를 고발하는 잔챙이 거짓증인들이 끼어들 여지가 없다. 예수는 침묵과 무관한 변증가로 나서서 자신이 누구이며 자신의 나라가 어떠한지 또박또박 증언하며 그들의 질문에 담긴 맹점을 지적해주기도 한다(요 18:20-21). 여기서 예수는 심문당하는 자가 아니라 심문하는 자의 입장에 선 것처럼 보일 정도이다. 수난과 죽음의 고통으로 말미암는 비극적 절규도 없다. '다 이루었다'(요 19:30)라는 십자가상의 마지막 발언처럼 그의 죽음은 영광의 때를 완성한 것과 다를 바 없기 때문이다. 겟세마네의 기도를 연상시켜주는 절규 어린 탄식의 언사가 없는 것은 아니다. 그는 "지금 내 마음이 괴로우니 무슨 말을 하리요. 아버지여 나를 구원하여 이 때를 면하게 하여 주옵소서"(요 12:27)라고 간구함으로써 겟세마네의 절규를 되풀이하는 듯하다. 그러나 그는 마치 이 간구를 부인하기 위하여 인용한 것처럼 연이어 "내가 이를 위하여 이 때에 왔나이다" "아버지여, 당신의 이름을 영광스럽게 하옵소서"(요 12:27-28)라고 정반대의 어조로 기도함으로써 자신의 수난과 죽음이 궁극적으로 아버지의 영광이 실현되는 때의 문제임을 역설한다.[18] 요컨대, 그는 자신의 생명을 스스로 내려놓을 권한이 있기에 이에 따라 자발적으로 아버지의 영광을 위하여 적시에 십자가 수난의 길을 택한 것이지 구차하게 그런 외곬의 모퉁이로 몰린 것이 아니라는 말이다. 요한복음의 이러한 그리스도론은 예수의 수난에 얽힌 스캔들의 존재를 사전에 부인하는 방향으로 신학화된 결과로 보인다. 그 신학의 기반은 하나님의 변함없는 영광의 빛처럼 청명하고 견고하지만 예수의 수난에 얽힌 역사적 진정성이 감추어져 있기에 침묵과 절규가 메아리치는 수난신학의 비

극적 아우라가 감지되지 않는 것도 사실이다. 요한신학이 그 빈자리를
채운 것은 '천둥소리 같은'(요 12:29) 예수의 변증이다.

이중적 스캔들의 의의

일상적인 삶의 섬세한 관찰자 장 그르니에는 침묵의 속내에 대해 심도
있는 통찰을 제시한 바 있다.[19] 그에 따르면 침묵은 있는 그대로의 자연
현상이 아니라 가능한 현존(소리)을 통해서만 감지되는 감추어진 의도
의 표현이다. 예술적 맥락에서 침묵은 "막 시작하려는 순간의 창작"으
로, 가령 무성음악은 "진실을 가장한 흉내"에 대조되는 "흉내를 가장한
진실"이다. 그런가 하면 침묵은 누구를 또는 무엇을 대상으로 하느냐에
따라 그 함의가 다채롭게 분기된다. 침묵이 미래의 시간을 향할 때 그것
은 불안과 서스펜스를 나타낸다. 특히 외부를 향한 이러한 침묵은 내면
의 동요와 소란에 응답하는 방식이라는 것이다. 반면 시간을 넘어서는
초월적 경지에서 침묵은 긴장이 아니라 이완과 평화를 의미한다. 또한
우월한 자와의 관계에서 열등한 자의 침묵은 존경을 나타내고 동등한 자
와의 관계에서 드러나는 다정한 침묵은 "공모의 감정"을 표상한다. 반면
아랫사람에 대한 윗사람의 침묵은 냉정함, 업신여김 또는 승낙의 의미를
깔고 있다. 그런가 하면 침묵이 미덕이 아닌 악덕의 표시로 간주되는 경
우도 있는데 그것은 지성인들이 억압과 폭력의 현실에서 공포에 굴복한
나머지 중립을 내걸며 침묵으로 도피하는 경우이다. 이와 더불어 의학적
인 측면에서 환자가 자신의 병에 대해 입을 열어 쾌활하게 떠들게 함으
로써 치유를 유발하는 효과를 침묵으로 봉쇄할 때도 질책의 대상이 된

다. 그러나 침묵이 가장 고상하게 평가받는 종교적 측면에서, 특히 고통의 현실 가운데 침묵이 미덕일 수 있는 이유는 그것이 망각을 돕기 때문이다. 내면의 고통을 유발하는 상당한 이유가 제각각 무심코 내뱉는 말을 먹고 자라는 터라 침묵의 이러한 효능은 수긍할 만하다. 나아가 텅 빈 자신의 존재를 현존으로 채우는 신앙적 실천이란 견지에서 침묵은 "가장 위대하고 용감한 행동"이며 "생명의 원천"으로 자리매김되기도 한다.

이러한 침묵의 구조에 비추어 예수의 침묵과 절규가 차지하는 위치는 어디쯤일까? 그가 자신의 고발자들을 향해 냉정과 업신여김의 의도를 드러낸 흔적은 인간의 성정과 심리에 의거하여 추리할 수는 있지만 딱히 강하게 탐지되지 않는다. 다만 그는 그 음모의 구도를 넘어 초연한 자세로 그들의 정죄 어린 언어 가운데 그들을 방치하여 아이러니컬한 결과로 스스로 피고의 자리에 서도록 유도한 것이라 할 수 있다. 그렇다면 산헤드린과 빌라도의 억압적 심문과 거짓 고발이라는 폭력적 소란 가운데 예수의 침묵이 현실 도피적이었는지 따져볼 수 있다. 그 현실이 어떤 현실이었느냐에 따라 이런 기준은 부분적으로 용인될 수 있다. 그러나 예수에게 그 현실은 자신의 억압받는 생명을 구실로 당대의 정의를 실현하는 데 초점이 맞추어져 있지 않았을 것이다. 고통의 망각이란 차원 역시 예수에게는 대중을 향한 침묵보다는 하나님을 향한 절규의 형식으로 표출되었다고 보는 것이 자연스럽다. 한편 종교적 승화란 견지에서 예수의 침묵을 자신의 부재를 현존으로 채우기 위한 용감한 신앙적 실천으로 보는 해석은 일견 예수의 당시 내면 풍경을 가장 고결하게 재구성하는 것이긴 하지만 다분히 사후 승인적인 관점이라 할 수 있다.

이 모든 관점과 해석의 부분적 '일리'를 용인하면서 여기서 내가 좀더 설득력 있는 논지로 결론짓고 싶은 핵심은 예수의 침묵과 절규에 반영된

'열정적인 아이러니'의 일관성이다. 그에게 수난과 죽음은 삶의 장애물이란 점에서 일종의 스캔들이었다. 그리고 그 죽음을 야기한 죽임의 세력들이 부당한 음모로 예수를 체포하고 심문하며 정죄하려 했기에 그것이 사악한 추문으로 폭로되어야 했다는 점에서 그 모든 도전 역시 또 다른 스캔들로 자리한다. 하나님은 아버지로서 아들 예수의 수난과 죽음에 개입하여 구해내기보다 상황을 방기하고 허용했다는 점에서 또 다른 신학적 '스캔들'의 출처를 제공하였다. 이러한 현실 가운데 예수는 하나님을 향해 절규하고 이 땅의 사람들을 향해 침묵한다. 그 절규와 침묵의 수난신학적 의의는 예수가 자신을 둘러싼 이러한 중층적 스캔들을 수난과 죽음을 매개로 성찰하고 타파하면서 그 근본 구조를 전복하려는 아이러니의 열정을 견지했다는 데 있다. 고통스런 삶의 정황 가운데 이러한 '아이러니'는 그 기원과 종말을 아우르면서 그 내력이 여러 겹으로 얽힌 복잡성의 현실을 투시한다. 절규든, 침묵이든, 예수의 열정은 죽음에 이르는 수난의 과정에서 그 아이러니의 자세를 끝까지 밀어붙였다는 점으로 미루어볼 때 '수난＝열정passion'의 등식을 온 몸으로 살아낸 희귀한 징표로 우뚝하다.

스캔들을 제거하는 스캔들
– 로마서와 외교적 그리스도론

스캔들의 이중성

신약성서에서 역설적 은유로 사용되는 '스칸달론*skandalon*'은 매우 흥미로운 개념이다. 이 '스칸달론'으로서 스캔들의 본래 개념은 그동안 세속의 때를 묻혀오면서 항간의 통념 속에 정착된 각종 '추문'과 그 격과 질이 다르다.[1] 현대판 스캔들로서의 추문은 워낙 추한 풍문이라서 그 출처가 모호하거니와, 그 속내 또한 쓸모없이 허망하다. 오늘날 주로 연예계와 정계 등의 음지에 서식하는 심심파적 감의 스캔들이 관음증적 욕망 해소에 기여함으로써 혹여 개체로 원자화된 현대인의 억눌린 무의식을 잠시잠깐 해방시킬 수 있는지 모르겠다. 그러나 그것은 아무리 착하게 봐줘도 스캔들의 왜곡이고 스캔들의 타락에 지나지 않는다. 본질적인 의미에서 스캔들은, 그 기원과 위상에 관한 한, 투박한 조개껍데기에서 빛나는 진주 같고, 더러운 진흙탕에서 한 송이 아름다움을 피워 올리는 연꽃과 같다. 이 비유의 수사에 현혹되지 말자. 조개껍데기의 투박함과 진흙탕의 더러움을 괄호치고 진주와 연꽃의 빛깔만을 보려는 조바심은 스캔들의 신학적 본령을 재구성해보려는 이 글의 의도에 거침돌이 되기 때문이다. 요컨대, 스캔들은 그 부정성과 긍정성이 창조적 역설의 관계 속에 길항하며 상합하고 있다. 로마서에서 그 대립적 구도는 다음의 예문에서 잘 드러나는데, 그것은 스캔들의 이중성을 조명해주기에 충분하다.

보라 내가 걸림돌과 '스캔들'의 바위를 시온에 두노니 그를 믿는 자는 부끄러움을 당하지 아니하리라(롬 9:33).

그런즉 우리가 다시는 서로 심판하지 말고 도리어 부딪칠 것이나 '스캔들'을 형제 앞에 두지 아니하도록 주의하라(롬 14:13).

이사야 28:16의 인용문으로 제시된 전자의 스캔들은 놀랍게도 예수 그리스도 자신이다. 스캔들의 통상적 어법대로라면 그것은 부끄러움의 대상이다. 그런데, 여기서 예수 그리스도의 스캔들은 시온에 있는 바위처럼 든든하게 그 부끄러움을 방지해준단다. 이 얼마나 대단한 역설인가. 반면 후자의 스캔들은 예수 그리스도를 주主로 믿는 형제자매들 사이에 서로의 신앙 스타일을 존중하지 않고 업신여기거나 정죄함으로써 그 '심판'의 태도가 상대방의 양심을 다치게 하는 거침돌이 된다는 것이다. 그것은 예수 그리스도의 복음이라는 긍정적 스캔들을 제거하거나 위해하는 부정적 스캔들로 작용한다. 그 스캔들은 둘 다 장애물인데, 하나의 장애물이 다른 장애물에 부대끼면서 그것을 부정하거나 긍정해야 할 외곬의 선택에 봉착하게 된다. 그렇게 부대끼면서 발생하는 역설의 에너지에서 신기하게도 '스캔들의 신학'이 생겨난다.

복음서에서 부정성 일변도로 사용되는 스캔들에 역동적 긍정성을 입힌 것은 순전히 바울의 신학적 통찰 덕분이었다. 그는 예수의 사형 틀 십자가가 치욕적인 정치범의 증표라는 부정적 기호를 대표적인 구원의 상징으로 해석함으로써 걸어 넘어트리는 장애물의 그 역동적 에너지를 영광스럽게 순치시켰다.[2] 그것은 로마서에서 부정과 긍정의 균형을 맞추면서 변증법적 역설을 창출해내고 있다. 로마서의 수신자인 당시 로마 교회에는 이러한 역설이 아니고서는 흔쾌히 해결되기 어려운 교리적 현안과 현실적 삶의 문제가 있었다. 로마서를 썼던 고린도 교회 내부의 사정도 일단 진정되기는 했지만 마냥 녹록지만은 않은 상황이었다. 이방인 교회에서 모금한 연보를 가지고 떠나게 될 목적지였던 예루살렘의 정황도 바울을 근심케 할 만한 적대적 분위기였다. 로마서는 이와 같이 로마 교회의 안과 밖에 돌올하거나 잠재된 문제를 외교적으로 꿰차면서, 그것들을 소통시키는 탄력적이면서도 일관된 신학적 논리를 필요로 했다. 그것이 바울의 *그리스도론*에 집중되어 있기에 나는 거기에 '외교적 그리스도론 diplomatic christology'이라는 이름을 붙여주고자 한다. 이 외교적 그리스도론은 바울의 스캔들 신학이 발현되는 역설적 담론의 채널로 적용되고 있다는 것이 내 판단이다. 이제 어디서 어떻게 그런지를 밝히는 것이 이 글의 나머지 페이지에서 수행해야 할 과제가 되겠다.

부정적 스캔들의 항목들

부정적 스캔들은 스캔들의 갈등 유발적이고 관계 파괴적인 속성을 염두에 둔 문구이다. 로마서에서 이 부정적 스캔들은 거시적인 구조하에 드러날 때 유대인과 이방인, 유대교와 이방 종교의 이항대립 속에서 작동한다. 그것은 예수 그리스도라는 긍정적인 스캔들이 하나님의 의로 발현되기 위한 신학적 정당성을 예비한다. 즉, 이쪽도 저쪽도 아닌 제3의 대안으로 나아가기 위해 테제와 반테제의 변증법적 절차를 필요로 한다는 것이다. 유대교의 전통 가운데 고착된 율법의 행위와 하나님을 통해 그리스도 안에서 계시된 믿음의 의 역시 이러한 거시 구조의 틀 가운데 이항대립의 지형을 조성한다. 바울은 이러한 대립적 관계를 설정하면서 그것이 하나님의 구원을 위해 관통해야 할 부정적 걸림돌이라는 사실을 보여준다.

| 이방인/이방 종교와 유대인/유대교 |

로마서에서 탐지되는 부정적 스캔들은 이항대립의 구조를 취한다. 주체 집단에 초점을 맞출 때, 그것은 먼저 거시적인 관점에서 언약과 계명의 담지자인 유대인과 그 바깥에서 당시 세계 문명을 주름잡던 헬레니즘의 주역 이방인의 대립으로 제시된다. 헬레니즘의 이방 문명이 고대 헬라의 문화전통에 근거했다는 점에서 그 이방인의 대표로 주로 헬라인이 거론된다. 그것은 구원의 대상에서도(롬 1:16), 또한 심판의 대상에서도(롬 2:9-10) 여일하게 지속되는 이항대립이다. 유대인의 바깥으로 초점을 옮기면 지혜로운 자로서 헬라인이 어리석은 자로서의 야만인과 또 다른 이항대립을 이루는데(롬 1:14), 이 대립구도는 로마서에서 중요한 위

치를 차지하지 못한다. 유대인과 이방인의 이항대립은 그들을 대립적인 관계로 이해하는 요소로서 유대교와 이방 종교라는 또 다른 틀을 설정한다. 유대교가 율법주의에 치중하여 퇴락한 상태라면, 이방 종교는 우상숭배에 떨어져 하나님을 아는 참 지식과 거리가 멀어졌다.

이방인의 타락상은 근본적으로 하나님을 알고자 하고 안다고 생각했지만 진정한 하나님을 발견하지 못하고 우상숭배에 떨어진 것이다. 자연 만물을 통해 하나님의 "영원하신 능력과 신성"이 명백하게 나타났지만,[3] 그들은 그것을 어렴풋이 인지했을망정 그 하나님께 영광을 돌리고 감사드리는 진정한 예배의 자리로 나가지는 못했다(롬 1:21). 그 결과 그들은 "모든 경건하지 않음과 불의"(롬 1:18)의 대명사가 되었고, 허망한 생각과 미련한 마음으로 제 스스로 자부한 지혜가 기실 암흑과 어리석음임을 증명해보였다(롬 1:21-22). 이러한 이방인의 행태로 나타난 전형적인 결과가 바로 우상숭배다. 그것은 창조주와 피조물의 차이를 무시하고 외려 피조물을 창조물보다 더 섬기고 경배함으로써 관계를 역전시켰다. 즉, 하나님의 영광을 피조물의 형상으로 둔갑시켜 그것을 경배하는 영적 질서의 문란을 야기했던 것이다. 그 결과 인간 사회의 질서도 뒤집어져 각종 불의가 양산되었는데(롬 1:29-31), 그 가운데 바울이 가장 먼저 꼽는 것이 성도덕의 타락이다(롬 1:26-27).[4] 그런데 놀랍게도 하나님은 이교도의 이러한 부정적 스캔들을 향해 방기의 태도로 대응하였다고 한다(롬 1:24, 28). 그들은 비록 율법이 없었지만 그들의 "마음에 새긴 율법", 즉 양심에 따라 하나님의 뜻을 분별할 만했다(롬 2:14-15). 그랬건만, 그들은 그조차 외면하고 마음에 하나님 두기를 싫어하여 제 정욕대로 살았다는 것이다.

이방인의 타락상을 비판적으로 지적한 바울은 이어서 유대인들의 자가당착을 신랄하게 질타한다. 바울이 보기에 하나님의 의라는 관점에 비추어 유대인들의 치명적인 허방은 심판과 정죄의 태도이다(롬 2:1). 그들은 '유대인' 됨을 자랑하며 저러한 이방인의 타락상에 대하여 율법의 규준대로 정죄하고 판단하길 좋아했다. 그 자랑의 근거는 그들이 "하나님의 뜻을 알고 지극히 선한 것을 분간하며 맹인의 길을 인도하는 자요 어둠에 있는 자의 빛이요 율법에 있는 지식과 진리의 모본을 가진 자로서 어리석은 자의 교사요 어린 아이의 선생"(롬 2:18-20)이라는 믿음에 대한 자부심이었다. 물론 바울이 이런 자부심의 근거를 '사실' 차원에서 무시한 것은 아니었다. 그는 유대인의 특권과 관련하여 '이스라엘 사람' 됨과 '양자 됨과 영광과 언약들과 율법을 세우신 것과 예배와 약속들' 과 신앙의 '조상들' 과 그리스도의 육신적 배경 됨을 존중하고 있기 때문이다(롬 9:4-5).

그러나 그들은 선민주의 열망에 도취되어 본질적으로 하나님의 권한에 속하는 정죄와 심판의 역할을 제 것인 양 취하여 남발함으로써 하나님의 위상을 침해하는 또 다른 차원의 우상숭배를 저질렀다. 그뿐 아니라 그들의 자부심이 무색하게도 그들이 정죄와 심판의 잣대로 제시한 율법의 기준들을 그들 스스로 준행치 못함으로 말미암아 심각한 자기모순에 봉착하게 되었다(롬 2:22-23). 그것은 그들이 하나님의 이름을 빙자하여 하나님의 명예를 개칠하고 이방인들에게조차 모독을 받게 한 결과를 낳은 셈이니 하나님의 진노와 심판 앞에 그들 또한 이방인들과 마찬가지로 자유로울 수 없으리라는 것이다(롬 2:1-3, 5, 12). 바울이 말하는 '나의 복음' 은 심판을 배제하지 않는다. 그것은 외형적으로 드러난 명백한 죄과와 범실뿐 아니라 "사람들의 은밀한 것"까지 심판하는(롬 2:16) 의의 복음이다. 그 하나님의 의는 예수 그리스도를 통해 나타난 것이니,

그를 통한 구원의 은혜뿐 아니라 종말의 심판 역시 율법 없는 이방인과 율법을 자랑하는 유대인에게 두루 적용된다는 것이다(롬 2:9-10).

바울은 이방인과 유대인, 또 이방 종교와 유대교의 이항대립적 관계를 하나님의 능력이 되는 그리스도의 복음 앞에 부정적 스캔들의 존재로 전제한다. 그 복음은 그들에게 차별 없이 구원을 주기 위한 은혜의 기회이지만(롬 1:16), 그들의 행태는 율법의 기준에 비추어보더라도 예외 없이 하나님의 진노와 심판을 면치 못할 형편없는 수준이다. 바울은 이방인의 사도로서 그 직분을 영광스럽게 여겼지만(롬 11:13), 이방인의 저러한 타락상을 추호라도 옹호할 수 없었다. 마찬가지로 그는 바리새파 유대인 출신으로 동족의 처지를 제 목숨과 구원보다 더 간절히 구제하길 원했지만(롬 9:1-3), 그들이 자가당착을 초래한 율법의 족쇄에 얽매여 있는 한 그 염원은 전혀 실효를 거둘 길이 없었다. 그리스도의 복음이 그들을 향해 두루 열려 있고 예수 그리스도가 부활의 능력으로 하나님의 아들로 선포되었을지라도(롬 1:4), 그들의 곤경을 깨우치지 못하는 한, 하나님의 구원 앞에 그들은 한 치도 나아가지 못한 채 여전히 죄인의 상태에서(롬 3:9) 부정적 스캔들로 머물 뿐이다.

바울은 그 스캔들을 제거하기 위하여 그것을 돌파하는 또 다른 스캔들로 예수 그리스도의 구원과 이를 통한 그리스도인의 존재를 복안으로 제시한다. 유대인도 아니고 이방인도 아닌 제3의 대안적 종족으로서 그리스도인의 존재가 예비되어 있다는 것이다. 마찬가지로 유대교도 아니고 이방 종교도 아닌, 마음을 새롭게 하면서 변화를 받아 자신을 일상의 예배 가운데 산 제물로 드리는 제3의 '합리적 종교'로서 그리스도교의 탄생을 예고한 것이다.[5] 따라서 예수 그리스도와 그리스도인의 존재는 기존의 부정적 스캔들을 모방하거나 답습하지 않고 넘어서는 창조와 대안의 스캔들로 우뚝 서게 된다.

| 율법의 행위와 믿음의 의 |

로마서에서 바울은 갈라디아서에서와 달리 율법을 칭하여 '몽학선생'이니 '세상의 초등학문'이라고 더 이상 폄하하여 말하지 않는다. 갈라디아서에서는 할례의 복음이라는 가공할 만한 부정적 스캔들 앞에 십자가의 긍정적 스캔들이 위태로워지는 상황에 직면했었다. 그래서 그런 급박한 상황에서 바울의 갈라디아 서신은 외교적 변증이라기보다 십자가의 복음과 영의 자유를 살리기 위한 일방적 강변의 성격이 강했다. 그러나 그러한 강경 일변도의 율법 이해가 바울을 율법 파괴주의자로, 유대교의 변절자로 모는 또 다른 부정적 스캔들의 빌미가 되었다. 이러한 상황 변화로 바울은 율법의 신학적 위상을 공정하게 평가하며 현실적 선교 지형 가운데 그 실용적 기능의 의미를 조율할 필요를 만들어냈다. 이는 곧 율법과 관련해서도 외교적 변증이 필요했음을 의미한다. 물론 그러한 변증이 바울로 하여금 율법의 구원론적 기능을 인정하는 반전으로 몰고 간 것은 아니었다. 유대인이나 이방인이나 예외 없이 예수 그리스도를 믿음으로 하나님 앞에 의롭게 인정받는다는 점에서 그는 이전의 신학적 포지션과 전혀 다를 바 없었다. 이러한 신념은 다음의 문장에 명쾌하게 각인되어 나타난다.

그러므로 율법의 행위로 그의 앞에 의롭다 하심을 얻을 육체가 없나니 율법으로는 죄를 깨달음이니라. 이제는 율법 외에 하나님의 한 의가 나타났으니… 곧 예수 그리스도를 믿음으로 말미암아 모든 믿는 자에게 미치는 하나님의 의니 차별이 없느니라(롬 3:20-22).

이 하나님의 의는 순전히 하나님의 은혜로 값없이 제공된 것이다(롬 3:24). '값없이' 제공되었다는 것은 율법의 행위가 율법의 의문과 그 형식적 외피에 사로잡혀 그 본질을 망각한 유대교 신자들에게 '값'(또는 대가)으로 인식되었음을 은근히 암시한다. 그러한 인식은 그들로 하여금 율법의 행위를 당연한 윤리적 실천이 아니라 자랑과 허영의 조건으로 퇴락시키는 데 일조했을 법하다(롬 3:27). 그런데 예수 그리스도를 통한 하나님의 은혜는 조건 없이, 대가 없이, 값없이, 차별 없이 주어지는 구원의 선물이며, 그로 말미암은 의는 인간의 미덕이 아니라 하나님의 신실함을 드러내는 표상이다. 그러므로 아무리 할례가 중요하고 유대인의 특권이 존중받아야 한다고 할지라도 그것으로 하나님의 신실함을 폐할 수는 없다(롬 3:1-4). 이것이 바로 "사람이 의롭다 하심을 얻는 것은 율법의 행위에 있지 않고 믿음으로 되는 줄 우리가 인정하노라"(롬 3:28)는 메시지의 원인이자 배경이다.

율법의 행위가 그리스도를 통한 구원의 길에 부정적 스캔들이 되는 또 다른 이유는 그 실천의 주체인 인간이 처한 실존적 곤경이다. 설사 그 '행위'의 목록이 할례나 음식규례 등의 제의적 법규가 아니라 도덕 윤리적 조항이라 할지라도, 그것을 사람들이 제대로 행할 수 없다면 그 행함의 대상인 율법은 무효가 되어버린다. 인간이 아담의 모형 아래 죄인으로 존재하는 한, 율법의 온전한 행함이란 바랄 수는 있어도 이루기가 난망한 목표이다. 그래서 바울 스스로 고백하듯, 선한 것이 무엇인지 알고 또 그것을 행하기를 원할지라도 그 선을 행하지 아니하고 도리어 원치 아니하는 악을 행하는(롬 7:18-19) 난처한 상황에서 당황하며 탄식할 때가 많다. 이와 같이 죄는 인간의 실존적 삶에 뿌리 깊은 구조로 얽혀 있어서 시시각각 우리의 욕망을 숙주로 번식하며 그것을 탐욕으로 부풀려 결국 사망의 길로 인도한다(롬 6:23, 7:8, 11, 23).

그렇다면 율법을 행하는 자라야 의롭게 된다는 진술(롬 2:13)은 무슨 뜻인가.[6] 유대인을 교만하게 만들고 그들을 예수 그리스도 안에 나타난 하나님의 의로 인도하기는커녕 외려 그것을 훼방하는 부정적 스캔들이 되어버린 율법은 나쁜 것인가. 실제로 바울은 "율법이 들어온 것은 범죄를 더하게 하려 함이라"(롬 5:20)고 말하지 않는가. 또한 그는 "우리가 육신으로 있을 때에는 율법으로 말미암는 죄의 정욕이 우리 지체 중에 역사하여 우리로 사망을 위하여 열매를 맺게 하였"다고 통탄하지 않았던가(롬 7:5). 이에 대하여 바울은 그리스도의 복음과 믿음의 의를 변증하면서 부정적 스캔들의 자리로 떨어지는 율법의 위상을 끌어올리며 외교적 조율에 힘쓴다.

할례의 유익이 무엇이냐. 범사에 많으니 우선은 그들이 하나님의 말씀을 맡았음이니라(롬 3:1-2); 율법으로는 죄를 깨달음이니라(롬 3:21); 우리가 믿음으로 말미암아 율법을 파기하느냐. 그럴 수 없느니라. 도리어 율법을 굳게 세우느니라(롬 3:31); 이로 보건대 율법은 거룩하고 계명도 거룩하고 의로우며 선하도다(롬 7:12); 우리가 율법은 신령한 줄 알거니와 나는 육신에 속하여 죄 아래에 팔렸도다(롬 7:14).

율법에 대한 이와 같은 긍정과 찬사는 그 율법의 기원이 결국 하나님께 있음을 부인하지 못한 데서 기인한다. "[율법에 비추어 드러난] 우리의 불의가 하나님의 의를 드러나게 하면 무슨 말 하리요… 진노를 내리시는 하나님이 불의하시냐?"(롬 3:5)라는 그의 반문대로, 인간의 오해와 왜곡으로 인한 율법의 부정적 현상이 율법의 긍정적 기능과 본질을 무효로 만들 수 없다는 것이다. 특히, 그것을 선물로 베푼 하나님의 선한 의도는 인간의 불의에 의해 결코 폄훼될 수 없다는 입장이다. 이와 같이 바울은 예수 그리스도를 통해 발현된 하나님의 의를 변증하기 위하여 한편으로 율법의 구원론적 기능을 배제하고, 다른 한편으로 구약적 배경에 비추어 율법을 선한 의도로 제공한 또 다른 하나님의 의를 신정론적 차원에서 변론하기 위하여 그 위상을 조율하고 있다.

흥미롭게도 이러한 외교적 변증의 신학은 바울이 처한 당시의 상황과 밀접하게 관련된다. 다시 말해, 하나님의 의, 율법의 행위, 그리스도의 대속적 공로를 매개로 하는 바울의 신학적 변증과 조율은 그의 선교 및 목회 현장에서 이방인의 사도로서 그가 취해야 할 복음의 좌표와 그를 둘러싼 동족 유대인 및 유대인 크리스천들 사이에서 그가 조율해야 할 또 다른 외교적 입장과 연동되어 있었음을 보여준다. 그것은 하나의 스캔들을 제거하기 위하여 또 다른 스캔들을 필요로 하고, 그 '또 다른' 스캔들이 유발한 현실적 충격을 완화하고 공동체의 조화와 균형을 도모해야 했던 역설적 상황을 전제로 한다. 특히, 유대인 사회에서 율법에 적대적인 선교를 한 것처럼 인식되어온 그의 부정적 이미지는 자기 변론과 교정이 절실히 요청되는 사안이었을 것이다. 바울의 신학적 입장이 열성피 유대교도에게 과잉 반응을 야기하여 그의 메시지가 더러 과장되고 왜곡되었을 가능성이 높다. 그것은 곧 그에 대한 악성 루머의 원천이 되었을 터이다. 가령 바울이 되새김하거나 반문조로 던진 다음의 수사학적 진술들은 그로 인해 곤혹스러웠을 바울의 내면 풍경을 대변한다: "선을 이루기 위하여 악을 행하자"(롬 3:8); "우리가 믿음으로 말미암아 율법을 파기하느냐"(롬 3:31); "은혜를 더하게 하려고 죄에 거하겠느냐"(롬 6:1). 요컨대, 바울은 유대인의 습속과 유대교의 제반 교리적 규준을

'율법의 행위'로 특징짓고 그것을 공박하면서 예수 그리스도를 통한 믿음의 의를 내세운 대가를 톡톡히 치러야 했던 것이다. 전자의 부정적 스캔들은 후자의 긍정적 스캔들로 제거했지만, 동시에 그로 인한 또 다른 부정적 스캔들이 생겼기 때문이다.

이러한 상황은 비단 로마 교회에 국한된 것이 아니라 바깥의 선교지에 두루 해당되는 관심사였다. 바울이 로마서를 쓸 당시는 그동안 곤란을 겪어왔던 모금 캠페인을 정리하고 수금된 돈을 예루살렘으로 전달해주기 위해 출발하기 직전이었다. 이런 와중에 그는 그동안 자신이 추진해온 복음 선교와 이로 인한 유대인들의 반발을 매우 민감하게 의식해야 했다. 이 때문에 그에게는 적잖은 고민과 근심이 있었던 것으로 보인다(롬 15:30-32). 바울은 로마서를 쓰면서 예루살렘의 유대인들과 그들의 율법 존중 자세에 호의적인 예루살렘 교회를 의식하지 않을 수 없었던 것이다. 학계의 일각에서 로마서가 예루살렘 교회를 염두에 두고 로마 교회의 측면 지원을 받고자 하는 외교적 목적이 있었다고 보는 까닭이 여기에 있다.[7] 동시에 그는 고린도 교회의 현 상황에 민감할 수밖에 없었다. 일단 갈등이 진정 국면에 들어섰다고 하지만, 그동안 표출된 분규와 대립의 요소는 언제라도 다시 폭발할 수 있는 잠재된 내홍의 불씨였다. 로마서의 내용이 고린도 교회의 상황과 무관하기보다 그것을 상당 부분 반영하고 있는 것처럼 보이는 것은 바로 이 때문이다.[8]

| 유대인 그리스도인 vs 이방인 크리스천 또는 약한 자 vs 강한 자 |

한편 바울의 외교적 변증은 로마 교회 내부의 관심사에도 밀접하게 연동되어 나타난다. 로마서에 반영된 로마 교회의 교인 구성은 유대인과 이방인의 혼합 회중이었던 것으로 보인다. AD 49년 클라우디우스 황제

의 유대인 추방 명령이 있기 전 로마 교회는 회당공동체의 일부로 존립했었다. 그러나 이후 해체된 회당 내의 교회는 추방령이 해제되면서 재건된 가정 교회 형태의 소규모 공동체로 그 안에는 적잖은 이방인들이 교인으로 추가되었을 것으로 추측된다. 비록 브리스길라 아굴라 부부와 같은 일부 유대인 교인들은 가정 교회의 리더십을 행사했겠지만, 이방인 세력이 만만찮은 상황에서 유대인 그리스도교도는 수적으로나 영향력으로나 로마 교회의 약자로 존립했을 가능성이 높다. 반대로 이방인 그리스도교도는 로마가 이방 제국의 수도라는 입지점을 최대한 활용하여 교회공동체의 헤게모니를 쥐고 전체적인 분위기를 주도하지 않았을까 사료된다.[9]

이방인 그리스도교도의 상대적 자신감은 부분적으로 그리스도의 복음을 환영해야 할 유대인들이 외려 적대적으로 반응함으로써 그들의 세력과 입지가 취약해진 당시의 선교 지형과 관련이 있었을 것이다. 이는 저스스로 유대인 크리스천이었던 바울의 개인적 고민거리이기도 했지만 동시에 변증하고 해명해야 할 신학적 과제이기도 했다. 일찍이 하나님이 택하여 많은 특권을 허락한 이스라엘 백성인 유대인들이 그리스도를 통해 계시된 새로운 약속을 믿지 않는다면, 그 백성을 하나님이 잘못 선택했거나 새로 계시된 복음의 약속이 잘못되었거나 둘 중의 하나라는 적대자들의 논리적 공격을 감당해야 했기 때문이다.

이에 대하여 바울은 유대인들의 종말론적 구원을 위한 희망을 살려내는 방향으로 복음을 변증한다. 여기에 동원되는 신학적 논리는 하나님의 절대 주권하에 작동하는 질투의 원리와 상호 충만의 원리이다. 요약하면 그것은 이스라엘의 "넘어짐이 세상의 풍성함이 되며 그들의 실패가 이방인의 풍성함이 되"(롬 11:12)는 이치와 통한다. 즉 구원의 대열에 이방인들이 풍성히 동참함으로써 그것이 유대인들을 시기 나게 하여 분발케 하리라는 전망인 셈이다. 그리하여 이방인의 충만한 수가 차기까지 이스라엘인들의 더러는 우둔하게 되어 새 언약의 대열에 더디 동참하게 되었다는 것이다. 결국 바울은 한쪽(유대인)의 실패로 인한 부정적 스캔들이 다른 쪽(이방인)의 유익으로 작용하여 피차 자극과 도전을 통해 상호 충만에 이르게 되리라고 본다. 이 종말론적 구원의 전망은 한편으로 불신자 유대인들의 신앙적 각성을 유도하고 유대인 선교의 지지부진함을 일깨우려는 목적을 띤다.

그러나 또 다른 한편으로 이러한 신학적 변증은 이렇게 치우친 선교의 지형으로 인해 위축된 유대인 그리스도교도를 격려하고 반대로 혹여 교만해지기 쉬웠던 이방인 그리스도교도를 미리 경계하기 위한 외교적 조율의 목적도 수반했으리라 여겨진다. 이러한 배경하에 바울은 참감람나무와 돌감람나무의 비유를 통해(롬 11:17-21) 그의 서신에서 처음으로 이방인 그리스도교도에 대한 견제의 수사를 내비친다. 그의 이 비유에 따르면 하나님의 장구한 구원사를 통틀어볼 때 이방인 그리스도교도는 참감람나무의 뿌리에 접붙임을 받은 돌감람나무에 불과하다. 그러니 불순종한 참감람나무의 가지들도 가차 없이 쳐내신 하나님이 현재의 기세를 믿고 오만방자해질 경우 돌람감나무의 가지 역시 아낌없이 잘라낼 수 있다는 것이다.

이러한 견제의 수사와 경고의 메시지는 마지막에 제시한 모든 이스라엘의 종말론적 구원의 확신(롬 11:26)에 빗대어보면 고도의 균형과 균제의 변증 감각과 신학적 의도가 분명한 변증이라 할 수 있다. 이러한 방향으로 바울은 저 스스로 이방인의 사도를 자처하고 그것을 영광스런 직분으로 여겼지만 이방인의 선교적 득세가 유대인의 구원 길에 부정적 스캔들로 작용하는 것을 극도로 경계했다. 이러한 입장은 그가 로마서의 앞부분에서 정죄와 심판의 태도로 하나님의 진노를 산 유대인의 배타주의적 선민의식을 또 다른 부정적 스캔들로 설정한 것과 대조를 이룬다. 그러나 9-11장에서 바울은 단지 믿지 않는 유대인 동족들뿐만 아니라 이미 믿음을 지닌 자기와 같은 유대인 그리스도교도의 현재 위상과 미래의 입지까지 배려해야 했던 것이다.

또 다른 부정적 스캔들의 출처로 바울이 제시한 맥락은 음식과 관련된 생활 습속의 문제와 특정일, 절기 등과 연루된 제의적 문제였다. 로마 교회 내의 어떤 교인들은 채소만 먹는 것을 고집하였고, 다른 사람들은 고기와 포도주를 포함하여 '모든 것'을 먹을 수 있었다(롬 14:2, 21). 이른바 채식주의 문화는 종교적 신념과 결부되어 유대교뿐 아니라 고대 헬라의 철학 및 종교에서도 광범위하게 탐지되는 전통이었다. 그것이 그리스도교 공동체에 전이되어 로마 교회에서도 일부 교인들은 이러한 쪽의 확신을 가지고 있었던 모양이다. 바울은 그것을 '믿음'의 분량 문제로 이해하는데, 고린도 교회에서 생겼던 음식 문제(우상 제물로 바쳐진 고기를 먹는 문제)와 관련해서는 '지식'을 그 판별의 기준으로 제시한 바 있다(고전 8:10). 이러한 생활 습속의 차이는 날과 절기에 대한 제의적 관행의 차원으로 전이되어 아마도 어떤 이들은 안식일이나 특별한 절기의 날들을 더욱 거룩하게 인식한 데 비해, 다른 이들은 모든 날을 동일하게 거룩한 날로 여긴 모양이다(롬 14:5). 이와 더불어 일부 교인들은 로마 제국의 공권력을 딱히 존중하지 않고 납세의 의무를 무시했을 가능성이 있다(롬 13:1-7).[10] 추측컨대, 이 거대 국가의 이교도적 권력에 굴하여 식민지 백성으로 전락한 가운데 그들은 예수 그리스도를 유대인들의 왕으로 내세우면서 이러한 저항적 행태를 보였을 것이다.

이러한 생활 스타일과 믿음의 차이, 또는 정치적 이념의 차이 탓에 로마 교회에는 이른바 '약한 자'와 '강한 자'의 갈등이 잠재되어 있었다. 물론 여기서 약한 자와 강한 자의 범주에 대하여 일률적으로 유대인 그리스도교도와 이방인 그리스도교도를 대입시켜 간편하게 양단할 수 없다. 학자들의 대체적 추리는 소수이며 유대교의 전통에 밀착되었던 전자 그룹을 약한 자로,[11] 나름의 합리적 지식으로 리버럴한 믿음을 견지한 이방인 그리스도교도를 강한 자로 보는 쪽에 기울어 있다.[12] 어쨌든 바울은 이러한 상황을 전제하면서 약한 자가 강한 자를 정죄할 가능성과 강한 자가 약한 자를 업신여길 가능성을 둘 다 경계하며 서로를 용납할 것을 권고한다(롬 14:3). 그는 이러한 문제들이 결과적으로 '스캔들의 바위'로 역사하는 예수 그리스도의 대속적 공로를 약화시키는 부정적 스캔들로 작용할 가능성을 사전에 간파했다. 이는 곧 공동체의 연대 약화로 이어지게 되고, 결국 로마 교회를 교두보로 삼아 새로운 선교지를 개척하고자 한 바울의 전략에도 차질이 생길 수 있었다. 이러한 외교적 지형을 가늠하면서 바울은 신앙 스타일과 관습상의 차이에도 불구하고 각자 택한 노선을 가지고 "주를 위하여" 살고 죽을 수 있다면 그것은 궁극적인 믿음의 목표에서 합치될 수 있다고 보았다(롬 14:6-8).

창조적 스캔들로서의 그리스도 복음

앞서 예시한 메타포대로, 그리스도가 '스캔들의 바위'라면 그것은 여러 겹으로 꼬인 이항대립 구조를 모순에서 소통으로, 갈등에서 화평으로, 그리고 상극에서 상생으로 이끌기 위한 충격과 해체의 차원에서 절실히 요구되었다. 이방인의 우상숭배와 도덕 윤리적 타락은 하나님의 방기를 낳았고, 결국 그들은 하나님의 진노와 심판 아래 처하게 되었다. 유대인들의 자랑과 교만, 맹인을 인도하는 맹인의 처지로 전락한 그들의 신학적 자가당착은 그들 역시 이방인들의 처지와 다를 바 없게 만들었다. 그러나 바울은 이러한 보편적 죄악상과 타락상을 설명하기에 앞서 예수 그리스도의 출신에 대하여 언급한다. 예수 그리스도는 그렇게 타락한 이스라엘의 계보를 쫓아 다윗의 혈통에서 나셨다는 것이다(롬 1:3).[13] 바울은 마태복음과 누가복음의 족보신학과는 다른 목적으로 예수의 육신적 배경을 이렇게 서신의 서두에 표나게 내세운다. 이는, 한통속에서 나왔음에도 불구하고, 그 통속의 나쁜 스캔들을 모방하거나 답습하지 않고, 반대로 그것과 단절하여 새로운 창조적 스캔들의 전통을 만들어낼 수 있음을 보여준 중요한 증거이다.

그뿐 아니라, 그 예수를 바울 일행은 "그의 이름을 위하여 모든 이방인 중에서 믿어 순종하게"(롬 1:5) 되었다고 고백한다. 더구나 그들은 율법의 족쇄에 매여 복음에 배타적이었던 유대인들과 달리 복음을 수용하여 이방의 각지에 신앙공동체를 세운 주역으로 교회를 부흥·번성케 한 초대 교회 선교의 구동축이었다. 더구나 그들은 로마서를 쓰던 그 시섬에서 유내인들을 시기 나게 힐 민큼 충만힌 수를 항헤 왕성히 진보하고 있지 않았던가. 예수 그리스도의 구원 사건은 하나님이 유대인의 하나님만이 아니라 이방인의 하나님도 된다(롬 3:29)는, 일견 지당한 것 같으면서도 놀라운 선포의 증거였다. 이렇듯, 하나님의 구원사에 거치는 돌로서 나쁜 스캔들의 장본인이었던 그들 유대인들로부터 예수 그리스도가 태어났고, 바울이 그들 이방인들 가운데 그 예수를 주로 믿게 되었다는 사실은 상식의 기대를 배반하는 역설이다. 그것은 스캔들의 부정성조차 또 다른 긍정적 스캔들을 위한 태반이 되었다는 논리와 동일한 구조이다. 이러한 배경하에 바울은 그리스도를 통해 하나님의 의가 나타나 구원에 이르게 하는 복음이 유대인과 헬라인 가운데 차별 없이 적용됨을 거듭 강조한다(롬 1:16). 그것은 보편적 타락의 차원이든(롬 3:9), 보편적 심판과 구원의 차원이든(롬 2:9-10), 두루 적용되는 변증법적 이치이다.

예수 그리스도가 율법 또는 율법의 행위라는 부정적 스캔들을 넘어 믿음의 의라는 교리적 대안을 제시하고 긍정적 스캔들의 위력을 발휘하며 우뚝 서기 위해서는 율법의 중개자인 모세를 넘어서는 역사의 유비가 필요했다. 바울이 이를 위해 예시한 대표적 인물은 아브라함과 아담이다. 주지하듯, 모세 계통의 유대교Mosaic Judaism는 바빌론 포로기 이후 유대교의 배타적 민족주의와 선민주의를 더욱 공고히 해왔다. 그러나 동시에 포로기를 전후하여 모세가 율법을 받기 훨씬 이전에 하나님이 아브라함을 부르고 그를 통해 복의 언약을 맺은 사건으로 소급하여 이방인까지 포함하면서 구원사를 새롭게 전개하리라는 보편주의의 비전이 잉태된 것도 사실이다. 이것을 아브라함 계통의 유대교Abrahamic Judaism라고 명명할 수 있다. 예수가 그리했듯이 바울도 이러한 보편주의적 유대교의 신학에 물꼬를 대고 예수 그리스도의 복음을 변증했다. 갈라디아서에서 그랬듯, 바울은 로마서에서도 모세의 율법과 그 율법의 형해화된 틀을 넘어서는 이스라엘 역사의 유비로 아브라함을 호출했다. 아브라함이 할례를 받기도 전에 하나님 앞에 신실한 믿음으로 의롭게 여겨졌다는 것이 바울의 아브라함 유비의 핵심 논지이다(롬 4:10). 아브라함은 할례를 받아 할례자의 조상이 되었고(롬 4:11-12), 무할례 시에 할례 없이 의롭게 됨으로 말미암아 같은 믿음의 자취를 따르는 이방인들에게도 동일한 구원의 증거가 되었다(롬 4:12).[14] 그에게는 언약을 증빙하는 기호로 할례가 있었지만, 그것은 그야말로 언약의 징표였을 뿐 모세 단계에서 충분히 율법화되기 이전의 것이었다. 그러므로 이방인과 유대인이 갈리기전, 모세의 율법이 생겨나기 전에 살았던 아브라함은 모든 사람의 조상이 되었으니 그의 믿음에 동참한다는 것은 유대인과 유대교의 역사에 선행하는 보편적 구원 사건이 된다.

아담 역시 마찬가지다. 아담의 신학적 유형론은 그리스도를 새로운 시대 새로운 인간의 모형으로 신학화하기 위한 또 다른 역사의 유비이다. 그러나 아브라함의 경우와 달리 그의 유형은 그리스도와 조화를 이루는 긍정적인 방향이 아니라 부정적인 방향에서 해석된다. 바울의 신학적 논리에 따르면 이 아담은 인류의 첫 조상으로 불순종의 죄와 사망의 시대를 표상하는 인물이다. 반면 둘째 아담인 예수 그리스도는 의와 구원과 생명의 시대를 표상하는 신령한 사람으로 천상적 기원을 갖고 있다(고전 15:47). 바울은 로마서에서 "아담으로부터 모세까지"를 죄와 사망의 세대로 규정함으로써(롬 5:14) 그리스도의 은혜를 필요로 하는 구원 사역의 정당성을 피력한다(롬 5:15). 아담의 죄악은 이후 타락한 세대의 모형으로 율법의 시대를 연 모세의 경우까지 포괄한다. 따라서 그 세대와 질적으로 구분되는 대안적 '유형'으로 예수 그리스도는 율법의 부정적 스캔들을 넘어서는 긍정적 스캔들의 주인공으로 우뚝 서게 되는 것이다. 아담과 율법을 한 통속으로 묶어 이해하는 근거는, 바울이 "한 사람〔= 아담〕이 순종하지 아니함으로 많은 사람이 죄인 된 것 같이 한 사람〔= 예수 그리스도〕이 순종하심으로 많은 사람이 의인이 되리라"(롬 5:19) 고 언급한 바로 뒤에 "율법이 들어온 것은 범죄를 더하게 하려 함이라" 고 진술하고 있기 때문이다.

유대인 그리스도교도와 이방인 그리스도교도 사이의 긴장관계에서도 그 스캔들의 부정적 구조를 혁파하는 것은 오로지 창조적 '스캔들의 바위'가 되는 예수 그리스도뿐이다. 바울은 9–11장에서 이스라엘의 종말론적 구원의 희망을 피력하고 그 내용을 변증하면서 그 끄트머리에 "모든 이스라엘이 구원을 받으리라"(롬 11:26)는 결론적인 선언을 한다.[15] 그 선언의 신학적인 근거로 그가 제시한 다음의 인용문은 결국 그들 역시 예수 그리스도를 통한 구원의 혜택을 입게 되리라는 희망을 드러낸 것이다.

> 구원자가 시온에서 오사 야곱에게서 경건하지 않은 것을 돌이키시겠고 내가 그들의 죄를 없이 할 때에 그들에게 이루어질 내 언약이 이것이라(사 59:20).

물론 그 '구원자'는 예수 그리스도 이외에 다른 존재를 상정하기 어렵다. 그러나 언제 어떻게 구체적으로 '모든 이스라엘의 구원'이 완성될지는 하나님의 '비밀*mystērion*'에 해당되는 사항이다(롬 11:25). 다만 한 가지 희미한 암시는 극단의 절망이 극단의 희망으로 통한다는 역설의 진리, 곧 신학적 스캔들의 전복적 이치이다.[16] 이와 같이 로마서에 제시된 바울의 신학적 변증은 시종일관 나쁜 스캔들을 제거하는 혁신적 스캔들로서 예수 그리스도의 영적인 기능으로 나타난다. 갈라디아서의 맥락에서 그리스도와 율법의 대립적 장벽이 '그리스도의 율법'(갈 6:2)이란 개념으로 극복되었듯이, 이제 율법과 믿음의 장벽은 예수 그리스도를 매개로 '믿음의 율법'으로 통섭되었거니와(롬 3:27), 그리스도가 율법의 '텔로스'(롬 10:4)라는 선언도 이러한 관점을 일관되게 견지한 것이다.[17]

생활 스타일과 제의적 관심의 차이를 논하는 자리에서도 바울은 강한 자와 약한 자의 관계에 잠재된 부정적 스캔들을 의식하며 그것을 제거하는 예수 그리스도의 스캔들을 외교적으로 조율하며 운용한다. 먼저 바울은 예수의 어록에 의지하여 서로의 작은 차이점을 부각시켜 서로 정죄하거나 업신여기는 파괴적 자세를 대번에 넘어트린다. 여기에 인용되는 예수의 어록은 "너희를 핍박하는 자를 축복하라"(롬 12:14)는 원수 사랑의 계명이었다. 이 계명과 더불어 바울은 순종의 도를 강조한다. 그 순종은 부분적으로 로마의 공권력에 대한 복종의 양태로 드러나지만(롬 13:1), 더욱 본질적으로 예수 그리스도의 순종을 본받는 순종이다. 예수는 할례의 수종자로 유대인들의 약속을 견고하게 함과 동시에 이방인들을 긍휼하심으로 품어 그들 역시 하나님께 영광을 돌리게 하였다(롬 15:8-9). 영광을 돌린다는 말은 찬양과 공중예배를 전제로 한 표현이다. 그리하여 바울은 경계를 나누지 않고 모든 사람들을 두루 용납한 예수 그리스도를 본받아 그의 거대한 창조적 스캔들로써 그들의 자잘한 파괴적 스캔들을 잠재우고 "한 마음과 한 입으로" 하나님께 영광을 돌리는 예배 공동체를 꿈꾸었던 것이다(롬 15:6).

외교적 그리스도론의 신학적 의의

바울에게 예수 그리스도는 신학의 출발점이자 종결점이었다. 그것은 신학의 토대로서 든든함과 안전함을 추구했지만 기존 사회 구조와 종교 체제의 전복이 절박하게 요청되던 역사의 자리에서 하나의 스캔들이 되어야 했다. 그것은 '바위'처럼 견고하면서 역동적인, 파괴적이면서 동시에 창조적인 신학의 메타포이다. 물론 자잘한 부정적 스캔들의 요소들이 로마 교회에 잠재되어 있거나 현안으로 돌출해 있었다. 바울은 이방인의 사도로서 그것들의 이항대립적 현실에 개입하면서 그리스도의 구원을 이루는 데 지장이 되는 나쁜 스캔들을 제거해야 했다. 그 과정에서 전개된 바울의 예수 그리스도는 스캔들을 제거하는 또 다른 스캔들로 기능했다. 때로 신랄하게 비판하고 질타하면서, 때로 예리하게 통찰하고 엄중하게 경고하면서 그는 예수 그리스도와 복음이라는 스캔들의 바윗돌을 굴렸다. 때로 해체하고 통합하면서, 때로 절망하고 희망하면서, 그는 하늘에서 떨어진 그 스캔들의 바윗돌로 이 땅의 자잘한 스캔들의 진원지를 타격했다. 때로 마음 조리고 탄식하면서, 때로 다독이고 격려하면서, 그는 예수 그리스도의 하나 됨 사역의 대척점에 위치한 나쁜 스캔들의 급소를 찌르며 그 해악을 소멸하고 희망과 사랑을 키워나갔다. 이러한 작업들은 물론 그의 글쓰기 과정에서 그의 상상을 통해 생겨난 일이었다.

로마서 15장까지 신학적 변증과 외교적 조율이 두루 효과를 거두리라고 확신했음일까. 물론 그는 편지를 쓰면서 자주 멈칫거렸을 것이고 로마와 고린도 사이의 공간적 거리를 가늠하면서 그의 신학적 논리와 로마 교회 안팎의 선교 및 목회 현실 사이의 내용적 차이도 준별했을 것이다. 그러나 동시에 그는 틈틈이 진지하게 기도했을 것이고, 자신의 기도에 나름의 확신도 갖게 되었을 것이다. 유대인과 이방인 사이의 대립적 스캔들도 넘어서고, 유대교와 이방종교의 보편적 타락상도 뒤로 돌린 채, 그는 이러한 요소들이 두루 섞인 교인들의 이름을 부르며 마지막 16장에서 문안 인사를 나눈다.[18] 율법의 행위와 믿음의 의라는 이항대립의 구조를 혁파하고 이방인 그리스도교도/강한 자와 유대인 그리스도교도/약한 자의 인습적 제의적 차이의 스캔들도 관용과 사랑의 스캔들로 평정한 뒤 이제 그는 그 교회의 사람들을 하나씩 실명으로 부르면서 그들의 존재를 인정하고 그들의 공로를 존중하며 감사의 마음을 전하는 것이다.

바울의 외교적 그리스도론은 실로 이 대목에서 절정에 다다르고 있거니와, 그 목적은 여러 겹으로 외교적이다. 그가 26명 이상의 많은 로마 교인들을 언제 어떻게 사귀어 알게 되었는지, 또 왜 그들을 일일이 호명하며 문안 인사를 건네는 것인지 그 또한 오늘날의 독자들에게 '비밀 *mystērion*'과 같이 보인다. 아마도 그는 이러한 대대적인 인사치레를 통해 로마 교회에 연고가 없지 않음을 외교적인 차원에서 시위하고자 했는지 모른다. 그로써 그가 로마 교회의 후원을 통해 서바나 선교를 효율적으로 감당하기 위한 전략의 일환으로 사전 포석을 놓아두고자 했을 가능성도 배제할 수 없다. 그러나 이러한 장황한 문안 인사에 현시된 무엇보다 간절한 바울의 욕망은 로마 교회의 나쁜 스캔들도 제거되고 그간 바울의 복음 선교를 통해 나타난 그리스도라는 스캔들의 부정적 후유증도 정리된 상태에서 서로 공존하며 화목하게 한 하나님을 찬양하는 한 몸의 예배공동체를 향해 뻗어 있었을 것이다.

이런 목표를 염두에 두고 바울은 스스로 문안할 뿐 아니라(롬 16:3-15), 로마 교인들끼리의 문안을 유도하고(롬 16:16a) 초면도 못 되는 외지의 다른 사람들 사이에도 문안을 중개한다(롬 16:16b, 21-23). 바울의 이런 문안 사역은, 로마의 교인들뿐 아니라 오늘날 그리스도 안에서 한 하나님을 믿는 모든 신자들이 그 공간의 격절과 출신 배경의 차이를 넘어, 심지어 신앙 스타일의 자잘한 차이까지 넘어, 서로가 서로를 향해 유기체의 한 몸에 붙어 있는 지체라는 사실을 보여준 귀중한 증거이다. 이는 곧 그의 로마서를 배달해준 뵈뵈를 일컬어 묘사한 대로(롬 16:1-2), 서로에게 '섬김의 사역자'가 되고, '자매/형제'로 동거하며, 조건 없는 '후원자'로 나서는 기꺼운 코이노니아의 관계를 지향한다.

오늘날 우리는 스캔들이 과잉으로 범람하는 시대에 살고 있다. 그러나 그러한 스캔들은 예외 없이 스캔들로서 최소한의 진정성에도 미치지 못하는 수준에서 지루하게 반복된다. 그것은 적극적인 의미의 나쁜 스캔들조차 되지 못하는, 소모적인 열정의 낭비이거나 자폐적인 관음증의 음험한 알리바이일 뿐이다. 성서적 역설의 의미로서 제출된 스캔들은 관계를 파괴하고 해체하는 커다란 '초석적' 스캔들을 모방하는 데서 비롯된다. 그 초석적 스캔들은 바울신학의 체계 내에서 바로 예수 그리스도 자신이다.[19] 문제는 그 모방이 제대로 된 모방이 아니라 왜곡된 모방이라는 데 있다. 거기서 숱하게 많은 나쁜 스캔들이 양산된다. 그것은 교회 안에도 침투하여 교회의 다양한 관계를 파괴하고 수많은 생명에 생채기를 낸다. 신앙의 모본으로서 예수 그리스도는 하나님 외에 아무도, 아무것도 모방하지 않는 것을 온전한 신앙의 철칙으로 삼았다. 모방이 없는 욕망의 모방이야말로 예수 그리스도가 십자가를 통해 위대한 스캔들이 될 수 있었던 전복적 역설의 배경이었다.

그런데 오늘날 그리스도교 신앙은 그 자리에 엉뚱한 짝퉁들을 잔뜩 채워놓고 그것을 통해 하나님을 닮으라고 채근한다. 또 그 하나님을 닮은 예수 그리스도를 따르라고 재촉한다. 여기에 퇴락한 21세기 스캔들의 교회사적 비극이 있다. 또한 맘몬의 자본제적 체계에 저당 잡힌 채 부흥, 성공, 축복 등 각종 간편한 구호들을 내걸고 가짜 욕망을 양산하며 그것을 모방하라고 부추기는 오늘날 한국 교회의 병통도 바로 그 언저리에 걸려 있다. 문안과 소통이 없는 곳에 아무리 자기동일성의 신앙으로 충만하여 똘똘 뭉친들, 거기에 자잘한 모래 같은 스캔들의 희롱은 있을망정 예수 그리스도라는 스캔들의 바위는 찾아보기 어렵다. 오호라, 누가 나를 가짜 스캔들이 판치는 이 기만의 올무에서 건져내랴!

_05

스캔들을 내파하는 스캔들
- 고린도 서신과 십자가의 지혜

바울의 신학적 연금술

바울은 진리의 역설적 성격을 누구보다 잘 이해한 사람이었다. 진리를 역설로 파악했다는 것은 진리의 양면성 내지 복합성을 인식했다는 뜻이리라. 이를테면 진리가 불변의 존재인 하나님으로부터 생성되더라도 그것이 인간에게 이해되는 과정은 변화무쌍한 논리적 곡절과 파란만장한 표현상의 굴절을 거쳐야 하는 지상의 현실, 곧 인간의 언어적 실존과 역사적 한계를 감지했다는 말이다. 가령, 그는 '근심/슬픔'(*lypē*)을 말하면서 이 말로 견인되는 상투적 선입견을 해체하며 '하나님의 뜻대로 하는 근심'을 언급한다(고후 7:9). 이는 곧 그의 영탄으로 이어져 이런 근심이 "너희를 얼마나 간절하게 하며 얼마나 변증하게 하며 얼마나 분하게 하며 얼마나 두렵게 하며 얼마나 사모하게 하며 얼마나 열심 있게 하며 얼마나 벌하게 하였는지"(고후 7:11) 그 효능을 구구절절 읊조린다. 이와 함께 사망에 이르게 하는 '세상 근심'을 예의 역설적 근심과 대립적 구도에서 조명하는 것을 잊지 않는다(고후 7:10). 바울의 이러한 어법을 그의 신학이 태동하며 발전해나간 내적인 사유의 문법과 연관지어 나는 '수사학적 연금술'이라 불렀거니와, 이는 바울의 율법 이해가 그려 보인 개념의 분할과 심화 과정에서 가장 화려하게 드러난 바 있다.[1]

요컨대, 바울은 그의 신학적 연금술을 통해 외부의 온갖 장애물을 극복하기에 앞서 자신의 언어를 내파한다. 그렇게 쪼개지고 나뉜 어휘들의 수사적 범주는 그의 대척점에 선 장애물을 이해하고 더불어 소통하며 설득의 과정에서 포용하거나 혁파하는 수완을 발휘한다. 이는 바울이 말로써 선교하고 말로써 복음의 영지를 개척했음을 감안할 때 소홀히 다룰 수 없는 연구 주제이다. 이 글에서 나는 그러한 바울의 신학적 연금술을 극적으로 드러내는 또 다른 사례로 고린도 서신에서 바울이 전유하고 응용한 '스캔들'의 메타포를 분석하는 작업에 매달려보고자 한다. 이러한 작업이 고린도 서신과 거기 반영된 바울의 당시 상황을 제대로 이해하는 데 걸림돌이 될지, 아니면 그것을 내파하는 묘안이 될지 끝까지 두고 봐야 하겠지만, 나는 바울의 스캔들 신학이 당시 고린도 교회를 가로지르며 숱한 갈등의 복마전을 형성해놓은 현장의 신학적 스캔들을 해명하는 하나의 긴요한 맥점이 되리라 본다.

주지하듯, 고린도 교회는 바울이 개척한 교회들 가운데 그 중요성이 유달랐던 만큼 그에 비례하여 골칫덩어리의 사역 현장이었다. 고린도 교회의 제반 분열은 정치적 분열에 그치지 않고 삶의 규범적 가치기준의 혼선으로 인한 갈등으로 번졌다. 그 밑바닥에는 결국 고린도 교회의 신학적 미성숙으로 인한 각종 스캔들의 흔적들이 탐지된다. 이러한 신학과 사상의 스캔들은 행동과 태도의 스캔들을 낳고 이는 나아가 정치적 균열과 갈등으로 대변되는 조직의 스캔들로 확산되었다. 거기서 스캔들은 교회가 그리스도의 몸이 되기까지 넘어야 할 장애물이었고, 교회다움의 위격을 갖추기 위해 진정되어야 할 추문이었다. 게다가 교회 내의 약자들을 보호하고 유기체로서의 신앙공동체를 건사하기 위해서라도 자유를 앞세운 방종과 교만의 스캔들은 어떻게든 타파되어야 했다. 그런데 그 권능은 외부로부터 올 수 없었다. 마게도니아의 성숙한 교회 모델에서 빌려다 쓸 수도 없었고, 초월적 계시의 신비한 능력이 급작스레 나타나 회오리바람처럼 그 교회 내부의 모든 현안을 일거에 해결해줄 수도 없는 노릇이었다. 만일 그게 가능했다면 바울은 그토록 긴 편지를, 그것도 2회 이상 써야 할 필요가 없었을 것이다. 그 해법은 결국 내부에서 교회에 전해진 복음의 내용을 반추하여 회복함으로써 가능했다. 그것은 고린도 서신의 바울에게 '십자가의 지혜'로 압축된다. 이는 곧 이 땅의 모든 대결적 스캔들 구도를 내파하는 하나님의 능력이었다. 그렇게 대국적으로 자리매김된 스캔들의 신학은 물론 고린도 교회의 현안을 해소하는 측면에서도 적용될 수 있었음이 분명하다. 동시에 이는 바울의 사도적 정체성과 리더십, 신학적 영성을 세워나가는 데도 예의 연금술적 원천으로 작용했다는 것이 내 잠정적 판단이다. 어떻게 그럴 수 있었는지를 해명하는 것이 이 글의 또 다른 목적이 될 터이다.

신학적 스캔들의 양면성 – 십자가의 지혜와 지혜의 말

바울이 고린도 교회의 문제로 일관되게 언급한 핵심은 '분열*schisma*'이었다. 그것은 자신이 선망하는 지도자를 내세워 파당을 짓는 형태로 나타났는데, 그것을 더욱 부추긴 것은 이기적인 '탐욕*eris*'이었다. 고린도 교회의 이러한 파당 분열은 특정한 정치적 리더십의 추종세력에 따라 바울파, 아볼로파, 게바파, 그리스도파 등을 낳았다(고전 1:12).[2] 고린도 교회의 분열은 비단 이러한 정치적인 파당 분열에 국한된 것이 아니었다. 이러한 조직의 분규는 각 성원들 간에 의견의 대립과 사상의 갈등을 낳아 계모와의 동침 및 음행, 법정 송사, 처녀와 과부의 결혼, 우상 제물, 공중예배와 성만찬, 성령의 은사, 부활신앙, 바울의 사도직에 대한 불신 등의 제반 분야에서 다양한 문제를 야기하였다. 그리고 이 모든 갈등의 이면에는 자신의 세력을 떨쳐 우월감을 자랑하거나 자신의 그런 영향력에 의지하여 자신의 위상을 공고히 하려는 욕동이 잠재되어 있었다고 볼 수 있다. 물론 그러한 욕망의 준동을 개인의 사사로운 특이성으로 환원해버리기는 어렵다. 고린도라는 도시의 특수한 환경과 종교 및 사상의 배경을 무시할 수 없고, 나아가 고린도 교회 구성원들의 사회경제적 출신 배경을 비롯하여 그 사상적 경향과 신앙적 패턴, 특정 지도자와의 친소관계 등이 이러한 관계의 갈등에 역동적인 요인으로 작용했을 터이기 때문이다.

그러나 고린도전서에 국한해 볼 때 고린도 교회의 갈등을 유발시킨 결정적 요인은 일차적으로 정치적인 리더십의 대립 국면이라고 볼 수 있다. 바울은 이 점과 관련하여 1-4장을 할애하여 논의할 정도로 이 상황을 심각하게 인식하고 있었던 것 같다. 그 논의의 맥락 가운데는 예수 그리스도 이외에 다른 터를 허용할 수 없다(고전 3:11)는 바울의 단호한 입장에 비추어 게바(베드로)를 견제하는 암시도 없지 않다. 그러나 논의의 분량이나 밀도로 미루어 바울이 고린도 교회의 내분에서 가장 신경을 많이 쓰며 견제한 인물은 아볼로였음이 틀림없다. 한편으로 바울은 아볼로의 사역을 자신이 심은 것에 물을 주었던 동역자로 높이 평가하고 있지만(고전 3:6), 다른 한편으로 성경에 대해 박식했고 수사학적 언변이 뛰어난 아볼로의 강점을 '지혜의 말'로 폄하하는 듯한 인상을 준다. 이는 연이어 '사람의 지혜' '세상의 지혜' '통치자들의 지혜'로 변용되면서 '하나님의 지혜'와 대립적인 구도에서 조명된다. 그 '하나님의 지혜'는 세상의 미련한 것, 연약한 것을 통해 지혜 있는 것과 강한 것을 부끄럽게 하는 어리석은 방식으로 곧 '하나님의 능력'이 되는 십자가의 지혜를 일컫는다. 요컨대, 그리스도야말로 하나님의 대안적 지혜, 다시 말해 자신의 어리석음으로 세상의 지혜를 능가하는 역설적 지혜라는 것이다. 이러한 연유로 그는 애당초 고린도 교회에서 자신의 전도가 "설득력 있는 지혜의 말로 하지 아니하고 다만 성령의 나타나심과 능력으로" 이루어졌음을 애써 상기시키며 회고한다(고전 2:4).

여기서 우리의 관심은 바울이 아볼로와 어떤 긴장관계를 유지하고 있는지 그 정치적인 곡절을 상세히 변설할 형편이 되지 못한다. 또한 일만 스승을 내세워도 아버지는 하나뿐(고전 4:15)이라는 바울의 진술 가운데 암시되듯이, 고린도 교회의 개척자로서 그의 억하심정이 어떠했는지 그 심리적 구조를 해부할 만한 위치에 있지 못하다. 이러한 면면들은 우리가 다만 암시된 진술 가운데 추론할 수 있는 어렴풋한 풍경일망정 선명하게 재구성할 만한 사실적 상황과는 거리가 멀기 때문이다. 대신 여기서 우리 관심의 초점은 바울이 그 말의 지혜를 비판하면서 그 대안으로 제시한 십자가라는 하나님의 어리석은 지혜가 역설적으로 창조적인 스캔들의 사건성을 부각시키고 있다는 점에 있다. 그는 다음과 같이 선포한다.

유대인은 표적을 구하고 헬라인은 지혜를 찾으나 우리는 십자가에 못 박힌 그리스도를 전하니 유대인에게는 스캔들이요 이방인에게는 미련한 것이로되 오직 부르심을 받은 자들에게는 유대인이나 헬라인이나 그리스도는 하나님의 능력이요 하나님의 지혜니라(고전 1:22-24).

주지하듯, 유대인은 출애굽 사건과 함께 전승받은 화려한 표적의 역사를 자랑할 만했다. 모세의 영도 아래 벌어진 홍해의 기적과 광야의 기적, 엘리야의 갈멜산 기적 등을 위시하여 유대인의 역사는 적잖은 실패에도 불구하고 경이로운 승리의 사건으로 점철되었다. 더구나 하나님과 언약을 맺은 선민으로서의 자긍심은 이 세상의 모든 인간들을 율법을 아는 언약 백성과 그것과 전혀 무관한 이방인 죄인들로 양분하여 보는 배타적인 관점을 낳았다. 그런가 하면 헬라인은 소크라테스 이후의 인문주의 전통으로 소급되는 찬란한 서구 문명의 모태로서 비록 바울 당시 로마 제국의 압제 아래 있었지만 그들의 철학적 지성과 문명을 선도하는 위치에서 이 세상의 사람들을 지혜를 아는 헬라인과 무지한 야만인으로 나누어보는 또 다른 극단의 인간 이해를 통념화했다. 바울은 이러한 배타적인 인간 이해를 잘 알고 있었고, 또 그러한 자기중심적인 관점이 어떻게 상호간에 우월을 자랑하면서 모방적 경쟁 구도를 만드는지, 그로 인해 교회에 갈등과 분열을 부추겨 어떤 결과를 초래할지 잘 파악하고 있었을 것이다. 더구나 그가 개척한 고린도 교회 같은 이방 교회에 토라의 전통에 익숙한 일부 디아스포라 유대인과 헬레니즘의 사상적 세례를 받은 이 방인들이 뒤섞여 있었음을 감안할 때 바울이 겨냥한 유대인의 표적과 헬 라인의 지혜는 분명 근거가 있는 비판 대상이었다. 그 두 가지 전통은 모 두 자기중심의 승리와 영광과 자랑에 몰두한 나머지 유아론적 모방과 경 쟁을 부추기는 구도를 형성했을 것이다.

그러한 구도를 배경으로 깔면서 대뜸 바울은 십자가에 못 박힌 그리스 도가 유대인에게 '스캔들skandalon' 이라고 언급한다. 그것은 표적을 중 시하는 그들의 전통에 위배되는 불량한 사건이라는 것이다. 나무에 달린 죄인의 죽음은 더럽고 추한 것이고 가급적 멀리해야 할 대상이다. 그런 데 바울의 신학적 변증에 따르면 그것이야말로 하나님의 속 깊은 경륜이 이 땅의 잘난 세계를 뒤집으며 보여주고자 한 역설적 지혜와 능력의 표 현이다. 그 스캔들은 이방인의 경우 '어리석음mōria' 으로 드러난다. 이 방세계에서도 십자가는 극렬한 정치범을 처형하는 사형 도구로 불명예 와 수치의 상징일망정 자랑거리로 내세우기 민망한 대상이다. 따라서 지 혜와 대비하여 그것을 어리석음으로 표현한 것은 이방인의 상식에 비추 어 정반대의 가치 평가를 염두에 둔 어휘 선택일 터였다. 특히, 유대인 에게 십자가에 달려 죽은 예수를 스캔들로 제시한 것은 양날의 칼처럼 보인다. 바울의 회고에 따르면 그들은 예수를 십자가에 못 박혀 죽게 하 는 데 일차적으로 주동한 부류의 사람들이다. 이는 종교적인 특권 의식 과 독점 욕구에 사로잡혀 죄 없는 자를 죽게 했다는 점에서 죄책감을 불 러일으키고, 양심의 가책을 느끼게 할 수 있다는 점에서 그들의 평탄한 일상을 들쑤시는 스캔들이 될 수 있다. 그뿐 아니라 그것이 그들의 순전 한 무지의 발로였다는 점에서 그들의 오판에 수치를 느끼게 하는 스캔들 로 작용할 수도 있다. 그러나 이는 그들이 예수의 십자가 처형에 대한 잘

못을 뉘우친다는 전제 아래 가능한 상정이고, 그렇지 않을 경우, 그 스 캔들은 그들을 죄악 가운데 종말의 심판에 이르게 하는 잣대로서 그들을 결정적으로 꼬꾸라지게 만드는 걸림돌이 될 수 있다. 반면 그들이 회개 하여 예수를 믿게 된다는 가정 아래 그 십자가의 스캔들은 더 이상 추문 이 아니라 하나님의 어리석은 선택에서 자신들의 지혜보다 더 나은 구원 의 희망을 보게 하는 뜨거운 구원론적 표상으로 뒤집어질 수도 있다.

이렇듯, 바울의 역설적 논리는 지혜/어리석음, 말/능력에 적용되어 십자가의 스캔들을 하나님의 지혜와 능력으로 자리매김해준다. 여기서 스캔들은 더 이상 사탄이 아니고 모방적 경쟁의 소용돌이와 그에 따른 만인 대 만인의 폭력적 대립 구도도 아니다. 그것은 하나님의 어리석고 연약한 방식이 그 스캔들의 부정성을 알면서도 기꺼이 넘어짐으로써 치 열한 패배의 사건을 통해 그 스캔들의 덫을 놓은 자들에게 그것을 되돌 려주는 역전의 진리이다. 다시 말해 십자가의 스캔들은 하나님의 지혜로 써 이 세상의 윤똑똑이들을 뒤엉켜 싸우게 하고 넘어지게 하는 온갖 무 성한 말의 지혜를 자기 몸으로써 돌파하는 능력으로 우뚝 선 것이다. 바 울은 이를 신학적으로 전유하여 고린도 교회의 온갖 갈등과 분규에 기름 을 치는 '지혜의 말'을 바로 '십자가의 지혜'로써 내파하는 동력으로 운 용한 것으로 보인다. 이는 곧 고린도 교회에 만연한 갈등과 분열의 현실 에서 그 스캔들을 내파하는 스캔들의 역설적 위상으로 바울이 조형하고 자 한 십자가 신학의 양면적 특징을 반영한다. 바울에게 이는 결국 이 세 상의 기준으로 볼 때 아무도 모방하지 않는 것을 모방함으로써 그 모방 의 비극적 종말에서 해방을 가져오는 '영적인 일' (고전 2:13)이고 바로 '그리스도의 마음' (고전 2:16)에 상응하는 대안이었던 셈이다. 따라서 십자가의 지혜는 그 충격적 각성을 위한 도전을 넘어 지식을 동원한 공동체의 파괴와 전복을 겨냥하지 않았다. 오히려 바울은 말의 지혜를 넘어선 사랑의 지혜를 앞세워 화합을 추구했던바, 그 가운데 일관되게 관철시킨 전략도 화해의 수사학이었다.[3] 요컨대 그 궁극적인 목표는 고린도 신앙공동체의 분열을 치유하고 화해를 도모하여 "같은 마음과 같은 뜻으로 온전히 합하"(고전 1:10)는 데 있었던 것이다.

윤리적 스캔들의 부정성 – '자유' 와 '양심' 의 암초

바울은 예수의 어록에 일관되게 나타나는 '실족' 이란 의미의 부정적 스캔들 개념을 잘 알고 있었다. 그것은 약자를 훼방하여 넘어지게 하는 것이고 박탈된 상태로 내버려두어 절망케 하는 것이다. 바울은 이와 관련하여 특히 우상에게 바쳐진 제물을 먹는 문제에 초점을 맞추어 그 스캔들의 부정성을 조명한다.

그러므로 만일 음식이 내 형제를 스캔들에 넘어지게 한다면 나는 영원히 고기를 먹지 아니하여 내 형제를 스캔들에 넘어지지 않게 하리라(고전 8:13).

우상 제물에 대한 이와 같은 결론 문구의 배경인즉 이렇다. 주지하듯 고린도는 아가야의 주도州都로 로마의 통치를 수행하는 행정 관공서와 함께 국가와 대중의 종교적 제의를 집행하는 이방 신전들을 갖추고 있었다. 일 년에 몇 차례 특정 절기에 맞추어 종교적 행사를 개최하면 가축들이 희생 제물로 바쳐지고 그렇게 바쳐진 제물은 시장에 내다 팔게 되었다.[4] 그때 일반인들은 당시로서는 드물게 그러한 기회를 통해 시장에서

구입하여 고기 맛을 볼 수 있었을 것이다. 혹은 당장 그 이방 신전의 제의에 참여하여 거기서 나온 고기를 다른 사람들과 나누어 먹었을 가능성도 배제할 수 없다.[5]

문제는 우상 제물이었던 이 고기를 어떻게 이해하느냐 하는 것이었다. 가령, 이와 관련하여 개인의 자유와 신앙적 양심이 어떠한 영향을 받느냐 하는 점이 민감했다. 나름의 합리적인 지식을 가지고 수육을 대하는 입장에서 볼 때 그 고기는 제물이기 이전에 하나님이 내신 창조물이고 인간에게 식용으로 허용된 음식이다. 설사 그것이 이방신에게 바쳐진 제물이었다는 것을 사전에 알았다고 할지라도 그 이방신이 실체가 아니라 헛된 껍데기에 불과한 존재라는 사실을 수긍한다면 괘념할 것이 못 되었을 것이다. 바울이 스스로 진술한 대로 "비록 하늘에나 땅에나 신이라 불리는 자가 있어 많은 신과 많은 주가 있으나" 그 모든 것은 헛된 우상이고 살아 계신 참된 "하나님은 한 분밖에 없는 줄" 알고 또 그 하나님께로부터 만물이 생성되었다는 것을 고백하기에(고전 8:4-6) 그것을 먹더라도 아무런 거리낌이 없는 자유의 실천이 된다는 논리가 가능하다. 따라서 이런 논리대로라면 "만물이 다 깨끗하되 거리낌으로 먹는 사람에게는 악한 것"(롬 14:20)일 뿐이며, "하나님께서 지으신 모든 것이 선하매 감사함으로 받으면 버릴 것이 없"(딤전 4:4)다는 주장이 성립된다.

그런데 그 '자유'의 행사와 건전한 지식에 따른 '양심'의 행위는 교회 내의 약한 지체와의 관계라는 맥락으로 치환될 때 스캔들의 출처가 된다. 지식을 가진 자들이 우상 제물을 먹는 것으로 인해 그 자유가 믿음이 약한 자들을 넘어지게 하는 장애물이 될 수 있었기 때문이다. 바울이 이에 대해 "그 믿음이 약한 자들의 양심이 담력을 얻어 우상의 제물을 먹게 되지 않겠느냐"라고 수사학적 반문을 제기한 것은 바로 지식 있는 자들의 자유가 믿음이 약한 자들의 양심에 스캔들로 작용할 가능성에 대한 우려의 표현이었다. 여기서 양심은 일관된 기준에 따라 행동하지 못한다는 인식으로 인한 고통을 암시한다.[6] 즉, 그들의 양심이 강한 자들의 행위를 모방하여 우상 제물에 동참함으로써 우상숭배와 거기에 길들어졌던 이교적 규범으로 되돌아갈 우려가 생기고 결과적으로 그 약한 자들의 양심이 내부 균열로 인한 상처를 입어 고통스러워지지 않겠느냐는 것이다. 결국 약한 자의 양심이 얻은 담력은 건전한 지식이 아니라 그 양심의 둔화와 함께 그리스도 신앙의 몰락을 가져올 수 있다는 우려가 반영되고 있는 셈이다.

이러한 사태는 고린도 교회의 구성원을 모방적 경쟁관계에 빠져들게 하여 결국 공동체의 안녕을 해칠 수 있는 위기 상황이었다. 그래서 바울은 "지식은 교만하게 하며 사랑은 덕을 세운다"(고전 8:1)라고 권고했던 것이다. 여기서 지라르R. Girard가 말한 스캔들의 개념이 잘 맞아떨어진다. 믿음이 약한 자에게 지식이 있는 강한 자는 '짝패'의 관계로 맺어진다. 그리스도 신앙은 믿음이 약한 자의 주체를 견실하게 세워주기보다 '자유'의 매력에 이끌려 강한 자의 거리낌 없는 행동을 선망하고 질시하여 모방하는 매개가 되는 것이다. 그 모방은 경쟁으로 이어져 자신도 그렇게 할 수 있다는 '담력'을 제공하지만 그 결과는 그리스도 신앙이 결국 새로운 삶의 이정표가 아니라 이전의 이교도 신앙에 거죽만 바꾼 형국이었다는 자괴감을 남기게 된다. 이때 강한 자의 지식과 그 지식에 의거한 자유의 행사는 약한 자에게 치명적인 스캔들로 작용한다. 그뿐 아니라 그 지식과 자유가 결국 자기의 우월한 것을 외적으로 표방하여 자랑거리로 내세울 때 이는 또한 교만의 도구로 전락하여 그 자신에게도 부정적 스캔들로 되돌아온다. 바울은 이에 대해 "너희가 형제에게 죄를 지어 그 약한 양심을 상하게 하는 것"이며, 나아가 "그가 그리스도께서 위하여 죽으신 형제"라는 점에서 "곧 그에게 죄를 짓는 것"(고전 8:11-12)이라고 비판한다.

여기서 바울의 수사적 전략은 예의 신학적 연금술의 기법에 상응한다. 그는 결코 '지식'을 폄하하지 않는다. '자유'와 '양심'도 존중한다. '음식' 또한 하나님이 지으신 만물의 일부로 수용한다는 전제 아래 그 자체로 더럽다고 정죄하거나 멸시할 그 어떤 이유도 제시하지 않는다. 다만 그 지식과 자유가 특정한 상황에서 신앙공동체에 해악을 초래하는 점을 경계할 뿐이다. 왜냐하면 "어떤 이들은 지금까지 우상에 대한 습관이 있어 우상의 제물을 알고 먹는 고로 그들의 양심이 약하여지고 더러워지"기 때문이다(고전 8:7). 바울은 스캔들의 이러한 파괴적 부정성을 지적하며 "너희의 자유가 믿음이 약한 자들에게 걸려 넘어지게 하는 것이 되지 않도록 조심하라"(고전 8:9)고 권고하고 있다. 여기서 언급하는 '걸려 넘어지게 하는 것*proskomma*'은 스캔들*skandalon*과 진배없는 장애물을 가리키거니와, 이를 미연에 방지하기 위해서 바울은 차라리 그 빌미를 제공한 고기를 아예 먹지 않는 쪽을 택하겠다고 또 다른 자유의 행사를 시위하고 있는 셈이다.

바울은 이러한 식으로 스캔들의 부정성에 민감하게 반응했다. 약한 자를 넘어지게 하는 스캔들의 부정적 측면, 특히 거기에 깃든 모방적 경쟁의 심리 구조를 그는 철저하게 파악했다. 그러한 모방적 경쟁의 소용돌이가 교회에 불어 닥칠 때 세속의 아무런 가치도 모방하지 않은 채 하나님을 닮은 그리스도를 닮고, 나아가 그리스도를 닮은 바울 자신을 닮기를 원했던 입장에서 보면 이는 공동체의 생존을 위협하는 파괴적 폭력으로 나타날 수 있었던 것이다. 이는 약자를 먼저 배려하는 사랑의 원리에 충실한 선택이지만 바울과 고린도 교회 전체의 관계에서 보면 고린도 교회 교인들 전체를 대상으로 바울이 그 사랑으로 포용해야 할 선교적 과제이기도 했다. 그리하여 그는 "누가 약하면 내가 약하지 아니하며 누가 스캔들에 걸리면 내가 애타지 아니하더냐?"(고후 11:29)라고 반문한 것이다.

여기서 바울이 경쟁적 모방의 스캔들에 대응하는 방식은 약한 자의 처지를 모방하는 것이었다고 볼 수 있다. 그것은 모방적 경쟁과 갈등선상에 있는 사람들에게 엄밀하게 시비를 가려 누구의 손을 들어주는 방식이 아니었다. 이는 강한 자의 편에 동조하여 자신의 지식을 과시하고 자유를 맘껏 누리는 방향과 정반대로 약한 자의 형편을 헤아리고 자신의 약함을 외려 자랑하는 어리석음의 역설을 통해 설득력을 살리는 방식이었다. 그리하여 그는 자신의 선한 목회적 노력과 선교적 열정조차 고린도 교회의 일부 교인들에게 스캔들의 족쇄가 될 가능성을 예견하며 이를 사전에 봉합하려 한 것이다. 예의 인용 지문이 포함된 서신의 범위 내에서 그는 자신의 사도직에 대한 고린도 교회의 불신 사태로 인해 자신의 처지를 변증해야 하는 입장에서 굳이 강경한 어조로 이른바 '눈물의 서신'(고후 11:1-13:10)을 써야 했다.[7] 그러나 그는 그 와중에서 자신이 '지극히 큰 사도들'의 배경과 위세와 비교하여 모자랄 것 없는 역량과 능력을 자랑하기보다 자신이 겪은 고난의 역정을 나열하면서 약함을 자랑하며 "어리석은 자로 받으라"(고후 11:16)고 수사적 연막을 친다. 어리석음의 절정은 자신이 다메섹에서 아레다 왕의 고관이 체포하려는 위협의 상황에서 광주리를 타고 들창문으로 성벽을 내려가 도망친 에피소드(고후 11:32-33)의 고백에서 탐지된다. 이로써 그는 자신의 고난 체험과 비굴할 정도로 연약한 모습을 인간적인 진솔함과 함께 매우 선명하게 드러낸다.[8] 그뿐 아니라, 자신의 놀라운 계시 체험과 함께 어쩔 수 없이 감내해야 한 '육체의 가시'를 간증함으로써[9] 그는 연약한 가운데 온전해지는 그리스도의 능력이라는 역설을 강조한다(고후 12:7-10).[10]

이렇듯 그는 자유와 양심조차 스캔들이 될 수 있는 삶의 복잡한 역학 구도에 민감하게 반응하면서 지식을 감추고 조심하는 지식의 역설을 계발했다. 그것은 곧 세상의 방식과 거꾸로 모방하는 역설로써 스캔들의 부정성을 넘어서는 전략이었다. 이는 바울과 고린도 교회의 관계에서 스캔들의 부정성을 뒤집어 그것을 진리의 핵심 축으로서 재생시키는 방식으로까지 나아간다. 우상 제물을 먹는 문제와 관련하여 이는 '지식' '자유' '양심'의 본래적 가치나 그 고유한 속성과 무관하게 그러한 미덕을 어떻게 해석하여 공동체의 삶에 적용시키는가의 문제와 연동되어 있었다. 따라서 고린도 서신에서 바울은 구약성서의 전통뿐 아니라 새롭게 대두된 이방 사회의 문화적 · 사상적 인자들을 새롭게 재해석하여 고린도의 신앙공동체를 양육하는 가치 규범으로 정립해야 할 과제에 봉착했던 것이다.[11] 그 해석학적 전략의 일환으로 십자가에 결부된 '스캔들'의 개념은 바울에게 긴요한 역설의 논리를 창출하는 비평적 전거가 되었으리라 여겨진다.

스캔들의 전이와 변용 – 바울의 어리석은 초상

위에서 보았듯, 하나님의 어리석음의 표상으로서 십자가의 역설적 의미는 스캔들의 부정성을 넘어서는 창조적 스캔들의 개념을 가능케 하였다. 그런데 고린도 서신에서 바울은 거기서 멈추지 않고 그러한 자기 전복적 스캔들의 함의를 자신의 역동적 삶의 자리에 투영한다. 그것은 바울의 비루한 자화상을 통해 현시되거니와, 이 역시 이 세상의 지혜란 관점에서 보면 어리석음이고 수치스러움이다. 그러나 십자가의 지혜란 관점에서 바울이 자신을 그처럼 남루하게 묘사하는 관점은 단순한 외교적 겸양의 수사를 넘어 치열한 삶의 실질을 담보한다. 말하자면 바울은 이 세상의 가치를 닮길 거부한 십자가의 스캔들 또는 십자가라는 스캔들을 자기 현실의 삶 속에 체질화시킴으로써 그 전복적 역설을 자신의 특징적 스타일로 강화한 셈이다.[12]

이처럼 십자가의 스캔들이 바울의 전반적 고린도 사역에 전이되고 그 경험적 반향이 자신의 일상에 되먹여짐으로써 상당히 비루한 이미지들이 그의 생애를 응축시켜 특징적으로 조형하는 십자가적 부산물로 제출된다. 그 가운데 '극장의 마지막 구경거리'(고전 4:9), '세상의 쓰레기'와 '만물의 찌꺼기'(고전 4:13)가 있다.[13] 이는 특히 고린도 교회의 정치적 분열에 대한 논의의 연장선상에서 '일만 스승'과 구별되는 '아버지'의 위상을 강조하는 맥락으로 조형되고 있다는 점에서 스캔들로서의 십자가 역설에 밀접히 연관된다. 바울이 고린도 교인들에게 보여준 본은 십자가의 자세였지 왕노릇과 무관한 것이었음이 분명하다. 그러나 그들은 바울의 기대와 달리 엉뚱한 것을 모방하였다. 그래서 "이미 배부르며 이미 풍성하며 우리 없이도 왕이 되었다"(고전 4:8)는 것이다. 그래서 바울은 다시 그들에게 예의 비루한 이미지에 자신의 초상을 그리면서 자신의 본보기로 다시 스캔들을 제시한다. 예의 세 가지 이미지는 이 세상에서 가장 밑바닥 삶의 끝자리를 보여주는 공통점을 가지고 있으며 바울의 선교 경험을 총체적으로 요약하는 극적인 메타포들이다. 이러한 신산하고 비루한 사도적 삶의 현실과 대조적으로 고린도 교인들은 지혜롭고 강하고 존귀한 위치에 있다(고전 4:10). 이는 곧 그들의 신앙적 현주소가 십자가의 어리석음으로 세상을 구원하는 스캔들의 역설적 지혜가 아니라 강하고 부요한 것, 화려한 말의 지혜를 숭앙하는 자리에 위치하고 있음을 우회적으로 질타하는 듯하다. 그러나 그것이 스캔들의 부정성을 감염시켜 그들을 실족시키지 않기 위해 바울은 "내가 너희를 부끄럽게 하려고 이것을 쓰는 것이 아니라 오직 너희를 내 사랑하는 자녀 같이 권하려 하는 것이라"(고전 4:14)는 말로써 슬쩍 그 스캔들의 독성을 완화시킨다. 어쨌든 이와 같은 바울의 치열한 삶의 자화상은 십자가의 지혜에 터하여 '치욕'과 '사랑' 사이에서 자신의 의도를 역설적 방식으로 소통시키고 있는 것이다.

그런가 하면 바울은 고린도 교회와의 관계에서 자신의 사도직이 불신의 대상이 되던 또 다른 극단적인 상황 가운데 십자가의 지혜를 '약자'와 '바보'의 초상으로 발전시킨다.[14] 바울은 고린도 교회의 선구적 개척자임에도 불구하고 외부의 적대 세력과 그들에 미혹된 일부 교인들에 의해 예루살렘 교회의 유력한 지도자들로부터 추천서를 요구해야 하는 처지로 몰리게 되었다. 그러나 바울에게 추천서는 곧 고린도 교회의 교인들 자체였기에 이러한 요구에 순순히 응하며 굴종할 수는 없었다. 그래서 자신을 변증하는 서신을 일차로 써서 보냈지만(고후 2:14-6:13, 7:2-4), 그것은 별 효과를 거두지 못했던 모양이다. 그래서 이른바 '눈물의 서신'으로 쓴 것이 앞의 비루한 초상의 배경을 이루는 고린도후서 10:1-13:10이다. 여기서 당시 바울이 처한 열악한 상황과 이에 대응하여 그가 강한 수사적 어조로 표현한 풍자 어린 냉소와 씁쓸한 아이러니를 엿볼 수 있는 몇 군데 예문을 제시하면 다음과 같다.[15]

만일 누가 가서 우리가 전파하지 아니한 다른 예수를 전파하거나 혹은 너희
가 받지 아니한 다른 영을 받게 하거나 혹은 너희가 받지 아니한 다른 복음
을 받게 할 때에는 너희가 잘 용납하는구나(고후 11:4).

너희는 지혜로운 자로서 어리석은 자들을 기쁘게 용납하는구나. 누가 너희
를 종으로 삼거나 잡아먹거나 빼앗거나 스스로 높이거나 뺨을 칠지라도 너
희가 용납하는도다(고후 11:19-20).

비록 바울이 '만일'이라는 가정법의 문장 가운데 말하고 있지만 그
'다른 예수'와 '다른 영', '다른 복음'의 장본인들은 '지극히 큰 사도들'
과 어떤 식으로든 연루되어 있었고, 또 그리스도의 사도로 가장하는 '거
짓 사도'와도 무관치 않았다고 보는 것이 합리적이다.[16] 그들은 육체적
배경과 전통적 권위의 후광을 자랑삼아 내세우거나 거기에 기댄 영향력
으로 행세하려는 부류였음에 틀림없다. 그래서 바울도 히브리인과 이스
라엘인, 또 아브라함의 후손으로서 그들 못지않은 육체적 출신 배경을
자랑한다(고후 11:18-22). 이러한 자랑이 "주를 따라 하는 말"이 아니라
"어리석은 자와 같이 기탄없이"(고후 11:17) 한 것이라는 점으로 미루어
바울의 울분과 좌절이 이러한 도발적인 언사로 표출되었음을 짐작할 수
있다. 그러나 그 어리석음은 이내 자신의 신산한 고난의 선교 역정에 대
한 절절한 고백과 함께 '부득불' 자신의 약함을 자랑하는 배경이 된다.
그래서 그는 어리석은 '바보'와 '약자'의 초상을 자신의 삶에 덧씌운다.
아니, 역으로 그렇게 조형된 자신의 초상 가운데 제 삶을 투사하여 그것
이 바로 십자가의 지혜를 모방하는 역설적 스캔들임을 암시한다.
　이처럼 자신의 비루한 생 체험을 '약자'와 '바보'의 초상 가운데 그려

보이며 적대자의 전통적 권위에 대응한 바울은 이로써 동시에 그 적대 세력에게 일종의 공격적 장애물로 스캔들을 던진 것과 다를 바 없다. 이는 그들의 자기 자랑과 허세를 깨부수고 그들의 오만하고 그릇된 태도를 뒤집어 부끄럽게 만든다는 점에서 부정적 스캔들임이 분명하다. 그러나 그로부터 그들의 반성과 참회를 불러일으키게 하는 정서적 동력이 창출될 수 있었으리라는 점에서 그 스캔들의 부정성은 그 반대편의 창조적 동력과 함께 극복될 만한 희망까지 내포하고 있다. 이와 같은 바울의 대응 방식은 예의 자기 초상과 함께 일부 적대 세력을 따로 구별하여 질타하는 한편, 아울러 육체적 기준으로 보면 지혜롭지도 유능하지도 않고 좋은 문벌을 지니지도 못한(고전 1:26) 다수의 다른 교인들에게는 '동정적 혜안'을 주문하는 부수적 효과도 거두고 있다.[17]

그렇다면 신학적 스캔들의 원형인 십자가의 지혜는 바울의 어리석은 초상으로 전이되어 연대와 소통의 표상으로 변용되어나갔다고 볼 수 있다. 바울은 가장 열악한 자신의 현실 속에서 그 현실을 초래한 장본인들을 포기하지 않고 치열한 언어와 사랑으로 설득하는 노력을 계속한 것이다. 그 소통 지향성은 나아가 바울의 처지에 공감하는 이들과의 연대를 더욱 강화하면서 동시에 동조 세력을 규합시키는 데 일조한 것으로 평가된다. 결국 이 모든 과정에서, 그것이 직접적으로 표출되었든, 암묵적으로 잠재되었든, 바울은 십자가의 지혜라는 역설적 스캔들의 양면성을 대적의 자기 현시적 레토릭을 뛰어넘는 자기 겸비적 레토릭에 탑재하여 시종일관 고린도 교회의 제반 장애물을 내파해나갔을 것이다.

스캔들의 역전과 역설

고린도 교회와의 혼란스런 관계에서 바울에게 십자가에 달린 예수 그리스도의 복음은 이중적 스캔들로 기능했다. 그것은 무엇보다 말의 지혜가 판을 치는 세상의 가치기준에 역행하여 위반과 전복의 동력으로 활성화되었다. 그것은 분명 표적을 중시하는 동시대 유대인들뿐 아니라 지혜의 전통에 집착하는 헬라인(이방인)들에게도 그들의 통념을 뒤집는 역설의 논리였다. 그 '역설'의 논법에 따라 그는 자신의 일관된 신념을 명토박아두듯이 말한다. "내가 너희 중에서 예수 그리스도와 그가 십자가에 못 박히신 것 외에는 아무 것도 알지 아니하기로 작정하였음이라"(고전 2:2). 이 도저한 배타적 앎의 자유는 기실 십자가의 역설적 지혜를 표나게 강조하기 위한 과장적 수사일 터이다. 그런데 굳이 십자가가 이렇게 고린도 교회의 갈등선상에서 절박했던 것은 예수 그리스도와 관련해서도 '다른 복음'의 침투와 그로 인한 혼란이 만만치 않았기 때문이다. 그래서 그는 자신의 시행착오에 대한 혼선을 정리하면서 분명한 예수의 노선을 다음과 같이 피력한다. "그러므로 이제부터는 어떤 사람도 육신을 따라 알지 아니하노라. 비록 우리가 그리스도도 육신을 따라 알았으나 이제부터는 그같이 알지 아니하노라"(고후 5:16). 여기서 '이제부터는'은 예수가 모든 사람을 대신하여 죽고 부활하신 것을 확신한 뒤부터, 그리고 그와 같은 대속적 죽음에 감화되어 그를 위해 살기로 작성한 뒤부터이다(고후 5:14-15).

이 두 진술을 연계지어 곰곰이 살펴보면 바울이 왜 십자가의 지혜를 이중적 스캔들의 요체로 적용했는지 이해할 수 있게 된다. 그는 예수의 '육체'와 결부된 후광을 빌미로 전통과 권위를 축적하려는 시도를 경계하고자 한 것이다. 그것은 그의 심오한 비유의 가르침과 지혜 어록, 그가 누렸던 대중적 인기와 종교적 카리스마의 오남용으로 인한 부작용을 간파한 결과였으리라. 특히 오순절 사건 이후 교회의 개척이 왕성해지고 그를 따르는 추종 세력들이 점점 더 팽창해가던 당시의 정황 속에서 예수라는 이름은 그 부재하는 개인의 육체 대신 권위적인 상징의 육체를 갖게 되었을 것이다. 이는 한편 특정 개인이나 집단의 종교적 체제를 고착시키는 토대가 될 수 있었고, 다른 한편으로 조급한 부활의 성취에 대한 기대와 결부되어 영광의 신학에 일방적으로 휘둘리는 폐단을 낳을 수 있었다. 그것은 혈통가족주의의 연고적 타성을 끊어내고 하나님 나라의 개방성과 공변성을 내세운 예수 전승의 핵심을 왜곡하는 결과이기도 했다. 따라서 여기서 예수와 여타의 인간들을 이해하는 '육체'라는 인식론적 틀은 그것을 철저히 망가뜨림으로써 다시 삶의 희망을 추동한 십자가의 전복적 역설 가운데서만 극복될 수 있었다.

이러한 십자가의 지혜는 나아가 육체의 자랑거리를 선점한 식자 그룹의 '지식'과 '자유', '양심'조차 약자를 포함하는 공동체의 건전한 생존과 안녕에 암초가 되는 부정적 스캔들로 파악하게 만든 신학적 잣대였다. 아무리 선한 가치와 덕목이라 할지라도 그것이 운용되는 맥락이 소거된 채 전체에 대한 통찰을 결여한다면 그것이 잠복된 스캔들의 위기를 초래할 수 있다는 점 또한 일리 있는 상식에 속한다. 이처럼 바울은 원초적 상식 이후의 역설이란 계몽적 장치를 통해 겹의 상식을 십자가 상징으로 우려냈고, 그것을 '말의 지혜', 자기 자랑의 인정 투쟁에 빗대어 제3의 맥락에서 신학화한 것이다. 그 결과 고린도 교회는 그리스도 신앙으로 구원의 대열에 입문하였을 뿐 아니라 십자가의 지혜로 겸비한 계몽의 과정을 통과한 연후 그 신앙적 역설의 진리에 눈뜸으로써 사랑이라는 성숙의 단계로 진보할 기회를 맞게 된다. 고린도 교회에 써 보낸 두 편 이상의 편지는 그 기회의 낙관적 미래를 섣불리 보장하지 않는 듯하다.

그러나 고린도 교회 이후 오랫동안 오늘날까지 외곬의 확신에 자주 들뜨고 역설의 진리에 둔감한 그리스도교 신앙 대중의 성마른 현실을 직시할 때 십자가의 전복적 지혜는 여전히 그 스캔들의 부정성을 간직한 채 창조적 역전과 변혁의 미래를 담보하는 또 다른 스캔들의 얼굴을 현시하고 있다. 동시에 그 얼굴은 바울처럼 자신의 온 몸으로 십자가의 역설적 지혜를 구현함으로써 '세상의 찌꺼기', '만물의 쓰레기'를 자처하고 '바보'와 '약자'의 위치에서 배수진을 치면서 치열하게 설득하고 소통하며 연대한 주체의 부활을 찾아 두리번거리고 있다.

'매인 몸'의 나타남과 그 계시적 징후
– 빌립보서의 신학적 매트릭스

몸과 계시의 상관성

계시는 무엇보다 '나타남' / '나타냄'이다. 그것은 안으로 닫혀 있던 것이 바깥으로 훤하게 드러나는 것이고, 은밀히 숨겨져 있던 것이 명백하게 밝혀지는 것이다. 이것이 '계시*apokalypsis*'의 어원론적 함의이다. 계시의 궁극적인 주체는 물론 하나님이다. 하나님이 직접 말씀하심으로 이 세상을 향한 당신의 뜻과 섭리, 개인과 공동체의 존재 목적이 밝히 드러나고 그 방향이 조정된다. 그러나 그의 말씀은 우렁찬 웅변의 목소리보다는 바람 속의 '세미한 음성'으로 전달되는 경우가 적지 않다. 그래서 그것은 차라리 계시의 담지자 되는 인간 쪽에서 집중하여 발견하는 경험에 가까울 수 있다. 그 계시의 초점이 전달이든, 발견이든, 거기에는 그 것을 매개하는 요소가 개입된다. 그 매개의 항목에는 대체로 꿈이나 환 상, 불타는 가시떨기나무나 구름 등과 같은 자연의 물상들, 초자연적 기 적 등이 포함된다.

이 글은 빌립보서의 행간에 숨겨진 한 매트릭스를 탐색하여 그 계시의 계시됨을 나타내보고자 하는 의도에서 출발한다. 나는 이 글에서 계시의 매개 항목에 인간의 몸이라는 또 다른 요소를 첨가하여 논의의 물꼬를 터보려고 한다. 그때 인간의 몸은, 일상적 욕망의 몸이 아니라 그 일상 적 욕망이 극도로 억제된 몸, 즉 고난당하는 몸, 상처받은 몸, 아픈 몸, 죽어가는 몸, 특히 자유를 박탈당한 채 감옥에 매인 몸이다. 그런 몸들 이 특정한 채널을 통해 공중 가운데 현시될 때, 일상적 욕망의 몸을 지니 고 생을 영위하는 사람들에게 여러 가지 반응을 유발한다. 물론 현시되 는 방법과 그 고난 어린 몸들의 명분과 사유가 중요하다. 가령, 아프간 에 선교봉사차 갔다가 탈레반 세력에 의해 피랍 · 감금된 분당샘물교회 형제자매들의 몸은 우리 사회를 온통 충격의 도가니로 몰아세우면서 날 마다 뉴스의 헤드라인을 채워갔다. 그 와중에 물놀이 사고로 죽은 목숨 들의 숫자 또한 그들의 숫자에 육박할 텐데도,[1] 그들의 몸은 별스런 계 시적 성후를 낳지 못한다. 내가 주목하는 것은 바로 이리한 차이의 내력 과 거기에 스민 신학적 의미에 대한 것이다.

이처럼 문제적인 특정 개인의 몸으로 이 글에서 내가 초점을 맞추고자 하는 사례는 수감자가 된 바울의 매인 몸이다. "그리스도를 위한 죄수 바울"은, 그 스스로 몇 차례 표나게 내세웠듯(빌 1:7; 몬 1:1; 엡 3:1), 마치 바울의 초상화 밑에 붙어 있는 표제caption처럼 쟁쟁한 메아리로 울 린다. 실제로 그것은 그의 삶을 가장 극명하게 요약해주는 자화상의 명패였다.[2] 그 명패 속에 그리스도론과 구원론, 교회론과 종말론 등의 신학적 소주제들이 담겨 있듯이, 그 명패의 구체적인 주인공 바울의 매인 몸은 계시적 징후를 보인다. 이는 이 글의 전제이고 가설이다. 그것을 나는 빌립보서를 통해 논의하고 검증하고자 한다. 빌립보서는 주지하듯 옥중서신이다. 옥중서신 가운데서도 빌립보서는 바울의 그 매인 몸이 내비치는 내면적 풍경과 외부적 파장, 나아가 그것에 연루된 신학적 탐구의 입자들이 가장 풍성하게 우러나는 서신이다. 그 매인 몸의 나타남이 어떻게 계시적 징후로 현시되고, 나아가 고난 어린 몸의 신학으로 전개될 수 있는지 이러한 중층적 '나타남'의 매트릭스를 밝혀보려는 것이 이 글이 추구하는 핵심 목표이다.

바울의 몸과 계시적 징후

바울 서신에서 몸은 흔히 그 은유적 함의에서 신학의 주목을 받아왔다. 그 '몸*sōma*'이 '육체*sarx*'와 한통속으로 연계될 때는 율법의 권능 앞에 무기력한 죄의 숙주로서 이해되었고, 그리스도와 결합된 '그리스도의 몸'이라는 문구를 통해서는 교회의 은유적 표상으로 해석되었다. 그러나 중립적이고 사실적인 맥락에서 바울은 존재의 나타남이 선명하게 가시화되는 인간의 몸을 언급하였고, 특히 자신의 몸에 대한 표현을 몇 군데 남기고 있다. 바울이 갈라디아 교회를 향해 "내가 처음에 육체의 약함으로 말미암아 너희에게 복음을 전한 것을 너희가 아는 바라"(갈 4:13)고 쓸 때, 그 육체의 '약함*astheneia*'은 비유가 아니다. 이 희랍어 어휘는 질병으로 인한 육체적 곤경을 나타내는 것으로, 바울은 갈라디아

지역을 여행하던 중 질병에 걸려 그 몸을 의탁한 갈라디아의 한 마을에서 그것을 계기로 선교의 물꼬를 트게 되었음을 암시한다.[3] 이 경우 바울의 육체에 생긴 변고는 새로운 선교의 현장을 개척하는 계시적 징조가 된 셈이다.

그런데, 갈라디아서를 쓸 즈음, 갈라디아 교회에서 터진 율법 논쟁으로 바울이 벼랑으로 밀리던 상황 가운데, 이제 바울의 육체적 약함은 바울에게 불리한 장애로 작용하게 되었다. 그래서 그는 "너희를 시험하는 것이 내 육체에 있"(갈 4:14)다고 쓴다. 예전에 눈알까지 빼줄 만큼 사랑했고 그로 인해 환대의 조건이 된 바울의 육체적 질고가 이제 돌변한 상황 속에서 바울의 신뢰도를 깎아먹는 불리한 조건이 된 것이다. 그래서 갈라디아 교인들이 바울의 복음으로 돌아가느냐, '할례의 복음'으로 전락하느냐의 기로에서 그의 연약한 육체는 시험의 대상으로 부각된다. 여기서 흥미로운 점은 바울이 할례의 복음에 '미혹'된 갈라디아 교인들을 설득하고 권면하는 방식도 최종적으로는 바울의 몸을 매개로 한다는 것이다. 바울의 몸에 새겨진 "예수의 흔적"이 바로 그 명징한 증거이다(갈 6:17). 그 흔적의 정체에 대해서는 여러 모로 논란의 여지가 있다. 하지만 분명하게 확인되는 사실은 그것이 적대자들이 강조한 할례라는 제의적 싱표와는 실적으로 구별되는 징표로서 바울에게 삶의 진정성과 시도적 권위를 담보하는 몸의 '상처'였다는 것이다.[4] 물론 그 예수의 '흔적'은 '예수'의 흔적이기에 갈라디아 교인들에게 "누구든지 나를 괴롭게 하지 말라"는 명령과 함께 자신의 권위를 호소하는 계시적 토대로 작용하고 있다.

이와 같이 고난당하는 바울의 연약한 몸이 계시적 징후로 작용하며 권위를 창출하거나 강화하는 사례는 몇 군데 더 있다. 바울은 자신이 선교 현장을 누비며 겪은 육체적 고난의 항목을 가장 길게 나열한 뒤에(고전 4:9-13) 그 고난 어린 몸의 현란한 나타남을 밑천 삼아 여타의 '일만 스 승'과 구별되는 '아버지'로서 자신의 독보적인 위상을 극적으로 나타낸 다(고전 4:15). 그것은 연이어 "너희는 나를 본받는 자가 되라"(고전 4:16)는 매우 도전적인 훈계로 이어지는데, 바울의 사도적 권위가 가장 극적으로 현시되는 자리가 바로 이런 곳이다. 그뿐 아니라 그는 자신의 사도적 권위를 변증하는 맥락에서 "우리가 항상 예수의 죽음을 몸에 짊 어짐"과 "예수의 생명이 또한 우리 몸에 나타나게 하려"는 동기를 직결 시킨다(고후 4:10). 그 나타남의 계시적 사건은 바울의 선교 현장에 일 상화된 것이라서 "우리 살아 있는 자가 항상 예수를 위하여 죽음에 넘겨 짐은 예수의 생명이 또한 우리 죽을 육체에 나타나게 하려 함이라"(고후 4:11)고 명토박아둔다. 예수의 생명이 나타나는 극적인 계시는 여기서 바울과 그 동료들의 '죽을 육체', 즉 죽도록 고난당하는 몸을 계기로 분 명히 나타난다. 바울이 세 번이나 제거해달라고 기도한 그 '육체의 가 시'(고후 11:7)를, 그 실체가 무엇이든 간에,[5] 역설적인 계시적 징후로 판정할 만한 것은 바로 이런 연유에서이다. 그 육체의 가시는 고난 어린 몸의 증상이로되, 바울이 받은 3층 하늘의 계시가 너무 큰 탓에 자만에 빠지지 않도록 허락한 '사탄의 사자'였다. 그것은 다시 말해 너무 큰 계 시를 제어하는 너무 괴로운 또 다른 계시의 징후였던 셈이다. 이러한 몸 의 계시적 나타남과 관련하여 바울의 경우가 특히 주목받을 만한 이유 는, 그에게 그것이 일시적 현상이 아니라 일관되고 지속적인 삶의 '스타 일'로 체현되었기 때문이다. 대의적이거나 이타적 명분에 결부된 이러 한 몸의 증상은 그래서 비록 괴로울망정 역설적으로 기꺼이 향유할 만한 기쁨의 조건이 된다. 골로새서의 바울이 "나는 이제 너희를 위하여 받는 괴로움을 기뻐하고 그리스도의 남은 고난을 그의 몸된 교회를 위하여 내육체에 채우노라"(골 1:24)고 고백한 것도 이러한 몸 인식의 내력을 끼고 있다.

매인 몸의 실존과 계시적 효과

빌립보서가 다른 서신들에 나타난 예의 몸 관련 진술과 다른 측면이있다면 서신의 거의 모든 내용이 바울의 매인 몸이라는 냉엄한 현실에직간접으로 연계되어 있다는 점이다. 서신의 앞머리에 바울은 빌립보 교인들과 자신의 관계를 규정하면서 "나의 매임과 복음을 변명함과 확정함에 너희가 다 나와 함께 은혜에 참여한 자가 됨이라"(빌 1:7)고, 자신의 수감 사실을 여타의 선교 내용에 앞세운다. 즉, '매인 몸'이라는 현실에 참여하는 것이야말로 코이노니아의 우선적 선결 요건이 된다는 것이다. 바울은 이 점을 민감하게 의식하고 있었다. 바울은 자신의 수감 사실이 선교 현장에 미칠 파문과 이로 추동될 계시적 효과까지 염두에 두었던 것이다. 그리하여 그는 "내가 당한 일이 도리어 복음 전파에 진전이 된 줄을 너희가 알기를 원하노라"(빌 1:12)고 진술한다. 아울러, 자신의 몸이 감옥에 매인 것이 사소하고 사사로운 우발적 해프닝이 아니라만민에게 나타난 계시적 사건임을 암시한다: "나의 매임이 그리스도 안에서 모든 시위대 안과 그 밖의 모든 사람에게 나타났으니…"(빌 1:13).그 나타남의 결과, 바울의 매인 몸은 자신의 처지에 대한 실존적 성찰의자리에, 선교 현장에, 자신의 감옥 사역에, 그리고 빌립보 교회와의 코이노니아 관계 등에 전 방위적 파문을 일으키며 하나님의 뜻과 말씀을 계시한다.

| 실존적 고뇌의 파문 |

바울의 매인 몸은 무엇보다 자신의 처지에 대한 종말론적 성찰의 계기를 제공한다. 그것은 바울의 죽음, 즉 육체를 떠나 천상에서 그리스도와 함께 거하는 개인 생명의 미래적 행방을 겨냥한다. 바울은 자신의 삶이 지향해온 대전제에 변함없이 확고하다. 그것은 "살든지 죽든지 내 몸에서 그리스도가 존귀하게 되게 하"(빌 1:20)는 것이었다. 이러한 목표를 향해 그는 자신의 그간 선교 사역을 부끄럼 없이 담대하게 감당해온 것이고, 심지어 "죽는 것도 유익함"(빌 1:21)이 될 수 있었던 것이다.

그러나 소크라테스 이후 철인들의 구호가 되다시피 한 '죽는 것도 유익하다'는 선언이 바울의 경우, 예컨대 같은 말을 한 소크라테스나 세네카 등의 경우와 어떻게 다른지 섬세하게 분별할 필요가 있다.[6] 그들에게 죽음이 유익할 수 있었던 이유는, 첫째 그로 인해 육신의 감옥에 포박된 영혼이 그 족쇄를 벗어나 불멸하는 세계로 들어갈 수 있다는 현세보다 더 나은 내세에 대한 믿음에 기인했다. 둘째 이유는, 정당화될 만한 명분을 가지고 자발적으로 죽을 때, 그 죽음이 철인다운 자유를 행사할 수 있는 극적인 기회가 된다는 신념 때문이었다. 그러나 바울에게 그 이유는 "내게 사는 것은 그리스도"이기 때문이라는 것이다. 이 진술은 자신의 육체적 죽음과 함께, 그리스도의 부활이 자신에게도 열매로 나타나 부활과 영생에 동참하게 되리라는 종말론적 희망을 시사하는 듯하다. 그런데 문제는 그 죽음을 언제, 어떻게, 그리고 어떤 신학적 명분으로 통과하느냐에 걸려 있다.

바울에게 신학적 종말론은 그리스도의 재림과 함께 도래할 현재의 파국과 미래의 신천지를 염두에 둔 차원, 곧 이 세상과 역사를 두루 망라하는 우주적이고 미래적인 사건이었다. 이에 비해 특정 개인의 죽음과 함께 종말을 맞는 삶의 미래는 종속적인 관심사였다. 그러나 바울은 자신의 몸이 감옥에 매인 상태에서 심각하게 자신의 죽음에 대해 고뇌한다. 얼마나 심각하냐 하면, 그가 "만일 육신으로 사는 것이 내 일의 열매일진대 무엇을 택해야 할는지 나는 알지 못하노라"(빌 1:22)고 스스로 고백할 정도이다. 여기서 죽음은 현재의 육신적 삶과 함께 바울이 선택할 수 있는 대상이다. 그 죽음은 자연사가 아니고 법적인 최종 판결과 처형에 의한 타살도 아니며, 자초할 수 있는, 자초해서라도 비인간적인 굴욕과 인간으로서의 불명예를 벗어나고 싶은, 일종의 자발적인 죽음이다.[7]

감옥살이의 굴욕과 수치를 감내하며 살아남아 훗날을 도모해야 할 것인지, 아니면 하나님에게 엘리야 식의 간청으로 자신의 목숨을 의탁하든,[8] 또 다른 방식으로 자초하든, 지상의 생명을 마감하고 그리스도와 함께 거하는 쪽을 택해야 할 것인지, 바울은 알지 못한다. 그래서 "둘 사이에 끼었"(빌 1:23)다고 말한다. 바울의 마음은 양자택일의 기로에서 갈린다. 개인적 욕망은 세상을 떠나 "그리스도와 함께 있음"으로 모든 고통을 벗어나고 싶지만,[9] 신의 사도적 사명을 완수하는 차원에서 이 땅에 살아남아 "너희 믿음의 진보와 기쁨을 위하여"(빌 1:25) 교인들과 함께 거하는 것이 더 유익하다. 사느냐 죽느냐의 기로에 끼인 바울은 욕망의 균열을 경험한다. 개인적인 욕망의 기준을 앞세울 경우 그는 자신의 바람직한 미래를 알 수 없다. 그러나 자신의 공적인 사명과 이에 의거한 결단의 차원에서는 그가 교인들과 함께 거하며 그들을 위해 더 할 일이 있다는 사실을 "확실히" 안다(빌 1:25).[10]

이렇듯, 바울의 매인 몸은 그 매임의 실존을 성찰하는 계기를 제공한다. 그것은 자기 몸의 외부에서 선포되던 우주적이고 역사적인 종말론을 자신의 내부로 끌어들여 개인적인 종말의 미로를 탐색하게 만드는 동인이다. 그 고뇌 어린 탐색의 한 가운데서, 바울은 물었을 것이다. 내가 지금 당하는 감옥살이의 구차함과 고통, 이 수치와 불명예는 그리스도의 사도로서 내 신분에 비추어 감내할 가치가 있는 것인가. 그렇게라도 살아남아야 할 명분이 있는 것인가. 아니면 얼른 이 구질구질한 현실을 벗어나 그리스도와 함께 영광스럽게 거하도록 내 종말을 선취해야 하는 것일까. 이런 질문 속에 바울의 매인 몸은 그의 공적인 사명이 개인의 욕망과 부대끼는 실존적 풍경을 만들어낸다. 분열하며 탈주하는 욕망의 질곡 속에 어느 쪽을 택해야 할지 바울 스스로도 잘 몰랐지만, 그는 매인 자신의 몸을 부끄러워하지 않고 도왔던 빌립보 교인들의 자랑인 자신의 위상에 걸맞게[11] 이타적인 사명을 추구하는 쪽으로 기울었던 것이다. 이 또한 세미한 계시적 징후로서 그 고뇌 어린 순간, 바울의 선택에 영향을 끼치며 그 마음을 은근히 움직이지 않았을까.

| 선교 현장의 역동적 반응 |

바울의 매인 몸이 나타난 결과, 선교 현장에도 파문이 생겼다. 한편으로는 바울의 수감에 동정적이고 호의적인 마음으로 반응한 일군의 사람들이 있었다. "형제 중 다수가 나의 매임으로 말미암아 주 안에서 신뢰함으로 겁 없이 하나님의 말씀을 더욱 담대히 전하게 되었느니라"(빌 1:14)는 것이 그 일차적인 반응이었다. 여기서 "주 안에서*en kyriō*"라는 문구는 "형제 중 다수"에도 걸리고 "신뢰함으로"라는 어휘에도 걸린다. 그들이 주 안에 있는 동역자들이었기에 바울의 수감 사실에 긍정적으로 반응했다고 볼 수도 있다는 것이다. '신뢰' 했다는 분사적 표현(*pepoithotas*)

은 '설득되었다' 는 의미를 그 밑바탕에 깔고 있다.

그렇다면 바울의 수감 사실에 '설득되었다' 는 것은 무슨 말인가. 개정개역의 번역문대로 그들은 바울의 수감 사실로 "말미암아" 그 사실에 설득되었단 말인가. 이는 내가 앞서 제시한 가설대로, 바울의 매인 몸에 스민 계시적 징후를 전제해야 그 의미가 온전하게 풀린다. 즉, 바울의 매인 몸은 그에 대한 신뢰도를 높이는 설득의 기제로 작용했다는 것이다. 왜, 어떻게 그런가. 그것은 바울의 수감 사실이 그의 사역에 임하는 성실함과 부지런함, 순정함을 뒷받침하는 구체적인 실증이 되기 때문이다. 평상시 순탄한 환경에서는 바울의 복음 선교가 그저 그런 사도적 과제의 통상적 수행으로 여겨질 수 있었다. 사도라면, 전도자라면 응당 해야 할 일을 직업적으로 할 뿐이라고 범상하게 생각할 수 있었을 터이다. 그러나 막상 그가 감옥에 갇혀버리니 그의 부재는 그의 가치를 부각시킨다. 그가 그런 고생을 감내하면서 그의 사역을 감당해왔다고 생각하니 그의 매인 몸에 결부된 사역의 명분에 논리적으로 설득당할 수밖에 없고, 이에 따라 자연스레 신뢰가 증폭될 수 있는 것이다.

그러한 신뢰의 발생은 그들로 하여금 분발하게 만드는 요인이 된다. 그래서 갇혀 있는 바울의 몫까지 자기들이 감당하려는 심사로 "겁 없이 하나님의 말씀을 남대히" 전파하는 의욕을 나타내보였다. 이처럼 비울의 부재는 그 공백을 메우려는 열띤 의욕을 부추기며, 제2의 바울, 제3의 바울을 만들어낸다.[12] 한 의욕의 계선을 타며 바울의 선교 열정은 타인들에게 유전되는 것이다. 그러나 그들의 의욕은 그들의 동기에 따라 분열한다. 어떤 이들은 바울과 동병상련의 친밀한 관계에서 "착한 뜻으로" 말씀을 전하지만 다른 이들은 "투기와 분쟁으로" 한다는 것이다. 이들이 구체적으로 누구였는지 그 정체를 확실히 분별할 길은 없다. 특히,

"투기와 분쟁"으로 한다는 그들이 빌립보 교회 내부의 구성원이었는지, 바울과 별도로 그 교회 외부에서 선교해온 경쟁자들이었는지 불분명하다. 서신의 뒷부분에서 바울이 유오디아와 순두게를 권하여 "주 안에서 같은 마음을 품으라"(빌 4:2)고 권고한 것을 보면 그들이 내부의 성원들이었으리라는 심증이 가지만, 외부의 경쟁자일 가능성을 배제할 물증이 없다.[13] 분명한 사실은 바울의 수감을 계기로 외부의 선교 지형에 적극적인 반응과 함께 일단의 파문이 생겼다는 것이고, 그것이 모종의 분발과 각성 분위기를 유발했다는 것이다.

"착한 뜻*eudokia*"을 쫓았다는 것은 "내가 복음을 변증하기 위하여 세우심을 받은 줄 알고 사랑으로"(1:16) 했다는 진술과 연동된다. 그것은 바울의 사도직을 충분히 존중하여 이에 따라 그의 사역을 확대·심화하는 차원에서 연속성을 띤 선교적 동기를 반영한다. 반면, "투기와 분쟁으로" 했다는 진술은 "나의 매임에 괴로움을 더하게 할 줄로 생각하여 순수하지 못하게 다툼으로 그리스도를 전파"(빌 1:17)했다는 진술에서 그 의미가 좀더 명확하게 밝혀진다. 즉, 바울의 리더십 공백을 자기를 드러내는 인정 투쟁의 기회로 삼아 자신의 정치적 야욕을 실현할 목적으로 했다는 것이다. 이는 18절에 언급된 "겉치레*prophasis*"의 함의와도 통한다. 그것은 자신의 정치적 야욕 실현과 인정 욕구의 달성을 목적으로 복음 전파를 단지 피상적인 구실로 삼았다는 말에 다름 아니다.

이와 같이 바울의 매인 몸은 선교 현장에 적잖은 파문을 일으켰던 것으로 보인다. 바울에게 우호적인 사람들에게 그것은 자신들의 분발과 도전을 매개하는 창조적인 위기였다면, 바울에게 적대적인 사람들에게는 자신의 위상을 인정받을 수 있는 절호의 기회였다. 이에 대하여 바울은, 그 어느 쪽의 선택이든, 전파되는 것은 그리스도니 기뻐하고 기뻐한다며

도량 있는 반응을 보인다. 이는 자신의 관대함을 표출하는 수사적 제스처라기보다, 자신의 매인 몸으로 표출된 계시적 징후를 존중한 결과가 아닐까 싶다.

| 훈계적 권위의 창출 |

"착한 뜻으로"든, "투기와 분쟁으로"든, 결과적으로 그리스도가 전파되어 기뻐한다고 해서 바울이 그 양자의 차이를 무시했다고 볼 수 없다. 오히려 자신의 매인 몸에 의지하여 훈계의 권위를 세우면서, 과연 그는 "투기와 분쟁으로" 하는 사람들의 미성숙함을 우회적으로 질타하며 훈계한다. 바울이 빌립보 교인들을 향하여 본격적으로 권고와 훈계를 하면서 가장 먼저 '한마음'을 강조한 것은 이런 배경에서다. 주요 리더십의 공백은 그를 모방하며 경쟁하려는 사람들에게 인정 욕구의 소용돌이와 함께 심각한 권력 투쟁을 야기한다.[14] 이 만인 대 만인의 싸움을 부르며 모든 소모적 분쟁의 단초가 된다는 것은 이론적 사실이자 경험적 진실이다.

바울은 빌립보 교회의 잠재적 또는 현실적 상황 가운데 이러한 분열에 대한 우려를 품고 있었을 법하다. 그가 "주 안에서"라는 문구를 되풀이한 것은 자신의 매인 몸으로 인해 훼손되기 쉬운 교회의 현실을 직시하고 교회의 정체성과 통일성을 견지하려는 영적인 권위에의 호소로 볼 수 있다. 이와 더불어, 교회의 분열적 준동을 사전에 제어하기 위한 바울의 다음 권고는 얼마나 적실한가. "마음을 같이하여 같은 사랑을 가지고 뜻을 합하여 한마음을 품어 아무 일에든지 다툼이나 허영으로 하지 말고 오직 겸손한 마음으로 각각 자기보다 남을 낫게 여기고…"(빌 2:2-4). 이어지는 '그리스도 찬송시'(빌 2:6-11)는 인정 투쟁으로 인한 잠재적 갈등을 진정시키려는 목적하에 그리스도의 하강 초월과 자기 겸비를 강조한다.[15] 바울은 우회적으로 이 찬송시를 '한마음'의 근거로 제시했을 터이다. 그러나 동시에 자신의 감옥살이가 삶의 가장 낮은 바닥을 체현한 또 다른 자기 겸비의 경험이었음에 대한 암시는 서신의 여러 행간에 물씬 풍겨난다.

두 번째로 바울이 훈계하며 전하는 메시지는 "항상 복종하여 두렵고 떨림으로 너희 구원을 이루라"(빌 2:12)는 것이다. 이루어야 할 그 구원의 내용과 관련하여 바울은 "모든 일을 원망과 시비가 없이 하"고(빌 2:14) "하나님의 흠 없는 자녀로 세상에서 그들 가운데 빛들로 나타내며 생명의 말씀을 밝"히라고 권고한다(빌 2:15-16). 여기서 주목할 만한 점은, 이 모든 훈계가 바울의 매인 몸이라는 현실에 잇닿아 있다는 점이다. 그래서 "나 있을 때뿐 아니라 더욱 지금 나 없을 때"(빌 2:12) 저런 근신된 자세로 구원을 이루어야 한다는 것이다. 이처럼 바울의 부재는 그런 신자들의 목표를 향해 '더욱' 열심을 내야 할 권위적 근거가 된다. 이러한 훈계의 내용은 바울의 매인 몸이 실패와 절망이 아니라 궁극적인 승리와 희망의 계시적 전조라는 점을 드러내기 위해서도 요청되는 사항이다. 이것이 감옥 밖의 좋은 소식으로 바울의 기쁨을 충만하게 해야 하는(빌 2:4) 까닭이고, 그의 달음질과 수고가 헛되지 않음(빌 2:16)을 증명하는 방식이다. 그리하여 빌립보 교인들이 보여준 "믿음의 제물과 섬김"은 바울의 입장에서 "내가 나를 전제로 드"리는 전적인 자기희생의 요소와 필수불가결하게 얽혀 있다(빌 2:17).

셋째로 바울의 매인 몸이 훈계적 권위를 행사하는 맥락은 외부의 적대자들에 대한 경계의 메시지와 밀접한 관련이 있다. 그 적대자들은 "개들"이고 "행악하는 자들"이며, "몸을 상해하는 일"을 자행하는 극단적 금욕주의자들이다(빌 3:2). 다른 한편으로 그들은 육체적 배경을 신뢰하며 자랑하는 일종의 할례파로(빌 3:3) "십자가의 원수"(빌 3:18)이며 "땅의 일을 생각하는 자"(빌 3:19)의 부류에 속한다.[16] 그들은 결국은 멸망당할 자들이기에 삼가고 멀리해야 한다. 바울은 이러한 적대자 공박에 있어 자신이 지닌 육체적 배경의 특권적 요소들(빌 3:5-6)을 '배설물'로 여김으로써, 다시 한번 몸의 실존을 훈계적 권위를 행사하는 토대로 삼는다. 그것은 "그리스도와 그 부활의 권능과 그 고난에 참여"하는 차원에서 "그의 죽으심을 본받아"(빌 3:10) 살고자 하는 결단의 표현이었다. 그 결과로 매인 그의 몸은 마침내 예수 그리스도를 본받은 "나를 본받으라"(빌 3:17)는 훈계 중의 훈계를 낳는다. 아울러, 그렇게 자기를 본받아 행하는 자들을 눈여겨보라고 훈계함으로써(빌 3:17) 그의 권위는 또 다른 권위를 양산한다.[17]

| 호혜적 코이노니아의 강화 |

빌립보서의 핵심적인 신학 사상 중 하나는 코이노니아*koinōnia*이다. '교제' '참여' '나눔' 등의 의미로 번역되는 이 희랍어 단어는 빌립보서에서 '고통의 코이노니아'와 '인력과 물질의 코이노니아'를 포괄하면서 그 역동적 기능을 수행한다.[18] 일찍이 빌립보 교회는 바울과 코이노니아의 관계로 맺어졌었다. 그가 "복음의 시초에 내가 마게도냐를 떠날 때에 주고받는 내 일에 참여한 교회가 너희 외에 아무도 없었느니라"(빌 4:15)고 말할 정도로 이러한 관계는 예외적이었고 각별했다. 그리하여 바울이 감옥에 갇히기 전, 데살로니가에서 사역할 때도 그들은 바울의 쓸 것을 담당하여 물질적인 코이노니아를 실천했고(빌 4:16), 이제 수감된 상태에서 "내 괴로움과 함께 참여"함으로써(빌 4:14), 그들은 피차

일관된 우정을 과시했다. 상기 진술에서 보듯, 바울이 추구한 코이노니
아는 무엇보다 주고받음의 원리에 기초한 그레코-로마 사회의 자율적
친교 결사체였다.[19] 그것은 법적인 구속력이 느슨했지만, 그만큼 사회적
인 신뢰를 중요시하였다. 바울은 이 제도를 응용하여 빌립보 교회와 특
별한 관계를 맺었고 그들에게 그리스도의 복음이라는 선물을 제공했다.
그들과의 암묵적(또는 가시적) 합의하에 복음 전파의 사명을 위탁받아
그는 열심히 이 과업을 수행하였고, 이에 대한 반대급부로 인적·재정
적 지원을 받았던 것으로 보인다.

특히, 바울의 몸이 감옥에 매인 절박한 현실에서 빌립보 교인들의 지
원은 그만큼 긴요하고 간절하였을 것이다. 따라서 그들이 바울의 "괴로
움에 함께 참여하"는 방식은 구체적이어야 했다. 이에 그들은 에바브로
디도라는 사자를 파송하여 인편으로 옥바라지 차원의 영치금을 후원하
였다. 바울은 그것을 자신이 구한 '선물'이 아니라 그들에게 유익한 '풍
성한 선물'이라고 표현한다(빌 4:17). 왜 선물이 아니었겠는가. 그러나
그는 주고받음의 코이노니아 원칙에 따라 이러한 후원을 일방적인 시혜
가 아니라 쌍방 간의 호혜적 나눔의 맥락에서 이해한다. 이는 모든 재물
이 나름대로 숭고한 명분과 목적에 따라 하나님의 것이 "하나님을 기쁘
시게" 하는 차원에서 "향기로운 제물"로 드려짐을 전제한다. 이것이 바
로 코이노니아를 매개 채널로 하여 '재물'이 '제물'이 되는 신학적 원리
이다. 바울의 매인 몸은 이와 같이 그 자신과 빌립보 교회 사이의 코이노
니아를 강화하며 신앙적 우정을 한층 더 돈독하게 하는 동력을 제공한
것이다.

그뿐 아니라, 바울의 매인 몸은 에바브로디도라는 매개자를 통해 헌신
적 섬김을 추동하는 역할을 한다.[20] 바울은 그의 몸이 바깥 세상에 부재

하는 상태에서 빌립보 교회의 직접적인 섬김을 받지 못한다. 그 결핍이 에바브로디도라는 사자의 파송을 가능케 한 것이다. 그는 교회의 기대에 부응하여 "그리스도의 일을 위하여 죽기에 이르러도 자기 목숨을 돌보지 아니"(빌 2:30)할 정도로 본연의 사명을 잘 감당했다. 비록 한때 병들어 두루 근심을 안겼지만, 그는 바울의 "형제"요 "함께 수고하고 군사 된 자"로서, 동시에 빌립보 교회 사람들의 "사자"이며 바울의 "쓸 것을 돕는 자"(빌 2:25)로서, 쌍방 간의 코이노니아 관계를 강화하며 중계 역할을 잘 수행한 것이다. 바울은 에바브로디도에 대한 답례 차원에서 자신이 아끼는 동역자 디모데를 후한 추천과 함께 보내고자 한다(빌 2:19-23). 바울이 코이노니아 관계 속에 키워온 우정의 이름으로 그들의 사정을 알아봄으로써 안위를 받고자 하는 목적에서였다(빌 2:19).[21] 이렇듯, 바울의 매인 몸은 에바브로디도와 디모데를 통한 인적 · 물적 교류를 통한 쌍방 간의 호혜적 코이노니아를 강화하고, 그로써 그 호의적이고 온정 어린 우정 관계를 더욱 탄탄한 신앙적 토대 위에 굳건히 세우는 환경을 제공한 셈이다.[22]

고난 어린 몸의 신학

'몸'은 신학의 테마로서 그동안 소외되어온 항목 중 하나이다. 지난 세기 언제부터인가 포스트모더니즘 담론의 유행과 함께 '욕망'의 시대가 도래하면서 몸 이야기도 봇물 터지듯 무성해졌지만, 그 이야기 속의 몸도 몸 나름이다. 경직된 체제와 규범에 의해 억압된 몸의 해방과 단속된 욕망의 즐거움에 대한 너그러운 배려의 동향은 그나마 건전한 편에 속한다. 몸을 둘러싼 미시적 권력 지형과 그에 얽힌 지식담론도 더 왕성하고 치밀한 탐색을 필요로 한다.[23] 그러나 이러한 추세와 맞물려 우리 주변의 잘 만들어진 상품화된 몸들은 천박한 분칠을 한 채 자본의 미끼로 전락한 지 오래다.[24] 그러나 진창이 된 몸의 거룩함이란 것도 있다. 곧 '십자가의 스캔들'로 압축되는 예수의 대속적 몸, 그의 살과 피로 표상된 감사제의 현장이 그 대표적인 예이다. 그 자리는 바로 고난 어린 몸의 신학이 발원하는 창조와 구원의 자리이다.

아담에게서 파트너의 새 생명을 만들기 위해 사용한 재료는 그가 "내 뼈 중의 뼈요 살 중의 살이라"(창 2:23)고 한 그의 몸이었다. 타락의 범죄에 대한 형벌의 대상도 그들의 벌거벗은 몸이었지만 그럼에도, 아가서가 보여주듯, 하나님의 걸작으로서 인간의 몸은 온갖 휘황한 언어로 예찬될 만한 아름다움의 한 정점이었다.[25] 그런가 하면, 풀의 꽃처럼 그 아름다움이 퇴색하여 그 결과 소멸해야 할 그 몸이 구원받는 징표도 역설적으로 부활과 함께 변화 받을 '영적인 몸'이었다. 몸 밖으로 영혼이 탈출하는 것이 아니라 그 몸이 신령한 체질로 변화되는 것이 바울에게 사후의 소망이었던 것이다. 그러나 그러한 변화를 받기 이전에 고난이 필수적이다. '고난받는 종의 노래'로 알려진 이사야 53장에서도 대속의 사건은 구체적인 몸의 증거에서 비롯된다. 그 몸의 '찔림'과 '상함'과 '징계'와 '채찍에 맞음'은 우리의 '허물'과 '죄악'을 보속하며 '평화'와 '치유'를 유발하는 사건의 중심이 된다.

이와 같이 기독교 신학에 덮씌워진 영육이원론이라는 플라톤주의의 얼개를 벗어버리면, 우리 삶의 숙주인 몸은 대번에 신학의 중심에 서게 된다. 그리고 고난으로 진창이 된 그 몸의 극적인 나타남은 여러 방면의 메시지를 생성하면서 무엇보다 명징한 계시적 징후로 떠오른다. 그것이 빌립보서에서 바울이 자신의 '매인 몸'을 신학적 징후로 뚜렷이 현시한 내력이다. 그의 그 '현시'는 하나님의 입장을 고려하면 '계시'로 바꾸어도 별 무리가 없을 듯하다. 바울의 매인 몸은 그렇게 그때의 빌립보 교인들에게, 또 오늘날 우리에게 그 몸에 얽힌 그의 실존적 자화상을 그려 보여주었고, 선교 현장에 역동적인 파문을 일으켰다. 또 훈계하는 사도로서의 권위를 창출하였고, 나아가 실팍한 연대와 소통의 장으로서 코이노니아의 관계를 심화시켜주었다.

오늘도 우리 주변에서, 또는 세계 곳곳에서 뜬금없이 나타나는 진창이 된 고난의 몸은 아담과 이사야, 예수와 바울을 거치면서 면면히 전승되어온 신학의 계보를 가지고 있다. 나는 거기에 '고난 어린 몸의 신학'이란 이름을 붙여본다. 감옥에서, 병원에서, 혹은 교회에서, 거리에서, 개인과 집단으로 매인 몸들은 오늘도 아우성치고 있다. 귀 있는 자들이 그 고난자의 신음 어린 육성을 들을 수 있을 때, 하나님의 '세미한 음성'은 바람을 타고 우리의 폐부를 찌르리라. 눈 밝은 영혼들이 그 일그러진 얼굴의 상처에서 '예수의 흔적'을 찾아낼 때, 그 이미지는 신령한 말씀의 비수가 되어 우리의 심장을 아리게 하리라. 그렇게 아픈 만큼, 이 세상의 매인 몸들은 그 계시적 징후로써 우리의 삶을 상큼하게 거듭하게 하리라.

II부
진화하는 스캔들의 신학:
성서와 함께, 성서를 넘어

_01

금기와 향유, 또는
신학적 주체의 전회

욕망의 존재론

21세기를 욕망의 시대로 부르는 게 어색하지 않다면 그 배경으로 우리
는 그동안 욕망에 대한 각종 억압과 금기와 싸워온 각종 자유와 해방 담
론의 기여를 무시할 수 없다. 20세기를 통틀어 가장 막강한 위세를 드러
내고 현재진행형으로 지금까지 지속되고 있는 자유와 해방의 지표는 그
성취를 향한 싸움의 일선에서 나라와 인간을 두루 치열하게 했다. 그러
나 싸움이란 싸움마다 워낙 집중을 요하는 형편 속에 그 싸움에 힘을 실
어주기 위한 각종 담론이 도리어 내부의 억압을 조장하거나 방치한 현실
도 외면하기 어렵다. 가령, 지식 사회의 한 차례 검증을 거치긴 했지만,

파시즘을 타도하기 위해 애써온 민주 세력의 내부에 그 억압적 체제를
극복하기 위해 용인되었던 일상적인 파시즘의 요소들이 지적될 수 있
다.[1] 종교를 예로 들면 내부의 변혁운동은 항상 그 운동의 주체 세력이
기틀을 잡아가는 안돈의 과정에서 또 다른 억압적 체제로 등장하기 일쑤
였다. 그 체제와 반체제의 패턴 속에 잠복된 퇴행적 반동의 역사 속에 21
세기 인간은 점차 자신의 내부에서 소모되는 욕망의 억압과 희생의 표정
에 눈뜨기 시작했다. 그것은 무엇보다 '몸의 담론'으로 지적인 해명을
이끌어내고 그 정당성을 옹호하는 작업에 집중되었다.[2] 존재의 밑바닥
에 가장 원초적인 생명의 에너지로서 약동해오면서 의식과 행동의 주체
로부터 소외당해온 욕망이란 화두를 붙들고 그 다양한 의미를 풍성하게
자리매김해온 것이다.

　그러나 무의식에 잠복된 욕망이든, 외부로 표출된 욕망이든, 욕망의
표정은 여전히 위장의 욕망을 걸치고 드러난다. 그래서 두리번거리며 망
설이는 욕망은 제 존재의 뿌리로서 당당히 자신의 위력과 진정성을 선포
하기보다 눈치껏 노회하게 암약하는 버릇을 지속한다. 그래서 존재의 주
체로서 욕망의 미래는 아직 그 좌표를 뚜렷이 설정하기에 난망한 감이
없지 않다. 욕망이 추구하는 '쾌락 원칙'은 여전히 그 배후의 '현실 원
칙'을 노골적으로 무시하지 못하기 때문이다.[3] 그 현실 원칙의 체계를
뒷받침하는 종교적 요소가 바로 '금기'라는 것이다. 금기가 욕망과 대립
적인 요소라고 보는 것은 물론 일방적인 시각이다. 금기 역시 욕망의 대
상으로 인간의 종교적 판타지를 부풀려주는 구체적인 동력이 되어왔기
때문이다.[4] 금기를 욕망하면서 동시에 그 금기로 인해 억압당하는 욕망
의 이중성을 넘어서면 생명을 순전히 향유하려는 또 다른 욕망이 얼굴을
내민다. 나는 향유를 위해 몸부림치는 욕망의 변신 과정을 일단 '욕망의

거듭남'이라고 부르고자 한다. 그 향유의 욕망은 오랫동안 기독교 신학에서 소외되어왔다. 금기와 억압의 체계가 워낙 강력하여 탐욕에 대한 도덕적 경계의 과잉이 외려 참신한 생의 의욕을 북돋는 데 장애가 된 탓이 크다. 그러나 그것은 기실 윤리적 일탈이라 부를 만한 부정적 스캔들이었다. 그래서 신학적 주체는 여전히 규범이고 율법이며 거대한 조직과 체계의 내부로서 강고하다. 자유와 해방의 거대 담론 역시 그러한 체계의 논리를 맴돌면서 자기동일성의 회로를 화끈하게 파탈하지 못한다. 그 딜레마와 파행의 여리고성에 작은 균열을 내는 담론의 전략으로 나는 금기와 향유의 모티프를 욕망의 존재론적 차원에서 분석하고자 한다. 그 분석을 토대로 향유의 욕망론적 탐구가 금기의 욕망론적 반성을 경유하여 마침내 새로운 신학적 주체의 탄생을 예비할 수 있다고 본다. 이 소논문은 그 비평적 성찰의 시론으로 제시된 것이다.

금기의 성서적 유형과 의의

| 금기의 개념과 유형 |

금기를 흔히 '터부taboo'의 번역어로 이해하지만 터부라는 말에는 금기 이상의 함의가 있다. 본래 폴리네시아 말인 '터부'는 히브리어의 '카데쉬kadesh', 그리스어의 '하기오스bagios', 라틴어의 '사케르sacer' 등과 동의어라고 한다. 이는 한결같이 '거룩한' '성별된'이라는 의미를 띠는 어휘들로 그 의미의 이면에는 동시에 '낯선', '위험한', '금지된', '부정한' 등의 또 다른 파생적 개념이 함축되어 있다.[5] 여기에 금기의 역설적 이중성이 자리한다. 인간과 너무 이질적인 터라 낯선 것이지만, 그것은 신적인 영역의 것이라 또한 거룩하며 양자 간에는 건널 수 없는 존재론적 위상의 차이가 있기에 위험하다고 볼 수 있다. 또한 그 신적인 속성이 악령을 대변하는 것일 때 그것은 무한한 두려움을 유발하여 부정하고 그 접근이 금지된 대상으로 투사될 수 있는 것이다.

그러나 프로이트는 단순한 종교적 금제를 터부와 구별해서 사용하였다. "터부에 의한 제한은 신의 계율에 바탕을 둔 금제라기보다 자기 기준에 따라 스스로 가한 금제"[6]라는 것이 그 이유이다. 이는 또한 도덕적인 금제와 다르다고 하는데, 터부가 "지극히 일상적인 절제를 필수적인 것으로 선언하면서도 그 필수성의 근거를 제시하는 체계에 편입되어 있지 않다"[7]는 이유 때문이다. 그러나 사태를 종합적으로 고찰하면 종교적인 금제와 도덕적인 금제 모두 터부와 무관치 않다고 판단된다. 프로이트가 의존[8]하고 있는 분트Wundt의 정의를 차용하면 터부는 '악마적인 권능에 대한 객관화한 두려움'이다. 그것은 자기 기준에 따라 자생한 관념이 아니라 악마라는 종교적 개념을 의식하여 그것을 심리적으로 수용한 결과인 셈이다. 아울러, 그것이 사회의 규범화 과정에서 특정한 형식으로 나타날 때 도덕적인 차원의 금기로 발전되기도 한다. 요컨대, 금기는 종교적 · 도덕적 규범의 토대 위에서 사회적 질서와 안녕을 추구하기 위한 방편으로 개인과 집단 속에 각인된 낯선 행태에 대한 억압적 규율이라고 정의할 수 있다. 그렇다면 금기에 대한 신학적 성찰은 그 '낯섦'의 기원과 기준을 해부하는 작업과 연계될 수밖에 없다.

기독교 성서의 기록을 중심으로 볼 때 금기는 먹는 것과 특정한 행동에 대한 신적 규율에 기초하고 있다.[9] 그 시초는 선악과나무이다. 선과 악을 알게 하는 나무의 실과를 먹지 말 것을 요구한 하나님의 금기는 인간에 의해 훼손되었고 그 결과 실낙원의 비극이 초래된다. 여기서 먹는 욕구는 시선의 욕망과 결합되어 나오는데, 그 최소의 한 가지 금기는 그 파기로 인한 결과가 워낙 중차대한 나머지 지나치게 강조되어 모든 채소와 과실을 먹도록 허용한 최대의 향유를 가려온 후유증이 적지 않다. 이후의 먹기 금기는 조상의 아픔을 기억하는 매개로 전이되어, 가령 얍복 강가에서 씨름하다 허벅지 관절이 어긋난 야곱의 고통을 기억하여 둔부의 심줄고기를 먹지 않는 금기로 나타나더니(창 32:32) 마침내 사제문서의 광범위한 금지 음식 목록을 통해 확대 증폭된다. 레위기 11장의 유명한 금기 음식 목록은 발굽이 갈라지지 않고 동시에 되새김질하지 않는 동물에 집중되어 나타나는데, 이는 종교제의적 목적에 따른 정결과 부정의 원칙이 적용된 결과로 보인다. 후대에 그 동물들이 악덕을 상징하는 것으로 부가적 의미가 파생되기도 했지만,[10] 이는 애당초 죽은 고기를 먹거나 이방 종교의 숭배 대상이 된다는 등의 제의적 기준에 따라 선택된 목록이었다.[11]

먹는 것의 금기와 함께 중요하게 간주된 것은 성관계의 금기였다. 성관계를 갖지 말아야 할 대상으로 금기시한 대표적인 규정은 근친상간과 수간에 대한 항목들이다. 합법적인 부부관계에서도 월경 중이나 그 밖에 특별한 제의적 행사와 연관된 목적으로 성행위를 금지하는 규정들도 있다. 이러한 금기 규정들은 인간의 가장 내밀한 육체적 쾌락이 무차별적인 방종으로 흘러 사회적 기강과 질서를 어지럽히는 위험을 단속하기 위한 장치였을 것이다. 아울러, 이는 거룩한 하나님을 거룩하게 예배하기 위한 예배자의 절제 어린 수양의 차원에서 정결의 요청이 욕망의 일시적 통제란 방법적 실천과 결부된 사례로 파악된다. 그때 정결은 정신적·영적인 차원의 자기 갱신을 목표로 한 것이었지만, 제의 목욕이나 의복의 세탁이 암시하듯, 육체적 정결이 그러한 갱신의 효과와 무관치 않으리라는 상식적 판단이 작용했을 것이다. 물론 오늘날 근친상간이 정신적 장애아를 생산한다거나 월경 중의 성행위가 질병의 감염을 초래한다고 일각에서 거론되기도 하고, 특정한 수육의 섭취가 나쁜 콜레스테롤을 과도하게 증가시킨다는 등의 의학적 위생적 변론이 제출되기도 한다. 그러나 이는 종교적 금기의 사회적 기원을 설명하는 원초적 배경과 무관한 것으로 보인다.

고대 이스라엘 사회에서 금기의 사회적 효능은 분명했다. 그것은 공동체의 결속과 사회 질서의 수립으로 직결되었다. 아울러, 특정한 규율의 전승과 이행을 통해 역사 속의 기억을 갱신하려는 교육적 기능도 수행한 것으로 추론해볼 수 있다. 고대 근동의 종교적 관행과 습속이 여일한 패턴을 띠는 것은 아니지만, 그것은 대체로 고대의 신학이 지향한 목표와 연계된다. 이를테면 거룩한 하나님을 숭배하는 거룩한 백성이 그 하나님의 거룩함을 닮기 위해서는 몸의 성별된 행위가 필요하다고 생각한 것이다. 몸의 욕망을 제어하는 금기의 규율이 몸과 제의적 실천을 긴밀하게 연동시켜 종교적 금기의 메커니즘을 확립했다는 것이 아이러니컬하지만, 역설적으로 이러한 현상은 금기의 본원적 속성을 잘 드러내준다 할 수 있다. 모든 원시 종교에 배태된 대로 악마적 힘에 대한 경계와 두려움의 표시로서 금기의 체계가 작동되었다는 프로이트 식의 '토템 터부' 개념과 다른 측면에서 이는 더 잘 즐기고 더 많이 향유하기 위한 욕망의 자발적 타협이란 맥락 속에 금기의 긍정적 순기능을 평가할 만한 근거를 제시한다. 마치 서구 카니발 축제의 전통에서 볼 수 있듯이, 이는 억압된 체제 아래 억눌린 대중의 파괴적 충동을 순치시키기 위해 익명의 관계에서 무차별적으로 어울리는 질펀한 쾌락의 축제를 펼침으로써 새로운 질서의 갱신을 겨냥하는 효과를 정반대의 방향에서 추진하는 셈이다.

| 금기의 신학적 역설 |

금기의 전통은 구약성서에서 신약성서로 내려오면서 대폭 그 윤곽을 바꾸어간다. 먼저 음식 금기가 해체된다. 경건한 유대인으로서 예수가 가령 돼지고기까지 먹는 등 유대교의 음식규례를 전면적으로 부인했을 가능성을 높이 보긴 어렵지만,[12] 그는 정결과 부정의 음식규례에 대한 도전적 결의를 보여주었다.[13] 안식일의 금기와 먹을 때 손 씻는 관행 등과 관련하여 그에게 율법은 재해석해야 할 대상이었지 문자 그대로 준수함으로써 그 부정적 금기를 확대 재생산해야 할 대상은 아니었던 것이다. 그는 당시 유대교 내의 종교적 모범생이라면 듣기 거북했을 이미지, 곧 '먹기를 탐하고 포도주를 즐기는 자'(마 11:19)라는 대중적 이미지를 부여받았다. 이 자유스런 어울림과 개방적 식탁 교제의 향유는 뒤집어보면 전통적 금기의 종교적 조건이 초월적 대상에서 지상의 구체적인 생명으로 해체·재구성되었음을 시사한다. 다시 말해, 금기가 사회적 질서의 최소치를 넘어 개인적 자유의 억압이나 집단적 통제로 나타날 경우 그것은 더 이상 창조적인 스캔들로서 본연의 기능을 수행할 수 없다는 것이다.

이러한 예수 신학의 메시지는 이후 그의 부활 사건을 경험한 제자들의 선교 활동을 통해서 더 진일보한 패턴으로 나타난다. 사도행전의 고넬료/베드로 에피소드가 말해주듯,[14] 이방인들의 율법 준수가 구원의 선결 조건이 아니라는 의미에서 베드로가 본 환상은 금기 음식으로 표상된 이방인들의 전적인 수용을 가리킨다. 물론 유대인 그리스도교도와 이방인 그리스도교도 사이의 갈등 상황에서 그 타협적 조정안으로 몇 가지의 준수 사항―우상의 제물과 피와 목매어 죽인 것과 음행을 멀리할 것(행 15:20, 29)―이 제시되기도 하였다. 그러나 그것은 분명히 '타협적인'

방책이었지 영구불변의 원리로서 금기가 아니었다. '그리스도 안'이라는 구원론적 원근법으로 삼은 사도 바울에게도 음식 관련 금기의 걸림돌은 없지 않았다. 일부 교회의 채식주의나 우상 제물로 바쳐진 고기를 먹는 문제와 관련하여 바울은 공동체의 화목과 평화를 최대한 배려하면서 그 찬반 입장에 대해 일리 있는 지적을 보여준다. 그러나 그 일리는 결국 약한 자를 포용하는 사랑의 진리로 나아가야 한다는 것이 그의 최종 결론이다. 이는 예수가 강조한 지극히 작은 자를 향한 섬김의 원리와 무관치 않다. 바울에게는 예수의 생명 사랑이 교회공동체의 견실한 확립을 위한 윤리적 실천으로 확산되어 먹고 마시는 것이 하나님의 나라와 직접 상관이 없음을 강조하게 된 것이다.[15]

반면 성행위와 관련된 금기는 여전히 온존한 것으로 보인다. 구체적인 언급은 나오지 않지만 근친상간과 수간에 대한 금기가 해제되었다는 증거를 찾아보기 어렵다. 외려 동성 간의 성행위에 대한 금기는 구약적 전통이 로마 사회의 동성애 문화를 이교적 죄악의 산물로 치부한 바울 등에 의해 재차 강화된 면모를 엿볼 수 있다(롬 1:27). 예수가 무차별적인 성행위를 죄악과 무관하게 용인한 증거는 전무하다. 그는 독신으로 제자들과 어울리며 혈통가족주의를 벗어난 그들이야말로 하나님의 가족임을 역설하였다. 바울 역시 예수와 마찬가지로 비록 결혼을 정죄하거나 무가치하게 여기지 않았지만 독신으로 하나님을 오로지 섬기는 행위를 매이지 않는 자유의 차원에서 결혼보다 더 낫게 보았다(고전 7:7-8, 38). 예수와 바울 당시 원시 그리스도교의 역사 속에 나타나는 이러한 성적 금욕으로서 독신 문제는 단순히 금기적 차원보다 여러 가지 부대적 여건과 함께 조명되어야 한다. 혹자는 구도자적 삶의 과제를 이행하는 차원에서 독신적 삶을 실천하기도 하였고, 다른 이들 가운데는 선교 활동 같은 특정한 종교적 사명을 완수하기 위해 독신이 선호되기도 하였을 것이다. 그러나 무엇보다 독신적 삶의 추구는 예수 당시의 종말론적 기대와 특히 그의 재림 신앙과 결부된 당시 교회의 긴박한 말세 의식이 작용한 측면이 컸다고 봐야 한다(고전 7:29-31). 바울은 부부간의 성관계에 대해 '기도' 이외의 상황에서는 분방하지 말아야 하며, 남녀의 성관계에서 이타적인 서비스의 필연성/필요성을 대놓고 권고할 정도였다(고전 7:2-5).

그 가운데 교회의 특수한 상황에 따라 후발적인 금기가 생기기도 하였다. 가령, 교회에서 여성이 공적으로 가르치는 것이 허용되어서는 안 된다는 것(고전 14:34-35; 딤전 2:11-12)과 여자들이 정숙함으로써 믿음과 사랑과 거룩함에 거하는 것 외에 출산을 구원의 부대 조건으로 내세우는(딤전 2:15) 식의 정책이 그 대표적인 가부장주의 강령이다.[16] 이에 대한 역사비평적 검증에 터한 여러 해석을 차치하더라도 여기서 우리는 그러한 교훈이 파생된 특수한 삶의 자리를 최소한의 맥락으로 상정할 수 있을 것이다. 그렇다면 금기의 역설적 양면성은 이 대목에서 확연하다. 그것은 무엇보다 체제 보존의 보수적 논리를 정당화하는 신학적 메커니즘이라는 사실이다. 이는 구약성서의 각종 율법과 그 밖에 유대교/그리스도교의 울타리를 벗어나서 보더라도 일반 종교의 제반 금제 교리와 강령이 유사한 기능을 수행한다는 점에서 보편성을 띤다. 그 체제 보수의 기능은 기존의 질서를 확고히 세우면서 갱신하는 역할에 잇닿아 있다. 여기서 그 변화가 가능해지는 것은 그 금기의 본래적 목적이 욕망의 억압이 아니라 조율에 있음을 명백히 인식한다는 전제에서다. 아울러, 금기가 두려움이 아니라 평안한 일상의 영위에 기여한다는 자각이 선행되어야 그 금기는 억압의 굴레를 벗고 인습을 넘어 공중의 편리한 도덕이 된다.

그러나 금기의 고착은 체제의 역동적인 탄력을 무디게 하여 결국 억압의 메커니즘으로 작용한다. 고대의 기독교가 그 자생적 활력을 상실하고 로마의 제국 종교로 권력의 자장 안에 들어갔을 때, 또 그 내부에서 체제의 정통성과 정당성을 옹호하는 호국 종교로 변질되었을 때, 금기는 자생적 성찰의 동력을 상실하고 인습의 군더더기를 더하면서 증폭되어갔음이 명백히 역사의 증거로 드러난다. 반면 금기가 그 보수적 성찰을 맹렬히 이행할 때 그것은 상징으로 도약한다. 상징은 문자적 체계를 벗어난 한 문화의 초월적 지표로서 성찰과 도전의 기폭제가 된다. 애당초 거룩한 신성에 대한 낯선 겸양의 포즈에서 출발한 금기의 뿌리를 어루만지고서야 그것이 은총의 또 다른 얼굴임을 기억해내듯, 그 금기의 열매로서 상징화된 온갖 전통의 금제 교훈들은 욕망이 절제와 양보의 여백을 만들면서 반드시 이기적인 지향곡선을 따르지 않는다는 사실을 상기시켜준다. 금기의 규율을 뒤집으면 향유의 얼굴을 만나고, 고난의 신학을 해체하면 쾌락의 아름다움을 발견하는 역설의 이치가 바로 여기에 있다.[17]

향유와 쾌락의 신학적 지향

| 은총으로서의 향유 |

기독교의 신학에서 '원죄'가 있기 전에 '원은총original grace'이 있었다는 말은 성서의 이야기에 비추어 옳다. 하나님의 천지 창조 사건이 진행되면서 그 창조 행위가 일단락될 때마다 제시된 음미의 말씀은 '보시기에 좋았다'는 것이었다. 그것은 인간의 창조와 함께 '보시기에 심히 좋았다'는 반응을 유발하는데, 그 좋음은 단순히 기호적 차원의 감상이라

 | 진화하는 스캔들의 신학: 성서와 함께, 성서를 넘어

기보다 신적인 샬롬의 질서가 현시된 작품에 대한 아름다움의 긍정이라 할 만하다. 그것을 다시 말해 온전히 생명다웠다는 뜻이고, 그 생명의 충일함 가운데 피차 그 대상을 향해 즐길 만하고 누릴 만한 결실이었다는 뜻이다. 그리하여 하나님의 창조는 필연적으로 인간을 향해 "생육하고 번성하여 땅에 충만하라"(창 1:28)는 시혜적 강복으로 이어졌다. 지상의 생명은 그 태초의 낙원에서 넉넉한 먹을거리를 공급받았고 생명의 일상이 곧 누림이었고 즐김이었다. 아담의 짝으로 창조된 하와는 인간의 정신적 고독에 대한 하나님의 보충적 배려였다고 할 수 있다. 요컨대, 물질적 욕구와 정신적 욕망을 포괄적으로 충족시키는 태초 인간의 환경은 곧 은총의 결과로서 제공된 누림의 조건이었고, 창조의 중요한 의미였던 것이다.

인간의 불순종으로 최대의 향유를 외면한 채 최소의 금기에 주목한 결과 찾아온 비극적 재앙이 실낙원으로 이어졌음은 창세기의 이야기가 전하는 주지의 내용이다. 그러나 그 결과 땀 흘리는 노동의 일상으로 저주받은 이 땅의 불온함에 대응해나가면서 일용할 양식을 챙기게 되었다고 해서 삶의 향유적 가치가 소진되고 금기 일변도의 질서로 고착된 것은 아니었다. 선악과를 따먹은 불순종의 죄는 비록 발가벗은 몸의 부끄러움을 알게 되어 하나님과 인간 사이에 관계의 장벽을 초래했지만 그들의 추방 이후 그 자의식의 지각은 문명을 일구는 밑천이 되어 죽을 수밖에 없는 운명을 생산적 의욕과 도전적 기운으로 바꾸어버렸다. 인간 사회가 조직화됨에 따라 주어진 많은 율법과 규례 역시 하나님의 백성으로서 그들의 정체성을 확립하고 사적인 욕망의 충돌과 갈등을 제어하는 경계지표로서 주어졌을 뿐, 그것이 인간의 생명에 향유의 가치를 박탈한 것은 아니었다. 가령, 전쟁이라는 엄중한 생존의 위기에 처한 현실 가운데서 군사를 차출해야 하는 상황에서도 인간 생명의 원초적 향유라는 기본적인 배려는 외면받지 않았다. 그것은 다음의 예에서 보듯 무엇보다 욕망의 충족, 특히 제 노동의 첫 대가로 주어지는 주거와 음식을 즐기는 것과 성적인 향유로 특징지어진다.

<blockquote>
책임자들은 백성에게 말하여 이르기를 새 집을 건축하고 낙성식을 행하지 못한 자가 있느냐. 그는 집으로 돌아갈지니 전사하면 타인이 낙성식을 행할까 하노라. 포도원을 만들고 그 과실을 먹지 못한 자가 있느냐. 그는 집으로 돌아갈지니 전사하면 타인이 그 과실을 먹을까 하노라. 여자와 약혼하고 그와 결혼하지 못한 자가 있느냐. 그는 집으로 돌아갈지니 전사하면 타인이 그를 데려갈까 하노라 하고 책임자들은 또 백성에게 말하여 이르기를 두려워서 마음이 허약한 자가 있느냐. 그는 집으로 돌아갈지니 그의 형제들의 마음도 그의 마음과 같이 낙심될까 하노라 하고…(신 20:5-8).
</blockquote>

이러한 주거와 음식의 향유, 혼인을 통한 성적인 즐거움과 안락의 추구는 이스라엘의 신산한 역사 속에서도, 신산함이 가중되면 될수록 오히려 더욱 간절한 소망 사항으로 강조된다. 바빌론 포로기의 역사 경험이 반영된 것으로 추리되는 전도서의 회의주의적 지혜 어록 가운데 유난히 명랑한 빛을 발하는 대목은 헛된 생명의 욕구가 헛됨으로 귀결되기까지 하나님이 허락하신 은총의 분복으로 아내와 함께 포도주와 기름진 것을 먹고 마시며 즐기라는 내용이다. 얼핏 쾌락주의적 색채의 이러한 교훈들은 헛된 생명의 종말이 그러한 행위로써 달래질 수 있으리라는 욕망의 현실주의적 타협으로 보일 수 있다. 동일한 맥락에서 마치 '내일 죽을 터이니 오늘 먹고 마시며 즐기라'는 식으로 허무주의가 쾌락주의와 만

나 내밀하게 연통하는 현실주의의 노회한 전략이 욕망의 최대치라고 판단할 수도 있다. 그러나 이러한 지혜의 가르침은 '~주의'를 걱정할 만큼 무제한의 과잉 탐욕을 내비치지 않는다. 반대로 소박한 일상의 누림이 성실한 노동의 대가로 제공되는 은총의 밝은 측면이 부각되고 있을 따름이다.

예수에게 향유의 신학은 안식일 정신의 회복을 통해 가장 극명하게 드러난다.[18] "안식일이 사람을 위하여 있는 것이요 사람이 안식일을 위하여 있는 것이 아니라"(막 2:27)는 말씀은 그가 인간의 생명 회복과 갱신에 얼마나 지극하고 치열한 관심을 표했는지 잘 보여준다. 안식일은 당시 유대교의 종교적 맥락에 비추어볼 때 가장 중요한 전통이었고 신앙적 정체성의 보루였다. 그 기원이 하나님의 천지 창조와 출애굽 해방이라는 중요한 두 사건으로 소급될 만큼 신학적 의의가 심대했다. 그런데 그것조차 인간의 유익함을 위해 시혜되는 제도의 운용으로 본 예수의 관점은 당시 유대교의 관행에 비추어 이단적이고 혁신적인 것이었다. 기실 그가 먹고 마시고 경계 없이 어울리는 행보로 하나님 나라의 구현에 애쓴 모습은 예의 혁명적 발상과 연계되어 있다. 그러나 그것은 하나님을 배제하는 '인본주의'가 아니라 하나님의 뜻을 인간의 생명체에 시혜적으로 구현하는 '인간중시주의'였다고 할 수 있다. 여기서 우리는 향유의 신학을 통해 휴머니즘의 긍정적 가치를 재발견하게 된다.

예수의 향유적 자세는 그의 죽음으로까지 이어져 수난에 임박한 그는 제자들과 더불어 마지막 식사를 나눔으로써 자신의 몸과 피를 떡과 포도주와 동일시하는 상징적 의례를 제정한다. 그것은 더불어 나눠먹는 마지막 식사가 생명의 최후를 달래는 위무적 기능을 수행하면서 삶을 가장 많이 친밀하게 공유한 제자들과 연대와 소통의 관계를 구축한 의미심장한 사건이었다.[19] 이에 앞서 그는 200데나리온의 값비싼 향유와 함께 한 여인의 부드러운 머리털과 입술의 감각적 터치로 이제 머잖아 망신창이가 될 제 독신의 외로운 몸을 달래지 않았던가.[20] 이처럼 예수에게 생명의 향유는 죽음 직전에 극적인 감각을 더하면서 자신의 인간적 욕망을 긍정한다. '이 잔을 치워주옵소서' 라는 겟세마네의 첫 번째 간구는 '내 뜻대로 마시고 당신의 뜻대로 하소서' 라는 두 번째 간구에 오점을 남기기보다 생명에 대한 애착을 통해 자신의 살고 싶은 욕망을 긍정하면서 고통 중에도 향유의 추구를 포기하지 않는다는 의의를 내포한다.

| 고통과 쾌락의 뫼비우스 |

고통과 쾌락은 욕망의 가장 민감한 성감대 같은 극단의 감각적 경험이다. 고통의 절정에 죽음이 있고 쾌락의 극단에는 죽음을 넘어서는 영생의 갈망이 자리한다.[21] 그만큼 고통과 쾌락은 욕망이 가장 극적으로 발현되는 감각의 분할 방식이라고 할 수 있다. 욕망의 기원과 관련하여 그동안의 탐구는 합의점을 찾지 못한 채 다양하게 분기된 논의로 무성하였다. 가령, 노동의 가치에 초점을 맞출 때 생산과 소비의 체계를 작동시키는 생산 양식에서 인간의 욕망이 발원하는 것처럼 보는 전통 마르크시즘의 관점이 있었다. 근래에 들어서는 다양한 포스트모더니즘의 관점이 제출되어 욕망의 실체를 언어 현상의 일환으로 규명하거나, 언어적 사건 이전에 사회 변혁의 동력으로 설명하기도 한다. 그 밖에도 욕망을 정치 권력이나 성적인 억압 또는 지식 체계와의 관련하에 이해하려는 시도도 제출되었다. 이들 욕망론의 입장들은 공통적으로 전통적인 억압의 규율과 고통의 굴레를 벗어나 쾌락에의 배려라는 기치를 내걸고 있다. 그러나 그 고통과 쾌락의 관계가 뫼비우스의 역동적 회로를 거치면서 선회하

고 있는 측면은 쉽사리 도외시되는 경향이 있다.

이 점에서 바로 쾌락의 욕망론을 조명하는 종교의 관점이 유효해진다.[22] 고통과 쾌락을 같은 욕망의 상이한 양면으로 파악한 선구적 지식인은 바타이유였다. 그는 몸과 욕망의 관계를 규명하면서 전통적으로 강조된 생산 활동의 주체로서 인간의 욕망 이면에 잠재된 소모와 낭비의 충동을 간파해냈다.[23] 이는 치열한 생의 욕망이 기실 파괴와 죽음의 욕망에 연동되어 있으며 성욕의 발산 심리에 바로 그런 욕망을 아우르는 중층적 속성이 내포되어 있다는 고전적 정신분석의 이론과도 내통하는 관점이다. 실제로 성적인 쾌감의 절정에서 표출되는 소리와 표정이 고통의 그것과 별반 다를 바 없다는 것은 고통과 쾌락의 연동관계에 대한 하나의 직관적 성찰의 증거가 될 만하다. 이에 따라 금기의 억압조차 향유를 지속하기 위한 장치로 보는 역설적 관점이 추동되었고 금기의 틀 안에 고여 있는 부패한 욕망의 퇴적물을 청산하려는 위반의 운동이 정당화되는 논리가 산출된다. 바타이유에게 에로티시즘은 삶과 죽음의 충동을 향한 이러한 뫼비우스적 욕망이 복합적으로 분출되는 중요한 영역이었다.

예수의 십자가 수난과 죽음이 자기 파괴의 욕망을 극대화한 쾌락의 절정이었다는 정신분석학적 평가는 신학적으로 전유되어 정당성을 띠기에 성급하거나 불경하다. 물론 그 또한 전통신학의 금기에 위반의 탈주를 감행해야만 소모와 낭비로서 달구어지는 욕망의 발현 구조가 인간 예수에게도 예외가 아니었다는 해석을 가능케 할 것이다. 하지만 그것은 욕망이 모방의 삼각구조 안에 발생·전이·확산된다는 또 다른 견해에 의해 적절히 제어된다. 이러한 관점에서 조망할 때 예수의 십자가 수난은 지라르의 말대로 아무것도 모방하지 않는 하나님의 욕망을 모방한 결과로 치러진 무죄한 희생의 대가였다는 설명이 나온다.[24] 아울러 예수의 십자가 길이 그의 자연스런 인간적 욕망과 반대로 작용한 '뜻'이나 '의지*thelēma*'의 지향과 무관치 않았다는 점도 고려되어야 할 사항이다. 그러나 현상만으로 살피자면 예수에 대한 십자가 심판과 이후의 죽어가는 과정이 보여주는 풍경은 아버지로부터 버림받은 자로서의 외마디 절규로부터 초연한 침묵에 이르기까지 그 반응이 간단치 않다. '이제 되었다'와 '다 이루었다'는 선언과 함께 용서의 기도, 위탁의 청원 등은 이 세상의 욕망을 모두 초월한 자의 어조이다. 그러나 '목이 마르다'는 육신의 갈증을 표현한 것이나 남겨진 어머니를 사랑하는 제자에게 부탁하는 유언의 말 등은 여전히 이 땅의 삶을 채 마무리하지 못한 육신의 욕망을 드러낸다. 고통과 쾌락이 모호한 엇갈림과 예비적인 화해의 모퉁이에서 십자가의 상징을 통해 복합적으로 나타나고 있는 셈이다.

예수의 고통과 죽음이 아무것도 모방하지 않는 하나님의 모방으로 말미암은 결과였다면, 그의 대표적인 종 바울이 십자가의 복음을 내세우면서 표방한 '고통의 코이노니아'는 또 다른 자족과 쾌락의 조건이었다.[25] 그에게 고통의 코이노니아는 '예수의 남은 고난을 제 몸에 채운다'거나 '예수의 죽음을 제 몸에 짊어지고 다닌다'는 식의 표현을 통해 구체화된다. 이는 마조히즘의 병리적 흔적을 연상시켜주는 듯하지만 그러한 자폐적 쾌락으로 퇴행하기보다 기실 현실 극복의 의지와 종국적 즐거움을 지향하는 동력으로 기능한다는 것이 더 온당한 평가일 것이다. 그리하여, "우리가 사방으로 우겨쌈을 당하여도 싸이지 아니하며 답답한 일을 당하여도 낙심하지 아니하며 박해를 받아도 버린 바 되지 아니하며 거꾸러뜨림을 당하여도 망하지 아니하고 우리가 항상 예수의 죽음을 짊어짐은 예수의 생명이 또한 우리 몸에 나타나게 하려 함이라"(고전 4:8-10)는 고백이 가능해진다. 아울러, 이러한 신앙고백적인 차원에서 바울의 현실적 고통은 자신의 약함 가운데 강해지는 하나님의 능력의 표징으로 해석되었고, 장차 나타날 놀라운 신적인 영광의 예표로 받아들여졌다. 그러나 그렇다고 바울의 감각적 경험 속에 현재의 고통이 늘 미래의 영광스런 희망으로서만 유의미했을까. 그 고통의 경험 자체가 영성적 쾌락을 선사하지 않았을까. 이는 빌립보서에서 그의 유사 죽음 체험(또는 자살 충동)의 당시 정황과 정반대의 어조로 '항상 기뻐하라'는 권고를 되풀이한 내력을 적절히 해명해준다. 게다가 비천과 풍부, 배부름과 배고픔, 풍부와 궁핍이란 대립적 환경에 연연해하지 않고 그가 배웠다는 '자족'과 '일체의 비결'은 당시 밀의종교의 입사적 신비체험을 연상해줄 정도로 역설적인 뫼비우스의 욕망을 현시한다.

새로운 신학적 주체의 탄생

| 주체의 분열성과 가변성 |

알랭 바디우는 그의 책 『사도 바울』에서 주체의 분열성을 논한다.[26] 그리스도 사건이라는 전례 없는 실재의 도래에 반응하면서 새로운 관계의 수체를 구성하는 것은 통일성이 아니라 그 분열성이다. 그리스도 사건이 유대교의 전통화한 문자규례나 그리스 철학의 신비한 지혜를 가로지르면서 고착된 보편성을 깨버릴 때 새롭게 도래하는 보편성은 오로지 분열하는 주체에 의해서만 그 실재를 재구성해나간다는 것이다. 따라서 그 주체는 견고하지 않다. 영의 길과 육의 길 사이에서 균열된 채 찢어진 자리에서 주체는 외려 그리스도 사건에 충실함으로써 생동하는 주체로 거듭날 수 있다. 이렇듯, 그리스도 사건이 우주적 총체성을 확립하기보다 기존의 그것을 해체하는 데 기여할 때, 주체는 자신의 약함을 고발하면서 모든 실재를 '쓰레기'와 '찌꺼기'로 돌려보낸다. "우리는 이 세상의 쓰레기처럼 되고 이제까지 만물의 찌꺼기처럼 되었습니다"(고전 4:13)라는 바울 자신의 고백을 통해 바디우는 '찌꺼기의 주체성'을 발견한다. 나아가 그는 주체의 정립이 "하나의 근원적인 우연 속에서 선언되는 것"[27]이라는 통찰을 선사한다. 모든 주체가 재구성되는 지점은 그 우발성의 여건 속에 제공되는 하나님의 은사, 곧 카리스마와 관련되어 있다. 그 카리스마의 기여로 인해 주체화의 지점은 모든 보수나 보상을 멀리한다.[28] 요컨대 "모든 주체성은 각자의 목적에 고유한 본질적인 무상성이라는 요소 안에서 자체의 분열에 직면"하며, "구원의 작용은 카리스마의 도래에 있다"[29]는 것이다.

이러한 바디우의 주체 이해는 오늘날 고착화된 기독교의 신학적 주체를 재구성하는 데 좋은 시사점을 제공한다. 서구 신학의 전통 속에서 신학의 주체는 정형화된 교리적 체계를 토대로 인간의 욕망과 부단히 씨름하면서 하나의 보편적 기준을 구축해왔다. 때로는 은총과 속죄의 이름으로, 때로는 이신칭의와 믿음을 강조하면서, 신학적 주체는 자신의 체계 바깥을 향해 탈주하려는 인간의 자유의지와 욕망을 '금기'로 족쇄 채우면서 단속과 규율의 장치를 발명해왔던 것이다. 근대 사회의 도래와 함께 합리적 주체성이 쇄도하면서 기독교 신학도 강요된 도그마로부터의 탈주를 가속화하여 인간의 역사적 이성에 대한 신뢰를 기반으로 '의지'와 '욕망'을 벗어난 선한 도덕적 삶의 보편성에 적잖이 매달려왔다. 진리의 도그마 체계가 선의 윤리학으로 그 옥좌를 양보하여 마침내 하나님조차 인간의 이성적 판단과 경험에 대한 합리적 반추의 산물로 재구성된, 이른바 환각 속에 '만들어진 신'의 수준으로 전락하기에 이르렀다고 볼 수 있다. 그 합리적 주체에 대한 보상은 과학기술문명의 각종 이기였으며, 감각적 쾌락의 극대화로서 한층 심화된 자폐적 개인주의의 만연으로 드러났다.

그러나 합리적 주체가 파산의 상황으로 내몰리기 시작하면서 포스트모던 시대의 성찰적 해체의 모험들 가운데 신학적 주체의 재구성에 욕망과 의지가 개입할 여지가 점점 더 넓어져온 것도 사실이다. 금기가 해체되고 금기조차 향유의 조건으로 재해석되는 가운데 욕망의 주체로서 몸에 대한 관심이 증폭했다. 이는 자연스레 욕망의 담론이 최전성기를 구가하는 지식 사회의 추세로 나타났고 기독교 진영에도 영육의 이분법적 기준으로 어설프게 구획해온 세계관에 균열이 생기면서 인간의 신학적 위상에 대한 논의의 물꼬가 점점 넓어지는 형국이 되었다. 여기서 우리는 바디우가 제시한 분열하는 주체와 '찌꺼기의 주체성'이란 개념에 착안하여 신학적 주체 역시 이성과 감성, 욕망과 의지 사이의 미세한 균열을 통해 탈주하면서 이 세상의 모든 실재를 해체하고 오로지 이질적 타자를 향해 말은 건네는 그리스도 사건의 윤리적 보편성을 향해 심화되어가리라 전망할 수 있다. 게다가 주체의 정립에 개입하는 은총의 우발성을 염두에 둘 때 우리 속에서 시시각각 욕망의 변덕이 생성해내는 금기와 향유의 지향성에 민감하게 반응하여 신학의 주체도 선언하는 주체와 함께 탄식하며 견디는 주체의 재구성으로 나아갈 필요가 있다.

하나님의 창조 사건이 그렇듯이, 그리스도의 십자가 사건 역시 감정 *pathos*이 극대화된 이성*logos*의 발현이 아니었던가. 마찬가지로 하나님과 인간 사이에 머뭇거리는 '의지*thelēma*'는 그것이 희구하는 대로 '욕망 *epithymia*'의 궤적을 거쳐 기동하는 것이 보통이다. 이 모든 요소에서 우리는 영의 길과 육의 길을 앞에 두고 머뭇거리며 결단하는 존재이다.

'욕망'이란 요소만 해도 그것이 나의 유익을 위해 타인의 갈망이나 공동체의 혜택을 희생으로 삼고자 하는 탐욕의 가능성이 항존한다. 그러나 그것은 또한 생의 에너지로서 날마다의 일상 가운데 동기를 부여하며, 신 앞에서 마주선 자로서 신실한 삶의 명분을 제공하는 동력이 되기도 한다. 따라서 욕망은 내부적으로 균열하면서 외부적으로 봉합되고 의지의 결단 역시 부단히 머뭇거리면서 내적인 통합을 지향한다. 이성과 감성의 영역도 마찬가지인데, 이 상반되는 듯한 요소들이 결국 주체에 의한 주체의 '진리 공정' 가운데 끊임없이 자신의 약함을 발견하면서 탄식하며 회복하는 과정을 되풀이하는 것이다. 그 과정에서 거듭나는 주체는 이제 금기의 체계와 향유의 욕망을 한 덩어리로 파악하며 신학적 주체의 분열성과 가변성을 인정할 수 있게 된다. 이는 그리스도 사건의 보편성에 충실하려는 자가 하나님과의 새로운 관계를 추구할 때 경험하는 신적 우발성의 감각적 성육화로 나타난 결과에 다름 아닐 터이다.

| 고독과 죽음을 넘어선 향유적 주체 |

모든 인간은 유한한 이 세상의 시간을 묵묵히 견디면서 홀로 서야 하는 고독한 존재이다. 그 삶의 덧없는 실존만 놓고 본다면 전도서의 전언대로 대책 없이 헛된 존재로서 헛된 세상의 현실을 살아가야 하는 게 인간이란 말이 된다. 그 현실의 와중에 기존 신학의 거대 담론이 전해주는 교의적 체계가 하나의 완고한 보편성을 위세로 종말론적 구원과 현세의 복락을 약속할지라도 그것이 일상의 감각 속에 체현되고 그것을 지속화하기란 기대난망이 아닐 수 없다. 더구나 죽음 앞에 선 존재로서 늙어가는 육체를 느끼며 바라보는 내면적 주체의 시선은 아무리 미소를 띤 얼굴로 바깥에 화답해도 불우한 자의식에 종종 침잠하게 만든다. 나이를 먹는다는 것은 삶의 성숙을 가리킨다고 말들은 해도 그것이 죽음으로 한 발자국씩 가까이 다가가는 것과 진배없다는 진술은 액면 그대로 사실이다. 이와 같이 죽음이 죽어가는 과정이듯, 삶이 죽음이란 일생일대의 사건에 가까이 다가가는 과정이라고 할 때 이 세계 안에서, 이 세계를 통해 구원의 현실을 체감할 수 있는 길은 없는 것일까.

레비나스는 특이하게도 이러한 실존의 현장에 응답하면서 일상적 삶과 구원의 문제를 자신의 철학적 화두로 삼아 씨름했다. 그의 존재론은 존재에서 존재자로 나아감으로써 하이데거 이후의 철학적 행보를 밀어붙였고, 그 끄트머리에서 발견한 타자의 존재론은 마침내 타자의 윤리학으로 완성을 보았다.[30] 그 주체의 전개 과정에서 레비나스가 죽음의 위협과 염려를 견디는 존재론적 매개로 포착한 일상적 소품들은 일용할 양식으로 표상되는 이 세상과 존재자의 관계 맺기이다. '먹을거리'를 통한 일상적 삶의 향유를 통해 존재는 이 세상에 참여하며 그 가운데 주체성의 모습이 최초로 존재자에게 드러난다는 것이다. 그러나 일상적 향유의 한시적인 만족감은 이내 공복의 불안한 상태로 회귀하며, 미래의 불확실성과 마주한 상태에서 안정을 누리며 자기를 긍정하는 방편으로 인간은 '노동'과 '거주'를 존재의 또 다른 조건으로 수락한다. 거주는 공간을 친밀한 장소로 자기화하여 그 안에서 타인을 만나며 잠과 휴식을 통해 자신에게로 돌아간다. 노동이 바깥세상과의 관계 맺기를 통해 자신을 주체로 확립하는 사물의 대상화 공정이라면 거주를 통한 잠과 휴식, 놀이의 추구는 일상적 삶의 누림을 위한 향유적 가치의 연장이라 할 수 있다. 그것은 결국 덧없는 생을 덧없는 물질적 재료나 환경을 통해 견디는 존재자의 반복적 자리 잡기이다. 그것은 "네 헛된 평생의 모든 날 곧 하나님이 해 아래에서 네게 주신 모든 헛된 날에 네가 사랑하는 아내와 함께 즐겁게 살지어다. 그것이 네가 평생에 해 아래에서 수고하고 얻은 네 몫이니라"(전 9:9)는 전도서의 메시지를 존재론적 맥락에서 전유한 결과에 다름 아닐 터이다. 어떻게 그 '몫'을 누리며 즐겁게 살 수 있는가? 그 향유적 삶의 자리에서 우리 생의 '헛된 날'은 그 헛됨을 줄이거나 무화시킬 수 있는가? 여전히 항존하는 죽어가는 자의 고독과 그로 인한 고통은 어떻게 감당해나가야 하는가?

이러한 질문에 대해 레비나스는 아마도 타인의 발견이란 출구를 마련한 것으로 보인다. 더 이상 외곬의 주체에 매달리지 말고 '타인의 얼굴'을 향해 무한 책임을 져야 한다는 그의 깨달음은 '타자화된 나'인 '아들'의 모습에서 에로스의 생산성을 포착하기에 이른다.[31] 그러나 거기에 다다르는 긴 여정에서 우리는 고독과 고통의 생산성에도 눈뜨게 되고, 그것의 일상적 망각과 자신으로의 회귀에 기여하는 먹을거리의 가치와 주거나 노동을 통한 주체의 자리 잡기도 수긍하게 되는 것이다. "나의 고독은 죽음을 통해 굳어지는 것이 아니라 오히려 죽음을 통해 깨어진다."[32] "그렇기 때문에〔=외재성 또는 타자성이 주체를 자기 자신에게로 환원시키기 때문에〕고통을 통해 자신의 고독을 더욱 팽팽하게 지탱하고 죽음에 직면해서 설 수 있는 존재만이 타자와의 관계가 가능한 영역에 자신을 세울 수 있다"[33]는 레비나스의 진술을 수락할 때, 우리는 이성의 유아론적 구조를 깨고 금기와 향유의 이분법적 메커니즘을 벗어난 삶의 물질성 속에서 일상적 구원을 맛볼 수 있을 것이다. 이렇듯, 우리는 삶의 물질성을 매개로 물질적인 세계 속에서 일상적 향유를 통한 실존의 길을 개척해나간다. 동시에 "그 물질과의 투쟁 속에서 일상적 초월이 늘 같은 지점으로 되돌아오는 것을 방해하는 사건을 만날 때"[34] 역시 구원의 길을 엿볼 수 있게 된다.

레비나스가 '물질적 실존'이라 부르는 상황은 '향유 속에서 빛이 주어지는 상황'이다. 죽음과 함께 죽음을 넘어서는 구원이 실존의 길이 지향하는 궁극적 목표라면 일상적 향유에의 배려를 통해 감내하는 물질적 실존의 길은 궁극 이전의 좌표라 할 만하다. 그것은 범박하게 가늠하면 구약성서의 잠언이 틀을 잡아주고 전도서가 내용물을 채워 아가의 유비적 행간이 결실을 이끈 세계로 보인다. 이와 같이 일상적 삶의 향유적 가치에 대한 재발견은 억압의 긴장을 최대한 이완시킴으로써 금기 속의 구조적 간계를 적발하고 그것을 지속시키려는 욕망의 전략에 민감해지게 만든다. 나아가 그러한 향유에의 배려는 분열하는 욕망의 탈주선을 새로운 주체의 조건으로 수용한다. 그 가운데 우리의 신학적 주체도 금기를 볼모로 삼은 억압과 정죄에서 해방과 향유의 진로를 더욱 활기차게 개척해 나가는 도상에 새롭게 자리매김되어야 할 것이다. 거기서 우리는 '의지'가 의식의 내부적 강박이 되지 않고 하나님의 창조적 섭리를 향해 무한하게 팽창해나가는 개방성의 가능태를 본다. 그 연장선상에서 또 다른 희망으로 우리는 '욕망'이 삿된 탐욕의 메커니즘 속에 포획되지 않고 늘 신선한 생의 원초적 의욕과 함께 주체의 동력으로 거듭나는 미래를 선취한다. 그때 이성과 감성까지 서로 짝하여 삶의 아름다운 무늬를 수놓고 그 존재론적 층위와 인식론적 맥락이 결탁하여 신학적 주체의 실천적 재구성 작업에 획기적인 변화의 동력을 제공할 수 있을 것이다.

억압의 반성과 극복

진정한 신학은 그 거듭나는 주체와 함께 자신과 타인을 억압하기보다

그 억압을 반성하도록 유도한다. 하나님의 선물로 제공된 삶의 틈새마다
스민 억압의 기미와 징후는 놀라울 정도로 심각하다. 그 모든 억압의 밑
바탕에 금기라는 체계가 자리하고 있다. 그 성서적 분포 현황만 보더라
도 금기의 세계는 매우 광범위하고, 그 영향력이란 견지에 비추어볼 때
장구하게 이중적 체계 아래 작동하고 있는 것이 분명하다. 음식 금기와
성적인 행위의 금기 등이 주류를 이루면서 공동체의 경계지표를 만들고
호혜적 복지의 질서를 구축하는 데 이바지해온 것이 바로 이러한 종류의
종교적 규율이었다. 그러나 그 금기의 정신분석적 체계는 그로써 위반을
배가하여 즐기려는 무의식적 욕망의 전략이란 측면을 내포하고 있었음
을 보여준다. 아울러, 성서의 역사는 금기가 일방적인 강요의 논리가 아
니라 부드러운 향유의 질서 속에 감싸이는 특성을 드러내기도 한다. 이
를테면 하나님은 최대한의 향유를 보장하면서 그것을 극대화하기 위한
보조 장치로 최소한의 금기를 두었다는 것이다.

향유의 신학적 정당성은 일차적으로 이 땅에 원죄가 들어오기 전에 원
은총이 있었다는 하나님의 창조적 섭리에 기반을 두고 있다. 그 창조신
학적 통찰의 반대편에는 헛된 평생의 삶을 동반자와 함께 즐겁게 살라는
전도서의 메시지와 같은 지혜신학의 안목이 쾌락과 향유의 신학적 의미
를 증폭시킨다. 무엇보다 예수의 하나님 나라 사역이 보여준 탈율법주의
적 탈주의 동선이야말로 생의 보편적 가치와 의미를 근본적으로 재구성
하는 중요한 성서신학적 전거를 마련해준다. 이는 금기의 체계를 율법주
의란 이데올로기 속에 묶어둠으로써 전통 신학의 주체를 고착화시킨 폐
단을 비판적으로 성찰할 수 있는 관점을 제공한다. 바디우가 재해석한
바울 신학에서 주체의 분열성이 갖는 참신한 의미도 종래의 기독교 신학
전통이 지향해온 화석화된 보편성의 전통을 넘어 창조적인 주체의 틈새

를 보여준다. 그리하여 그가 닮고자 그리도 애쓴 십자가의 고난은 외려 기꺼이 동참하며 타자에게 말을 건네는 사랑의 보편성 가운데 그 의미가 심화된다. 이렇듯, 바울에게 그리스도 사건은 기존의 사이비 주체와 기만적인 보편성의 틀을 깨고 그 고통과 고독조차 쾌락적 묵상의 대상으로 전유하여 항상 기뻐할 수 있는 역설적 영성의 근거로 작용한 것이다.

가학성 내지 피학성의 쾌락이 욕망의 일선에 늘 맥동한다면 그 충동을 제어하기는 근본적으로 불가능할 것이다. 그러나 그 충동의 에너지를 조율할 수는 있다. 그 조율의 방향은 분열하는 주체의 틈새로 명멸하는 생명의 향유적 본능을 일상적 구원의 에너지로 변형시키는 쪽으로 맞추어지는 것이 상책이다. 거주와 노동, 먹을거리를 통한 향유적 삶의 추구는 일상의 구원을 추동하면서 죽음을 향한 존재의 두려움과 고독을 감내하는 욕망의 전략이다. 그러나 그 욕망이 타자의 얼굴을 향한 신학적 윤리학의 의욕을 부리기보다 탐욕의 그늘로 전락할 때 우리는 다시 분열하려는 의지로 충일해야 할 것이다. 욕망의 존재론이 실천신학의 동력을 얻기까지 이성과 감성은 포용하고 의지와 욕망도 악수하면서 삶의 밑바닥에서 '찌꺼기의 주체성'에 골몰해야 한다. 거기서 반성을 모르는 금기의 체계에 포박된 의식은 반성의 계기를 얻고 향유적 존재의 의미와 가치를 발견할 수 있다. 쾌락과 향유에의 배려가 삿된 탐욕의 미끼로 전락하지 않기 위해 금기의 고통까지 누리기 위한 신학과 영성의 대안이 요청된다. '고통의 코이노니아'가 향유적 주체와 부대끼면서 창조적 긴장관계 아래 끊임없이 길항하고 타자의 얼굴을 응시하며 포용할 때 우리의 신앙과 삶을 통해 드러나는 일상의 모든 억압은 깊은 신학적 반성의 세례를 통과하면서 비로소 극복될 수 있으리라 기대한다.

_02

잠과 꿈, 그리고 불면의
신학적 의미[*]

신학의 일상적 성육화

신학이 신앙생활, 그러니까 삶이라고 우리가 부르는 세계에 대한 신앙적 반성에 대한 메타 반성적 정신의 작용을 내포한다면, 그것의 대상은 지금껏 관심을 두어온 대상보다 넓어지고 촘촘해질 필요가 있다. 여기서 먼저 넓어져야 한다는 것은 신학의 궁극적 목표인 '하나님 닮기imitatio Dei' 의 체계화를 위해 그 관심사가 '나' 와 '너' 의 세계가 만나는 모든 물

<hr>

[*] 이 글은 월간 「목회와 신학」(2009. 8)에 연재한 에세이 "잠과 꿈, 그 안과 밖의 심연" 이 씨알이 되었다. 이 글은 제5회 한국조직신학자 전국대회(2010년 4월 24일 호서대학교 천안캠퍼스)에서 발표된 원고를 약간 보완·수정한 것이다.

상과 생명의 우주로 열려져야 한다는 뜻이다. 그것은 늘 '무한'으로 수렴되는 추상의 어휘 속에 소실점을 찍으며 흐려지지만, 그것을 자꾸 선명하게 부조하려 안간힘을 쓰는 게 바로 인간이고, 특히 신학자의 작업이다. 반면, 촘촘해져야 한다는 것은, 예의 망원경에 현미경의 렌즈를 함께 붙이고 원근법의 사유를 조율할 줄 알아야 한다는 뜻이다. 이 점에서 아득하고도 친밀한 우리 일상사의 잡다한 경험이야말로 하나님 경험의 반경을 넓히면서 은근히 그 속으로 섬세해지는 맥점이 아닐 수 없다. 이 점에서 우리 신학의 초월적 우주화와 함께 일상적 성육화가 동시에 필요하다. 일상적 성육화라 함은 날마다 우리 몸과 정신이 겪어내는 경험의 편린들에서 번득이는 하나님의 기미를 포착하고 그것을 형이상학적 체계 속에 의미화하며, 그것의 자동 반복적 인습화에 제동을 거는 의식적이며 의도적인 성찰의 개념이다.

그중에서 나는 이 논문에서 내 존재가 피할 수 없는 경험, 철학적 지성의 원초적 호기심의 대상인 죽음의 가장 친근한 메타포로서의 잠, 나아가 그 잠의 가장 친근한 동반자인 꿈의 신학적 심연에 천착하고자 한다. 또 한 가지, 그 둘 사이에 때로 불청객처럼, 때로 삶을 깊어지게 하는 의식(또는 무의식)의 각성제로서 불면의 순간이 지니는 신학적 성찰의 한 단층에 대하여 논의해보고자 한다. 잠은 무엇보다 수면욕으로 대변되는 욕망의 가장 본능적인 요청 가운데 하나이다. 하지만 그것은 마냥 우리 몸을 소모하지 않고 외려 일정한 단절을 거쳐 재생시키는 감각을 보탠다는 점에서 욕망 이상의 형이상학적 의미를 내포한다. 물론 성욕이나 식욕 역시 이러한 일정한 기능을 동반하지만, 성욕과 달리 잠의 부재는 육체적 생명의 종말을 불가피하게 만들며, 식욕과 달리 잠의 현존은 소화와 배설의 운동 없이 몸의 작용을 최소화한 채 분요한 삶의 너머 의식의 암전을 유도한다. 꿈이 그 허전한 의식의 부재를 달래며 속빈 내용을 채우곤 하지만, 백일몽이라는 말이 있듯이, 꿈이 마냥 육체의 잠에 속박당하는 것은 아니다. 그것은 잠과 동반하면서 잠 이전과 이후의 독립적인 영토에 서식한다. 불면 역시 꿈과 달리 잠과 버성기면서 삶다움의 심화에 기여하지만, 꿈과 마찬가지로 삶의 에너지 조율에 깊숙이 관여한다.

이 글은 그 기여와 조율의 방식에 대한 단층적인 사유의 가로지르기로 귀착되겠지만, 우리 몸의 일상적 경험 속에 추인된 잠과 꿈과 불면의 당연한 개념 속에 맥동하는 하나님의 작용과 인간의 반작용이 얽히고설키는 형국을 고찰하는 포즈를 취할 것이다. 이 시도는 결과적으로 우리 신학이 거대한 그 사유의 역사를 통해 일구어온 담론의 연속성에 사소하나마 불연속적인 마찰음을 내면서 일탈과 섭동의 신학적 가능성을 예시하는 실험으로서의 부수 효과도 챙길 수 있을 것이다.

잠의 리듬과 신학적 변증법

잠을 단순히 신체적 경험으로 국한시킬 경우 그것은 의학적 연구의 대상으로 머문다. 이 범주에서 잠은, 4단계 수면이론과 '렘' 수면, 잠자는 동안 분비되는 각종 호르몬과 화학물질, 이로써 뇌세포가 어떻게 활성화되는지, 그 결과 몸의 신체 기능에 어떤 영향을 끼치는지 등등의 관심사로 초점을 받으며 각종 실험의 대상이 되곤 한다.[1] 이 분야의 관심사만으로도 평생을 연구하는 전문가가 있을 정도로 잠의 신비는 여전히 신체 병리적인 차원에서만도 고갈되지 않을 정도로 풍성하고 깊다. 그러나 잠은 동시에 철학적 신학적 메타포로서 인간의 삶을 압축하여 보여주는 하나의 현상이자 그 본질을 단층적으로 드러내는 인간론의 중요한 주제이다. 특히, 인간의 의식이 잠을 통해 단절과 재생의 과정을 거친다는 점에서 그것은 삶의 출발점과 그 종점으로서의 죽음을 동시에 포괄하는 결절의 매개체라 할 수 있다. 물론 그 매개로서의 잠이 신학적 의미망에 포착되기까지 그 구조의 유형과 해석의 경로가 단일한 것은 아니다. 인간의 다양한 생 체험이 그렇듯, 수면 역시 다양한 해석적 의미 속에 인간 '존재'의 인간 '됨'에 기여한다.

| 죽음의 사촌, 각성의 부재 |

잠의 위상학이란 견지에서 장 그르니에는 매우 포괄적인 통찰을 보여준 바 있다.[2] 그는 먼저 생리학적 차원에서 잠이 "생명 활동의 보존과 복원"이란 역할을 한다는 점을 상식적으로 지적한다. 둘째로 치유로서의 수면이란 게 있는데, 이는 잠들어 있을 때 발생하는 구원의 사건을 염두에 둔 것이다. 셋째는 우주로서의 수면이다. 이는 근원으로 회귀하는 단순함이 가장 완벽하게 실현되는 상태로 정의된다. 넷째, 의연한 수면은 전쟁이나 처형과 같은 급박한 상황에 처하여 잠을 통해 평정의 마음을 보여준 위인들의 사례에 적용되는 유형이다. 그 밖에 세속에서의 수면은 무엇보다 휴식의 아버지로서 가장 평화롭고 고요한 신의 이미지를 걸치고 나타나며, 기독교에서의 수면 이해는 부활의 믿음으로 가득 찬 상태에서 잠과 같은 죽음을 극복하리라는 소망에 잇닿아 있다.

잠과 죽음의 관계를 사촌지간으로 인식한 것은 고대인들에게 두루 공유된 보편적 통념이었던 것으로 보인다.[3] 그중 대표적인 설명은, 고대 그리스 신화에서 잠의 신 '히프노스Hypnos'를 죽음의 신 '타나토스Thanatos'와 쌍둥이로 묘사한 것이다. 그는 어둔 동굴에 살았는데 거기에는 망각의 강이 흘렀다. 그 망각은 물론 죽음과 마찬가지로 지상의 삶, 특히 환한 대낮의 삶을 잊는 죽음 이후 영혼이 건넌다는 '레테'의 강을 연상시켜주지만, 그것이 '강'의 이미지로 표현되었다는 점에서 끝이 아니라 움직이는 생동감을 준다. 히프노스라는 잠의 신은 쌍둥이 형제 타나토스와 달리, 새나 어린아이의 모습으로 나타나 인간에게 몸과 마음의 치유자로 각인되었던 모양이다. 잠의 묘약이 담긴 뿔을 가지고 자비로운 전사의 모습으로 나타난 걸로 보면 그가 인간의 몸과 마음을 치유하는 신으로 호의적인 반응을 유발했을 법하다. 잠의 원인을 과학적으로 설명하려는 시도와 관련하여 기원전 6세기 알크마이온의 이론은 충혈된 뇌혈관을 그 직접 원인으로 보았고, 아리스토텔레스는 음식물 소화로 발생한 증기가 뇌로 올라가 잠의 원인이 되는 것으로 파악했다. 특히, 아리스토텔레스는 수면을 각성과 반대 개념으로 이해하여 이를 단순히 의학적 차원이 아닌 형이상학적 차원으로 소급시켰다. 종래의 신화적 상상력에 반하여 그는 잠이야말로 각성을 앗아가는 죽음의 사악한 쌍둥이 형제로 평가를 뒤집어버린 것이었다.

히브리 종교와 원시 그리스도교에서도 이러한 잠에 대한 이중적 인식은 유사하게 변용되어 나타난다. 죽음과 잠은 사촌지간이 아니라 거의 동의어처럼 취급된다. 깊이 잠들어 영원히 깨어나지 못하는 상태는 곧 죽음이다(욥 14:12; 렘 51:39, 57). 그 죽음은 이 맥락에서 물론 아무런 긍정적 의미를 담보하지 못한 하나님의 심판처럼 이해된다. 반면 신약성서에서는 '깊이'와 '영원히'의 수식어 없이도 잠은 곧 죽음의 상태를 은유적으로 표상한다(고전 15:6; 행 13:36). 그런데 그 죽음으로서의 잠은 외려 영원한 것이 아니어서 다시 깨어날 소생이나 부활의 희망을 간직하고 있다(막 5:39; 요 11:11, 12). 물론 각성의 반대 개념으로서 잠의 용례도 적잖이 탐지된다. 이 경우 잠은 나태함의 비유이자 그 결과로 흔히 제시된다(잠 6:4, 19:15). 특히 신약성서에서 잠들지 않고 깨어 있음이 종말론적 긴장의 은유적 매개로 종종 등장하는데, 이때 잠의 비유적 함의도 각성의 반대라는 마찬가지 맥락에서 이해된다. 잠이 이처럼 신체의 기능을 마비시키며 정상적인 생활을 하지 못하게 한다는 점에서 그것은 하나님의 징벌 수단으로 사용되기도 한다. 즉 그의 대적들을 무력화시키는 방편으로 하나님이 잠들게 만든다는 식의 표현이 그것이다(삼상 26:12; 시 76:6; 사 29:10; 렘 51:39).

그런가 하면 잠은 일상의 안식으로 그 어떤 생의 향유적 조건들보다 선행하는 행복의 우선권이다. 그것은 하나님의 선물로서 그가 사랑하는 자들에게 제공되는데(시 127:2), 달콤한 잠의 누림 여부에 따라 평안과 번민의 길이 갈리기 때문이다(전 5:12; 단 2:1). 특히 예의 시편 구절에서 인간의 잠이 하나님의 사랑을 표상하는 중요한 통로임을 진술하면서 역시 또 다른 사랑의 공급 통로인 수고의 떡을 헛되다고 표현한 것은 잠의 신학적 의미를 살피는 데 중요한 맥점으로 보인다. 향유의 수단인 음식이 수고의 대가로 주어지는 데 비해, 잠은 아무런 수고나 대가 없이 제공되기 때문이다. 더구나 포만한 상태보다 식사의 향유가 결핍된 상태에서 현세적 삶의 질적 차이와 무관하게 그 모든 것을 망각하며 안식으로 인도한다는 점에서 잠의 향유적 기능은 독특한 것이다.

| 결절과 신생, 분열과 모험 |

잠에 대한 성서의 가장 의미심장한 인식은 창세기의 인간 창조 설화에서 탐지된다. 아담은 자신의 짝 하와를 만나기 위해 깊이 잠들게 되었고(창 2:21), 수면 중 취한 그의 갈빗대 하나가 하와라는 또 다른 생명을

빚는 재료가 된다. 가장 오래된 마취의 사례라고 볼 만한 이 이야기는 인간에게 잠이 새로운 생명의 탄생을 위한 휴지기임을 일러준다. 아담의 고백대로 "내 살 중의 살이요 내 뼈 중의 뼈"인 하와는 아담의 신체를 공유한 동질적인 타자이다. 나 자신 속의 타자가 잠을 매개로 탄생하는 이 사건은 자아의 타자적 속성을 현시하는 동시에 나 속에 머무는 수많은 다른 타자들의 잠재성을 암시해준다. 이는 산모를 부분 마취시켜 배를 갈라 태아를 꺼내는 제왕절개 수술과 부분적으로 유사하지만 동시에 이질적인 유형이다. 양자 두루 생명을 분만한다는 점이 공유되지만, 아담은 하나님이 잠들게 한 그 시간 속에서 여성성을 자신의 숨겨진 타자로 발견한 것이다.

이렇듯, 아담의 여성적 자궁인 갈빗대라는 설화적 요소는 잠이라는 또 다른 설화적 요소를 만나 새로운 생명성을 머금는다. 그 모든 절차를 주관하고 인도하는 이는 물론 창조주 하나님이다. 여기서 신적 창조 활동의 사전 준비로서의 잠은 이즈음의 마취와 마찬가지로 아담의 갈비뼈를 꺼내는 과정에서 요청된 고통 감면의 배려로 읽힐 수도 있을 것이다. 그러나 신학적 사유의 맥락에서 잠이라는 그 매개 요소는 그 이상의 의미를 띤 것으로 해석된다. 거기에는 결절과 신생, 분열과 모험이라는 새로운 자아의 도전과 의식의 진화 과정이 개입되기 때문이다. 나아가 신체적 향유와 정신적 각성의 배제라는 잠의 통상적인 위상과 그 비유적 의미의 대척점에서 신학적 변증법을 가능케 하는 또 다른 층위의 해석적 가능성이 이 지점에서 탐지된다. 레비나스가 '아이'를 통해 '타자화된 나'의 가능성을 발견한 것과[4] 유사하면서도 변이된 층위에서, 잠은 태초의 인간 아담에게서 또 다른 '타자화된 자아' 또는 '자아화된 타자'를 생성해낸다. 아담에게 이 수면과 함께 찾아온 의식의 암전은 자신의 '인간' 됨이 고독한 의식과 함께 결절되는 지점이지만 동시에 새로운 생명의 생성이 담보된 희망의 예비 조건이다. 여인의 잉태와 분만이 분별력 없는 영아의 생명을 낳지만, 아담의 잠은 자신의 창조가 완성되지 않은 것처럼 비친다는 점에서 불안감을 조성한다. 그러나 그의 불안한 잠은 하와라는 성숙한 동반자의 창조로 그 암전된 의식의 시간에 답례한다.

잠을 잔다는 것은 자리를 잡아 거기에 눕는 행위를 전제한다. 레비나스에 따르면, 이런 연유로 잠은 특정한 장소를 기반으로, 하나의 조건으로 삼아 존재를 그 장소에 제한하는 것, 곧 위치화의 일종이다. 공간의 무한성과 달리 잠의 기반으로서의 장소는 우리에게 은신처를 제공하여 암중모색을 통해 접촉의 길을 찾도록 도와준다. 이러한 존재론적 맥락에서 "잠을 통해 존재는 파괴되지 않고 중지된 채로 머문다."[5] 레비나스는 잠의 휴식을 통한 자리 잡기, 특정 공간의 장소화로 맺어진 관계 속에 의식이 도래한다고 본다. 특히 그에게 흥미로운 것은 잠을 통한 의식의 자리 잡기의 안티테제로 주체의 파괴와 자기 정립을 붕괴시키는 감정을 설정하고 있다는 점이다. 감정은 존재를 동요시키며 그 균형을 파괴할 뿐 아니라 주체의 주체성을 방해하는 역할을 하기 때문이다. 그것은 "공허함의 저 편에" 자리 잡고 있는 현기증과 같은 요소로서 의식의 카오스, 장소의 부재를 유발한다.

잠을 의식의 은신처, 장소 안으로 존재의 자리 잡기로 파악한 레비나스의 통찰은 예의 아담 이야기와 연계시켜볼 때 존재의 균열과 재생 과정에 개입하는 잠의 효능을 짐작할 수 있다. 무로부터 창조된 아담의 첫 행위는 하나님이 유도한 결과 수동적으로 떨어진 수면이었다. 그것은 각성의 결핍이나 안식의 은총과 무관한 분열 상태로의 진입이었다. 태초의 인간 아담이 보여준 존재의 양식이 고독이었는지 향유였는지 관련 자료

는 별 언급이 없다. 다만 창조주의 의중을 반영하는 차원에서 독처獨處
하는 것이 좋지 않다는 관찰만이 제시될 뿐이다. 그렇다면 '독처'로 특
징지어진 아담의 존재론적 결핍은 잠을 통해 그것의 극복을 암시받는 셈
이다. 이러한 잠의 유형은 앞서 언급한 그르니에의 사례 가운데 '치유로
서의 잠'의 유형에 가깝게 다가온다.[6] 실제로 고대 헬라의 대표적인 의
신醫神 아스클레피우스의 방문은 오직 그 당사자가 잠든 동안에 발생하
였다. 이때 치유는 구원과 동의어이며 곧 이전의 창조 상태를 극복하는
새로운 창조 행위에 다름 아니다.

그렇다면, 아담의 잠은 새로운 창조의 미래를 예비하는 모험적 시간이
기도 하다. 그의 의식이 자리 잡은 장소의 안온함이 관심의 영역에서 배
제된 상태에서 새로운 생명의 동반자로서 타자화된 자아 또는 자아화된
타자의 탄생 예감이 그 시간을 채운다. 그것은 부푼 기대와 설렘을 동반
하면서 불확실한 미래의 불안을 달래준다. 모든 모험의 시간들이 늘 그
러하듯, 아담의 잠은 모험적 기대와 함께 미래의 소망으로 암전의 공포
를 견디게 한다. 그것은 곧 결핍된 존재를 분열로써 생성시키고 모험을
통해 충일한 생명의 기대로 채워주는 사건이다. 이는 나아가 하나님이
자신의 거대한 천지만물 창조 사역을 일단락 짓고 칠일 째 쉬었다는 신
적인 안식의 모방으로서의 신학적 의미를 지닌다고 볼 수 있다.

꿈의 구조와 해석학적 미로

수면의 세계가 그런 것처럼, 꿈의 구조도 단일하지 않다. 그것은 흐릿
하게 이어지는 미로와 같다. 그 미로는 시작과 끝이 모호하며 중층적으

로 결절되어 있어 그 흐름을 논리적 사유의 대상으로 삼기조차 쉽지 않
다. 꿈의 연구와 관련하여 학계의 관심은 그동안 꿈의 기원, 재료와 출
처, 유형과 구조, 원형, 무의식적 욕망과의 상관성 등에 미치면서 다양
한 이론적 전개를 보여주었다. 그 복잡다기한 연구의 흐름은 물론 다양
한 전제와 해석의 결과일 텐데, 꿈의 해석 또한 꿈 자체만큼 미로의 연속
임을 실감할 정도로 그 축적된 내용은 방대하다. 여기서 그 방대한 연구
의 축적물을 다 헤집을 수 없고, 또 그럴 필요도 없을 터이다. 다만 그
꿈이 어떻게 신학적 의미망을 형성할 수 있는지 그 가능성의 저변을 탐
색해보는 것으로 족할 것이다. 꿈의 구조적 얼개 가운데는 분명 경험과
기억의 인자들이 꿈틀거리고, 그것을 변용·재구성하여 현세적 삶의 반
경을 넘어서려는 초월의 의욕으로 충만하다. 우리가 일상에서 꾸는 꿈들
이 어떤 내력에 터하고 어떤 경로를 거쳐 비정형적인 언어로 우리의 현
세적 욕망을 의미화하는지, 나아가 꿈의 어떤 속성들이 그 욕망의 세계
와 싸우면서 우리를 그 너머의 초월적 세계로 이끄는지 그 일련의 과정
을 살피는 것이 이 꼭지의 주된 시도이다.

| 번뇌의 자리 찾기와 인간화의 미로 |

인간의 꿈을 욕망의 실현을 위한 무의식의 작용으로 보고 이에 대한
이론적 체계를 세운 선구자는 프로이트였다. 그는 수많은 꿈 해석의 자
료를 섭렵하면서 꿈을 "억압되고 억제된 소원의 위장된 성취"라고 정의
했다.[7] 꿈의 재료로 깨어 있을 때의 경험과 그로써 각인된 기억이 동원
된다는 사실과, 그렇다고 격렬하고 극적인 생시의 자극이 곧장 꿈으로
재현되는 경우가 드물다는 사실 등에 근거하여 그는 꿈의 자극과 출처를
외적(객관적) 감각 자극, 내적(주관적) 감각, 내적(기관) 신체 자극, 순

수한 심리적 자극 등으로 분류하여 설명하기도 하였다. 나아가 꿈을 쉽게 망각하는 이유와 윤리와의 연계성에 대한 분석과 함께 그는 꿈이 경험과 기억의 자료들을 다채롭게 '압축' 하면서 '중층결정overdetermination' 의 단계를 거치거나 꿈의 대상을 상징물로 바꾸어놓는 '전이' 와 시각적 이미지로 재현하는 '표상' 의 과정을 밟아 무의식의 잠재적 꿈을 설명 가능한 의식 속의 현시적 꿈으로 드러낸다는 이론을 제출하였다. 그는 또한 그 꿈의 언어적 발화 과정에서 그 틈새를 매우는 '제2의 수정 작업' 이 요청된다고 보았다. 특히 성적 욕구의 억압으로 인한 욕망의 왜곡이 꿈에 미치는 작용에 그는 민감하였다. 그런가 하면 프로이트와 함께 정신분석의 토대를 놓은 융은 인간의 꿈속에 반복적으로 등장하는 상징적 요소들의 공통분모를 신화적 재료 분석을 통해 '원형' 이란 개념으로 정립시켰고, 그것이 개인의 폐쇄된 욕망의 차원을 넘어 종족이나 특정한 인간 집단 사이에 일종의 '집단 무의식' 으로 공유된다고 주장하였다.[8]

정신분석학이 기여한 이러한 꿈의 해석은 이미 성서에 그 원초적 근거가 마련되어 있다.

걱정이 많으면 꿈이 생기고 말이 많으면 우매한 자의 소리가 나타나느니라 (전 5:3).

꿈이 많으면 헛된 일들이 많아지고 말이 많아도 그러하니 오직 너는 하나님을 경외할지니라(전 5:7).

이 전도서의 예문에서 꿈은 깨어 있을 때의 '걱정' 을 주된 재료로 삼고 있다. 걱정과 근심은 생시의 경험과 그 기억이 높은 에너지 소모와 함께 집중되는 정서적 반응의 결절점이다. 그 많은 걱정이 바로 꿈을 꾸게 만든다는 것이다. 이러한 관찰은 곧 많은 말을 할 때 "우매한 자의 소리"가 나오는 현상과 동일한 구조로 빗대어 설명되는데, 이를테면 걱정과 말은 꿈과 우매자의 소리에 비례한다는 것이다. 인간의 말은 욕망의 높은 밀도를 반영하는 자기표현과 인정 투쟁의 매개로 그 주체를 많은 생각, 특히 근심 어린 생각으로 인도한다. 근심 어린 그 생각, 즉 번뇌는 수면 중에 꿈을 만드는데 그것이 깨어 있을 때 우매자의 소리에 비견되고 있는 것이다. 이러한 꿈의 이해는 결코 긍정적이지 않다. 여기서 사람들이 시쳇말로 '개꿈'이라고 범주화하는 꿈의 종류를 연상하기 십상이지만, 욕망의 보편성에 관한 한, 인간이 꾸는 꿈에 개의 수준과 인간의 수준이 따로 있는 것이 아니다. 그런데 이어지는 상기 진술에 따르면 근심이 낳은 꿈은 생시에도 부정적 영향을 끼쳐 헛된 일이 많아진다고 한다. 그 헛된 일이 구체적으로 무엇을 가리키는지 분명치 않지만, 이 어록의 결론이 "너는 하나님을 경외할지니라"로 끝나는 것으로 미루어 그 헛됨은 불신앙과 그로 말미암는 온갖 패역한 행태를 염두에 두고 있는 듯하다. 아울러, 여기서도 흥미롭게 생시에 부정적 작용을 하는 꿈은 많은 말, 곧 수다스런 삶의 경험이 낳는 후유증에 대비되고 있다.

위에서 예시한 두 어록은 요컨대 '근심/번뇌 → 꿈 → 헛된 일'의 패턴으로 정리되거니와, 이는 '많은 말 → 우매한 소리'의 유형과 동일 구조를 띤다고 볼 수 있다. 앞서 언급한 대로, 인간의 언어가 가장 보편적이고 역동적인 욕망의 표현이란 점에서 이를 통한 인정 욕구의 실현 시도는 제어되지 않은 채 범람하는 언사로 잦은 실수를 빚어내게 마련이다. 그러나 언어와 꿈을 통해 매개되는 욕망의 노회한 전략은 자기 교정 장치도 포함한다. 인간의 언어행위가 단순히 말을 위한 말의 놀이에 그치지 않고 그 언어적 기표의 반복 작용을 거치며 의미화해가는 과정을 밟아나가듯이, 번뇌는 번뇌를 위해 존재하지 않고 자아가 제 자리를 잡아가는 과정의 산물이다. 그 작용은 곧 새롭게 사고하는 주체로서 자아를 그 튼실한 존재론적 토대 위에 세우는 역할을 수행한다. 이 점에서 헛된 일을 양산하는 것으로 묘사된 근심과 꿈의 회로는 결국 자아의 주체 의식이 하나님을 경외하는 목적을 향해 배회하는 과정에서 나타나는 무의식의 시행착오라고 볼 수 있는 것이다.[9]

물론 그 의식과 무의식의 상호 작용 과정은 전도서의 저 짧은 어록 속에 다 내포되어 있지 않다. 프로이트와 융의 이론, 그리고 그 이후 눈부시게 발전한 정신분석학의 체계가 큰 도움이 되겠지만, 그 역시 인간의 심연에 여전히 꿈틀거리는 욕망과 번뇌의 바닥을 다 드러냈다고 할 수 없다. 마치 언어의 심연이 그렇듯, 꿈의 세계 역시 그렇게 무정형의 번뇌가 혼돈의 자체 발전 도상에서 새롭게 의식하는 주체로서 자아의 자리를 잡아가도록 긍정적으로 부정적으로 충격을 가함으로써 결국 인간화에 이바지한다고 보는 것이 합리적이다. 혼돈의 자궁에서 태어난 인간은 평생 그 혼돈의 충돌 과정에서 근심/번뇌의 생을 통과하지 않을 수 없다. 꿈을 꾸는 것은 수면 속에서도 변함없이 인간이길 포기하지 않으려는 주체의 안간힘인 셈이다. 그렇게 헛된 일과 우매한 소리의 위협을 무릅쓰면서 인간은 말을 하고 꿈을 꿈으로써 인간임을 확인하고 확인받는다. 하나님 앞에 경건해지려는 목표가 저만치 떨어져 가물거리지만, 그 목표는 궁극점에 도달하기 전 늘 아쉬운 목표로 남으면서 최종 성취가 유예된다. 그러나 그 목표를 포기하지 않도록 존재를 견인하는 것이 새로운 언어의 도전이고 꿈의 지속이다. '외로우니까 사람'이라는 한 시인의 통찰만큼, 번뇌를 재료로 여전히 꿈을 꾸고 우매함의 위험을 무릅쓰고 다시 말하기에 도전할 수 있으니 인간이라는 발견 역시 절박하지 않을 수 없다.

존 A. 샌포드는 유신론적 관점에서 융의 정신분석학을 수용하여 꿈을 하나님의 잊혀버린 언어로 조형하였다.[10] 그에 따르면 꿈의 저자는 곧 하나님이며, 하나님은 꿈의 상징적 언어를 통하여 인간의 내면에 잠재된, 그러나 평소에 인식하지 못하는 '그림자'를 볼 수 있게 도와준다는 것이다.[11] 그 그림자는 자아의 억압되고 숨겨진 부정적 측면이지만 그것과 어떻게 조화를 이루어나가느냐에 따라 더욱 성숙한 자아를 형성할 수 있는 긍정적 가치이기도 하다. 인간의 본성에 내재하는 선을 행하고자 하는 자아와 악을 행하는 그림자의 상충하는 양면성은, 가령 성서의 사례에서 가인과 아벨, 야곱과 에서, 마리아와 마르다, 형과 방탕한 아우 등의 모델로 잘 제시되어 있다. 특히, 야곱이 얍복강 가에서 홀연히 나타난 어떤 사람과 씨름을 하는 장면에서 심리학은 그 사람을 야곱 자신의 그림자로 파악한다. 삼촌 라반의 집을 떠나 강을 건너 형 에서를 만나야 하는 시점에서 그는 어떻게 다시 형과 해후해야 할지 모르는 난감한 상황이었을 것이다. 여기서 하나님의 명령에 대한 의혹과 두려움, 죄책감 등으로 근심하던 야곱의 내면 풍경을 엿볼 수 있다. 그것은 결국 자신의 그림자를 발견하고 그것과 싸워 이겨냄으로써 내면의 갈등을 극복하고 인격적인 변화를 겪었음을 암시한다. 이와 같이 성서의 많은 꿈들이 자신의 그림자를 통해 당시에 처한 현실과 싸워 이겨내는 구원의 방향 잡기 차원에서 이루어졌음을 확인할 수 있다.

샌포드는 이러한 관점에서 성서의 꿈과 관련하여 몇 가지 결론을 이끌어낸다. 첫째, 신구약성서에 나오는 꿈과 환상은 모두 하나님의 계시로 여겨졌다는 것이다. 둘째, 이러한 관점에서 성서는 인간의 무의식을 통해서 그 의식적인 마음을 변화시키려는 하나님의 노력을 담고 있다는 것이다. 셋째, 야곱의 씨름 이야기나 모세가 불붙은 떨기나무를 통해 하나님을 만난 이야기 등에서 보듯 종교 체험의 대부분은 일종의 환상이었다는 것이다. 넷째, 초대 교회에서도 이러한 성서적 꿈의 전통이 지속되어 꿈을 하나님의 자기 계시로 간주했다는 것이다. 그도 그럴 것이, 성서에서 꿈 이야기와 환상 체험의 주인공은 대체로 위기 상황에 직면해 있다가 그것의 돌파구를 꿈/환상 속에서 발견하는 공통점을 드러낸다.[12] 야곱이 부모 집을 떠나 나그네로 광야에서 잠을 청했을 때, 사다리를 주의 사자들이 오르락내리락하는 그 유명한 꿈을 꾸고 깨어나 하나님 인식의 지평을 확장하는 각성의 체험과 함께 '베델'의 기원론적 이야기를 낳은 사례는 고전적인 경우에 속한다. 또한 요셉은 꿈 때문에 고난을 겪고 꿈으로 인해 출세한 대표적인 인물이다. 그가 자신이 형제의 숭배를 받는다는 꿈을 누설함으로 이집트에 노예로 팔려갔고, 나중에 감옥에 갇힌 위태로운 상황에서 이집트 왕의 꿈을 풀어 새로운 구원사의 여정을 열어나갔기 때문이다. 이후 다니엘은 바빌론 포로로 잡혀가 느부갓네살 왕의 망각한 꿈을 상기시켜주고 또 그것을 해몽해줌으로써 명성을 떨친 바 있다. 그것이 단순히 영험한 개인적 능력의 시위가 아니라 하나님이 장차 그 제국의 권세를 파하고 새로운 구원의 역사를 선도해나가시리라는 계시의 표현이었음은 두말할 나위 없다.

이와 같은 꿈의 해석은 꿈이 초월적인 신성의 현현 매개라는 신학적 전제를 깔고 있다. 프로이트는 이러한 고대적인 꿈의 해석을 잘 알고 있었지만, 그 사실성과 진정성을 수긍하지 않았다. 외려 그의 암시는 인간이 신 앞에서 느끼는 두려움과 죄책감이 억압된 리비도의 변형된 형태라는 쪽이다. 그러나 그럼에도 불구하고 꿈이 예언적 계시의 역할을 수행하는 사례는 성서뿐 아니라 오늘날에도 여전히 탐지되는 신기한 경험이다. 가령, 베드로가 환상 가운데 유대인이 그 음식규례에 따라 먹지 말아야 할 것들을 보고 또 그것을 거룩하게 하였다는 하늘의 음성을 듣게 된 것을 계기로 새롭게 변화한 기록이나(행 11:5ff), 바울이 아시아 쪽 선교 여행을 계획하고 있던 차에 환상 가운데 마게도냐 사람 하나가 도움을 요청하는 것을 보고 진로를 틀어 그쪽으로 건너감으로써 선교의 방향이 바뀐 것(행 16:9-10)을 마냥 문학적인 모티프의 차용이나 편집의 결과로 치부하기 곤란한 측면이 있다. 바울이 그 환상을 보고 마게도냐로 가기로 한 결단과 관련하여 "이는 하나님이 저 사람들에게 복음을 전하라고 우리를 부르신 줄로 인정함이러라"(행 16:10)고 논평한 것을 보면 그 환상의 내용을 하나님의 계시적 표현으로 받아들였음을 알 수 있다.[13] 이는 나아가 사도행전 전체의 신학적 기조를 제시한 오순절 사건에서 성령의 강림을 꿈과 환상의 경험에 잇대어 설명한 데서도 여실히 확인되는 바이다.[14] "하나님이 말씀하시기를 말세에 내가 내 영을 모든 육체에 부어 주리니 너희의 자녀들은 예언할 것이요 너희의 젊은이들은 환상을 보고 너희의 늙은이들은 꿈을 꾸리라"(행 2:17).[15]

근심이나 빈뇌를 매개로 주체가 자리를 찾아나가는 과정에서 꿈이 인간화에 기여하듯이, 초월적 타자의 계시를 인정하는 차원에서 꿈은 인간 실존의 미로를 과격하게 해체하고 역동적으로 재구성하는 데 기여한다. 그것은 일상 가운데 인습화된 자아의 방향을 전혀 예기치 못한 방향으로 틀고 그 길에 들어선 자의 환도뼈를 쳐서 절뚝거리게 만들거나 심지어 노예로 팔리는 고통스런 역정을 선도한다는 점에서 고전적 개념의 '스캔들'이라 할 수 있다. 혹은 모세의 경우처럼 괴로운 과거를 잊고 평온

한 목자의 일상 가운데 버거운 출애굽의 소명을 받는 식으로 생의 미로
는 꿈과 환상을 매개로 굴절되며 어긋난다. 그러나 그것은 결국 하나님
의 구원사가 전개되는 과정에서 그의 백성들과 함께 언약을 맺고 그 언
약의 진로에 따라 지도자를 선발하기 위한 신적 에너지의 역동화 방식으
로 나타난다. 마치 태풍이 격렬한 방식으로 수많은 생명의 희생과 일상
적 질서의 전복을 무릅쓰면서 천지불인의 섭리적 이치를 구현하듯, 특정
한 계통의 꿈에서 연유한 삶의 기미는 초월적 각성의 지평으로 확대되면
서 역사의 동선을 향도하는 작업에 기여하는 것이다. 이러한 스캔들의
전복성을 동반하면서 계시적 경험으로서 늙은이의 꿈과 젊은이의 환상
은 하나님의 영이 변화의 말을 거는 방식으로 그 에너지를 집중하여 작
업한다. 그 와중에 모든 가능한 삶의 미로는 개연적인 방향으로 수렴되
며 나아가 단 하나의 적확한 실재로 유도된다. 무정형의 관념적 무의식
이 꿈과 환상의 메시지를 통해 구체적 동력을 확보함으로써 비로소 하나
의 초점을 낳게 되는 셈이다.

불면의 도발적 틈새와 변혁의 희망

비록 드물지라도 누구에게나 까만 밤을 까만 눈동자로 응시하며 애태
우는 시간이 있다. 그런가 하면 까마득한 고독의 압력에 치여 한없이 존
재의 바닥으로 침전하던 시절도 있었으리라. 그때마다 그 불면의 한복판
으로 불안한 명상의 시간들이 흘러가는 것을 느낀다. 이루지 못한 간절
한 욕망의 날갯죽지를 파닥이며 전전반측 뒤척이다 안고 일어서기를 반
복하던 근심의 동선들이 왜 없었겠는가. 불면의 시간 가운데 또한 불확

실한 내일의 도래를 수상하게 지켜보려 시퍼런 새벽의 거리로 고개를 내밀며 회복기의 환자처럼 파리한 낯빛으로 두리번거리던 우리네 슬픈 자화상이 떠오르기도 할 터이다.

| 고통스런 존재의 틈새와 주체의 몸부림 |

잠 못 이루는 밤의 시간들은 그 기억의 각질을 뚫고 현재진행형의 의식 속에 현전한다. 일상적 삶의 모서리로 틈입하는 피로와 수면의 뒤편에 거의 불가항력적으로 예기치 못하는 순간이 명멸한다. 고뇌와 불안이 깊을수록 그 가운데 말똥말똥한 의식으로 불면의 시간도 무성한 편이다. 마침내 수면의 나락을 딛고 우리의 존재가 새롭게 태어나기까지 이처럼 불면은 그 위치를 조율하면서 새로이 자리 잡게 하는 무던한 작업을 수행한다. 물론 하루의 생체 에너지가 휴면에 들 만큼 충분히 소진되지 않아서 저절로 깨어 있는 의식의 불면도 있다. 그러나 밤이라는 공허한 시간에 쟁쟁거리는 소음이 정신을 깨어 있게 하고, 그 깨어 있음으로 무엇인가를 억누르고자 할 때, 불면은 정신의 고통이고 존재의 부정이다. 카페인의 지나친 섭취로 인한 생리적인 결과든, 근심과 번뇌의 민감한 의식화로 인한 신경과민 탓이든, 불면은 우리 생의 징후적인 현상이다. 근심은 잠 속에 꿈을 만들기도 하지만, 그것의 과잉 의식화는 아예 잠으로 진입하는 의식의 안녕을 방해한다. 그리하여 '주의attention' 가 대상을 향하고 있는 것과 달리 불면은 전혀 그 대상이 없는 무에 대한 익명적인 경험이다. 이러한 통찰에 근거하여 레비나스는 불면을 "침입해 들어오는, 피할 수 없는, 존재의 익명적 소음"으로 정의하였다.[16] 잠들어야 한다는 강박을 무시하고 잠들고 싶은 욕망을 억누르며 눈을 떠 있게 하는 불면의 상태는, 주체가 결여된 채, 부재의 공허 속으로 회귀할 뿐이다. 그 회귀는 어떤 것의 회귀가 아니라 현전 자체의 회귀로서, 레비나스는 그 상태를 일러 "부정의 한복판에서 있음의 깨어남"이라 표현했다.[17] 물론 이역시 꿈과 마찬가지로 주체의 자리 잡기를 통해서만 정지될 수 있다. 이와 같은 불면의 형이상학적 의의와 관련하여 레비나스는 "우리는 불면 속에서 비인격화하여 이 존재에 다다른다. 이 존재는 사라지지 않고, 속지 않으며, 망각되지 않는다"고 존재론적 맥락에서 '의식'의 깨어 있음을 규정한다.

불면의 대표적 이미지는 뜬 채로 깨어 있는 눈이다. 그 눈은 예수의 표현대로 '몸의 등불'이다. 이어지는 그의 어록은 그 눈이 신체적으로 건강하거나 또는 윤리적으로 건전한 경우와 그렇지 못한 경우를 대별한다. 그 각각의 경우에 따라 온 몸이 밝을 수도 있고 어둘 수도 있다는 것이다. 산상수훈의 이 어록은 눈을 매개로 한 인간의 신체적 작용과 외부의 빛이 상호 작용하여 시각 기능을 만들어내는 것과 관련된 고대 수준의 과학적 추론을 그 밑바닥에 깔고 있다. 그런데 여기서 충격적인 것은 예수가 이 어록을 마무리하면서 미완성의 어조로 "네 안에 있는 그 빛이 온통 어둠일 뿐이라면…!"(마 6:23)이라고 탄식하고 있다는 점이다. 외부의 빛이 눈동자를 투과하여 내면의 빛으로 자리한 것인지, 아니면 인간의 창조와 함께 그 내부에 잠재된 자생적 빛이 본래 있었다는 것인지 그모든 인식론의 배경을 독자는 알 수 없다. 그러나 분명한 사실은 그토록 확실하게 붙잡아온 내면의 빛이 온통 어둠일 수 있는 전복적 가능성을 여기서 인정하고 있다는 점이다.[18] 그 빛의 현실태를 영성이라 볼 수도 있고 신앙적 진리로 구체화할 수도 있다.

어떤 식으로 취하든 여기서 빛과 어둠의 역전과 교차의 순간 우리는 불면이 왜 고통 어린 존재를 태반으로 한 주체의 몸부림인지 암시받는

다. 요컨대 신앙과 인식의 주체는 맥락 없이 선결되어 있지 않다는 것이
다. 이를테면 확고한 진리로 받들어온 빛의 세계조차 기실 온통 어둠일
전복적 가능성에 사유의 촉수를 들이대고 질문하고 검증하는 의식과 함
께 깨어 있게 하는 것이 바로 신학적 메타포로서 불면의 비평적 의미라
볼 수 있다. 나는 이와 같은 불면과 함께 존재가 부정의 한가운데서 깨어
나는 민감한 의식을 생의 비의에 눈뜨거나 윤리적 결단을 추동하는 '도
발적 틈새'라는 개념으로 규정하고자 한다. 그것은 의식과 무의식의 거
리가 최대한 좁혀지면서 잠의 욕망을 꿈의 희망과 함께 접고 모두가 잠
든 시각에 망각된 고통의 현장을 되살려 모종의 의욕을 잉태하려는 작용
이다. 그 의욕은 욕망의 날개들이 탈진하거나 숙진 곳에서 새로운 변혁
을 꿈꾸려는 예비적 동기를 내포하고 있다.

| 깨어 있음의 우발성과 의도성 |

우리는 예기치 않은 순간 그 이유를 정당화하지 못하면서 대책 없이
깨어 있곤 한다. 그 가운데 불면이 때로 역사의 흐름을 뒤바꾸어놓은 사
건도 있거니와, 아하수에로 왕 치세 기간 중 발생한 어느 우발적인 불면
의 밤이 그 대표적인 사례이다. 그는 어느 날 밤 잠이 오지 않아 역대일
기를 읽다가 자신을 살해하려는 음모를 고변하여 구해준 모르도개의 공
적이 제대로 포상되었는지 여부를 확인하고 싶어진다(에 6:1ff). 그것이
계기가 되어 유대인을 몰살하려는 하만의 음모가 폭로되고 모르도개와
에스더 등의 활약으로 유대인 공동체는 극적인 위기에서 획기적인 변화
를 경험하게 된다. 부림절의 기원을 제공하기도 한 이 에스더서의 역사
적 사건은 치밀하게 기획된 음모가 어떻게 우발적인 불면을 계기로 폭로
되고 역사의 물꼬를 돌리게 되는지 보여줌으로써 불면의 미시적 계기로

써 포착되는 삶의 우발성을 간접적으로 현시한다.[19] 우리는 아하수에로 왕의 불면과 관련하여 어떤 합리적인 배경 설명도 확보하지 못하고 있다. 하지만, 잠 못 이루는 밤의 야간 독서가 어떤 생의 비의적 기미를 향해 발견의 징조를 제공하는 사례는 문헌과 실제 경험 가운데 심심찮게 확인된다. 그것은 역사라는 커다란 흐름에 관여하는 하나님의 섭리적 동인을 형성한다는 점에서 또한 신학적 징후이기도 하다.

그런가 하면 졸리는 눈을 억지로 부릅뜨고 깨어 있으려는 의도적 불면의 계통도 있다. 이것을 구약성서의 예언서는 '파수꾼'의 이미지로 조형한 바 있다. 특히, 이사야는 자의적 결단으로서 불면의 모티프를 역사적 위기 속에서 주야를 경성하며 그 위기를 경고하는 파수꾼의 이미지로 변용하여 보여준다. 이를테면, "파수꾼이 사자 같이 부르짖기를 주여 내가 낮에 늘 망대에 서 있었고 밤이 새도록 파수하는 곳에 있었"(사 21:8)다는 것이다. 나아가 두마에 관한 경고에서 묵시록적 어조로 간결하게 제시된 파수꾼을 향한 간절한 탐문과 그 파수꾼의 답변을 보라.

사람이 세일에서 나를 부르되, 파수꾼이여 밤이 어떻게 되었느냐? 파수꾼이여 밤이 어떻게 되었느냐? 파수꾼이 이르되 아침이 오나니 밤도 오리라. 네가 물으려거든 물으라. 너희는 돌아올지니라 하더라(사 21:11-12).

깨어 있는 자에게 불면의 밤은 견디기 어렵지만, 그 밤이 한시적이라는 점이 위안이 된다. 그 밤은 아침과 함께 교대로 하루의 시간을 이어가는 창조의 질서이다. 아침이 희망의 시간을 표상한다면 밤은 견뎌야 할 고난의 시간을 암시한다. 마치 인생과 역사의 여정이 오르막길과 내리막길의 연속으로 점철되듯, 두마의 역사적 진로 역시 그러한 틀에서 자유롭지 못할 것이다. 그들에게 중요한 것은, "너희는 돌아올지니라"는 담백한 명령이 시사하듯, 그러한 환경적 요인과 무관하게 제 삶의 주체로 회귀하여 변화된 새로운 삶의 도상에 서는 것이다.[20] 그 회귀를 신학적 개념으로 바꾸면 회개가 될 터인데, 이는 성서를 통틀어 반복되는 신앙적 동선이며 그 동선의 극적인 변곡점을 이루는 자기 변혁의 자각에 다름 아니다. 마치 한 시인이 불면 가운데 "문득 내가 잘못 살고 있다는 느낌"으로 찬물 한 바가지를 뒤집어쓰고, 잃어버린 잠을 누가 대신 잔다는 역발상으로 "남의 잠은 잠의 평화"라고 뇌까렸듯이,[21] 불면은 온전한 주체가 자리 잡아 가는 과정에서 의식의 자기 교정을 가능케 하는 '도발적 틈새'로 기능할 수 있는 것이다.

대상이 부재하는 밤이라는 익명적 부정성 가운데 없는 주체가 의식의 각성과 함께 그 자리를 잡아가는 과정에서 도발적 틈새로 끼어드는 불면의 존재론적 의미를 레비나스와 함께 수긍한다면, 그 대척점에서 우리는 겟세마네의 예수와 함께 대상이 뚜렷한 의도적 불면이 어떤 신학적 함의를 띠는지 주목할 필요가 있을 것이다. 그것은 아하수에로 왕이 경험한 불면의 우발적 계기를 최대한 멀리 제쳐둔 상태에서 삶과 죽음의 기로를 가르는 현실의 내면화 과정에 복무하는 의도적 불면의 세계이다. 겟세마네에서 예수가 강조한 '깨어 있음'은 그가 다른 곳에서도 언급한 기도의 무장과 연관된다.[22] 특히 겟세마네에서 기도는 영적 싸움의 연장으로 하나님의 뜻에 길항하는 자신의 인간적 뜻을 대상으로 그 틈새에서 도발적으로 작용한다(막 14:34, 37). 예수의 불면에 대립되는 제자들의 수면은 결코 권장할 만한 안식의 시간이 못된다. 그렇다고 그것이 그들에게 주체의 자리 잡기를 가능케 하는 창조적 장소성을 각인시키지도 못한다. 차라리 제자들의 수면은 주체의 상실이고 각성의 부재로서 예수의 불면을 최대한 소외시키는 기능을 담당한다.

반면 예수의 의도적 불면은 코앞에 닥친 생명의 위협과 맞서서 초월자 아버지 하나님 앞에 호소하는 형식으로 생사의 운명을 가르는 확신과 결단의 칼날을 제공한다. 그는 그 불면의 신학적 장소화에 이르기까지 두려움과 고뇌, 지독한 슬픔(근심)의 정서를 온몸으로 겪어낸다. 수많은 군중들은 떨어져나간 지 오래고, 열두 제자 중에 특히 친애한 제자 세 명도 깨어 있음의 연대에 동참하지 못한 채 예수는 오로지 홀로 고독한 기도 싸움 가운데 깨어 있어야 했다. 그 싸움의 귀결은 "이제 되었다"(막 14:41)라는 선언으로 마무리되고 '아버지의 뜻' 대로 갈 갈을 가게 되었다. 그러나 이 모든 위태로운 밤의 시간 속에 예수는 끝까지 깨어 있는 의식으로 자신의 삶을 내면화하고 자신의 죽음을 현실화할 수 있었다. 바로 이 사실은 불면이 '대상 없는 익명의 소음'과 다른 차원에서 그 확연한 대상을 향한 침묵의 스캔들이 될 수 있는 가능성을 노정한다. 예수는 그 가능성의 극점에서 자신의 깨어 있는 몸짓과 첨예한 의식으로 삶의 마지막 희망을 타진하며 죽음을 통한 극적인 자기 변혁을 기획했다고 볼 수 있다. 이와 같이 삶과 죽음의 틈새에서, 그리고 웅성거리는 익명적 소음으로 들끓는 나의 뜻과 침묵 가운데 메아리치는 하나님의 뜻 사이에서 불면이 도발적으로 부재를 현존으로 바꾸는 변혁의 동기로 작용한 것이다.

삶과 죽음, 영원의 일상적 연습

잠과 꿈, 불면은 모두 동일한 꼭짓점에서 만나며 신학적 주제로서 일관성을 드러낸다. 거기에는 일상적 삶의 리듬에 단절을 가하는 속성이 달라붙어 있다. 그 단절은 상당한 경우 전복의 효과를 동반하며, 때로 도발적인 발견과 함께 생의 도약을 가능케 한다. 잠과 함께 인간은 죽음의 미래를 연습한다. 누워서 잠자는 동작 속에는 죽음의 포즈를 모사하는 측면이 있다. 의식의 단절과 함께 각성의 부재가 잠과 함께 찾아오지만, 그것은 신체의 자기 보충 기능을 통해 안식과 회복을 선사하는 신적 은총의 결과이기도 하다. 하나님이 사랑하는 자에게 잠을 준다는 통찰의 일단이 이 지점에 걸쳐 있거니와, 그 사랑의 전일성을 의지하여 누구든지 잠들 권리를 누릴 수 있다. 또한 잠과 함께 존재는 파괴를 유예시키며 다만 일시적으로 중지될 뿐이다. 그 결절의 지점은 잠과 함께 신생의 내일을 꿈꾸며 생명을 보양하는 역할을 수행하기도 한다. 따라서 천지만물을 엿새 만에 창조한 연후 하나님이 안식하셨다는 성서의 말씀은 잠의 신학적 의미를 정당화한다. 즉 날이 날에게 말하고 밤이 밤에게 전갈하는 방식대로 수면은 인간을 비롯한 뭇 생명체에게 전수한 신적인 안식의 성육화인 셈이다.

 백일몽도 있고, 멀쩡한 생시 속의 환상도 있지만, 무릇 꿈은 잠 가운데 유난히 당당하다. 무의식의 발견 이래 꿈은 의식과 무의식을 소통시키는 매개적 점이지대로 숱한 이론적 환대를 받아왔다. 마치 말의 발화작용처럼 많은 근심과 번뇌가 빌미가 되어 꾸게 되는 각종 꿈들은 거기에 소모되는 에너지에 비례하여 일탈적 오류를 양산하거니와, 구약성서의 지혜어록은 그것을 '헛된 일'로 치부하였다. 온전한 영혼의 질서 가운데 하나님을 경외하는 일에 장애가 된다고 여긴 탓이었을 것이다. 그러나 그 와중에서 번뇌는 무의식의 토대 위에서 의식이 제자리를 잡아가도록 추동하며 결국 생명의 총체적 인간화에 기여하는 것으로 판단된다.

다른 한편으로 꿈은 초월적 계시의 매개로 작용한다. 신구약성서에서 풍성한 꿈과 환상의 사례는 굳이 원시적 신화나 고대적 세계 인식의 제반 환경에 국한되지 않는다. 그것은 인간의 일상적 동선과 인습적 패턴 속에 균열을 내면서 하나님의 구원사 전개 방향을 선도하며 신적 에너지를 역동화시키는 역할을 수행한다. 그리하여 꿈의 작은 입자와 그 계시적 메시지가 하나의 미미한 기미와 우발적 징조로 작용하여 어떻게 하나님의 거대한 우주적 구원 드라마에 접속되는지 우리는 예나 지금이나 이를 변함없는 실재로 재발견하게 된다.

일상과 분발의 변증법적 상관관계는 불면의 신학적 의미에서도 탐지된다. 일상의 우발적인 틈새로 찾아드는 불면은 유한한 존재가 그 순치된 일상의 욕망에 길항하면서 잘못 살고 있다는 성찰을 견인하는 매개가 된다. 그런가 하면 자발적이고 의도적인 불면은 모든 잠든 생명의 잠을 지키는 파수꾼의 경성함처럼 예언자적 모티프로도 해석될 수 있다. 따라서 하나의 탈욕망적 징후로서 불면은 방황하는 존재가 불멸의 하나님께 돌아옴으로써 불멸하는 영원의 가치를 지향하는 회귀와 회복의 신학적 메시지를 내장하고 있다. 이와 더불어, 아하수에로 왕의 불면이 시사하듯, 특정한 인물에게 특정한 순간에 찾아오는 우발적인 불면은 아주 드물게 역사의 방향을 확끈하게 뒤집으면서 불의를 교정하는 계기로 작동하기도 한다. 불면의 징후가 결국 운명적인 것은, 잠과 꿈의 세계와 마찬가지로, 죽음 앞에 놓인 존재가 그 최후의 존재성을 의식하면서 끝까지 자신의 감각 속에 깨어 있음으로 이로써 자신의 살아 있음을 증빙하고자 하는 결기 어린 의욕을 생성하기 때문이다. 겟세마네의 고뇌하는 예수가 비록 구원사의 휘장을 걸치고 있지만 결국 자신의 마지막 삶의 순간들을 유의미한 사건으로 내면화하는 과정에서 그 불면의 시간들을 기도 싸움으로 육화하였음은 이미 살핀 바와 같다. 이렇듯, 때로 죽음을 예민하게 의식하는 잠 못 이루는 불면의 밤은 깨어 있는 의식으로 죽음의 무의식에 저항하면서 존재의 불멸성을 실험하며 종말론적 영원을 모색하는 획기적인 자아 갱신의 묘처가 된다. 꿈과 잠의 경우가 그렇듯, 그것은 결국 경험 이전의 선험적 전제이고 기껏해야 순간적인 연습에 불과할 테지만, 삶이란 궁극적인 관심과 보편적인 목표를 향해 질주하는 이런 연습의 반복과 지속 아니고 또 무엇이겠는가.

식사와 치유, 혹은
'마지막 욕망'에 대한 성찰

끝까지 가는 욕망의 스캔들

이즈음 지식 사회의 담론 가운데 인간을 논할 때 빠짐없이 등장하는 것이 욕망론이다. 인간이 욕망의 존재라는 지당한 이 언술이 인간의 감추어진 신비를 새롭게 발견이라도 한 것인 양 호들갑을 떠는 것은 그만큼 그동안의 인간 역사 가운데 욕망이 억압되거나 은폐되어온 사정과 무관치 않다. 물론 욕망을 간단명료하게 정의하기가 쉽지 않고, 한 시인이 '밑 빠진 허구렁'이라고 표현한 은유처럼,[1] 그 심연의 끝을 헤아리기란 아득하기만 하다. 또 인간이 욕망만의 존재인 것 같지도 않은 마당에 이 담론의 지형은 이제 그 내면의 정황을 찬찬히 살피면서 가지런히 정돈되어야 할 시점에 다다른 것 같다. 일각에서 ‘욕망desir’을 개인의 일차원적 ‘욕구besoin’와 분류하여 그 대사회적 속성을 강조하기도 한다.[2] 그런가 하면 욕망을 단순히 ‘본능’의 차원에서 다루다 보면 그 반대편에 ‘의지’ 라는 개념을 설정할 수 있기에 욕망 지향적 존재로서 인간의 실존을 과잉 부각시킬 수 있다. 그럴 경우 그 논의의 범주는 무의식의 정신분석학과 동물 생태론의 차원을 맴돌 수밖에 없을 터이다. 그러나 그 ‘의지’라는 것도 ‘의욕’을 매개로 욕망과 통하는 것이기에[3] ‘도덕’이나 ‘윤리’와 결속되는 인간의 의지 역시 한 공동체의 건강한 생존과 공공복리의 최대 공약수를 지향하는 공리주의적 집단 욕망의 발현으로 규정할 수 있다.

이처럼 욕망의 경험적 세계와 그 담론의 지형이 복잡한 현실에도 불구하고 태어나서부터 죽기 전까지 생명의 일상적 보루로 현전하는 욕망으로 식욕과 건강한 신체적 향유의 욕망을 앞세우는 것은 무리가 아니다. 일찍이 구약성서 전도서 기자가 먹고 마시는 것이 인생의 최대 분복이라고 말했을 때[4] 그것은 단순히 동물적 본능의 차원에 국한된 ‘욕구’만을 염두에 둔 것이 아니었다. 일찍이 동서양의 문화 가운데 음식과 식사가 양식화되어온 내력이 확연한 고로, 홀로 짐승처럼 게걸스레 먹는 예외를 벗어난다면 식사의 욕망은 이미 사회적 삶의 자리에서 오래, 그리고 깊이 문화의 옷을 입어온 것이다.[5] 심지어 그 문화의 옷이 얇아지고 생존의 위태로운 끝자리에서 인간이 마지막으로 희구하는 마지막 식사의 욕구조차 그 즉발적인 동물성의 이면을 헤집어보면 마지막 존재의 순간까지 그 생명을 감각적으로 향유하고자 하는 인간의 오래 묵은 사회적 욕망이 발현된 증거라 할 수 있다. 이는 뒤집어보면 육체적 존재로서 인간이 건강한 생존을 갈구하면서 제 존재의 의미를 시시각각 자각하려는 자연스런 신체적 욕망과 무관치 않다. 식사의 행위가 문화적 양식화를 경유하여 제 존재의 향유에 이바지하는 이러한 방식은 먹음의 개인적 목표가 결국 감각의 주체로서 제 신체의 온전한 작동을 점검하여 확인하는 과정과 맞물려 있음을 시사한다.[6]

식사가 단순히 동물적 식욕의 게걸스런 충족에 그친다면 그것은 문화적 존재로서 인간에게 수치스런 걸림돌이다. 병든 몸의 치유가 더 탐욕스런 억압과 지배의 힘을 휘두르는 데 목표를 둘 때 그 역시 연약한 생명의 생존을 가로막는 장애물일 뿐이다. 그 수치의 스캔들은 인간이 동물 이상일 수 있는 가능성을 묻는 인간의 문화적 삶을 본능적 동물의 차원으로 구차하게 전락시킨다. 그러나 죽기까지 간절하게 인간의 생명에 달라붙어 존재의 의미를 되새기게 만드는 그 집요한 생명에의 의지는 곧 문화적 욕망에 다름 아니다. 따라서 그 부정적 스캔들의 전복성은 곧 정신문화적 가치기준 일변도로 파악해온 종교적 인간상의 물질적 기반을 파헤치고, 영성과 물성이 인간의 깊은 욕망 속에 교호하는 방식을 보여주는 창조적 관점을 낳을 수 있다. 이 글에서는 이러한 인간의 존재 방식과 향유 방식이 만나는 욕망의 극한점으로서 식사와 치유의 문화신학적 의미를 탐색하고자 한다. 특히 인간의 마지막 식사 행위와 건강한 신체를 향유하려는 몸부림 가운데 욕망을 순화시키는 신학적 기능이 담겨 있다면 그 실체가 무엇이며 그것의 문화사적 의미가 어떻게 드러나는지, 인간의 마지막 욕망을 매개로 펼쳐지는 스캔들의 이중성을 폭넓게 탐구함으로써 신학적 인간학의 문화사적 지평을 확대시키려는 데 이 글의 주안점이 있다.

마지막 식사의 욕망

| 먹고 마심의 끝자리 |

식사의 집요한 욕망은 음식과 식사의 광활한 역사를 통해 대변된다. 문명의 개화 이래 인류는 먹기 위해 사냥을 했고 먹고살기 위해 농사를 지었다. 신체적 생존을 지속시키기 위해 음식을 저장하고 관리하는 법을 개발하였고, 그 생존의 근거를 체계화하기 위해 재화를 축적하여 식량의 재생산 기반을 구축하였다. 그러나 그 생존의 기틀이 확립되면서 식사 도구의 발견과 함께 인간의 식사는 그 욕망을 포장하면서 공동체의 문화적 규범 아래 양식화하는 경로를 밟아간 것도 사실이다. 인간은 먹어야 하는 동물이면서 문화의 이름으로 동물 이상이길 추구하였기 때문이다. 이를 위한 식량 조달이 확보되면서 '오늘의 일용할 양식'을 넘어 '내일의 양식'까지 보장되는 기틀이 그러한 이상을 실현 가능한 현실로 뒷받침해주었다.

성서를 해석의 단층으로 개입시켜보자면 창세기의 초입에 나오는 에덴의 이야기부터 먹는 것에 대한 범상치 않은 배려를 보여준다. 에덴이라는 안온한 생태적 주거공간이 확보된 연후 인간의 삶에 대한 구체적 관심은 먹을거리에서 나타났다. 온갖 채소와 과일이 천연의 채취 방식으로 이른바 채집경제의 기본 골격을 이루었던 것이다. 아울러, 아담과 하와의 불순종과 타락을 야기한 매개 역시 선악과를 '먹는' 행위였으니 그 먹음직한 대상을 향한 잉여 식사의 욕망과 함께 꼬여간 인류사의 내력을 미루어 짐작할 만하다. 이후 실낙원이라는 충격적인 생존 여건의 변화에도 불구하고 변함없이 관심의 대상으로 나타난 것은 가시덤불과 엉겅퀴를 내는 척박한 땅에서 땀을 흘리면서 자신의 식량을 생산해야 하는 고

단한 노동의 현실이었다.[7]

노아의 홍수 이후 창세기의 이야기는 "모든 산 동물은 너희의 먹을 것이 될지라"(창 9:3)는 선언과 함께, 피째 먹지 말라는 전제조건 아래 먹을거리의 범위가 확대되는 국면의 전환을 보여준다. 아브라함의 소명과 함께 이어지는 큰 민족의 꿈은 이스라엘이라는 민족의 형성과 함께 이루어져나갔다. 출애굽 사건은 그 민족 형성의 또 다른 역사적 계기가 되어 마침내 율법을 받아 그 민족적 종교적 정체성의 규범적 틀을 마련하기에 이르렀다. 그 율법공동체로서 이스라엘 백성들의 삶은 다양한 절기와 축제를 통해 공동체의 식사라는 제의적 관례 가운데 음식과 식사의 양식화 과정을 거치면서 식사의 욕망을 야훼 하나님 앞에서의 신앙적 행위로 순치시켜나갔다. 거기에는 제의적 정결 예법에 따라 음식에 대한 향유적 가치보다 엄격한 금기의 요구가 강화되어 먹을 수 있는 것과 먹을 수 없는 것 사이의 경계가 분명히 제시되기도 하였다.[8] 이와 같은 제의적 법규를 통해 인간의 식욕은 제도적 관리의 대상이 되었고 그 과정에서 절제와 승화의 가치 체계를 확보한 것으로 보인다.

제의적 기틀 위에 성립한 이러한 식사공동체는 그러나 하나의 이상적 원형이었지 역사 속의 실체로 좀처럼 파악되지 않는다. 그 이후의 역사 속에는 잡다한 식사의 풍경이 포착된다. 그 풍경은 정제된 공동체의 식사보다 일단 먹고살기 위한 식욕의 성급한 충족, 그러니까 생존의 동물적 본능과 풍족하게 많이, 꾸준히 먹고자 하는 인간의 악다구니가 엿보인다. 거기에는 식량을 따라 이민과 역이민을 반복한 나오미 가족의 여정과 식량이 넉넉히 확보된 보아스와의 새로운 인연으로 일신의 순탄한 미래를 보장받은 룻의 빠듯한 현실이 포착된다. 그런가 하면 요나단의 절름발이 아들 므비보셋을 자신의 식탁에 함께하도록 받아들임으로써

한 생명을 음식으로 거두면서 정치적인 선전 효과까지 얻은 다윗의 선행도 지나간다. 이 다윗은 자신과 부하에게 음식으로 후하게 공궤한 미련한 남자의 현명한 부인을 제 아내로 삼은 적이 있고 제사장만이 먹는 음식을 먹음으로써 음식의 구별보다 사람의 생명이 중함을 몸소 실천한 에피소드를 남기기도 했다. 신약 시대로 내려오면 예수가 '먹보요 술꾼의 친구'라는 오명을 감수하면서까지 감행한 다양한 형태의 식탁 교제와 초기 그리스도교의 성찬 및 애찬 활동이 조망된다.

그 먹고 마심의 끝자리는 당혹스럽게도, 그러나 어찌 보면 지당하게도 먹고 마시는 일로 채워진다. 세리와 죄인들과 더불어 먹고, 풀밭 위에서 굶주린 군중들 앞에 천연의 식탁을 차린 주인공은 예수였다. 그는 이러한 식사의 일상적 나눔으로 그의 하나님 나라 운동 한가운데서 나름의 평등한 구원공동체를 체현했다.[9] 그의 일상 사역은 마침내 삶의 종착역에 다다라서 마지막으로 제자들과 떡과 포도주를 나누며 이별을 선언한다. 그 음식은 곧 예수의 몸과 피로 치환되어 식사와 함께 결속을 다지고 마지막 유언도 앞으로 갱신될 먹고 마시는 일과 연계된다. "진실로 너희에게 이르노니 내가 포도나무에서 난 것을 하나님 나라에서 새 것으로 마시는 날까지 다시 마시지 아니하리라 하시니라"(막 14:25). 이는 하나님 나라의 온전한 실현을 염두에 둔 예언적 선언으로 장차 제자들과 나누게 될 '메시아의 향연messianic banquet'을 염두에 둔 표현으로 읽힌다.[10] 실제로 이사야의 대표적 예언대로 하나님의 나라가 시온에서 이루어지는 날 야훼 하나님이 기름진 음식을 그 백성들에게 배설하리라는 메시아 잔치의 전승이 그들의 신학적 상상력 가운데 면면이 이어져왔다. "만군의 여호와께서 이 산에서 만민을 위하여 기름진 것과 오래 저장하였던 포도주로 연회를 베푸시리니 곧 골수가 가득한 기름진 것과 오래 저장하였던 맑은 포도주로 하실 것이며 또 이 산에서 모든 민족의 얼굴을 가린 가리개와 열방 위에 덮인 덮개를 제하시며 사망을 영원히 멸하실 것이라. 주 여호와께서 모든 얼굴에서 눈물을 씻기시며 자기 백성의 수치를 온 천하에서 제하시리라. 여호와께서 이같이 말씀하셨느니라"(사 25:6-8). 예수의 지상 사역에서 이 잔치는 미완성의 예표로서만 남았던 것으로 평가된다. 그의 마지막 만찬 메뉴에 포도주는 있었지만 '골수가 가득한 기름진 것'은 포함되어 있지 않았다. 그 대신 유월절의 대표적 음식으로 예수가 떼어 제자들과 나눠먹은 무교병이 배설되었던 것 같다. 그렇다고 유월절의 전통적인 메뉴인 양고기나 쓴 나물 등이 차려져 있었다는 증거도 탐지되지 않는다. 후대의 신학적 관점을 투사하면 유월절 어린양의 메뉴는 앞으로 대속 제물로 바쳐질 예수 그리스도의 존재 자체로 대체될 수 있다. 그러나 그가 자신의 몸을 '떡'으로 표상한 것으로 보아 그의 식사규례는 레위기의 음식 금기와 노아 홍수 이후의 육식 허용 전례를 거슬러 에덴의 식물성 전통에 잇닿아 있음이 분명하다.

이사야에서 예고된 메시아의 연회는 나아가 죽음을 극복하고 슬픔과 수치를 제거하는 비전으로 투사된다. 이는 먹을거리로 인해 유발되는 온갖 구차한 삶의 경험을 전제한다. 신체적 생존이 생명의 넉넉한 향유가 되지 못하고 마지못한 선택이 될 경우 그때 음식은 수치의 조건이 된다. 이러한 현실은 기력이 쇠하여 노동할 수 없고 축적된 양식이 없이 떠도는 자가 마치 걸인의 일상적 버릇대로 빌어먹는 자의 심정을 헤아리는 것으로 족히 설명된다. 그렇게 빌어먹다가 결국 부실한 영양으로 병들어 죽어버리는 불우한 생명의 실존은 수치와 슬픔의 기억과 마주설 수밖에 없다. 더구나 그것이 개인적 불행에 그치지 않고 전쟁 등의 참화로 한 민족공동체가 당면한 기근의 현실로 다가왔을 때, 이는 자연재해로 식량을 구하러 이집트로 사람을 보낼 수밖에 없었던 야곱 일가의 형편이 보다 큰 규모로 재현되는 역사의 가장 어두운 그늘을 상정한다. 그러나 기름진 음식과 포도주는 하나님이 베풀어준 연회의 메뉴로 그러한 생존의 각박한 현실을 넘어선 자리에 배설되기에 수치와 슬픔과 무관하다. 죽음까지 극복한 터라 굶주림으로 인한 사망의 공포도 그 향연의 자리에 더 이상 깃들지 못하는 상황이다. 또한 이 야훼의 연회가 '만민' 곧 모든 민족들을 향해 범세계적으로 열려 있는 축제이기에 소외의 서러움을 미리 탄식할 필요도 없다.

이렇듯 먹고 마심의 끝자리가 마지막 식사로 장식되고 그 욕망이 꺼져서 사망의 음침한 골짜기로 들어가더라도 이후 부활의 생명과 함께 도래할 새로운 날의 개시가 하나님이 베풀어주는 잔칫상과 함께 계시되는 이 사태는 예수의 영적 현존 가운데 일상화된 패턴으로 드러나기도 한다. 로마서(14:17)에서 바울은 하나님의 나라가 먹고 마시는 것이 아니라고 언명함으로써 음식규례와 관련한 교회 내의 교리적 이견으로 인한 분쟁을 극도로 경계했지만, 그 장벽을 넘어서 다시 하나님 나라는 먹고 마심의 자리에서 나타나는 신령한 교제의 관계로 재구성된다. "볼지어다. 내가 문 밖에 서서 두드리노니 누구든지 내 음성을 듣고 문을 열면 내가 그에게로 들어가 그와 더불어 먹고 그는 나와 더불어 먹으리라"(계 3:20). 이는 예수와 함께, 예수를 매개로 나누는 성만찬의 풍경을 배경으로 깔면서 그것이 예수와의 영적인 교제 가운데 일상화되는 모습을 그려 보인다. 여기서 우리는 먹고 마심의 지극히 본능적인 욕구가 그 사회문화적 욕망을 경유하여 그것의 끝자리에서 죽음 너머로 그 욕망까지 승화시키고 초월하는 자리로 진화하는 흐름을 엿볼 수 있다. 이처럼 하나의 욕망은 그 숙주의 한계에 부대껴 소멸하는 것이 아니라 그 너머의 지평에서 그 욕망의 또 다른 차원을 개척하는 것이다. 그 욕망의 내용을 채우는 대표적인 품목으로 우리는 음식을 구하며 그것을 더불어 나누는 식사의 자리를 가장 자연스럽게 떠올리게 된다.

| 마지막 식욕의 문화신학 |

나는 이전의 연구를 통해 예수의 공동식사 이력에서 그 절정을 이룬 예루살렘에서의 유월절 식사가 훗날에 '주의 만찬'으로 증폭되고 '성만찬'으로 신학화되었지만 그 밑절미에는 '마지막 식사'라는 문화사적 단층이 있음을 고찰한 바 있다. 요컨대, 이 식사의 신학적 전승사가 '마지막 식사the last supper' → '주의 만찬the Lord's supper' → '성만찬the Holy Sacrament'의 패턴으로 진화의 경로를 담고 있다는 것이다.[11] 그 문화사적 맥락에서 상관되는 비교 자료를 취재해보면 고대의 위인들 가운데 자신의 죽음에 즈음하여 친애하는 벗들이나 가족들과 함께 식사의 자리를 배설拜設한 경우를 찾아볼 수 있다. 그것은 자신의 생명이 이 땅에서 관계한 사람들과의 온정을 기리며 일상의 식사를 특별히 기념비적인 추억의 순간으로 각인시키는 자기 정리와 은퇴의 수순으로 파악된다. 고대 서구 사상사에서 보여주는 죽음 이해에서 이른바 '고귀한 죽음 noble death'은 갑작스런 비명횡사나 사고사가 아니라 주변 정리를 포함하여 자신의 내면까지 제대로 준비된 죽음을 의미했다.[12] 그 준비 속에는 죽음에 대한 예견을 포함하여 고독한 공간으로의 퇴거, 나아가 죽음의 방식과 그 일련의 과정을 통과하는 자로서 자신의 심리적 반응과 내면의 감정적 충동을 갈무리하며 제 생애의 유산과 죽음의 의미를 내면화하는 지혜까지 포함되었다.

이러한 패턴 속에 뚜렷한 양상으로 개입하는 요소가 바로 자신의 친애하는 사람들이 그동안 보여준 동행과 교제에 감사하며 함께 식탁을 나누는 행위이다. 주로 가족들이나 애틋한 온정을 나눈 친척들, 친구들이 그 대상을 이룬다. 예수나 소크라테스처럼 가족이 없거나 가족과의 담론적 교우 관계가 없는 경우는 제자들이 그 상대가 될 수 있었을 것이다. 이로써 죽음과 마주한 당사자는 자신의 존재 의의를 우회적으로 탐문하는 동시에 여전히 살아 있음을 마지막 공적인 자리에서 확인하고 확인받고자 했던 것이다. 이 자리에서 사람들의 초점은 음식 자체에 맞추어지지 않았다. 외려 음식을 매개로 한 그 자리에 있는 사람들과의 관계성이 관심의 초점이 된다. 다정한 벗들과 함께 먹는 그 식사의 자리에서 이를 배설한 당사자의 의도인즉 그 먹음의 행위나 그 음식 메뉴의 영양학적 위상과 그 결과로 빚어지는 신체적 포만감 따위와 별 상관이 없었으리라는 것이다. 외려 그 핵심 의도는 '함께'의 의미와 연동된다. 음식을 매개로 함께 자리한 자들과의 관계성 속에서 죽음을 내다보며 현존하는 삶의 의미를 되새김하고 여전히 생동하는 생명의 한가운데서 죽음의 의미를 곱씹어보는 것이다. 예수의 경우는 특히 자신의 몸과 피라는 생명의 은유적 표상을 제자들이 먹고 마시는 음식에 부여함으로써 자신의 마지막 식사를 제의적 향연 가운데 신학화할 상징의 복선을 넉넉하게 깔아두었다. 아울러 삶의 의미 표면으로 죽음의 의미가 다분히 희생적 차원에서 강조되고 자신의 죽음 이후에도 여전히 살아 있을 제자들과의 운명적 연대감이 견고하게 투사되는 특징적인 면모로 지적할 수 있다.

그러나 '마지막 식사'의 현상을 이러한 신학적 의미와 추상화된 문화사적 의의로만 평가할 때 그 식사의 주인공들, 특히 그 식사를 배설한 당사자의 마지막 욕망은 은폐되기 십상이다. 실제로 죽음에 임박한 자가 나름의 체통과 교양을 차려 양식화된 식사의 자리를 갖추는 단계를 벗어나 더 절박한 죽음의 임계점에 근접할 때 살고 싶은 생존의 신체적 욕망은 더 간절한 식욕의 표출로 구체화되기 마련이다. 이 대목에서 우리는 숱한 사례를 확보하고 있다. 1930년대 근대 한국 문학의 총아로 숱한 전설을 뿌린 이상 李箱(1910-1937)은 그의 죽음에 임박하여 '멜론'을 먹고 싶다는 욕망을 드러낸 것으로 알려져 있다. 그것이 멜론인지 레몬인지 그 전설의 사실 여부나 세부 내용과 관련하여 논란이 생겼을 정도로 이는 죽어가는 지식인의 마지막 식욕을 예시하는 매우 고전적인 사례라 할 만하다.[13] 그것이 단순히 개인적 욕구에 그치지 않고 한 개인의 생애 전체와 그가 살아간 시대의 정신사적 풍경 전반을 압축하는 상징적 기호일 수 있기에 그 마지막 말의 음식 관련 코드와 거기에 스민 욕망론적 층위가 주목되는 것이다. 이상에게 멜론은 서구적 근대의 완성태로서 식민지 지식인이 아무리 모방하려 해도 다다를 수 없는 이상적 지표였을 것이다. 1930년대 식민지 조선에서 멜론이 어떻게 과일로 시장에 분배되었고 이상의 삶을 통틀어 거기에 연루된 어떤 추억이 있는지 확인할 길이 없다. 그러나 치열한 실험적 언어로 식민지 시대의 암울한 삶의 여건을 견뎌나간 전위적 지식인의 사상 세계 속에 서구의 모형이었던 일본을 통해 추체험한 그 근대적 원형으로서 서구의 과실 멜론은 토속적 대응물 참외와 다른 정신적 해방의 출구였을지 모른다.

1990년대 이 땅에서 숱한 문학 작품에 따스한 조명을 가하면서 예외적으로 시인 작가들에게 적잖은 사랑을 받은 공감의 비평가 김현(1942-1990)도 때 이른 죽음에 임박하여 그의 애제자 이인성을 통해 남긴 흥미로운 에피소드가 마지막 식욕에의 갈구와 연계되어 있다. 자신의 죽음을 더욱 생생하게 감각하면서, 그 감각이 마비되기 전에 그는 '녹즙'이 먹고 싶다고 말했다고 한다.[14] 그것은 제자의 사색적 반추를 통해서도 암시된 바 있지만, 타락한 도시 문명을 벗어나 청량한 고향의 원초적 생명 공간을 동경한 그다운 특유한 욕망의 표출이었던 셈이다. 폭력과 증오가 난무하는 억압의 시대에 그는 자본주의적 세속과 독재적 정치권력의 달콤한 사탕발림을 역류하여 만들어진 인공적 이미지의 대척점에서 천연의 재료로 만든 그 연약하고 부드러운 녹즙의 세계에 마지막 안간힘으로 동경의 촉수를 드리웠을 법하다. 그렇게 그의 동심이 위로받았을지, 그의 문학사상이 그 마지막 이미지로써 어떤 극적인 단층을 보여주었는지 상상과 해석의 갈래는 다양할 수 있다. 가장 담백한 해석은 그의 인간 생명이 위무되는 소박한 방식으로서 마지막 식욕의 충족이 그렇게 나타났다고 보는 것이다. 이러한 관점은 그 식욕의 대상이 왜 하필 녹즙이냐는 막연한 물음을 가로지르며 선명한 답변을 제공한다. 무엇이든 먹음으로써 자신의 생명이 다시 개화하여 에너지를 공급받고 이전의 후회와 탄식으로 얼룩진 생을 정화시켜 또 다른 삶의 미래를 갈구하려는 구원의 갈망이 그 언저리에 도사리고 있는 듯하다.

그밖에도 마지막 식욕과 마지막 식사의 풍경을 전시하는 사례는 많다. 최근 입적한 법정 스님이 죽기 얼마 전 생미역과 단팥죽을 먹고 싶다고 하여 그것을 구해 먹은 일,[15] 옥한흠 목사가 식음을 전폐하여 하나님 품에 안기기를 갈망하다가 한 교우의 그리움에 응하여 다시 설교 강단에 서고 싶다며 마지막 식욕을 노출한 사례,[16] 50대에 미국에서 이민생활을 마감하고 위암으로 돌아가신 내 외삼촌이 마지막 순간 우동을 먹고 싶다 하여 시켜오니 몇 가락 입에 넣고 조금 지난 뒤 세상을 떴다는 전설 같은 이야기… 이 모든 마지막 식욕은 이루어지기도 하고 이루어지지 못한 채 미완의 갈망으로 남기도 하였을 터이다. 거기에는 추억과 회한, 미련과 애착 등의 정서가 엉겨 있다. 뜨거운 상징으로 자신의 삶을 응축하여 마지막 자화상을 남기고자 하는 대타적 자의식도 그 어느 지점에 스멀거린다. 이들이 마지막으로 먹고 싶어 한 대상과 관련하여 공통적인 특징은 인공적 문명의 기운을 털어낸 천연의 음식과 함께 가장 순정하던 유년기의 추억을 현실로 누리고자 하는 갈증이 반영되어 있었다는 점이다. 이는 온갖 인위적인 자기 제어장치에 휘둘린 삶이 서서히 풍화되어갈 죽음 이후의 존재 상태를 예견하면서 그 욕망까지 자연화되는 국면을 암시한다.

예수가 십자가에서 서서히 죽어가면서 내뱉은 한 마디도 '목마르다'는 지극히 자연스런 갈증의 호소였다(요 19:28). 그것은 곧 자신의 신체적 존재성을 긍정하면서 마지막 순간까지 살아 있음의 감각을 포기하지 않으려는 몸부림이라고 볼 수 있다. 마지막 식욕이 살고자 하는 지극히 자연스런 생존 지향적 본능의 표현이라고 할 때, 여기서 우리는 생명의 의지가 욕망과 결합하여 인간으로서 존재하려는 문화적 위엄의 단면을 발견하게 된다. 종교를 문화의 한 형식으로 수락할 때 이렇게 죽음을 갈무리하는 각종 사례들은 문화적으로 온축된 욕망의 자기 분열 작업을 투사해 보여준다. 신체의 동물적 욕망은 마지막까지 먹고 마시고자 갈구한다. 그러나 동시에 꺼져가는 생명의 대타적 의식은 그 갈구와 함께 특정한 음식을 제 존재의 마지막 기호로 호출하면서 거기에 자신의 못다 이룬 꿈을 담아본다. 죽음 너머로 뻗은 그 생명의 면면한 꿈 가운데 욕망은 마지막 식욕 가운데 꺼져가면서도 제 가녀린 몸짓으로 개인의 생명이 자연성을 회복하여 문화의 거듭남을 현시한다. 이렇듯, 문화와 구원은 기실 개체 생명의 마지막 욕망을 매개로 매우 적나라하게 화해한다. 이러한 맥락에서 먹을거리를 구하고 그것을 씹고 삼키는 인간의 반복적 동작에는 늘 마지막 욕망이 희망처럼 숨 쉬고 있다. 일상의 상투적 패턴 속에

종말론이 겹치고 제 존재의 불안이 평안 가운데 그 긴장의 끈을 놓으면
서 다시 유예되는 사연이 바로 여기에 있다.

건강한 신체와 생명의 꿈

| 치유와 회복의 줄기찬 서사 |

사람은 누구나 욕망의 숙주로서 그 신체를 달고 다닌다. 아니, 그 신
체야말로 인간이 현실적 존재로서 이 세상에 자신을 드러내고 활동하는
근거요 토대이다. 우리가 '정신'이나 '영혼'이라 일컫는 비가시적 대상
이 신체의 어느 부위가 상관되는지 따져보는 것이 우문일지 모르지만 그
것이 신체와 무관치 않다고 보는 것이 상식이다. 문제는 그 신체가 외부
환경에 노출되어 종종 부실해지고 병들며 죽음이라는 소멸의 실존에 노
출되어 있다는 사실이다. 그로 인해 예로부터 의료 활동이 생명을 다루
는 부류로 성가를 올리며 인간의 신체를 진단하며 고치는 업종으로 주목
을 받아왔다. 인간에게 질고는 견디기 힘든 신체의 장애물이다. 이즈음
인간의 신체적 질고에 대한 의학적 병리학적 판단은 스트레스 등의 그
정신적 요인과 음식물이나 공기 접촉을 통한 바이러스 감염 등과 같은
외부의 환경적 요인을 통전적으로 아우르고 있다. 인간의 질고에 정신적
인 측면과 신체적인 측면이 상호 작용하듯이, 그 치유 방식에서도 이 둘
을 포함하는 종합적 처방이 효율성이 높은 것으로 판명되고 있다.

질병으로 인한 고통에 인간이 대응하는 방식은 필사적으로 그 고통으
로부터 탈출하는 몸부림으로 나타난다. 그 본능적인 욕구는 건강하게 살
고 싶다는 인간의 자연스런 욕망을 대변한다. 그 욕망은 나아가 인간이

신체적 존재로서 늙고 병들어가는 제 몸의 치유와 회복을 갈구하는 방향으로 발현된다. 그래서 인류의 제반 역사가 남긴 자취의 뒤안길에는 먹고삶의 생존 서사와 함께 건강하게 생활하려는 치유와 회복의 서사 역시 줄기차게 이어져왔다.[17] 이는 때로 '행복'의 담론으로 표출되었고 더러는 건강한 영웅들의 분투기나 생명의 쾌락적 향유를 극대화하려는 방생술 따위의 모티프로 구체화되어 나타났다. 삼손의 영웅담이나 아가의 질펀한 육감적 이미지들은 성서에서 쉽게 예시할 수 있는 그런 계통으로 유사한 범주이다. 노장의 신선사상이나 불로초 이야기는 인간의 신체가 늙음과 소멸의 부정성을 극복하여 어떻게 늙지 않고 오래 살 수 있는가 하는 건강한 신체적 삶을 향한 본능적 희구의 연장선상에서 발원하였을 것이다. 치유와 회복의 서사 담론은 개인적인 투병기나 기적 이야기뿐 아니라 공동체의 집단적 부흥이란 견지로 확대·심화되기도 하였다. 에스겔 골짜기의 뼈들이 거대한 군대로 합체·변신한다는 이야기의 예에서 보듯, 역사 속에 몰락한 한 민족의 종말론적 부활이 간절한 염원으로 환상 가운데 투사된 사례도 있다.[18]

그리스도교의 역사적 확립 이후로 인간의 신체적 건강에 대한 관심은 대체로 약화되어간 추세로 판단된다. 신플라톤주의의 영육 이원론(이데아/질료의 이분법적 세계관)과 신피타고라스주의의 종교적 금욕주의가 끼친 영향 아래,[19] 이러한 세계관의 세례를 받은 사도 바울의 유사한 영육 이원론적 메타포 등도 작용했겠지만, 고대와 중세를 경유하여 근세까지도 그리스도교가 몸을 대접한 방식은 억제나 학대 아니면 무관심한 방기에 가까웠다.[20] 물론 바울 자신이 인간의 신체적 존재성을 간과하거나 그 신학적 의미에 무지한 것은 아니었다. 그는 오히려 '성령이 거하는 성전'으로서, 다시 말해 신적인 감응의 대상으로서 인간 신체의 주체적 위상을 긍정하였다(고전 3:16). 물론 '성전'에 강조점을 찍고 보면 그 신체의 도구적 존재성이 읽혀질 수도 있겠다. 하지만 그는 그 신체까지 함부로 굴리지 말고 잘 보존함으로써 변화를 받게 될 신령한 몸의 부활을 꿈꾸기도 하였다. 그런데 여기서 종말론적 구원을 염두에 둔 '보존'이란 개념의 이중적 함의에 유의하면, 그것이 그 신체의 욕망에 대한 통제장치의 암시로 비칠 수 있었을 터였다. 바로 이러한 점이 이후 그리스도교의 인간 이해에서 '영혼 구원'이란 거대 담론의 그늘에 가리거나 치여 인간 신체의 욕망 구조와 그것의 건강한 운용에 대한 배려가 실종된 저간의 사정과 무관치 않았을 것이다.

여하튼, 이후 푸코를 위시한 후기구조주의 계통의 연구를 통해 인간의 신체적 통제와 이와 연관된 제반 금기적 규율의 활성화에 그리스도교의 종교적 권위가 적잖이 영향을 끼쳤음이 확인되었다.[21] 특히 자본제적 전일성이 막강한 위력을 형성해온 산업혁명 이후의 세계에서 인간의 신체적 욕망은 극단적으로 통제되고 감시되었을 뿐 아니라 각종의 금기적 규율 속에 억압받아온 것이 사실이다.[22] 그러나 인간의 몸이 사유의 주체로 우뚝해지고 기존의 형이상학적 체계를 점진적으로 대체해나감에 따라 현재 몸의 담론은 최고의 전성기를 구가하고 있는 듯하다. 그러나 건강한 신체의 욕구는 몸을 상품화하는 물화된 세속 가운데 다양한 애곡을 경험하게 된다. 인간의 신체는 부위별로 쪼개지고 합성되며 아름다움의 제각각 기준에 맞춰 전시되는 이미지로 소외되었기 때문이다. 특히 성욕만능주의 세태에 부합하여 항간에는 제 매력의 계발을 통해 그 생명의 값을 높이기 위해 온갖 몸만들기 담론과 실천의 몸부림으로 극성이다. 이와 같이 몸의 값이 인간의 값으로 직통하는 시대에 몸의 소외에 대한 비판적 성찰과 함께 또다시 건강한 신체로의 치유와 회복을 추구해야 한다는 게 기이한 아이러니처럼 보일 수 있다. 또 다른 한편으로 산업 발전이 더디고 자본의 유통이 원활하지 못한 더 많은 지구촌의 구석구석에는 제 몸의 일상적 건강이 위협받는 각종 위기가 판을 치고 있다. 틈마다 불거지는 기후 변화와 연동된 자연 재난이나 무차별적 난개발로 인한 산업 재해, 그리고 이로 인한 각종 전염병의 창궐과 대규모 인명 피해의 소식은 인간의 몸이 국가와 계급에 따라 차별화될 수 있음을 강력히 시사한다.

여기서 21세기 인간은 다시금 묻지 않을 수 없다. 치유와 회복을 갈구하는 인간의 바람직한 신체적 조건은 무엇일까. 건강한 생존과 넉넉한 생활을 뒷받침할 만한 몸이 만들어지기 위해 앞으로 이런 방향으로 개척해야 할 신학의 용도는 무엇일까. 여기서 우리는 말라기에서 말하는 하나님의 '치료하는 광선'에 귀가 솔깃해질지 모른다. "내 이름을 경외하는 너희에게는 공의로운 해가 떠올라서 치료하는 광선을 비추리니 너희가 나가서 외양간에서 나온 송아지 같이 뛰리라"(말 4:2). 이 '치료'를 굳이 몸의 질병에 대한 치료로 국한시킬 필요는 없을 것이다. 이 말씀이 한 개인의 건강한 몸으로 그 관심의 범주를 제한하는 것 같지도 않다. 그것은 차라리 한 민족이나 공동체의 부흥과 회복, 나아가 온 인류의 건강한 삶에의 배려 내지 희원으로 읽힌다. 마찬가지로 구약성서의 마지막 책에 나타난 이 구절에 짝하여 신약성서의 마지막 책이 담고 있는 종말론적 비전 역시 인간의 생명에 대한 총체적인 회복이란 견지에서 '치료'를 언급한다. "…다시는 사망이 없고 애통하는 것이나 곡하는 것이나 아픈 것이 다시 있지 아니하리니 처음 것들이 다 지나갔음이러라"(계 21:4). "강 좌우에 생명나무가 있어 열두 가지 열매를 맺되 달마다 그 열매를 맺고 그 나무 잎사귀들은 만국을 치료하기 위하여 있더라"(계 22:2).

이와 같이 예시된 종말론적 비전은 물론 구원의 궁극적인 정점을 겨냥한 것이다. 그 치료가 굳이 인간의 신체, 그것도 아직 변형되지 않은 신체의 건강한 회복에 국한된 것이 아닌 게 분명하다. 그러나 그 '궁극' 이전의 의미심장한 신체적 회복과 관련하여 가장 중요한 사례는 복음서에 숱하게 많이 나오는 예수의 치유 기적들이다. 거기서 예수는 육신의 장애나 질고를 다스리는 차원에서, 또 정신적 혼란 가운데 그 육체까지도 제 기능을 수행하지 못하는 이른바 '귀신'이나 '더러운 영'에 들린 자들에 대한 축귀 활동의 차원에서, 가는 곳마다 치유 활동에 종사하였다. 복음서의 문학 양식 가운데 '기적 이야기'로 분류되는 범주는 대체로 병자의 치유와 회복, 나아가 재활까지 염두에 둔 관심사를 피력하고 있다. 그 치유의 동기는 예수의 애끓는 듯한 '치열한 연민*splangchnizomai*'의 어휘로 대변되는데, 그것은 무엇보다 예수의 하나님 나라가 확장되는 징표로서 구원사적 의미를 내장하고 있다.[23] 그러나 이는 달리 보면 죽어 소멸할 수밖에 없는 인간의 신체적 삶과 건강한 생존을 향한 흔쾌한 긍정의 표현으로 해석할 수도 있다. 그렇게 예수가 치유하거나 심지어 죽음에서 다시 살린 모든 이들은 결국 그렇게 회복된 몸으로도 세월과 죽음의 장벽을 넘어설 수 없었을 것이다. 이러한 사실을 충분히 인지하고서도 예수가 그들을 고치고 다시 살린 이유가 있다면 그것은 전인격적이고 통전적인 생명의 구원이란 궁극적 목표 이전의 목표로서 신체적 삶의 건강한 누림이란 배려가 잠재되어 있었다고 볼 수 있는 것이다.

더구나 예수 자신도 죽음을 앞두고 곧 십자가에서 고난과 함께 망가질 그 신체의 머리와 발에 값비싼 향유를 선사받는 기회를 맘껏 누림으로써 이 감각적 촉매를 통해 사랑의 선물을 신체적 건강의 조건과 결부시켰다는 점이 중요하다. 그것은 액면 그대로 보면 명백한 사치였지만, 그것은 자본(주의)의 체계라는 강박적 족쇄가 사랑을 강요하는 세속의 이치를 멀리 비껴난 싱싱한 감각에 터하여 널리 전파되어야 할 복음의 일부로 편입된 거룩한 사치였다.[24] 인간의 신체적 치유와 회복의 정점에서 간혹 허용되는 이러한 에누리는 욕망의 비등점 너머 작동하는 하나님의 은총을 이 땅에서의 구원과 연동시켜 해석할 만한 여지를 남긴다. 아울러 이러한 해석적 관점은 금욕주의 이후 시대에 건강한 신체의 존재 미학과 관련하여 어떻게 운용하고 관리하는 것이 우리 몸의 건강한 존재성을 제고하는 신학적 배려일 수 있는가 하는 과제를 던져준다.

| 건강한 신체와 종말론적 존재 미학 |

육체의 물질성과 관련하여 금세기에 가장 치밀한 사유의 궤적을 보여주고 있는 학인은 쥬디스 버틀러이다.[25] 그는 인간의 육체를 자연 자원이 아니라 다층적인 규범의 개입과 함께 사회화된 물질성의 견지에서 고찰한다. 거기에는 먼저 언어적 담론적 권력이 개입하고 그에 따라 육체의 물질성이 다양한 문화적인 형태로 드러난다는 것이다. 이로써 그는 데리다와 푸코 등의 후기구조주의 사상가들의 비판 담론을 페미니즘의 관점에서 전유함으로써 권력과 주체를 매개하는 육체의 개념을 재규정하였다. 특히 그는 여성의 몸을 소외시키는 상징 권력의 폭력성을 치밀하게 추적함으로써 플라톤적 '영혼'과 아리스토텔레스적 '질료'의 상징 체계로 교란된 육체의 코드를 재의미화하였다. 그에 따르면 고통과 즐거움을 일차적으로 느끼며 죽음과 소멸을 경험하는 육체는 그 어떤 기호보다 선행하여 의미화된다. 이는 나아가 '의미화 작용에 선행하는 것으로 의미화된' 대상으로 현전한다. 그동안의 인간 이해에서 인간의 육체적 조건은 기실 '피부'라는 가시적 외형 가운데 어렴풋이 파악되어왔을 뿐

이다. 이즈음 특정 육체의 근육과 몸매가 특정한 이미지를 독점하는 경향을 보이는데 그 가운데 육체의 물질성은 더욱 현란하게 변용되어 전시되는 추세이다. 그처럼 제각각 성장하고 관리되어온 개인의 육체가 인간의 역사적 경험 가운데 온축된 사회문화적 체계와 권력의 자장 안에서 어떻게 길들여지고 조절되어왔는지 그 구조적 심층에 대한 통찰은 아직 걸음마 단계라 볼 수 있다. 특히 일각에서 '몸의 신학'을 말하지만 그것이 이 시대의 신학적 담론 세계 내에서 창조신학적 관점에 터한 미학적 효과를 넘어 철저한 권력 담론의 체계와 결부된 인식의 성과를 내기에는 아직 온축된 탐구의 내공이 미미한 형편이다.

나는 이 글에서 줄곧 고기 '육肉' 자 대신 몸 '신身' 자를 써서 일관되게 신체라는 표현을 선호하였다. 인간의 물질성에 걸맞게 '육체'라고 표기하여 고깃덩어리를 연상시키는 것이 마땅히 과학이겠지만, 그 몸이 신적 창조의 결과라는 점을 수긍할 때 물질성이 그 몸의 퇴락을 암시하는 물화와 구별되는 지점을 타진해볼 수 있으리라는 기대에서였다. 그 몸이 바로 권력이 배태되고 그 권력이 행사되는 대상이며 세속의 명예와 영광이 체현되고 그것이 현시되는 물리적 공간임도 부인할 수 없다.[26] 그러나 그 몸이 물질적 유한성에 종속되고 소멸의 운명을 타고났을지라도 소중한 생명의 선물임을 인정할 때 그 신체는 또 마지막까지 보존되고 누려져야 할 쾌락의 주체이기도 한 것이다. 이때 신체의 자족적 기능으로서 쾌락을 방종적 쾌락주의와 구분해야 함은 물론이다. 그렇다면 신체를 '사릌스sarx'의 부정성과 '소마sōma'의 긍정성을 동시에 함유하는 개념으로 재정의할 수 있다.

내가 이 글에서 특히 문제시하는 것은 그 신체가 권력과의 거리가 멀어지고 명예의 빛이 퇴락하는 마지막 순간의 생명에 관여하는 방식이다.

여기서 개입하는 종말론은 물론 우주적 종말론이 아니라 개인적 종말론을 가리킨다. 그 종말의 자리에서 인간의 신체가 제 마지막 욕망을 체현하며 보이는 미학적 성취의 신학적 의의가 바로 논의의 핵심 주제이다. 충분히 노화된 상태에서 한 신체가 죽음을 통과해가는 자연사도 그렇겠지만 급작스럽게 맞닥뜨리게 되는 생의 종착역도 건강한 신체적 존재로서 제 마지막을 관리하고자 하는 욕망의 요청은 여일하다. 그것은 무엇보다 절박한 향유에의 갈망으로 표출된다. 앞서 다룬 마지막 식욕이 그중 한 가지에 해당되겠지만, 그 평범한 목표는 건강하게 살아 있는 신체의 지속을 확인함으로써 제 생명의 존재 의미를 끝까지 놓지 않으려는 치열한 애착이다.

건강한 신체의 향유는 마지막 식욕의 소박함에서 과격하게 진일보한 사치의 경제학을 통해 발현된다. 바타이유가 '저주의 몫'으로 표현한 이 삶의 경제에서 사치는 유용성에 머무는 생산적 '소비'를 넘어 파멸적이며 비생산적 '소모' 형태로 표출되는데, 바로 그것이 문명의 변화 요인을 제공한다. 거기에는 경제적 가치의 보존과 관리 차원을 넘어 잉여의 사치를 통해 창발적으로 구현하려는 동기가 내장되어 있다.[27] 이러한 잉여의 사치 행태가 복음서에서 가장 대표적으로 나타난 사례로 한 여인이 300데나리온의 향유 옥합을 깨트려 예수에게 부은 이야기를 들 수 있다. 예수의 머리와 발에 부은 값비싼 향유香油의 사건이 여인의 손길에 의해 예기치 않게 저질러졌고 좌중의 당혹스런 반응에도 불구하고 예수가 그 행위를 허용하였다는 점이 특이하다. 제자들의 반응은 가난한 사람들을 배려하는 원망으로 나타났다. 그러나 예수야말로 평생을 가난하게 살아왔고 공생애 기간 내내 가난한 자들 가운데 운신하며 그들의 가난한 신체적 삶에 영양을 공급해온 인물 아니었던가. 그런 그가 죽음을 코앞에 두고 마지막으로 자신의 생명을 존재 의미를 기리려 그 호사스런 사치의 접대를 용인하며 누리기로 한 심사의 밑바탕에는 고난과 함께 생명의 순수 가치를 수락하는 향유의 신학이 자리 잡고 있지 않았을까 하는 것이다.[28] 그것은 예수가 스스로를 욕망의 존재로서 자신의 신체를 건강하게 확인하는 순간이었음이 틀림없다. 더구나 평생 독신으로 여성을 알지 못한 그의 신체가 여성의 부드러운 손길과 머리털의 상큼한 감각을 통해 그 풍성한 향기를 흠향하며 그 감촉을 통해 자신의 망가질 몸이 미리 위로받을 수 있었다는 것은 당시의 관습적 통념에 비추어 대단한 파격이었다. 아울러, 그 향유를 제공한 여인의 입장에서 그것은 아무런 조건 없이, 사랑이란 자기 시위의 암시적 동태도 없이, 뜬금없이 출현하여 극적인 해프닝을 초래한 자기 해체적이고 순수한 '증여' 행위이었음이 분명하다.[29]

그러나 죽음 앞에 선 평범한 생명들이 그렇듯, 예수 역시 오랫동안 그 향유의 안온한 동결 상태 속에 머물러 있을 수 없었다. 그는 마지막 식사를 마친 뒤 겟세마네로 들어가 안간힘을 다해 자신의 마지막 운명과 대결한다. 그 컴컴한 산기슭의 공간에서 그의 신체는 제자들과도 유리된 채 하늘 아래, 하나님 앞에서 철저하게 소외된 치열한 상태로 기도와 함께 달아오른다. 그 기도는 '아바 아버지'의 외침과 함께 탄식 어린 목소리로 살고 싶음의 욕망을 호소한다. 그 육성의 신체 구속성은 이후의 한 전승을 통해 암시하듯이 땀이 피로 변할 정도로 강렬한 종말론적 긴장을 동반한다. 그런 그에게 겟세마네는 사느냐 죽느냐의 기로에서 자신의 살고자 하는 욕망이 하나님의 뜻과 궁극적으로 합치되는지 길항하는지 분별하는 내면적 대화의 자리였다.[30] 그러나 그 기도의 간절한 부르짖음에도 불구하고 하나님의 반응은 침묵으로 일관한 것으로 드러난다. 그 침

묵 가운데 예수는 마지막 파국을 선언하기에 앞서 자신의 뜻을 하나님의
뜻에 복속시킴으로써 살고 싶은 동물적 욕구를 넘어 죽음을 내세우며 침
투하는 유한한 존재로서의 마지막 운명을 수락한다. 그것은 "이 잔을 내
게서 치워주소서"라는 간절한 인간적 생존의 갈구를 넘어 "나의 뜻이 아
니라 당신의 뜻대로!"라는 순종의 결단으로 나타난다. 여기서 우리는 예
수의 신체가 당면한 죽음이라는 강력한 현실적 위협 앞에서 파괴적 종말
을 향해 치닫지 않고 규모 있게 마무리되는 절제와 승화의 미학을 발견
한다. 그것은 고통이나 분노가 자기 파멸적 폭발의 직전에서 적절히 제
어되며 그 고뇌를 내면화하는 형식 가운데 탐지되는 미학적 요소이다.

트로이 전쟁 당시 트로이의 제관이었던 라오콘과 그 두 아들이 포세이
돈이 보낸 뱀에 칭칭 감겨 죽어가는 순간의 장면을 형상화한 유명한 대
리석 조각상이 있다. 여기서 그들이 보여준 그 절제된 고통의 미학적 표
상처럼, 우리는 겟세마네의 예수가 취한 기도의 자세와 그 신체적 표현
을 통해 종말의 순간에도 자신의 건강한 신체로 인간적 고뇌를 표현하되
그 고뇌와 함께 승화시킨 정념의 절제 어린 아름다움을 포착할 수 있다.
라오콘 상에서 예술적 미학의 범례를 발견한 레싱의 통찰처럼,[31] 우리는
누구나 인간으로서 죽어가는 자의 탄식과 슬픔, 두려움과 고뇌 앞에서
자유롭지 못한 몸이지만 그것이 파괴적 폭력이나 비굴한 도피의식으로
나타나기보다 운명에 순응하며 절제와 함께 피어나는 까마득한 긴장의
영도零度에서 인간적인 위엄은 아스라하게 유지된다. 욕망의 인간은 그
몸으로 소리를 내어 외치고 땀을 피처럼 흘리기도 하며 두려움에 떨거나
비통한 눈물을 흘리면서 자신의 실존과 부대껴 몸부림친다. 겟세마네의
예수 역시 그러한 자연스런 신체의 반응에서 자유롭지 못했다. 그러나
그 몸부림의 반응은 탄식과 항변을 지나 절대자의 뜻에 자신의 욕망을

의탁함으로써 출구를 여는데, 거기서 예수의 죽어가는 모습은 제 몸의 자학이나 파괴적 해체가 아니라 진정한 신체성을 획득한다.

이렇듯, 고뇌하지 않는 인간은 건강하지 않은 몸의 소유자이다. 죽음 앞에서 두려움과 슬픔과 무관하거나 이에 초연한 양 내비치는 담담한 무관심*apatheia*은 관점에 따라 뛰어난 내공의 경지로 볼 수도 있지만, 건강한 신체적 존재로서 종말론적 인간화에 이바지하지 못한다. 그렇다고 죽음 앞에서 인간의 몸이 마냥 목석처럼 그 물질성의 무감각을 체현한다면 그 신적 초월성의 포즈는 인간의 인간다운 위엄을 뛰어넘어 신체 없는 영혼의 세계 속으로 함몰하는 위기에 처한다. 그것은 결과적으로 인간에게서 죽음을 소외시키고 죽음으로부터 생의 욕망을 박탈시키는 비인간화의 징후이다.[32] 이와 같이 죽음 앞에서 인간을 인간으로 긍정하려는 의욕 없이, 인간의 욕망을 확인하며 그것이 자연스럽게 표출되지 못하는 한, 그 인간은 동물적 본능의 수준으로 추락하거나, 생사에 무관한 초월적 신성이기를 자처함으로써 건강한 신체와 욕망을 지닌 인간으로서 추구해야 할 종말론적 존재 미학에 미달된다. 따라서 죽음 앞에서 본능만으로 대응하는 그 동물성과 무정념과 무감각의 포즈를 내세워 인간이길 망각하는 그 신적 초월성을 지양하는 자리에 겟세마네의 신학적 미학과 함께 죽어가는 자의 건강한 종말론적 신체성이 깃드는 것이다.

이러한 일관된 자세로 예수는 십자가 상에서 그 도저한 통증을 수반하는 죽음의 감각이 제 뼛속 깊이 사무칠 때 '엘리 엘리 라마 사박다니'의 치열한 탄식과 함께 갈증을 호소하며 제 욕망의 살아 있음을 그 신체적 감각으로 표현하였다. 다른 한편으로 '다 이루었다'는 운명애적 수락을 통해 그는 상충되는 듯한 모습 가운데 역설과 아이러니의 인간형을 보여 주기도 하였다. 그 역설과 아이러니는 예수에 의한 예수의 신학을 조형할 때 죽어가는 자가 취할 수 있는 최선의 미학적 성취를 보여준다. 그뿐 아니라 이는 신체적 존재로서 자신의 생명 지향적 꿈이 죽음 너머에서도 여전히 생생하게 감지되길 갈구할 수밖에 없는 유한한 존재자가 죽음과 관련하여 추구해야 할 인간화의 길이라 할 수 있다.

마지막 욕망과 인간됨의 자리

인간의 욕망은 일상 가운데 문화화한 형태로 표출된다. 다양한 문화적 장치와 사회적 체계 가운데 순치된 인간의 욕망 맨 밑자리에는 건강하고 즐겁게 살고 싶다는 갈망이 달라붙어 있다. 그것은 착종된 인간관계 속에서 종종 왜곡되면서 권력의 미끼가 되기도 하지만 권력의 주체로 행세하면서 인간됨의 정상적인 행로를 방해하기도 한다. 더구나 일상의 특성상 피할 수 없는 생명의 관성이 각종 인습의 장애물을 형성하여 생명다운 삶의 진정성을 박탈하곤 한다. 그것은 대책 없이 소비되면서 소모되는 삶이며 경우에 따라 권력의 체계 아래 눌리며 억압당하는 삶이다. 그 가운데 인간의 신체가 겪는 곤경은 특히 심하게 나타난다. 그때 인간의 몸은 '의미를 체현하는 육체'가 되기보다 의미를 고갈하여 더 이상 의미화될 수 없거나 기성의 의미화된 틀에 맞춰 복무하는 고깃덩어리가 된다. 마치 깊은 수렁에 빠진 덩치 큰 동물처럼 거기서 몸부림칠수록 더 깊이 빠져갈 뿐인 그 고갈과 소모의 생명은 희망컨대 죽음과 맞닥뜨린 현장에서 쾌청한 욕망의 존재로 잠간 부활한다. 이 극적인 반전의 기회는 죽음에 예민해진 삶의 감각이 역으로 그 둔탁한 삶의 감각을 일깨우는 마지막 안간힘의 에너지로 작용하기 때문에 생겨난다. 내가 이 글에서

인간의 마지막 욕망이 자리한 존재론적 태반을 문제 삼고 마지막 식욕의
문화사적 자리를 탐구하며 건강한 신체와 연루된 종말론적 의미를 신학
적 미학이란 견지에서 다루게 된 연원이 바로 여기에 있다.

　오늘날 그리스도교의 신학세계에서 그 담론의 지형 가운데 일상의 욕
망이 충분한 신학적 조명을 받지 못한 상태에서 마지막 욕망의 신학화를
모색한다는 것은 뜬금없거나 성급한 감이 없지 않다. 그러나 신자유주의
적 이념이 서서히 퇴조하면서 점점 더 탈출을 모색하는 인간의 곤경 어
린 실존은 이 세상 어디를 둘러봐도 죽음의 현장으로 가득하다. 그 죽음
은 많은 경우 자연사이거나 사고사의 자리에서 확인되지만, 그 죽음의
사건성은 죽어가는 자가 임박한 죽음을 내면화하면서 명민하게 의식해
나가는 과정의 미학적 신체성과 무관하지 않다. 거기서 다시 마지막 욕
망이 핵심적인 의미화의 관건으로 개입하는 것인데, 나는 여기서 마지막
식욕과 함께 건강한 신체의 향유적 욕망이 그 종말론적 맥락에서 어떻게
작동하며 어떤 방식으로 문화화되는지 재구성해보았다. 마지막 순간은
생명의 입장에서 늘 극적인 계기를 제공한다. 소리나 몸짓으로 표출되
든, 그 밖에 어떤 신체적인 반응으로 나타나든, 그 모든 갈망은 건강한
신체의 누림과 욕망의 충족을 통해 제 살아 있음의 순간을 느끼며 오래
기념하고자 하는 생명 향유적 요청으로 수렴된다. 그것은 창조주 하나님
이 이 땅에 뭇 생명을 내실 때 허락하고 용인한 '선함'의 가치가 아름다
움의 감각적 체현으로 드러나는 살아 있는 것들의 분복이다. 동시에 그
것은 죽어가는 자들이 공유하는 고독하지만 순정한 의욕의 발산이며, 결
국 제 존재 의의의 극적인 성취와 함께 인간화의 궁극에 기여한다.

　이 시대에 창궐한 죽음/죽임의 현장은 살고자 하는 생명의 아우성으
로 가득하다. 죽음을 연장하려는 의료적 처방과 치유를 통한 생명 회복

의 노력 못지않게 죽음을 은폐하려는 대중들의 집단적 공포도 만연하다. 동시에 욕망에 대한 억압은 더욱 정교한 체계의 논리 아래 진행 중이며 인간됨을 저해하는 권력의 음험한 술수도 복잡한 계통으로 확산되고 있다. 그리스도교는 성서의 특정 구절을 편취하여 형성한 편리한 도그마의 체계로써 또 다른 권력 장치로 작동되고 있으며, 그것이 전통의 후광을 입을 때마다 인간의 해방은 숱한 타자들의 익명적 소외와 함께 죽음 이후의 메아리로 아득하게 꿈꾸어질 뿐이다. 그러나 그 생명의 꿈이 제 일상에 잠복된 죽음스런 증상과 더불어 깨어날 때, 행복하게 살고자 하는 욕망이 아름답게 죽고자 하는 욕망의 뒷면임을 직관할 때, 우리는 다시 겟세마네를 연상하며 향유의 사건 앞에 마주선다. 제자들과 나눈 마지막 식사가 성만찬으로 진화하기까지 작동한 예수의 신체적 욕망과 함께 우리는 동시대 인간들이 제각각의 종말론적 감각으로 치러내야 할 삶의 수행성을 깨닫게 된다. 그 깨달음과 함께 나와 당신은 삶의 벼랑 끝에서조차 한 차례의 일용할 양식을 순전하게 욕망하며 건강한 신체와 함께 다시금 생명이 치유되고 회복되길 갈망한다. 설사 지상에서 그 바람이 이루어질 수 없다고 해도 변화된 '신령한 몸'으로라도 사후에 활기차게 되살아나길 소망한다.

광야 체험의 유형과
신학적 구조

광야가 굳이 '체험'의 대상인 사유

신학자 김승철은 그의 논문 "신학의 대지성과 풍토의 신학"에서 '시간'과 '역사'의 범주를 중심으로 선회해온 서양신학과 구별되는 동양신학의 관심 주제를 '공간'과 '장소성'으로 설정하면서 다음과 같이 진술한 바 있다.

동양신학은 '높이'와 '비행飛行' 중심의 서구신학으로부터 '깊이'와 '보행步行' 중심의 신학으로의 전이를 대지라는 상징에서 찾는다. 대지는 동양신학의 형식뿐만 아니라 내용까지도 포함하는 함축적인 메타포이다. 즉 대지는

동양신학의 독특한 장소성을 나타내줄 뿐만 아니라, 그 장소의 독특성에 의
해서 규정되는 묵시이다.[1]

그에게는 '대지'가 단순히 물리적 공간이 아니고 메타포이듯, 동양이
란 개념 역시 서양과의 공간적 대척점에 머물지 않고 하나의 은유적 실
재라고 할 수 있다. 그것은 신학의 구성 요건으로 바람과 대지라는 풍토
적 매개를 끌어들인 결과이다. 서구 기독교의 원형질 가운데는 분명 이
풍토적 배경에서 자생한 신학의 자양분이 있었다. 굳이 팔레스타인과 근
동 지역을 동양이란 공간적 영역으로 포함시키지 않더라도 동서양의 구
획에 선행하는 그 태초 기독교의 자리는 대지와 보행의 현실이 일상으로
진행되는 풍토였던 것이다. 더구나 그 대지는 초목이 희소한 메마른 광
야이거나 사막이었다. 강수량이 적어 땅이 건조한 지역이었고, 그 위로
부는 바람도 물기를 머금은 보드라운 산들바람보다 흙먼지를 동반한 사
나운 모래바람이기 일쑤였다. 그 광야의 지형에 그곳의 백성들은 오래
길들여졌고 다양한 개인과 집단들은 그 광야와 함께 '사건'이라 불릴 만
한 원형적 체험의 이야기들을 산출했다. 그 체험의 유형은 다양하고 그
로부터 견인한 신학의 구조 역시 단일하지 않다. 성서가 남긴 광야 이야
기들은 신앙과 관련하여 광야가 그들에게 유일한 하나님의 풍토였으리
라는 심증을 굳혀줄 정도이다.[2]

이 글에서는 광야가 역동적인 체험의 성찰을 통해 마침내 신학적 메타
포로 자리매김되는 내력을 탐험한다. 이를 위해 나는 성서의 광야 이야
기를 주제별로 유형화하고 그로부터 그 신학적 메타포의 자생적 함의를
추출하고자 한다. 여기서 염두에 두어야 할 것은 그 '유형' 조차 그곳의
풍토를 살아낸 사람들이 온축해온 일상의 삶을 역사화한 결과였다는 사

실이다. 그만큼 그들의 삶이 처한 제반 환경은 동네에서 얼마간 걸어 나
가면 황막한 광야와 부대낄 수밖에 없는 현실이었다. 그 신산한 팔레스
타인과 근동의 역사를 통틀어 그들은 다양한 사연과 이유로 광야를 밥
먹듯이 드나들어야 했을 것이다. 비록 그 '유형'이 그들의 체험에 담긴
우여곡절을 다 우려낼 수 없다고 할지라도 대강의 틀을 잡아주는 효과는
거둘 수 있다. 나아가 그로 인해 여전히 시간과 역사, 관념적 기획의 반
복 속에 저명한 신학자의 도래를 희구하거나 기존의 신학자들에 대한 고
고학적 탐사를 이어가는 오늘날 이 땅의 신학 풍토에 참신한 샛길 하나
라도 낼 수 있다면 족할 것이다.

이 글의 진행은 먼저 성서의 사례를 중심으로 다섯 가지의 광야 체험
을 분석적으로 예시하고 그 유형에 담긴 독특한 신학적 장소성의 의미를
탐사하는 데서 출발한다. 그 개인과 집단의 광야 체험은 이후의 신학적
반추와 성찰을 통해 새롭게 의미화되어갔는데, 이어지는 대목은 그 유형
들을 신학적 구조 속에 압축하는 작업이 될 것이다. 지금까지 내 몸으로
겪어낸 광야 체험 내지 유사 광야 체험이란 게 이 글의 구체적인 동기를
부여하였기에 그 사적인 체험담과 접속하여 이 탐구의 의의를 간추려봄
으로써 이를 이 글의 결미로 대신하고자 한다.

광야 체험의 유형: 성서의 사례

| 도피와 안돈 유형: 모세와 미디안 광야 체험 |

모세의 일생에 대해서는 일각에서 이집트 사람이었다는 설이 나와 있
지만[3] 대체로 출애굽기 2장 이후의 기록이 가장 오래된 증거라 할 수 있

다. 그는 히브리 백성들이 이집트 땅에서 번성하여 학대를 받는 시대에 태어나 모든 사내아이를 죽이라는 파라오의 명령에 따라 태어나자마자 죽을 수밖에 없는 운명이었다. 그러나 방수한 갈대상자에 넣어 나일강에 띄운 그를 파라오의 딸이 거두어 키우게 된 이야기는 잘 알려진 영웅담의 극적인 효과를 상기시켜준다. 정처 없이 물에 떠내려가는 모세의 극적인 구조는 이후 그가 내디딜 정처 없는 광야행의 복선을 깔아놓기라도 한 듯, 그는 이후의 삶 가운데 그의 백성들과 함께 파란만장한 유랑의 여정을 감내해야 했다.

모세가 광야로 처음 떠나게 된 사연은 제 동족을 학대하는 이집트 사람을 쳐 죽이고 모래 속에 감춘 비밀이 드러났기 때문이다. 그것은 선한 동기가 악한 결과를 초래한 것이었는데, 이어지는 에피소드에서 자기 동족들 간의 싸움을 말리려 간섭한 선한 동기가 그의 이전 범죄를 폭로하게 만든 구실이 되었다는 점에서 선한 동기/악한 결과라는 교착된 모티프의 반복적 패턴을 탐지할 수 있다. 이러한 문학적 장치는 '사가saga'라 불리는 고대의 영웅담에서 흔히 등장하는 아이러니의 요소로 서사의 흐름을 박진감 넘치게 만드는 작용을 한다. 이와 같이 모세가 성장하고 사회에 눈을 뜬 이집트의 도심 공간은 선한 의도가 숱하게 배반당하는 역리의 세계이다. 도심지는 욕망이 범람하여 여러 이해관계를 매개로 얽히면서 선악의 경계가 모호해지는 공간이다. 그 안에서는 나와 타자, 우리 편의 동족과 이방 적대자의 구분도 희미해진다. 동족을 위해 위험을 무릅쓴 모세의 행동은 애족심이 애국심을 누른 결과이다. 그러나 그 살인은 모세의 의도와 달리 은폐될 수 없었다. 그 살인에 직접적 동기를 제공한 동족에 의해서 그 범죄 사실이 폭로되었기 때문이다. 모세의 선한 동기가 악한 결과를 낳았다면 또 다른 선한 동기는 악한 반응에 의해 또 다른 나쁜 결과로 이어진다. 이와 같은 역리와 배반의 도시적 공간에서 모세는 제 생존을 모색할 만한 대안적 공간을 찾아 광야행을 선택한다. 사위로 차단당한 그 난감한 상황에서 그는 자신의 행위에 대한 법적 책임 소추와 그에 따른 처벌이 두려워 미디안 광야로 몸을 피한 것이다. 이집트의 북동쪽에 위치한 이 광야 지역은 후대의 역사에서 이스라엘 백성들의 진로를 누차 방해하는 적대 세력 미디안 사람들의 활동 무대였다. 그런데 그 미래의 적들이 산거하는 지역에서 모세는 뜻밖의 우군을 만난다. 바로 미디안 제사장 이드로와 그의 가족들이다. 그 광야의 한 구석에서 모세는 양떼에게 물을 먹이려다가 우물에서 (남성) 목자들에게 쫓겨난 이드로의 일곱 딸들을 만나 도움을 베푼다. 그들은 앞서 나온 이집트의 등장인물들과 다른 인물들이다. 그들은 남성이 아닌 여성들이었고, 동족이 아닌 이방인이었지만, 이집트 사람들과 달리 모세가 죽이거나 하는 등의 피해를 입히지 않고 도움을 베푼 이방인이었다. 무엇보다 이집트의 도심지와 미디안 광야라는 천연 공간의 차이가 뚜렷하게 부각된다. 또 다른 극적인 대조는 그 광야의 공간에서 모세가 베푼 작은 호의가 십보라라는 미디안 제사장의 딸을 배필로 맞을 정도의 또 다른 환대로 되돌아왔다는 것이다. 동족에게 베푼 호의가 적의로 되돌아온 자리에 이방인에게 베푼 호의가 또 다른 호의로 메아리치는 이 상황의 대조적 국면은 도심지와 광야라는 또 다른 대조적 지형과 겹치면서 모세의 삶에 새로운 이정표를 제공한다.

　한 마디로 모세가 더 이상 대국의 왕자가 아닌 새로운 스타일로 일상적 삶의 둥지를 튼 그곳은 모세에게 도피와 안돈의 자리였다. 그는 이와 같이 이집트의 도심지에서 도피하였고 미디안 광야에서 안돈의 삶을 찾게 되었다. 더불어 그는 정치권력의 치열한 경쟁관계에서 벗어나 새로운 대안정치의 미래를 준비할 수 있는 여력을 온축할 수 있게 되었으며, 철저한 익명성의 공간을 확보하기에 이르렀다.[4] 그 도피와 안돈은 비록 소극적인 행위였지만, 이로써 부드러운 왕실의 자리에서 쫓겨난 그의 삶이 거친 광야의 장소에서 새롭게 출발하는 계기를 얻은 셈이었다. 이집트에서 그의 유모와 파라오의 공주 등에 의해 타율적으로 양육된 그의 삶은 이제 한 가정의 가장으로 주체화되는 경로를 밟았던 것이다. 그 결과는 낳은 자식 '게르솜'이란 이름 그대로 타국에서 나그네가 된 초라한 것이었지만 거기에는 안온한 일상과 함께 자유가 있었다. 모든 사회적 책임과 형벌의 위협으로부터 벗어난 그 해방 공간에서 모세는 그의 백성 이스라엘을 망각하고 더 이상 개입하지 않아도 되었다. 그러나 그렇게 방치된 이스라엘 자손이 고된 노동으로 인한 탄식과 함께 하나님께 부르짖었을 때 하나님은 그들의 고통을 들으시고 그들의 조상과 맺은 언약을 기억한다. 그 결과는 역시 아이러니하게도 "하나님이 이스라엘 자손을 돌보셨고 하나님이 그들을 기억하셨더라"(출 2:25)는 것이다. 하나님의 그 '기억'을 계기로 모세는 목자로서 꽤 오래 그 광야의 안돈을 누린 뒤에 마침내 떨기나무 환상과 함께 역사적 책임을 감당해야 할 사명자로 부름을 받게 된다. 젊은이로서의 왕성한 혈기가 누그러지고 이집트에서의 악몽 같던 배반과 상처의 기억이 충분히 아물었을 법한 시점이었던 것으로 보인다.

| 방랑과 모험 유형: 출애굽 백성과 40년의 광야 체험 |

결과적으로 볼 때 이스라엘 백성들이 출애굽 이후 광야에서 보낸 40년의 세월은 매우 덧없고 헛된 삶의 여정으로 귀결된다. 그들이 아무리 놀라운 이적과 기사를 체험했을지라도 그들의 애당초 목적이었던 약속의

땅 진입은 끝내 물거품이 된 것으로 드러나기 때문이다. 이는 갈렙과 여호수아 가문의 생존만으로 위안을 받을 수 있는 성격이 아니다. 모세의 리더십이 보여준 흠결과 이스라엘 백성들의 패역을 문제 삼아 그들의 그 광야 여정을 실패로 귀결짓는 것도 무리가 따른다. 그렇다고 광야의 여정에서 부대낀 외적과의 싸움이 치명적인 장애물이었다고 물리적인 역부족의 난관을 현실적인 한계로 평가하는 것도 충분치 않다. 왜냐하면 그들이 애굽을 탈출할 때 붙잡은 약속은 이 모든 시행착오와 역경을 예감한 것이었기 때문이다. 더구나 그들이 부대낀 식수와 식량 문제 등과 같은 생존의 위기는 적절한 타이밍에 맞추어 하나님의 권능으로 돌파할 기회를 얻었기 때문이다. 대적과의 싸움도 홍해의 그 수장 사건을 필두로 내내 승리의 개선가를 부를 만한 여건이었기 때문이다.

그렇다면 이 장구한 광야행에서 결정적인 순간 약속의 땅 진입을 앞두고 거듭 퇴각하며 방랑의 여정을 반복한 이야기에 어떤 의미가 있는 것일까. 나는 무엇보다 방랑 그 자체의 사건과 그로 인한 생의 막다른 골목에서 발견한 모험의 미로야말로 이 광야 체험의 독특한 유형을 담보한다고 생각한다. 방랑의 특징은 정처 없는 것이다. 출애굽 백성의 여로는 본래 약속의 땅 입성이라는 뚜렷한 목표를 가지고 있었다. 그러나 그 목표의 성취는 현실의 장벽에 부대끼면서 점차 유예되고 유보된다. 그들에게는 아직 노예로 살던 시절 습득한 과거의 버릇이 탈각되지 않은 채 남아 있었다. 그것은 노예로 상전이 시키는 것을 그대로 하기만 하면 먹고 사는 일상이 보장되는 억압적 환경에 순치된 굴종 어린 삶의 스타일이었다. 이 가운데 방랑이란 새로운 삶의 스타일은 그러한 노예적 삶의 구조를 혁신하면서 새로운 공동체적 정체성을 구축하는 기폭제가 될 수 있었을 것이다.[5]

시내 광야는 달려도 이따금 싯딤나무(조각목) 한 그루씩 보일 뿐 황막한 공간이다. 오아시스가 있긴 해도 르비딤 골짜기 일대의 종려나무 숲 그늘 부근 등에 국한될 뿐, 우기가 아닌 때에 물 구경하기란 참으로 어려운 메마른 대지이다. 더구나 대낮에 타는 듯한 열기를 감당하기란 매우 어려웠을 것이다. 채소와 과일은 물론 기본 곡물조차 구할 수 없는 그 광야 공간에서 그들의 정처 없는 방랑은 그 환경에 내몰린 측면이 없지 않았다. 거기서 만나와 메추라기 공여 이야기는 자연과 더불어 소박한 식사를 하는 생태적인 삶의 연습장을 투사하며, 마라의 쓴 물을 단 물로 바꾸어 마신 경험은 쓴 물조차 달게 마시는 미각의 변화를 함축하기도 한다. 게다가 불기둥과 구름기둥은 인공의 문명을 온전히 벗어나 광야의 자연에 생태적인 감각으로 순응하는 이상적 삶을 표상한다. 더구나 하나님의 권능이 이 두 개의 표상으로 그 백성들을 인도했다는 기록은 출애굽 백성의 광야 체류 기간이 종속적 독재문명에 길들어온 그들의 체질을 전혀 새로운 천연의 감각 속에 갱신시키는 과정이었음을 역설적으로 보여준다. 신학적인 관점에서 보면 그 과정은 곧 하나님이 그 백성의 구습을 탈각시키고 새로운 부활을 준비시키는 연단의 기회에 다름 아니었을 것이다.[6]

그러나 문명의 외피를 벗어버린 그 광야의 장막 생활은 불안과 불만으로 그들의 심리를 엄습했다. 특히 한 군데서의 체류 기간이 길어질수록 불안과 불만의 강도도 점증된 흔적을 보여준다. 시내산 아래 머물던 기간 그들의 불안은 금송아지 신상을 만드는 행위로 표출되었다. 그들은 사회적 삶의 중심을 요구했다. 그들이 의지할 만한 중추적인 상징이 필요했던 것이다. 그것이 금송아지 신상을 주조해냈고, 거기서 그들은 과거의 문명에 대한 향수를 담아 경배하기에 이르렀다. 모세가 그것을 대체할 십계명을 제공한 것은 더 이상 과거를 떠올리게 하는 가시적인 이미지에 매여 살 수 없고 그렇다고 아무런 사회적 규범장치 없이 공동체를 통할할 수 없는 상황에서 부득이한 선택이었다.[7] 더구나 오래 지속된 모세의 단독 리더십은 이드로의 조언에 따른 조직 편제에도 불구하고 권력 투쟁의 내분 속에 연거푸 도전을 받게 되었다. 이러한 갈등을 해소하는 차원에서 이스라엘은 마침내 종교의 제도화를 통해 사회생활의 질서를 세워나가기 시작했다. 사위로 황막하게 열린 광야의 공간은 그들에게 개인의 장막을 넘어서는 공동체의 울타리를 필요로 했던 것이다. 거기서 제공된 시내산 언약과 모세가 체험한 신적 현현의 사건은 그 중추적 구심점을 마련해준 셈이었다.[8]

그렇게 울타리를 마련한 그들의 삶은 그럼에도 불구하고 여전히 광야 안에 있었다. 시내산 해방구에서도 그들은 정주할 수 없었다. 계속하여 그들의 동선은 에시온게벨과 가데스바냐를 거쳐 길 위에 있었으니, 광야의 삶이 쌓아온 관성인즉 곧 모험의 연장에 다름 아니었기 때문이다. 그 구부러진 동선을 끌고 방랑의 여정을 지속해나간 그들이 마침내 '왕의 대로'를 우회하여 요단강 동편에 이르렀을 때 출애굽 세대는 어느덧 황혼녘을 맞아 그 모험의 날개를 접어야 했다. 요컨대, 출애굽 백성의 40년 광야 체험은 아무것도 새로울 것이 없기에 모든 것이 새로웠던 광막한 공간을 제 삶의 고유한 '장소성'으로 받아들여야 했던 개인들의 공동체 훈련으로 특징지어진다.[9] 그 훈련의 방식은 부득불 방랑과 모험이었던 것으로 드러난다. 그것은 결과적으로 허망한 종말에 불과한 듯 보이지만 하나님 외에 그 무엇도 의지할 수 없는 진공 상태를 누렸다는 점에서 그 과정의 치열성과 그 방향의 진정성을 과소평가할 수 없다. 더구나 그 노예 근성과 온갖 인간의 탐욕이 탈각된 지점에서 그들은 마침내 갱신된 언약의 소망으로 약속의 땅을 밟는 후세대를 예비할 수 있었다.

| 탈주와 갱생 유형: 엘리야와 40주야의 광야 체험 |

성서 전체의 문학적 구도에 비추어 보건대, 엘리야가 40주야에 걸쳐 광야 길을 내리달리며 하나님의 산 호렙에 이른 여정은 이스라엘 백성의 40년 광야 방랑을 모사하면서 후대에 예수가 선보인 40주야 광야 체험의 복선으로 작용한다. 심지어 그 최종 귀착점이 세대교체라는 점에서 엘리야의 광야행은 그 결말에 있어서도 출애굽 백성의 광야 여정과 고스란히 포개진다.

에스겔의 광야행은 모세의 경우처럼 도피적인 성격이 강하다. 그는 갈멜산의 그 위대한 투쟁과 승리를 뒤로 접고 이세벨의 협박에 쫓겨 잔뜩 긴장한 발걸음으로 도망쳐야 했기 때문이다. 참으로 극적인 역전의 추락이 아닐 수 없는 정황이다. 갈멜산에서 보인 위용은 어디로 사라져버린 것인지 한 여인의 서슬 푸른 권력의 창끝이 자신의 심장을 겨누었을 때 그에게는 민심의 후원도 보이지 않았고 하나님이 숨겨둔 수천의 예언자들도 망각되었다. 모세와 다른 것은 이 도피의 여정에 오른 엘리야가 무슨 잘못을 저지른 것이 아니었다는 점이다. 모세의 경우 제 동족을 두둔하여 애굽 사람을 쳐 죽인 범죄가 들통난 것이 계기가 되었다면, 엘리야는 정정당당히 일 대 수백의 구도로 만민의 이목이 집중된 자리에서 대결한 결과 승리했을 뿐이다. 그렇지만 바알과 아세라 신의 선지자들을 살육한 죄목으로 보복의 칼을 빼든 이세벨의 협박 공세를 견디지 못한 것이다. 그래서 자기의 생명을 보전하고자 도망쳐 브엘세바 광야에 머물다가 거기도 불안했는지 자기 사환을 떨쳐놓고 자신은 더 깊은 광야로 들어가 로뎀나무 그늘에 앉아서 절망의 심경을 하나님 앞에 하소연한다.

"여호와여 넉넉하오니 지금 내 생명을 거두시옵소서. 나는 내 조상들보다 낫지 못하니이다"(왕상 19:4). 그만 죽고 싶다는 말이다.

로뎀나무 그늘 아래서 읊조린 이 독백은 엘리야의 광야 체험이 지닌 독자적 성격을 암시한다. 그것이 단순히 일신의 '도피'가 아니라 그를 둘러싼 권력체제의 압박에 쫓기던 나머지 그것을 벗어나고자 감행한 '탈주'였다는 것이다. 그래서 엘리야의 생명은 이제 '넉넉하게' 공인으로서의 사명을 수행해왔다고 회고해봄 직하다. 그것은 분명 지친 자의 독백이고 치열한 삶의 긴장을 온 몸으로 감당해온 자의 담담한 자포자기이다. 더구나 자신이 조상들보다 낫지 못하다는 탄식은 자신의 성취에 대한 겸비한 자괴감의 반영으로 보인다. 그는 갈멜산 대첩의 놀라운 성취를 아무것도 아닌 것처럼 회고할 수 있는 낮은 실존의 자리에서 쫓기는 자로서 초췌한 자신의 초상을 발견한 것이다. 엘리야는 명성이 높은 사람이었다. 이스라엘을 대표하는 선지자로서 그의 영적 권위에 기대거나 그것을 위협으로 여겨 견제하려는 권력자도 있었다. 이와 같이 많은 사람의 기대와 견제를 함께 받는 인물은 자기의 힘을 과잉으로 사용함으로써 제 생명을 소진해야 하는 운명의 무게에 눌리는 경향이 있다. 따라서 그의 광야행은 그 모든 선지자의 비관주의적 체계로부터 벗어나려는 몸부림의 성격이 작용한 결과로 볼 수 있다.

그러나 하나님은 그런 엘리야의 자포자기적 소원을 그대로 받아들이지 않았다. 설사 그가 역사와 공적 사명의 무대에서 은퇴하더라도 마무리해야 할 최종 과제가 남아 있었기 때문이다. 그래서 그는 천사가 제공한 떡과 물 한 병을 취하여 원기를 회복한 뒤 다시 또 갈 길을 간다. 마침내 사십 주야를 내리달려 다다른 하나님의 산 호렙에서 엘리야는 사위로 열린 광야의 공간을 벗어나 입구만이 있는 밀폐된 공간으로 들어간다.

이 공간의 전환은 문학적 이미지로서 시사하는 바가 적지 않다. 그는 마침내 만민에게 노출된 공적 존재로서 그동안 군중과 권력과의 긴장 가운데 들어온 모든 큰 소리를 내려놓고 고요한 자궁의 상태로 회귀한 것이다. 거기서 그는 강한 바람과 지진과 불의 관문을 통과한 연후에 '세미한 소리'를 듣는다.[10] 그것은 더 이상 사람들이 자기에게 부과한 사명을 재촉하는 닦달의 소리도, 그로 인한 반작용으로 들려온 협박의 소리도 아니었다. 그것은 엘리야가 처한 실존적 삶의 현주소를 묻는 질문이었다. "네가 어찌하여 여기 있느냐?" 이는 엘리야가 추구해온 목적론적 삶이나 공리주의적 목표를 외면한 존재론적 이유의 질문으로 울린다. 이에 대해 엘리야는 자신이 쫓겨 오게 된 내력을 현실적 상황에 결부시켜 부정적으로 투사한다. 이에 대한 해법은 하사엘과 예후를 지명하여 아람과 이스라엘의 권력 기반을 갈아엎는 것이었고, 또 엘리사를 세워 예언자 리더십의 세대를 교체하는 것이었다. 이는 엘리야의 공적인 존재의식을 갱신할 뿐 아니라 그가 감당해온 당대의 권력 판도를 새롭게 변혁하는 기획으로 귀착된다. 곧 엘리야의 광야 여로가 탈주였다면 그 탈주의 지향은 자기 해방과 함께 독재 권력의 질곡에 눌려온 당시의 정치 환경을 갱신하는 데 있었던 셈이다.

| 시련과 극복 유형: 예수와 40주야 광야 체험 |

유형론적으로 볼 때 예수의 광야행은 한 마디로 시험과 대결 국면으로 요약된다. 예수 이야기의 서사 구도에서 예수의 광야 시험은 그의 세례 에피소드와 본격적인 하나님 나라 복음 사역의 개시 사이에 위치한다. 마가복음의 버전은 성령이 예수를 광야로 몰아내서 거기서 사탄에게 시험을 받았다는 간단한 진술로 짜여 있다. 들짐승과 함께 거한 점과 천사

의 수종을 동시에 언급하고 있지만 그것이 예수의 시험과 직결되는 신학적 함의를 띠고 있는 것은 아니다. 외려 이 들짐승과 천사 모티프는 지리적 공간으로서 광야의 리얼리즘을 감퇴시켜 신화적 아우라를 덧씌우는 역할을 한다. 들짐승과의 동거는 에덴의 원시적 풍경을 연상시켜주고 천사의 수종은 하나님의 아들로서 예수의 비범한 위상을 부각시켜줄 뿐이다. 그러나 마태와 누가의 버전은 보다 확장된 서사의 틀 속에 예수의 시험 이야기를 제시한다. 거기서 예수는 사십 일 밤낮으로 시험을 받았고 음식을 먹지 않은 채 굶주리며 고행한 것으로 드러난다. 시험의 주체는 마귀이고 시험의 내용은 돌을 떡덩이로 변하게 하라는 것과 성전 꼭대기에서 뛰어내리라는 것, 그리고 자신에게 경배하면 천하만국과 그 영광을 그에게 다 주겠다는 것이었다.

예수에게 이 모든 것이 실제로 광야에서 이루어졌다고 보기 어렵다. 그랬다면 그는 광야에서 성전으로, 다시 높은 산으로 동선을 바꾸어 시험을 받은 것이기에 계속 움직이는 동선을 보여주었어야 하고 주변 사람들의 반응도 첨가되는 것이 적절하다. 그러나 이 모든 시험이 광야에서 치러진 것처럼 묘사된 점으로 미루어 이는 곧 굶주린 육체를 지닌 그 자신과의 싸움을 묘사함으로써 내면세계에서 있었을 법한 대결 국면을 반영하고 있는 듯하다. 이를테면 예수의 광야 시험은 자기 욕망과의 대결이었으리라는 것이다. 식욕, 명예욕, 권력욕 등과 같은 인간의 원초적 욕망에 대해 예수는 자기와 씨름하면서 그 유혹의 고비를 넘어서고자 한 것이다. 그렇다면 이는 예수가 자신의 공생애를 시작하기에 앞서 자신의 사적인 욕망으로 인한 시련을 극복한 사례로도 볼 만한다. 예수에게 시험과 대결은 곧 자신의 내면이 극단의 광야 환경에 시달리면서 통과한 시련과 극복의 경험으로 해석될 수 있는 것이다. 이는 의인이 자신의 의

로움을 인정받기 위해 극단적인 검증 절차를 거친다는 오래된 문학적 양
식의 연장선상에서 조명된다.

　문제는 이 모든 시련의 극복 과정이 광야를 배경으로 전개되었다는 사
실이다.[11] 광야에서의 오랜 굶주림은 돌조차도 떡으로 보일 정도로 지속
적인 일용할 양식의 부재 상태를 초래한다. 그곳에 홀로 머무는 경우 그
당사자에게 권세와 명예를 부여할 집단이 없는 상태에서 인간의 사회적
성취에 대한 인정 욕구의 극단적 결핍은 명약관화하다. 사회적 정치적
존재로서 한 인간이 광야의 그러한 결핍 상태를 오래 견뎌야 한다는 사
실 자체가 시련이 아닐 수 없다. 이는 생래적인 인간의 욕구를 억누르고
생명의 본능에 반하는 역경을 증폭시키기 때문이다. 그러나 예수의 신학
적 상상력 속에서 그러한 결핍은 외려 욕망 너머에 계신 하나님의 존재
와 그 뜻을 살필 수 있는 내면 공간을 확장시켜준다. 아무리 굶주리더라
도 하나님의 말씀을 팽개칠 수 없고, 아무리 명예와 권력이 좋아도 악의
세력과 타협하면서 하나님을 시험하는 경솔한 처신을 할 수 없는 것
이다.

　그러한 초월적 공간의 여백이 예수가 당면한 시련으로서의 시험을 극
복하는 출구를 제공한다. 그 출구에서 예수는 자신이 사사로운 개인이
아니라 하나님의 나라와 뜻을 받들어 복음을 담대히 선포해야 할 공적인
위상을 확신하기에 이른다. 이와 같이 예수가 체험한 광야는 시련을 무
릅쓴 시험으로서 이른바 한 개인의 삶을 '공생애'로 이끈 결사적 통과
절차로서 자리매김된다. 이 유형은 평범한 개인이 비범한 의의 목표를
세워 자신의 욕망을 풍화시키면서 초월적 지평을 개척하는 고독한 자기
대결을 부추긴다. 예수가 체험한 그 광야는 그에 합당한 지리적 공간으
로 제 고독한 삶을 옹골찬 목표 아래 축소시키는 실존적 장소를 제공한

다. 사위로 열린 광야의 공간이 내면의 응축된 장소를 품고 있다는 사실은 그 모든 시험/시련을 극복한 자리에서 예수의 광야 체험이 보여준 특이성을 잘 보여준다.

| 성찰과 모색 유형: 바울과 아라비아 광야 체험 |

바울은 갈라디아서의 자전적 고백에서 자신이 그리스도의 계시를 접한 뒤 다메섹에서 아라비아로 갔다가 다시 다메섹으로 돌아갔다고 말한다(행 1:17). 여기서 바울은 자신이 예루살렘에 올라가지 않았음을 굳이 힘주어 강조한다. 이는 사도행전의 기록에 나오지 않는 사실로 거기서 바울은 다메섹에서 용감하게 복음을 전파하다가 바나바의 소개로 예루살렘에 가서 전도한 뒤 핍박을 피해 가이사랴를 경유하여 고향 다소로 가는 것으로 서술된다(행 9:19b-30). 아라비아는 당시 지리적인 명칭이 아니라 행정 구역 아라비아 주를 일컫는데, 곧 나바티아Nabatea 왕국의 일부였으리라고 추정된다. 문제는 바울이 왜 자신의 자전적 고백 가운데 아라비아를 언급했는가 하는 점이다. 또 이왕 언급했으면 거기에서 무엇을 했는지 가볍게 진술할 만도 한데, 그는 여기서 '갔다'는 사실만 언급할 뿐, 거기서 있었던 일들과 함께 '나온' 사실도 생략한다. 아마도 거기서 있었던 일들이 별로 중요하지 않고 따라서 기억 속에 새겨둘 만한 가치가 없었기 때문에 그랬을 가능성도 있다. 그러나 그런데도 그 사실을 언급한 점은 바울의 당시 아라비아행이 전혀 무의미한 것은 아니었음을 암시한다.

바울이 갔다고 한 아라비아가 여기서 논의하는 특정한 광야의 공간인지 여부는 분명히 확인할 길이 없다. 그러나 당시 나바티아 왕국의 공간적 지형은 일부 도심 지역을 제외한 대부분이 에돔 광야와 그 바깥의 더

황막한 사막 지대로 구성되어 있음이 확인된다. 바울의 아라비아행에 대한 추론은 대개 두 가지로 엇갈린다. 먼저 그가 사도행전에서 보여준 다메섹-예루살렘 관련 활동 기록으로 미루어 아라비아에서도 도심지의 번화한 곳에 포진하여 담대하게 복음을 전했을 가능성이 그 첫째 추론이다. 바울은 여기서 아라비아를 예루살렘의 대척점에 있는 미연고와 미지의 땅으로 부각시킨다. 그가 굳이 예루살렘에 가지 않았다는 주장은 그가 굳이 아라비아로 갔다는 진술과 겹쳐지면서 미묘한 암시를 던진다. 바울의 아라비아행과 관련된 숱한 미궁에도 불구하고 이 대목에서 그 암시를 통해 건너짚을 만한 구석이 있다. 그것은 아라비아가 바울이 예루살렘을 회피한 신학적 명분을 제공한다는 사실이다. 이는 일종의 공간적 표상으로 바울은 자신의 아라비아 동선을 통해 무언가 전하고자 한 메시지가 있었다. 그것은 추측컨대 고향의 혈육이나 예루살렘의 사도적 연고 의식 등과 같은 온갖 인간적 인연과 외교적 통로를 단절하고 전혀 새로운 삶의 도상에 올랐다는 선언이다.[12] 당시 그에게는 다메섹 도상에서 초월적 권능자로 나타나신 부활의 주만이 전부로서 강렬하게 그의 영을 사로잡고 있었다고 보아야 할 것이다.

또 다른 가능성은 바울이 다메섹 도상에서 경험한 예수 그리스도와의 만남이란 충격을 소화할 완충지대가 필요하였으리라는 것이다. 대체로 예기치 않은 강렬한 영적 체험을 한 사람들의 공통된 성향은 워낙 정신없이 치른 그 경험의 후유증을 다스리는 자기 성찰의 과정을 거친다는 것이다. 사도행전에서 그 완충지대는 곧 다메섹의 아나니아 집이었고 그곳을 중심으로 하는 가정 교회 공동체였다. 그러나 바울은 그렇게 형제들로 둘러싸인 장소가 아니라 광야의 공간을 통해 자신의 체험을 내면화하면서 그때까지 살아온 삶과 전혀 다른 길을 모색하는 시간을 필요로 했을지 모른다. 그것이 아라비아에서 바울의 시범적 선교 활동과 일부 겹쳐졌을 가능성도 배제할 수 없다. 그러나 전자든, 후자든, 바울의 아라비아 광야행은 다분히 그와 같은 성찰과 모색의 시간을 수반했을 가능성이 크다. 그도 그럴 것이 수십 년간 바리새적 삶의 규범에 익숙하게 살아온 그의 과거를 단숨에 폐기하기 어려웠기 때문이다. 더구나 가말리엘의 문하에서 수련받고 헬레니즘의 교양을 갖춘 세계 시민으로서 사이비 이단 집단을 말소하여 유대교의 정통을 세우려고 자원하였던 그의 열정을 감안할 때, 갑자기 닥친 충격적인 경험이 그에게 아무런 여과장치나 성찰적 모색의 절차 없이 전혀 반대 방향으로 새로운 삶의 이정표를 세우기 어려웠을 것이다. 게다가 그가 지적인 인물이었음을 감안할 때 그의 영적 체험에 대한 신학적 자기 해명의 작업은 불가피했을 가능성이 농후하다. 어떻게든 정비되고 정당화되어야 할 내면의 신학적 논리가 절박했을 터였기에 그의 아라비아 광야행은 필연의 수순이었으리라는 것이다.

광야 체험의 신학적 전승과 구조

| 공동체의 자기 비움과 회복 |

광야 체험은 단순히 체험으로 머물지 않고 후대로 전승되어 그 기억 속에 부활하는 특성을 드러낸다. 특히 이스라엘 백성들의 집단적 광야 체험은 이후 왕조 국가의 기틀이 확립된 상태에서 야훼 하나님과의 언약적 신앙관계를 끊임없이 회고하고 그 원시적 향수를 매개로 현존 체제를 갱신하려는 신학적 모티프로 작용한 것으로 보인다. 모세의 유언으로 전승된 신명기부터 그 서론은 광야의 말씀을 강조한다. 이 책 전체가 "모세가 요단 저쪽 숩 맞은 편의 아라바 광야 곧 바란과 도벨과 라반과 하세롯과 다사합 사이에서 이스라엘 무리에게 선포한 말씀"(신 1:1)이라는 것이다. 신명기가 유언의 형식으로 제시한 광야 신학의 유산은 무엇보다 하나님의 말씀에 대한 순종으로서 율법과 규례를 신실하게 잘 준수해야 한다는 것이다. 그 율법의 지향점은 곧 하나님의 공의가 백성들 사이에 실현되는 것이었고, 언약의 신실한 이행으로 말미암아 하나님이 약속하신 복을 받아 누리는 것이었다. 이를 위해 그들에게 필요했던 것은 모든 백성들이 언약공동체의 책임 있는 성원으로서 질서를 지키면서 조직적인 사회구성체로서 생존하고 번영하기 위한 기본적인 준칙이었다.[13] 아무도 배제되지 않는 그 평등한 공동체 안에서 공의와 복락은 늘 함께 병행한다는 것이 광야의 삶을 통해 체득한 중요한 교훈이었던 셈이다.

그러나 사사 시대를 거치고 왕조 국가가 건설되면서 이러한 광야의 신학적 유산은 망각의 늪으로 빠져들었다. 왕들은 일부를 제외하고 대체로 권력을 유지하기에 급급했고 백성들은 토착민들의 바알/아세라 종교에 습합되면서 야훼주의 신앙의 순결을 상실했다. 그나마 예언자들의 활동이 그것을 제어하면서 광야의 유산을 상기시켜주는 정신적인 보루로 제 몫을 수행했다. 선지자 호세아는 이스라엘과 하나님 사이의 태초 만남을 광야로 소급시키면서 다음과 같이 말한다. "옛적에 내가 이스라엘을 만나기를 광야에서 포도를 만남 같이 하였으며 너희 조상들을 보기를 무화과나무에서 처음 맺힌 첫 열매를 봄 같이 하였거늘…"(호 9:10). 광야에서 구하기 힘든 포도와 무화과 열매를 연상하면서 이로써 이스라엘의 특징적인 이미지로 삼은 것은 열악한 환경에서도 소중하게 보살핀 하나님의 곡진기정을 설파한다. 비록 산해진미의 성찬을 베푼 것은 아니었지만 소박한 중에도 언약적 신실함을 통해 서로에게 충실할 수 있었던 기반이 바로 그 광야에서 형성되었다는 것이다. "내가 광야 마른 땅에서 너를 알았거늘 그들이 먹여준 대로 배가 불렀고 배가 부르니 그들의 마음이 교만하여 이로 말미암아 나를 잊었느니라"(호 13:4-6). 메추라기와 만나의 선물은 하나님이 베푼 은총의 결과였지만 때로 그것은 이와 같이 탐욕의 빌미가 되기도 했다. 배부르면 늘어지는 인간의 심성 그대로 그들은 안온할 때 그렇게 교만의 틈새를 열어보였고 다시 패역의 수렁에 빠지곤 하였다는 것이다. 신명기 사가와 예언서는 이 시기의 대표적인 범죄로 영적인 음란함으로서의 우상숭배와 사회적 불의를 꼽는다. 이와 같은 퇴락한 종교적 사회적 기풍이 왕조 국가에서 극성을 부리면서 결국은 왕국의 분열과 패망을 자초한 것으로 역사 속에 평가된다.

이에 대한 대안으로 예언자들이 제시한 것은 광야 정신의 회복이었다. "내가 너로 다시 장막에 거주하게 하기를 명절날에 하던 것 같게 하리라"(호 12:9). 그들이 광야에 머물던 시절을 기억하기 위해 연례행사처럼 하던 장막 체험을 명절날 의식으로 한정하지 않고 일상이 되도록 하겠다는 것이다. 곧 광야 체험의 신학적 유산을 회복시켜 공동체의 갱신을 추구하겠다는 선언이다. 이는 유대 왕조가 멸망한 뒤에도 선지자 이사야가 투시한 비전과도 상통한다. "너희는 광야에서 여호와의 길을 예비하라. 사막에서 우리 하나님의 대로를 평탄하게 하라. 골짜기마다 돋우어지며 산마다, 언덕마다 낮아지며 고르지 아니한 곳이 평탄하게 되며 험한 곳이 평지가 될 것이요 여호와의 영광이 나타나고 모든 육체가 그것을 함께 보리라"(사 40:3-5). 광야는 특정하게 확정된 길이 없는 공간이다. 그런데 그 길 없는 가운데 여호와의 길이 인간의 시선에 대로처럼 나타나리라는 것이다. 광야에 생기는 그 길은 평탄케 되는 역사를 경험

하는 길이다. 높은 곳이 깎여 낮아지고 낮은 곳이 돋우어져 평탄케 된다
는 것은 인간이 만들어놓은 문명의 불평등성과 불균질성을 넘어 공동체
의 샬롬을 회복하리라는 비전의 발로였다. 실제로 그 조상들이 광야에서
같은 장막에 거하고 동일한 음식을 먹었던 것에 비해 왕조 국가의 외형
적 변영은 사회경제적 불평등을 심화시키고 태만한 권력의 횡포 속에서
억압당하는 그늘진 '골짜기' 생명을 양산해온 것이 현실이었다. 광야의
신학은 일그러진 이 모든 문명의 굴절과 역사의 왜곡을 소박한 원형으로
돌림으로써 그 체질을 갱신하는 시범적 준거가 된다.[14] 다시 말해, 배부
르고 퇴락한 육체와 정신이 그 내용물을 토해냄으로써, 광야에서 멀리
떨어져 하나님과의 신실한 원형적 언약 공간을 망실한 사실을 토설함으
로써 가능해진다는 것이다.

성전과 회당, 교회를 중심으로 역사의 물줄기를 타고 흘러온 신앙공동
체의 구조는 광야 시대와의 원근법적 조율 속에 빛과 그림자를 번갈아
보여주었다. 그러나 언제부턴가 이 시대의 신앙공동체에는 더 이상 광야
냄새가 나지 않고 문명의 심연으로 깊이 침잠하여버린 인상을 강하게 풍
기기 시작했다. 자기 비움의 결단이 희소해지고 높아진 제 오만의 자의
식을 깎아내리는 전복적 갱신의 움직임이 기대 난망의 상황으로 빠져버
렸기 때문에 그 인상은 강화될망정 해소의 기미가 좀처럼 보이지 않는
다. 일부 소소한 공동체의 자기 해체와 갱신을 위한 실험만이 틈틈이 자
그만 희망의 빛으로 명멸할 뿐이다. 여기서 억지춘향의 복고주의적 회고
만으로 사태의 진상이 조망되지 않을 뿐더러 광야의 슬로건이 근본적 변
혁을 위한 실천의 동력을 제고하지도 않는다. 기원전 십수 세기의 팔레
스타인 역사가 21세기 포스트모던의 역사가 될 수 없듯이, 근동의 광야
지형이 오늘날 지구촌의 일반적 지형이 될 수 없는 이치도 수긍해야 할

것이다. 그러나 때로 시인의 영명한 예언적 통찰은 '물속의 사막' (기형도)을 보기도 한다. 예술가의 치밀하고 섬세한 시선은 대도시의 한복판에서 허옇게 풍화하는 광야의 군상들을 목격하기도 한다. 그것이 단지 공허한 순간의 환몽이 아닐진대, 오늘날 도심의 한복판으로 난 광야의 길 없는 길은 현재진행형의 희망사항으로 여전히 현존한다. 이러한 맥락에서 교회와 사회의 각종 선한(선하고자 하는) 기구들은 공동체의 이름으로 그 길을 '하나님의 대로' 로 만들어야 할 시대적 사명 앞에 겸손해야 할 것이다. 그 겸손한 비움의 각성이 우리가 몸담고 있는 공동체를 광야의 생기가 감도는 소박한 생명의 전당으로 갱신시키는 저력이 된다. '저력' 이라는 것은 본래 감추어져 있어 잘 드러나지 않지만, 그 미미한 손길들이 합세하는 순간 폭발적 활력을 기대해도 좋을 것이다. 거기서 광야의 정신은 신학적으로 재생 가능하며, 공동체에 잠복되어 있지만, 그것을 재발견하여 활성화할 때 미세한 역사의 오솔길에 자생하는 희망을 견인할 수 있으리라 본다.

| 단독자의 자기 풍화/승화 과정 |

광야의 바람과 열기는 모든 것을 닳게 만든다. 생명이 있는 것들은 그 반복적인 건조한 바람에 스치며 마르게 되고 결국 지루한 육탈의 과정을 거친다. 모세가 수십 년간 미디안 광야에서 도피와 안돈의 과정을 거친 것은 그의 과거와의 단절을 통해 주체적인 단독자가 되는 과정에 다름 아니었다. 이집트의 왕자에서 목자로의 변신은 곧 권력의 체계에 붙박여 살던 타율적 체질에서 권력이 불필요한 자유로운 유목적 체질로의 전환을 의미했다. 마침내 그가 가시떨기 환상 앞에 이끌려 하나님의 음성을 들었을 때 거기서 그는 제 몸 밑바닥을 지탱하던 신발마저 벗고 거룩한

땅의 세계로 입문하게 된 것이다. 광야는 이처럼 특권화된 기존의 모든 장소를 '탈영토화' 함으로써 태곳적 원시의 상태로 돌려주는 미덕을 사람에게도 행사한다.[15] 광야의 유목민은 그렇게 최대한 자연인으로서 땅에 대한 집착을 초탈하는 동선을 만들어 다만 땅에 나는 푸른 풀의 일회적 은총만을 찾아다닐 뿐이다. 그래서 우기에 일부 번성하는 초장과 오아시스는 다윗의 유명한 시편 구절처럼 '푸른 초장'과 '쉴 만한 물가'만으로 부족함이 없는 야훼 하나님의 은총을 표상할 수 있는 것이다.

그러나 그렇게 한 인생의 육체를 휘감는 세월과 풍토의 힘에 그저 풍화될 뿐이라면 인생은 물질적 생존의 질곡에 채인 동물성을 넘어서지 못한다. 세월이 할퀴고 간 풍화작용이 육탈의 소멸을 지향한다면 그 풍화 이후의 열매로서 우리는 승화된 삶의 초월성을 기대할 수 있을 것이다. 그것은 모세가 마침내 안온한 일상의 생활을 성찰하는 계기가 된 광야의 또 다른 신학적 유산이다. 가족으로서의 타자는 결국 자아화된 타자로서 혈육과 인습이란 자기동일성의 체계를 넘어서지 못하는 관계의 안쪽에 머문다. 따라서 이러한 체계의 지속을 통해서는 세월의 힘에 밀려 불가피하게 풍화는 될망정 승화의 세계로 진입하기란 불가능하다. 다시 말해 가족적 일상은 그 유목적 삶의 환경에도 불구하고 구원의 밑절미를 보양하는 태반은 제공할지라도 그것을 도전적으로 선취하는 데까지 미치지 못한다는 것이다. 모세에게 떨기나무 계시가 필연의 수순일 수밖에 없었던 이유가 여기에 있다.

이와 같은 신 앞에 직통으로 대면한 단독자의 자기 승화 과정을 표상하는 광야라는 메타포는 엘리야의 탈주와 갱신 유형과도 부분적으로 겹친다. 광야로 탈주한 엘리야가 로뎀나무 그늘 앞에 앉았을 때 우리는 그를 쫓기는 약자로 규정할 수 있다. 나아가 그가 하나님 앞에 늘어지는 목소리로 자신의 목숨을 거두어주길 간구했을 때 우리는 하나님의 무심함을 탓하거나 한 위대한 인물의 급반전한 위상을 동정할 수 있다. 그러나 그의 로뎀나무는 요나의 박 넝쿨 못지않은 희극적인 배경 이미지를 제공한다. 로뎀나무는 가느다란 잔가지가 무성하여 '나무'라고 부르기조차 민망한 광야의 식물이다. 멀리서 보면 그 가지들은 산발한 머리털처럼 어지럽고 그 아래 깃든 그늘이란 것도 겨우 몸 하나 눕힐 만한 안쓰러운 여백일 뿐이다. 그것은 정색을 하고 근엄하던 엘리야의 예언자적 권위를 철저하게 해체하여 하나의 연약한 인간으로 풍화시킨 객관적 상관물로 투사된다. 그 로뎀나무와 겹쳐지는 낙담한 엘리야의 몰골은 갈멜산 투쟁의 영웅적인 후광이 모두 제거된 상태로 탈신화화한 한 인간의 초상이다. 거기서 그는 최후의 원기를 회복한 상태로 극한대의 여정을 40주야 광야 길에서 경험하였고, 마침내 육탈의 그 몰골이 다다른 최후의 지점에서 그는 '세미한 소리'에 이끌려 단독자로서 자기 승화의 고개를 넘을 수 있었다.

　하나님의 아들로서 예수 역시 인간의 가장 원초적 욕망 앞에서 고행을 치름으로써 육탈의 극한대를 시험한 격이었다. 이런 관점에서 예수가 체험한 광야의 성격은 시험을 당하거나 받은 것이 아니라 스스로 그 시험의 시련을 자초하며 감당했다고 볼 수 있다. 그는 이 육탈적 시험이 관문을 통해 스스로 하나님의 아들이 사람의 아들로서 살아야 할 거친 광야 세상의 현실에 입문하였고, 사람의 아들로서 하나님의 아들을 지향해야 하는 풍화 끝의 승화를 경험한 셈이다. 아무도 출몰하지 않은 그 고독한 공간에서 들짐승들이 함께하고 사탄의 미혹과 천사의 수종이 번갈아 개입한 것은 고요한 내면의 격렬한 싸움이 남긴 심리적 풍경의 문학적 형상화로 볼 수 있다. 마치 세례자 요한의 옷차림(약대 털)과 음식(메뚜기와 석청)이 표상하듯이, 광야의 단독자는 고독을 동력으로 스스로 무한히 열린 세계의 공포와 대면하면서 바람을 닮아가려는 모험의 일선에 서야 한다. 그 입구에서 육탈의 풍화를 경험한다면 그 출구에서 그는 영혼의 승화를 맛본다.

오늘날 도시 문명의 한가운데서 하나님 앞에 선 고독한 수행자는 오로지 내면에 감추어진 광야를 걸으면서 오아시스를 찾는 명상적 낙타들로 대변된다. 그것은 실지로 1990년대 이 땅의 문학판 한구석에서 다수의 지친 심령들이 갈구하며 탐색해본 길이었다. 그 귀결이 이 땅의 교회에서도 연동되어 고대와 중세의 사막 교부들과 수도자 전통을 불러내기도 하였다. 오늘날 '관상기도'와 '거룩한 독서lectio divina'로 대표되는 이 영성의 부흥은 더 소급해보면 광야의 오래된 신학적 유산에 잇닿아 있다. 그것은 제도적으로 깔끔하게 위생 처리된 수도원이나 기도원 등의 기존 체제를 아예 멀리 벗어난 은밀한 곳, 발가벗은 영혼이 제 존재의 근원이 부여하는 공포 앞에 엘리야처럼 주저앉는 자리로 뻗어간다. 거기서 산발을 한 로뎀나무의 실존적 단독자는 출현하고, 비루한 인간의 욕망은 그 무의식과 함께 정체를 드러내며 육탈의 모험을 감행할 수 있게 된다. 마침내 승화의 빛을 한 오라기 건질 수 있다면 그것만으로도 구원의 감화는 적지 않을 터이다. 이로써 하나님의 세미한 음성과 함께 제 존재의 한계를 멀찌감치 벗어나 모세와 엘리야가 추구했던 구경적究竟的 경지를 추체험하고 예수 그리스도와 연합하는 영성의 세계에 신발을 벗고 동참할 수 있기 때문이다.

| 개척자의 공간 전복적 자기 성찰 |

가라타니 고진에 따르면 광야/사막은 바다와 마찬가지로 사위로 열린

'교통 공간'으로서 안과 밖의 경계 문제에 대한 신학적 성찰을 제공한다. 광야의 은유는 안과 밖의 경계와 무관하게 거래하고 번역하며 유통하는 인간의 원시적 삶의 현장을 통해 그 최종 의미를 완성하는 셈이다. 그것은 곧 태초의 시간과 맞물린 종말의 시간이 취하는 상동 구조와 유사하다. 구획된 경계가 무의미하던 열린 공간이 배타적으로 나뉘고 폐쇄적으로 유지되면서 인간의 대지는 자기동일성의 체계를 구축함으로 교통 공간을 상실하는 것이다. 이질적인 요소들의 횡단과 절합이 반복되는 이 교통 공간으로서의 광야는 가라타니 고진에 따르면 모든 세계 종교의 원형 구조를 드러낸다.[16] 이러한 관점에서 볼 때 출애굽 백성의 광야는 내부도 외부도 아니었다. 거기서 그들은 이집트의 노예적 삶을 뒷받침한 습속을 아직 극복하지 못한 상태였다. 야훼의 계명이 확립되지 않은 시점에서 유랑의 여정을 계속하고 있었기에 외부와 내부의 경계는 희미한 채 다만 생존이 최우선 과제였다고 볼 수 있다. 다시 말해, 그들의 외부와 내부는 끊임없이 이동 중이었다는 것이다. 이러한 공간의 뫼비우스적 구조는 일찍이 모세의 광야 체험에도 반영되어 그가 내부로 삼았던 이집트의 도심 공간은 미디안 광야에서 신속히 외부화되고 타자화되었음을 확인할 수 있다. 반면 내부화된 미디안 광야는 출애굽의 계시 사건과 함께 다시 외부화되고 미디안 족속과 전쟁을 치르게 되는 상황에 이르러서는 그 외부적 타자는 대적해야 할 극단적인 타자로 변신한다.

이와 같이 전복되는 중심과 내부의 역동성은 엘리야의 동선에서도 우회적으로 파악된다. 그에게 바깥은 바알과 아세라 우상 신상만이 아니었다. 그들 신을 떠받들고 섬기는 선지자들만도 아니었다. 그 정치적 후견인이었던 아합과 이세벨에 국한된 것도 아니다. 그 선명한 바깥에서 정작 영웅적 갈멜산 투쟁과 승리의 영광을 얻어낸 직후 스스로 도취했을 법한 폐쇄적 자아의 초상은 엘리야에게 강렬한 내부로 자리하고 있었다. 그러나 그것이 야훼 하나님의 최종 목표가 아니었다. 영웅적 개인의 투쟁과 승리는 엘리야의 우월한 인간적 본질에서 비롯된 것도 아니려니와, 하나님의 뜻은 그 너머로 엘리야 자신의 실존을 겨냥했다. 그것은 제 목숨이 경각에 처한 한계상황에서 자신을 바깥으로 타자화해야 하는 과제를 부과했다. 여전히 원군이 되었던 백성들, 그러나 속내를 까발려보면 이중적인 모호한 포즈로 양다리를 걸쳐왔던 그들을 멀리 하고, 기존 체제의 공간을 멀리 탈주했을 때, 그는 자신이 벗어나야 할 타자였음을 깨달을 수 있었다. 이제 기존의 의식과 경험 가운데 통과해온 자신의 생은 넉넉하여 그것을 벗어던지고 싶은 갈망이 로뎀나무 그늘 아래 토로되었던 것이다. 그 이후의 40주야 광야 여정은 자신의 마지막 미련까지 송두리째 떨치고 철저하게 바깥이 되어가는 과정이었을 것이다. 그 광야 길의 끝에 자신은 이제 역사의 중심에서 은퇴하고 예후와 하사엘, 엘리사의 무대를 열어주는 마지막 역할이 대기하고 있었다.

이러한 퇴장은 기실 또 다른 개척이라고 볼 수 있다. 개척은 늘 극단의 변경에서 아스라하게 이루어지기 때문이다. 예수의 광야 시련 역시 하나님의 아들이지만 동시에 인간의 아들로서 겪어야 할 극단의 경계를 경험한 것이었다. 인류를 위해 져야 할 십자가가 공생애의 끝에 기다리고 있었지만, 그는 이 세상을 향해 바깥으로 나가기 전에 내부의 세계와 싸워야 했다. 그런데 아뿔싸, 그 내부는 매우 생경하면서도 고역스런 세계가 아니었던가. 예수의 시험과 시련은 엘리야의 퇴장과 달리 내부로의 입장을 통해 외부를 보는 또 다른 형식의 개척이었다. 그처럼 죽음 직전까지 위태롭게 경험한 그였기에 '고통의 코이노니아'를 통해 '형제 됨의 조건'을 갖출 수 있었던 것이다.[17] 그 내부 공간으로서의 광야를 벗어난 예수는 바깥세상에서 하나님 나라의 복음을 전파하면서 구원 사역에 매진했다. 그 광야는 이따금 다시 출몰하여 때로 고적한 기도와 묵상의 공간으로, 약간의 풀밭이 남아 있는 군중들과의 공동식사 자리로 변용된다. 마침내 죽음을 앞두고 자신의 실존과 싸우는 겟세마네라는 막판의 공간에서 광야는 어둡고 밀폐된 슬픔과 고뇌, 두려움의 공간으로 전이된다. 이와 같이 예수는 광야의 은유를 여러 차례 제 몸의 동선으로 실현해나간 것이다. 거기서 '유리하는 양떼'와 같은 바깥의 생명들은 하나님 나라의 소박한 잔치에 초청받아 예수와 더불어 먹고 마신다. 그 공동식사가 배설된 광야에 돋아난 푸른 풀은 하나님 나라가 온전히 구현되는 희망 어린 미래의 상징처럼 비친다. 병든 자들, 상한 자들 역시 예수의 치유 역사와 함께 다시 내부의 양지로 자리를 바꾼다. 반면 복음서의 서사는 당시 중앙과 권위, 정통과 권력의 대명사였던 바리새인, 사두개인, 장로와 서기관, 대제사장, 헤롯 일가와 로마 권부 등의 이름이 하나님 나라의 바깥 자리로 밀려나는 구도를 보여준다. 이 안팎의 자리바꿈은 광야의 교통 공간을 중심으로 하나님 나라라는 기치하에 예수가 기획·실천한 전복적 변방 개척과 도전적 중심 해체에 힘입은 바 크다.

　바울의 아라비아행 역시 그것이 모험적 성찰의 의도 아래 진행되었다는 전제하에 당시의 제자들 그 누구도 보지 못한 바깥의 이질적인 공간을 발견한 의의가 명확히 도드라진다. 갈라디아서의 해당 문맥에서 바울의 이 수상한 외지 아라비아가 친숙한 예루살렘의 대척적 공간에 자리하고 있음은 이미 지적한 바와 같다. 그것은 기득권에 의존하지 않고 새로운 영역을 개척하려는 의욕의 산물이었다. 따라서 의도적인 선택이었고, 그것이 미답의 영역인 만큼, 바울의 의도 바깥으로 펼쳐질 그 세계는 당연히 미지의 세계였다. 바울은 그렇게 아라비아행의 개척 정신을 이후의

선교 루트에서도 유사한 패턴으로 신학화하여 중앙을 지방화하고(예루
살렘) 수많은 지방의 도시들을 중앙으로 세워나갔다. 그러한 전복적 공
간화로서의 신학적 장소화는 바울 선교에 보편성을 더하여 마침내 역사
의 중추적 흐름을 형성해갈 수 있었다. 그것은 일찍이 예수가 시위한 대
로 죄인과 가난한 소외자들을 하나님 나라의 내부로 끌어안는 포용의 동
선을 더 광범위한 공간 속에서 확대·심화해나간 결실이라고 볼 수 있
다. 갈릴리와 팔레스타인을 중심으로 한 예수의 '하나님 나라 선교'가
바울 등에 의한 '그리스도 선교'로 전이되면서 그 보편성의 위상도 한층
높아져간 것으로 평가된다.

광야 신학의 동시대적 진로

역사적 삶의 체험에서 신학적 은유에 이르기까지 '광야'의 유산은 포
괄적이고 심층적이다. 그것은 한 개인이나 집단의 특수한 공간 체험이
어떻게 보편적인 사유의 장을 열어나가는지 보여주는 중요한 단서가 된
다. 앞서 분석한 다섯 개의 유형에서 세 층위의 신학적 구조를 해석해내
기까지 광야의 풍성한 정신사적 문명사적 영양분은 실존과 역사의 범주
를 가로지르며 다채롭게 명멸한다. 이렇듯 세계 종교를 싹틔운 보편적
교통 공간으로서 안과 바깥의 역동적 위치 이동과 함께 감추어진 삶의
낯선 영역을 모험하고 개척하는 차원에 이르기까지 광야가 보여준 신학
적 파급 효과는 풍성한 편이다. 더구나 오늘날 보편적인 복음이 특정 기
관이나 집단의 이해관계와 고착된 교리 신학적 논리 아래 형해화되거나
소종파적인 발상으로 그 배타성의 담장을 높여가고 있는 추세에 광야의

전통적 미덕은 충분히 재발견되어야 할 필요가 있다.

중요한 것은 지리적 공간으로서의 광야 자체가 아니라 그 지형적 특성을 내장한 신학적 메타포로서의 의의이다. 오늘날 우리 사회와 교회는 자기동일성의 폐쇄회로에 갇혀 정신적인 몸살을 앓고 있다. 그것을 깨고 나가야 한다는 입장이 늘 도전의 기세를 올리지만 대세는 여전히 기존의 구태의연한 관습에 안주하는 틀로 회귀하곤 한다. 자기해체와 극복을 위한 진보의 열기는 아무리 의욕을 높여도 늘 현 체제를 보수하려는 퇴행적 사회심리로 귀착되는 것이다. 더구나 심각한 이 시대 사회구성체의 문제점은 '공동체'의 안온한 보수적 덕성조차 고진이 우려한 그러한 폐쇄회로의 덫에 걸려 이질적 요소들의 횡단과 절합이 가능한 '사회'로 진보하지 못한다는 점이다. 이는 하나님의 자유를 모사하는 광야의 바람을 타지 못하고 그 안에 되풀이되는 도시문명의 욕망을 충분히 반성치 못한 필연적 귀결이다.

내가 광야스런 공간과 친밀한 사귐을 견지했던 배경에는 분명 '역마살'의 이력도 작용했다. 그러나 세상의 거친 바람을 쐬고 사회생활의 갈등 양상을 몸소 경험한 이후에 광야스런 공간은 다채롭게 변용하여 내 도피와 탈주의 동선을 품어주었다. 정치적 억압과 긴장으로 불거진 분노와 고통을 다스리던 시절 내 몸은 성처 없이 몽유병환사처럼 밤마다 시카고 남부의 골목길이나 미시간 호변을 거닐면서 그 께름칙한 기분을 털어내려 발버둥치곤 했다. 교회의 사역자로 나름의 '성무'를 감당하는 주일의 긴 시간, 여러 사람들과 종일 인사하면서 웃어야 했던 내 외교적 면상이 집에만 돌아오면 뻣뻣하게 느껴지던 시절, 나는 뜬금없이 동네의 외곽 숲속으로 들어가 그 미로를 헤치며 걷곤 하였다. 예기치 않은 충동이었고 뜬금없는 외출이었다. 그것은 분명 제 심리를 다독이려는 도피와 안돈의 동선이었지만 더러 탈주와 방랑의 온기가 깃들기도 하였다. 겉으로 드러난 동기는 분명 당면한 자잘한 억압과 그로 인한 시련을 극복하려는 심사였겠지만, 내 욕망의 노회한 의도는 동시에 그 동선을 모든 억압으로부터 벗어나 앞으로의 삶을 모색하며 전향적으로 성찰하는 기회로 삼고자 하였다. 그뿐 아니라 그 골목길과 해변, 숲속의 오솔길 가운데는 전혀 예기치 않는 감각의 출현으로 새로운 발견과 갱생의 입구가 보이기도 하였다.

그렇게 내 몸은 풍화되면서 내 실존의 암울한 상처를 승화하려는 초월적 결기로 일렁였고, 내가 몸담고 있는 공동체의 노폐물을 게워내고 산뜻한 원형으로 회복하려는 간절한 열망을 담아냈다. 거기서 또 나는 내 삶의 바깥이 한없이 수상하고 궁금하였다. 그리고 한 번도 중앙의 무대에서 세상의 이목을 받아본 적이 없는 터라, 연고도 없고 배경도 미미한 자칭 '멜기세덱의 계보'를 타고 살아온 내 세상살이의 이력은 중심과 주변이 교체되고 안과 밖이 수시로 뒤집어지는 교통 공간의 갈망을 피워 올렸던 모양이다. 그 모든 것이 '광야'라는 신학적 메타포 속에 응축된다고 할 때 광야의 신학사상은 비단 철지난 역사의 유습이나 불우한 시절의 개인적인 관심사로 겉돌 수 없고 포스트모던의 시대정신을 견인하는 예언적 비전의 상석에 자리한다. 광야에서 일렁이는 모래바람은 이 땅의 문명에 오염되지 않은 태곳적 소리를 전하며 오늘도 임의로 불어댄다. 그 우발성의 자유와 함께 광야의 신학은 지금 현재진행형으로 도심의 욕망이 집중된 문명이 균열을 일으키는 틈새로 '세미한 소리'를 발하며 넘나든다. 귀 있고 눈 있는 자들이 듣고 볼 수 있으련만, 바람과 거친 대지가 만나면서 내는 그 천연의 소리는 지금도 너무 안이하게 외면당하고 있다.

고난과 희생 담론의 신학적 스캔들
– 그 체험적 진정성의 부활을 고대하며

고난과 희생은 마냥 갸륵하고 아름다운가?

고난과 희생은 모든 종교의 단골 품목으로 꼭 언급되는 주제이다. 우발적으로 찾아온 생 체험의 한 부분이든, 득정한 명분을 앞세워 적극 추구되거나 자처한 결과이든, 그것은 그리스도교 내에서도 맞서지 않을 수 없는 중요한 신학적 과제이다. 고난과 희생이 다만 신학 담론의 지적인 과제일 뿐이라면 외려 가볍게 객관화하면서 냉정한 조율의 거리를 확보할 수도 있다. 그러나 이 주제는 그리스도교가 현실적으로 당면한 매우 긴급한 실천 현장의 과제로서 남아 있다. 아무런 신학적 해명과 성찰이 없이 되풀이되는 고난과 희생 담론은 갑갑하거나 심지어 위험할 수 있기 때문이다. 고난과 희생에 대한 정치한 분석과 해석이 생략된 상태에서 그것이 여전히 그리스도인이 표할 수 있는 최고 헌신의 징표인 양 강조될 때 그 고난은 억압의 기제로 오용되고 그 희생은 특정 개인이나 집단의 권력을 포장하는 장식품으로 전락할 우려가 있는 것이다.

실제로 이 땅의 역사는 바람직하지 않은 고난과 희생의 기록으로 얼룩져 있음을 도처에서 확인해준다. 정치권력을 전횡한 독재자들에 의한 희생과 고난은 물론이려니와(그 최상부에는 늘 혁명과 전쟁의 망령이 떠돌고 있지 않은가),[1] 경제 개발이라는 미명하에 그 가녀린 목숨 바쳐 산업 전선에서 스러져간 생명들도 그 이후 바쳐진 온갖 화려한 헌신의 조사를 민망하게 하는 내부의 진실을 증언한다. 내가 여기서 특히 초점을 맞추고자 하는 분야는 종교, 그중에서도 그리스도교의 역사와 현실 가운데 반복되는 고난과 희생의 적나라한 실상과 그것을 마냥 아름답게 정당화하는 성서적 신학적 담론의 진정성 여부이다.

결론부터 미리 말하자면 고난과 희생은 상당한 경우 전혀 갸륵하지 않을 뿐더러 아름답지도 못한 짐승의 얼굴을 걸치고 우리 삶의 안팎으로 활보한다는 것이다.[2] 물론 예외적인 경우가 없지 않다. 그것은 공동체의 성원들이 주어진 난국을 타개하기 위해 서로 양보하고 이기적인 욕심을 줄여 합리적인 의사소통의 절차를 거치는 경우이다. 그렇게 희생의 최저치에 대한 합의점을 도출한 뒤 거기에 진심을 다해 전력으로 협조해나감으로써 공동의 목표를 달성하는 사례가 가능한 것이다. 그러나 이런 사례보다 더 흔한 우리 주변의 고난과 희생 담론은 특정한 개인의 영웅적인 고난의 자발성과 헌신적인 희생의 고결함에 목매면서 그것을 칭송하는 대중들의 감동 드라마이다. 누군가 조금씩 희생하고 고난받는 것은 너무 미미해서 눈에 잘 안 띄는 법이다. 반면 특정한 개인의 이름을 걸고 크게 희생하는 것은 사람들의 폭력적 욕망을 자극하면서 뭇 대중의 시선을 잡아끌며 선동적인 괴력을 발휘하곤 한다. 여기서 내 물음인즉 그것이 건강하고 성숙한 인간과 미래 사회를 보장하는가이다. 이러한 고난신학에 기초한 리더십이 얼마나 이 시대의 패러다임으로서 유효하고 합당한가 하는 점도 동시에 문제시된다. 나아가 예수의 십자가 고난이 이런 계통의 현장을 마냥 정당화하는 신학적 방패막이로서 무차별적으로 남용되는 것이 과연 교회의 정신적 근대화에 유익한가 하는 점도 따져봐야 한다.

이 글은 이러한 문제의식에 터하여 고난과 희생의 욕망론적 토대에 대한 고찰과 함께 그 관련 담론의 역사적 신학적 배경을 훑어보는 데 목적이 있다. 왜 사람들은 특정 개인의 치열한 고난과 비극적인 희생에 열광하며 감동하는지, 그것을 부추기는 성서적 배경과 신학적 논리는 어떻게 그러한 담론을 확대·재생산해왔는지, 또 예수 그리스도의 십자가 사건과 부활의 신앙이 이러한 체계를 뒷받침하는 방향으로 남용되어온 측면은 없는지 살펴보고자 하는 것이다. 그 결과 고난과 희생의 이름으로 선포된 메시지가 하나의 음험한 스캔들로서 폭로될 수 있으리라 본다. 그러나 사람을 넘어뜨리고 실족하게 만드는 그 부정적 스캔들의 한계를 넘어 그것이 고난과 희생의 의미를 창발적으로 새구성하는 창조적 스캔들로서 재구성될 수 있는 틈새 찾기의 시도를 포기할 수 없다. 불필요하게 강제된 고난을 아무리 없애고 줄여보아도 결국 예기치 않게 찾아오는 것이 고난이고 희생이기 때문이다. 따라서 이 글은 또 다른 한편으로 고난과 희생의 신학적 오용과 남용을 넘어 그 체험적 진정성을 예수의 부활 신앙과 함께 되살리려는 의도를 띠고 있다.

고난의 지형, 희생의 맥락

| 비자발적인 고난, 희생의 우발성 |

원하지 않아도 찾아오는 것, 그 목록을 짜보면 생의 불운에 잇닿아 불청객처럼 엄습하는 예기치 않는 고난도 그 안에 들어 있으리라. 아무도 그 '괴로운'(苦) '어려움'(難)을 원하지 않지만 그것은 아무리 용의주도한 대비와 방책에도 우리 생의 허방을 치고 들어오는 발칙한 놈이다. 인간이 본래 완벽한 존재가 못되기에 갖은 실수와 오류로 생기는 고난도 있을 테다. 성서는 이런 고난에 대하여 칭찬하지 않는다. 그것은 반성해서 되풀이하지 말아야 할 고난에 속할 것이다.[3] 그런가 하면 하나님의 '징계'와 '연단'이라 일컬어지는 고난의 범주도 있다. 하나님이 그 자녀의 성장과 성숙을 위해 일종의 시험 코스를 설정하여 그것을 잘 견뎌내며 통과할 때 일취월장할 수 있도록 배려한다는 것이다. 그리하여 이런 종류의 고난은 하나님의 사랑을 에둘러 표현하는 방식으로 이해되기도 한다.[4]

예를 들어 자연 현상을 보자. 화려한 꽃 시절과 결실의 계절을 뒤로 하고 맨 몸뚱이로 차가운 눈바람을 맞는 허허벌판의 나무 한 그루는 마치 고행하는 수도승 같다는 느낌을 준다. 겨울나무는 그 벌거벗음의 이미지로 우리가 적신으로 왔기에 적신으로 돌아가야 한다는 인생의 최종 관문을 연상시켜주기도 한다. 또한 벌거벗은 채로 열악한 환경을 묵묵히 견뎌내는 그 고독한 포즈에 빗대어 고난의 극점에서 성숙해지는 영성의 흔적을 감득하기도 한다. 특히, 인간의 영성을 표상하는 겨울나무의 통상적 이미지 가운데 나뭇잎을 낙엽으로 죄다 떨쳐내며 훗날의 진일보한 생명을 기약하는 이치야말로 아프지만 감내해야 할 자기희생의 모범적 사례로 인구에 회자되곤 한다.

그러나 인간의 모든 고난과 희생이 이런 한두 가지의 잣대로 그 명확한 신학적 좌표를 드러내는 것은 아니다. 인간 실존의 심연에 도사린 불가사의함만큼 인간이 당하는 이런저런 크고 작은 고난의 내력 역시 몇 가지 상식적인 교리 강령만으로 그 의미가 후련히 우러나지 않는다. 우리는 선량한 사람들이 왜 천재지변의 와중에 목숨을 잃는지, 더구나 아직 때 묻지 않은 어린 생명들이 툭하면 터지는 자연 재해나 전쟁 등의 재난 속에 왜 그토록 참혹한 고난을 겪어야 하는지 잘 모른다. 그것은 아무도 내치지 않는 희생이므로 굳이 '희생'이란 명패를 붙여 의미화하기 난감한 사안이다. 게다가 누구는 불치병이나 치명적인 장애를 가지고 태어나는데 누구는 건강하고 예쁜 외모까지 달고 태어나는 상반된 현실은 왜 그런지, 어떤 이는 부유하고 교양 있는 부모 밑에서 훌륭한 인물로 성장하고 다른 이는 상거지의 자식이 되어 왜 사람 취급조차 못 받고 죽도록 고생만 하다 일생을 마감하는지, 왜 특정 개인은 믿음 때문에 살아남는데, 다른 이는 같은 믿음에도 불구하고 죽어가는지, 이와 관련된 숱한 신정론적 변증에도 불구하고 그 최종 해답은 여전히 오리무중이다.[5]

예수는 실로암 망대의 붕괴 사고로 죽은 이들이 거기서 죽지 않은 자들보다 죄가 더 많있다고 딘징하지 말 깃을 주문힘으로써(눅 13:4) 인과응보의 정확한 법칙이 현생에서 상벌의 결과에 에누리 없이 적용되지 않음을 암시하였다. 그런가 하면, 태어날 때부터 맹인인 사람의 운명과 관련해서도 '하나님의 일'을 앞세워 업보론적 고난의 관점에 퇴짜를 놓았다(요 9:1-3).[6] 물론 그렇다고 태어날 때 장애를 입은 모든 이들이 다 예수가 베푼 기적의 역사로 '하나님의 일'을 나타내 보이는 것은 아니다. 그러기에 이러한 사례들이 오래 누적되어온 고난의 사연을 송두리째 해명해주지 않는다. 다만 가물거리는 부활의 희망만이 희미하게나마 그 모든 종말론적 미래의 해답으로 저만치 다가오고 있을 뿐이다. 그러나 그 부활의 희망이 부활하기 위해서라도 그 전단계인 불가사의한 고난과 애꿎은 희생에 대한 심사숙고가 필수적이다. 특히, 역사의 모든 고난을 온몸에 응축하여 십자가의 표상으로 남은 예수 그리스도의 십자가 고난이야말로 고난의 총화이자 희생의 정점으로 늘 되새기며 음미할 만한 고전적 내막을 담아내고 있다.

| 예수의 수난, 그 역사적 배후 |

예수께서는 왜 고난을 받은 것일까? 그것은 교리적 모범답안이 예비한 답변 그대로 자발적인 대속의 동기에서 비롯된 고난이었을까? 아니면 그가 준비한 모종의 정치적 기획이 꼬이면서 우발적으로 발생한 고난이었을까? 다른 한편으로 제3의 절충적 묘안을 찾아본다면 그렇게 상황과 부대껴 발발한 고난의 기미를 간파한 입장에서 예수가 거기에 개인의 감각적 체험 이상의 의미를 부가하여 자신의 고난을 사후 승인적으로 신학화한 것은 혹 아닐까? 신약성서 비평가들은 예수의 십자가 수난과 죽음을 대속적 희생으로 받아들인 그 사후 승인적 신학화 작업의 대부분을 복음서 저자의 전통 해석적 결과로 돌리지만 그 자료 내부의 전승사 가운데 예수의 몫으로 인정할 수 있는 부분도 아예 없다고 볼 수는 없지 않을까? 이러한 시각은 곧 예수를 자신이 겪은 수난과 죽음의 수동적 객체로 묶어두기보다 능동적 주체로 복원시키는 방법론적 전환과 맞물려 있거니와, 이를 수긍하지 않으면 그 극단적인 결과는 후대 복음서 저자들과 초기 신앙공동체의 파당적 욕망이 예수의 십자가 수난에 과도한 후광을 덮씌운 희대의 사기극 내지 경건한 조작에 불과한 것으로 드러난다.

이러한 논의의 복잡한 지형 속에서 우리는 예수를 지적인 사고와 판단력을 결여한 꼭두각시로 치부하지 않는 한 역사비평의 상식에 기대어 그가 겪은 그 고난을 재주체화하는 작업을 피해갈 수밖에 없다.[7] 그렇다면 그는 어떤 방식으로 그 고난의 극점에서 자신의 죽음을 통과해나갔던가. 이와 관련하여 오늘날 역사학자들이나 일부 성서신학자들은 예수의 죽음을 '유대인의 왕'을 참칭한 그의 정치적 혐의와 연관시켜 해석하곤 한다. 한 마디로 예수는 당시의 정치적 역학관계 속에 위험한 인물로 낙인찍혀 체포되고 처형당했다는 것이다. 이는 세례자 요한이 헤롯 안티파스 일당에게 정치적 위험인물로 찍혀 효수당한 사건에 빗대어 매우 개연성 있는 역사적 사실로 인정할 수 있다. 그를 정치적으로 위험시하여 경계하고 마침내 제거하기로 한 주범으로 성전 권력의 최대 수혜자이자 관리자였던 사두개파 출신의 대제사장 그룹 및 장로들이 꼽힌다. 그들은 사전에 예수 관련 정보를 입수하면서 특히 그의 예루살렘 입성을 기점으로 그의 동향을 예의주시했을 것이다. 이 종교귀족들은 그가 예루살렘 입성과 함께 보인 일련의 행동들, 특히 그가 성전에서 사람들을 선동적으로 내쫓고 성전 파괴의 언사를 입에 담은 것을 계기로 자신들의 기득권인 성전 체제를 위협하는 위험한 존재라고 확신한 것으로 짐작된다.

그들의 맞은편에 본디오 빌라도는 로마 공권력의 집행자로서 예수와 관련된 고발 건을 유대교의 종교적 관심사로 사소하게 치부하는 듯한 인상을 준다. 하지만 그는 노회한 정치가였다. 그 역시 내심 예수의 대중동원력과 선동적인 파괴력에 따른 체제 위협의 요소를 인정한 것이 분명하다. 그는 예수에게 사형 판결을 내리면서 자신의 혐의를 유대인들에게 뒤집어씌우는 식으로 교묘한 이중 플레이를 한 것으로 파악된다. 십자가 처형을 판결했다는 것은 빌라도가 예수를 공공치안과 질서 유지에 장애가 되는 정치범으로 간주했다는 증거이다. 물론 복음서 저자들은 정도의 차이는 있지만 일부 에피소드를 첨삭하면서 빌라도에게 면죄부를 주거나 예수의 고난에 개입한 그의 비중을 약화시키는 대신 유대인 측의 오판과 과실을 강화하는 경향을 노출한다. 이는 복음서 기획의 총체적인 전략과 정치적 감각에 맞물려 있다. 다시 말해, 이는 복음서 저자들이 로마 제국의 공권력을 마냥 정당화할 수도 없고 무시할 수도 없는 현실의 장벽과 부대껴 고뇌한 결과로 비친다. 이러한 연유로 빌라도의 잔인하고 포악한 성격이 여러 층위로 증명되는 역사적 사실임에도 불구하고 그와 같이 애매모호한 그의 초상이 탄생했던 것이다.

이 두 그룹을 주연으로 친다면, 그 밖에 예수의 고난과 죽음에 영향을 끼친 조연으로 예수에 적대적인 서기관 및 바리새파 사람들과, 결정적인 순간 예수를 대적들에게 팔아넘긴 가룟 유다 정도를 꼽을 수 있겠다. 주지하듯, 바리새인들은 예수의 하나님 나라 메시지와 행적을 주시하면서 주변에 가장 꼬장꼬장하게 달라붙어 시비를 걸던 종파주의자들이었다. 그들은 예수의 갈릴리 사역 때부터 내내 예수의 주요 적대 그룹으로 등장한다. 그 주된 원인은 자신들의 보수적인 율법 전통에 대한 예수의 리버럴한 해석과 과격한 실천이 은근히 불쾌하고 위험해 보였기 때문이다. 사사건건 시비를 걸며 그들은 예수의 활동을 훼방함으로써 제도권 유대교 세력의 적대감을 고취시키는 역할을 했다. 그러나 그들보다 더 치명적인 해악의 요소는 내부의 적을 대표한 가룟 유다이다. 그는 자기 스승을 은 삼십에 판 배신자라는 오명을 남겼으며 결국 자살로 자신의 생을 마감해야 했다.[8] 예수 일행의 재정을 맡을 정도로 신임을 받던 그였다. 그랬건만, 아마 예수가 주창한 하나님 나라가 자신이 기대한 현실 정치의 승리와 무관한 것이라는 사실을 깨닫고 실망했는지, 그는 불현듯 제

스승을 그 적대자들에게 넘긴 것이다. 아니면 혹 그가 다른 제자들에 비해 예수의 총애를 덜 받는다는 소외감에 시샘이나 질투 어린 원망으로 그런 배반을 감행했는지 모른다.

| 수난 신학의 역동적 층위 |

복음서 저자들은 공통적으로 가룟 유다의 역할을 최소화한다. 그를 덜 떨어진 제자의 탈선 정도로, 사탄의 유혹에 넘어간 불쌍한 자로 기록할 뿐이다. 바리새인들의 적대적 공격과 훼방도 즉각적인 살의로까지 번져 결행되지 않는다. 성전 체제와 로마의 공권력이 의기투합한 것은 확실해 보인다. 그러나 그들의 그런 사특한 담합이 없었다면 예수의 고난과 죽음이 발생하지 않았을까. 역사에 가정은 무의미하다지만 막상 이런 질문이 던져지면 그 대답이 막연해진다. 예수의 죽음은 역사에 선행하는 확연한 신학적 전제를 깔고 있기 때문이다. 복음서의 의도는 애당초 이 사건의 역사적 배경과 예수 살해의 배후가 아니라 더 근원적인 신학적 복선에 있었다. 예수 스스로 자신의 고난과 죽음을 예지한 것으로 기록하였기 때문이다(막 8:31, 9:31, 10:33-34).

그것은 저자의 관점에 따르면 이 땅에 독생자를 보내 세상의 죄를 담당하기 위한 하나님의 구원사적 경륜의 발현이다. 마치 유월절 어린양의 희생으로 하나님의 진노 어린 사망의 심판이 그 백성의 문을 지나간 출애굽의 서막에서 예시된 대로, 영원한 멸망의 족쇄에서 인류를 해방시킬 구세주로서 예수가 기꺼이 그 진노의 잔을 마심으로 자발적으로 심판과 죽음의 십자가를 졌다는 것이다. 여기에 예수의 인간적 고뇌와 슬픔이 없을 수 없었다. 그러나 하나님의 최종 판결에 순복함으로써 그는 죽지 않을 수 있던 상황에서 기꺼이 자기희생의 길을 택했다는 것이다. 세속

법정의 추궁에도 그는 침묵으로 그 상황을 묵묵히 감내하였다. 의인의 죽음, 그것도 자연사가 아닌 가장 참혹한 방식으로서의 십자가형은 당시 예수의 추종자들에게 큰 충격이었고 외상의 경험이었다. 그러나 그들은 성서 속에서 그 해답의 비밀을 발견하였다. 결국 예수의 모든 가르침과 행적, 그의 동선과 연계된 일거수일투족이 구약성서의 예언을 실현하는 과정이었다는 것이 그 최종 답안이다.

이렇듯, 예수의 죽음을 둘러싼 역사적 알리바이와 그것에 대한 비평적 탐문은 애당초 그가 받은 고난의 신학적 의의에 비해 처지는 관심사였다.[9] 실제로 초기 그리스도인들은 예수께서 성서대로 죽고 매장당한 뒤에 사흘 만에 성서대로 살아남을 강조하는 방향으로 예수의 죽음과 부활을 밝히는 교리적인 틀을 확정하였다. 여기에는 하나님의 경륜과 구원사적 은총에 기인하는 그 아들의 희생적이며 대속적인 죽음이 유일한 해석의 잣대였다. 그것은 초기 그리스도인들의 구약성서 독서 경험, 특히 탄식시편과 이사야서에 나오는 '고난'과 '수욕'의 모티프를 예수의 참혹한 십자가 죽음이란 맥락에서 재구성한 자연스런 결과였다.

이러한 교리 변증적 과정에서 예수 그리스도는 하나님 나라 운동의 정점에서 스스로 하나님 나라의 알파와 오메가가 된 것이다. 그것은 분명 역사 속의 '사건'이었다. 그 사건은 인류가 오랜 역사 속에서 되풀이한 구조적 곤경을 돌파하기 위한 최후의 고육지책이었는지 모른다. 그러기에 그 사건은 가장 참담한 수욕과 고난의 경험을 하나님의 아들에게 뒤집어씌워야 했다. 동시에 그는 그 밑바닥을 치고 마침내 가장 영광스러운 부활의 사건 속에 되살아나야 했다. 그것은 역사를 통해 숱하게 반복되고 정당화되어온 온갖 고난의 구조에 극적인 파열음을 낸 사건이었다. 그 전에 사람들은 죄를 지으면 그 죄를 탕감하기 위해 희생 제물을 드렸다. 그리고 그 희생 제물을 떠받들어 높이면서 그 제물을 희생시킨 자신의 죄책을 탕감하려 또 다른 희생 제물을 찾아야 했다. 이런 식의 그 지루한 제의적 반복의 틀을 깨고 마침내 예수는 이 사건을 통해 한꺼번에 구원의 과업을 다 이루어낸 것이다(요 19:30). 그것은 죄 없는 예수의 몸에 향후에 치러질 모든 제의적 희생의 몫을 전가한 사건이었다. 그뿐 아니라 이는 이전에 반복하여 지속적으로 바쳐진 제단의 희생 제물이 사람들의 죄책감을 벗어버리기 위해 기실 그 죄와 무관한 동물을 잡아 죽인 전력을 폭로하는 스캔들로서 자리매김되었다.

고난 신학의 후일담 – 스캔들의 이중성

| 모방되는 고난과 희생 체계 |

르네 지라르René Girard의 모방적 욕망이론에 따르면 욕망에는 그 주체와 대상 사이에 제3의 매개 모델이 늘 작용한다.[10] 욕망의 주체는 그 매개자가 욕망하는 것을 모방적으로 욕망한다. 그 모방 대상으로서의 매개자와 주체가 욕망의 대상을 놓고 경쟁을 벌이는 상황에서 그 매개자는 '짝패'가 되어 여러 갈등의 상황을 유발한다. 바로 거기서 선망과 실시, 증오와 숨은 원한 등이 싹트는데, 그것이 모든 폭력을 유발하는 핵심 배경이다. 그 모방적 경쟁관계에서 발생하는 본질적인 폭력의 현실은 개인과 개인의 차이가 없어지는 무차별 상태에서 지라르가 말한 '만인 대 만인의 투쟁'의 소용돌이 가운데 점점 증폭된다. 그 무차별적 폭력의 위기에서 벗어나는 인류의 공통 지혜가 바로 희생양 메커니즘이다. 그것은 그 위기 상황의 책임자를 하나 지목하여 사회의 상호적 폭력을 그에게 집중하여 희생시킴으로써 다시 공동체의 평화를 회복하는 방식이다. 인류의 역사는 이와 같이 집단 구성원의 모방적 경쟁관계에서 욕망을 실현해나가면서 그 만장일치적 폭력을 박해와 살해를 통해 교묘하게 자행해왔다. 그것은 물론 은폐된 형태로 나타난다.

모든 과거의 기록물은 역사든, 신화든, 민담이든, 실지로 있었던 사건의 이후에 생산된 왜곡된 텍스트이다. 집단 살해를 실행한 자들의 목소리가 전면에 배치되고 살해당한 자들의 입장은 배제되어 있기 때문이다. 그렇게 희생당한 자들은 죄가 있어 그 대가로 죽은 것이지만, 반면 그 희생을 주도한 자들은 무죄하다는 식으로 그 희생 담론들은 왜곡된 메시지를 유포해왔다. 지금도 유사한 패턴이 지속되고 있다. 그러나 오로지 성서만은 예외적으로 그 희생양이 무죄라고 선포한다는 점에서 참되며 정직한 해석을 보여준다. 예수가 그 모방적 경쟁관계에서 비롯되는 폭력의 메커니즘을 무고한 고난의 희생양을 자처함으로써 끊어버렸기 때문이다. 이러한 지라르의 해석에 따르면 예수는 왜곡·은폐된 그 모방적 경쟁관계의 욕망과 그 은폐된 폭력의 메커니즘을 '스캔들'로 파악했고, 그것을 조종하는 사탄의 정체로 폭로한 것이다.[11]

이러한 관점에서 볼 때, 예수의 고난과 희생양으로서의 죽음은 기존의 전통적 구원신학에서 보지 못한 새로운 신학적 메시지를 우리에게 제공한다. 물론 예수의 죽음이 만민의 대속과 구원을 가져왔다는 은총론적 해석은 여전히 유효하다. 하나님의 아들이 우리와 함께 온 몸으로 고초를 겪고 죽음을 경험한 뒤 다시 부활함으로 이 땅의 인간들 역시 죽음과 함께 죽음을 넘어 영원한 삶의 희망을 품을 수 있게 된 것이다. 그러나 그 희망의 현재 내용을 반추해보면 이러한 구원의 자긍심보다 반성이 앞서는 것이 사실이다. 인간의 욕망은 하나의 심연이다. 거기서 벌어지는 예의 모방적 경쟁관계도 오늘날 교회와 사회 안팎의 적나라한 현실이다. 그런데 우리는 예수가 다 이룩한 그 구원을 다시 희생양 메커니즘으로 귀속시켜 예수 이후에도 끊임없이 희생양을 구하고 있지 않는가. 폭력의 욕망을 달래는 구원 이전의 버릇을 여전히 되풀이하고 있지 않은가 말이다. 이것은 도덕적 타락과 사회 기강의 해이를 비판하는 과업이라고 쉽게 정당화된다. 혹은 이단 잡설을 타도하여 건전한 사회 규범을 세우고 미풍양속을 증진하는 차원의 선교적 책임이라고 편리하게 미화하기도 한다. 그러나 그런 것들과는 별도로, 타자의 고난과 희생을 매개로 장삿속을 숨기는 우리 욕망의 근본을 뒤집어 보여주더라도 이 시대에 진지한 신학적 반성이 요청된다.

이러한 반성이 이 시대에 특별히 긴요한 까닭이 있다. 그것은 그리스도교가 전통이란 권위에 기대어 흔들어온 종교적 권력의 구조를 해체함으로써 상징 권력의 허구를 뒤집어 보여줄 때 새 천년의 도래와 함께 부상하는 시대정신의 흐름에 보조를 맞출 수 있기 때문이다. 그것은 그리스도교의 역사를 통틀어 지금까지 자행해온 온갖 범죄 행위,[12] 이를테면 공소한 탁상공론에 경도된 교리 논쟁, 폭력적인 생명 살상으로 치달은 마녀사냥과 이단자 심판, 유대인 박해와 대량 학살,[13] 과학자 핍박, 선교를 앞세운 제국주의의 첨병 노릇과 세속적 탐욕에 씨든 파당적 분열주의 등의 그늘에 스러져간 생명의 고난과 희생에 대대적인 회개와 함께 반동을 선언하기 위해서 요청되는 절박한 필요조건이다. 그런데도 여전히 희생과 고난 담론으로 무장한 폭력의 소용돌이는 이 시대 우리가 발 딛고 사는 이 땅에서 되풀이되고 있다. 더더욱 심각한 문제는 이러한 폭력적 사태의 기저에는 성서의 유사한 사례에 빗대어 그 결과를 정당화하는 신학적 노동이 잠복되어 있다는 사실이다.[14]

그 모방의 구조는 정치와 경제, 문화와 종교 등 그 분야와 영역을 달리하며 여전히 이 땅에 범람한다. 정가에서 자주 불거지는 '물 타기' 수법이라든지, 특정한 상징 권력의 담지자에게 부여되는 매스컴의 과도한 기대와 열광, 언제 그랬냐는 듯 시간의 귀퉁이로 금세 망각되거나 추락되는 그 역전의 세태 모두 여전히 모방을 통해 전염되는 고난과 희생의 사회적 병리 현상을 대변한다. 더 자세하게 그 사회적 질병을 조명할 때 쉽게 공유되는 인습적 행태를 거론한다면 어떤 조직 내에 갈등이 불거질 때 그것을 해결하려는 합리적 절차는 생략된 채 개방적 대화와 소통의 의욕은 실종되고 추방할 희생양을 만들어 쉽게 미봉해버리려는 선택이 대표적인 경우이다. 교회 내에도 담임목사가 교체할 때 전임자와 함께 동역하던 부교역자들의 일괄 사표를 받는 권력 지향적 논리의 구태라든가, 모든 교회 내 문제를 그 구조적인 저변에 깃든 복잡한 담론의 체계를 묻어둔 채 담임목사의 사퇴나 몇몇 문제 인물의 출교로 처리해버리려는 원시적 해법 역시 마찬가지의 난맥상을 드러낸다.

여기서 다시 지라르의 통찰에 기댄다면 우리가 모방해야 할 대상은 아무것도 모방하지 않는 하나님을 모방하는 길이다. 그것은 곧 예수의 교훈과 모범적 실천의 사례대로 하늘의 아버지인 하나님의 온전하심같이 그의 자녀들이 먼저 온전한 길을 걷는 '하나님 닮기imitatio Dei'의 고전적인 선택으로 나타나야 한다. 이는 우리 사회의 야만성을 증명하는 특정 우두머리로의 쏠림 현상을 스캔들로 폭로하면서 그 에너지를 자신의 내부로 돌리는 전복적인 성찰의 의욕과 함께 가능해질 것이다. 이는 간음한 여인을 붙잡아 예수 앞에 데리고 와서 그녀를 돌로 치려는 무리를 향해 예수가 그들의 '초석적 폭력foundational violence'을 제거하려는 시도로 땅에 문자를 쓴 행위 가운데 암시되는 지혜이다. 그 내용이 무엇이었든 그 문자와 함께 간음한 그 여인과 율법의 문자적 강박에 집중된 그들의 시선은 분산되고 돌을 집으려는 그들의 폭력적 에너지는 성찰의 여백을 확보할 수 있었다.[15] 따라서 모든 것을 특정 개인의 카리스마적 리더십에 집중시키는 대중 집회에 의존하여 조직을 강화하려는 원시적인 방법은 지양되어야 한다. 이처럼 조직의 내성을 약화시키면서 그 가운데 툭하면 희생의 담보물처럼 조직의 체계에 잡혀버리는 개인성을 부양하고 극장식 공연으로서의 예전적 연출을 벗어나 은밀한 중에 은밀한 하나님과 교통하는 사적인 경건의 채널을 복원해야 할 것이다. 그것이 교회 내에 여전히 강력히 온존하는 모방의 폭력적 악순환을 이탈하는, 일단 실행 가능한 섭동의 대안이다.

| 십자가 신학의 가학성/피학성 극복 |

모방 폭력의 악순환을 극복하는 또 다른 해석학적 관점으로 우리는 상징의 동력을 재구성하는 전략적 슬기가 필요하다. 무엇보다 예수의 고난과 거룩한 희생의 표상으로 돌올해 있는 십자가와 결부된 온갖 신학적 전통의 구조적 음지를 통찰해야 할 것이다. 특히 장식품으로 전락한 이 시대의 십자가 상징이 그 온당한 신학적 권위를 회복하기 위해 그로써 고통을 쾌락처럼 즐기는 사회 심리적 욕동의 기서를 살피는 비평적 혜안이 요청된다. 아무런 심각한 반성 없이 신앙 현장에 되먹임되어온 전통적인 십자가 신학의 부작용은 매우 심각하다. 우리는 이 땅에서 각자가 겪어온 크고 작은 고난의 경험 속에 습관적으로 십자가를 내세우면서 예의 모방적 폭력의 소용돌이에 휘말려 가학성 피학성 버릇을 키워온 측면은 없는지 자신과 타자를 향한 영적인 측은지심이 필요하다. 그 측은지심은 소극적 연민이 아니라 비평의 공동체를 일구는 생명 지향적 공명의 혜안으로부터 비롯된다. 물론 그 생명의 범주에는 익명의 오랜 시간 끝에 극적인 짧은 삶을 살다가 스캔들에 걸려 넘어진 예수의 생명도 포함된다. 나아가 그 예수가 자신과 동일시한 '지극히 작은 자들'의 존재 가치도 마찬가지의 관점에서 고려 대상이 되어야 한다.

흔히 수난주간의 단골 메뉴는 멜 깁슨의 영화 '그리스도의 수난The Passion of Christ' 유의 참혹한 예수 상像이고, 신실하다는 신앙인들의 기질도 그런 정서를 증폭시키는 쪽으로 기우는 경향이 있다.[16] 예수에게 가해지는 가혹한 채찍 세례와 짐승처럼 망가지는 몸뚱이, 가시면류관에 찔려 피와 함께 일그러지는 면상, 십자가의 무게에 짓눌리는 육신의 최후 안간힘, 마침내 십자가 위에 쇠못으로 찢겨나가는 살점들… 이런 광경 앞에 인간은 고난에 대하여 무엇을 생각할까. 예수가 날 위해 저렇게 극심한 고초를 겪었으니 나 역시 그 고난에 동참하기 위하여 내 가슴을 치고 회개하는 마음을 살려내야 할까. 아니면 아예 저 중세 시절의 영웅적 풍경을 모방하여 채찍으로 제 몸을 후려쳐대면서 무릎 꿇고 성전을 향해 고행하는 예식이라도 재현할까. 예수는 정작 이런 모방적 경쟁관계 속에 끊임없이 재현되는 인간의 폭력적 욕망을 폭로하고 그 메커니즘을 작살내버리고자 한 것이 아닐까. 그리하여 그의 고난은 제2의 예수, 제3의 그리스도를 갈구하며 다시 마녀 사냥하듯 제도권 내에서 눈 밖에 난 사람들을 난도질하며 처형하거나 사회에서 그 이름을 아예 매장해버리는 사태를 예방하려던 안쓰러운 몸짓 아니었을까.

특히, 종교의 영역에서는 이렇게 은폐된 욕망의 왜곡 현상이 극심한 편이다. 거룩한 제의로 분식된 그 현장의 권위가 서늘한 토론과 올곧은 사고 작용을 마비시키기 때문이다. 그러나 예수는 이러한 회칠한 무덤의 행태에 단호했다.

화 있을진저. 너희는 선지자들의 무덤을 만드는도다. 그들을 죽인 자도 너희 조상들이로다. 이와 같이 그들은 죽이고 너희는 무덤을 만드니 너희가 너희 조상의 행한 일에 증인이 되어 옳게 여기는도다(눅 11:47-48).

예수는 한편으로 죽이고 다른 한편으로 그 죽음을 치장하여 무덤을 만드는 이러한 격세유전의 모방적 폭력의 반복을 고발하고 스스로 그 몸을 바쳐 증인이 된 것이다.[17] 바울 사도는 예수의 이러한 사역을 구약성서의 말씀을 응용하여 십자가의 '스캔들'이라 명명했다(고전 1:23). 그것은 일부 사람들에게 거치는 장애물로 넘어지게 하지만, 그것을 믿고 따르는 이들에게 구원의 길이 된다고 한다. 여기에 바로 고난신학의 대안적 메시지가 있다. 그것은 이 땅의 구석구석에 인간의 왜곡된 욕망이 만들어내는 고난의 현장을 십자가라는 '스캔들'로 폭로하고, 그것이 왜 뭇 생명을 넘어지게 하는 나쁜 의미의 스캔들인지 명확하게 보여주는 것이다. 그런데 그 일은 고난의 현장에 동참할 때만이 가능하다. 예수가 보여준 대로 온 몸으로 치열하게 이 땅의 지극히 작은 자들이 실족하는 그 곤혹스런 삶의 자리로 내려가야 한다. 그래야 그런 현장이 내 실존의 일부로 포착되기 때문이다. 이는 고난이 어떤 맥락에서 신학적 정당성을 띨 수 있는지 보여주는 예외적 경우라 볼 수 있다.[18]

바울에게 십자가는 모든 사람들에게 구원을 베푸는 하나님의 어리석은 지혜였다고 진술된다. 다시 말해 역설의 진정성이 십자가 신학의 요체인 것이다. 하나님의 역설을 나타내는 십자가와 함께 예수의 고난은 가학성 색깔을 지우고 바울이 조형한 '고난의 코이노니아'로 승화된다. 그 역설이 진정성을 띠기 때문에 예수의 고난은 피학성 억압의 폭력적 매개 장치이길 그치고 해방의 복음을 담보하는 화해와 자유의 표상으로 다시 자리매김된다. 그러한 대전제를 깔아둘 때 우리는 "그리스도의 남은 고난을 그의 몸된 교회를 위하여 내 육체에 채우노라"(골 1:24)고 고백한 사도 바울의 그 진술에 복류하는 십자가의 가학적 피학성 또는 피학적 가학성의 장막을 거둬낼 수 있게 된다. 이는 나아가 고통의 연대라는 측면에서 긍정적 고난 이해의 틈새를 제공하기도 한다. 가령, 예수 그리스도가 하나님과 동등 됨을 취할 것으로 여기지 않고 자신을 비워 종의 몸으로 이 땅에 왔다는 '케노시스적 그리스도론kenotic christology'의 연장선상에서 하나님의 부재와 무능을 통해 고통의 신비를 신학화한 관점이나(시몬 베이유), 역사의 고난 현장에 동참하여 하나님이 함께 고난을 당한다는 식으로 십자가 사건을 재해석한 또 다른 관점(본회퍼, 몰트만)이 그 대표적인 예들이다.[19]

특히 하나님의 지혜로 설파된 그 십자가의 표상이 태생적 배경이 열악한 자, 가난한 자, 못 가진 자, 박탈된 자 등의 낮은 부류와 연대하고자 한 하나님의 겸손한 선택임을 망각해서는 안 된다. 그 지혜는 세상의 어리석은 자들의 그 어리석음을 타매하고 비방하기보다 그들의 단순한 믿음을 토대로 구원사를 펼쳐나가는 하나님의 자유에 잇닿아 있다. 그러나 성숙한 자에게 예비된 지혜는 그 단순함이 생각 없이 나이브한 현실 순응이 아님을 바울은 분명히 못 박아두지 않았던가. 이처럼 십자가의 길은 예수와 바울의 경우 공히 겉이 속을 배반하는 '회칠한 무덤'의 차원을 넘어 속이 겉을 담보하는 온전한 인간의 도리를 견인해야 할 계몽적 자기선교의 사명을 띠고 있는 것이다.[20]

부활로 꿈꾸는 새 생명

| 부활 신앙의 전승사적 층위 |

부활 신앙은 바울 사도의 증언에 기대지 않더라도 기독교 신앙의 요체이자 제도권 기독교의 출발점이다. 사건으로서 예수의 부활은 그가 사탄의 족쇄에 걸리지 않고 악의 근원인 죽음, 그 죽음의 배후인 모방적 폭력의 사슬을 끊어 마침내 승리했다는 증거이다. 예수의 부활은 고난과 죽음 너머의 희망을 낙관적으로 보는 근거가 된다는 점에서 여러 모로 의미심장한 사건이다. 대개 부활과 관련한 신약성서의 자료적 출처로는 두 군데가 언급된다. 바울서신, 특히 고린도전서 15장에 나오는 '나타남'의 전승과, 비록 이보다 더 늦게 기록되었지만 부활 당시의 사건 현장을 생생하게 재구성한 복음서의 '빈 무덤' 전승이 그것이다. 앞서 확인한 대로 고린도후서 15장에서 바울은 예수의 대속적 죽음을 성서의 예언이 실현된 결과로 변증하였다. 마찬가지로 그의 부활도 성서의 예언을 구현하여 성서대로 이루어진 사건으로 조명된다(고전 15:3).[21]

바울에게 부활은 당시의 사건적 정황보다 그 신학적 의미와 역사적 의의가 강조된다. 그도 그럴 것이, 어떻게 죽은 사람이 다시 살아나는가 하는 사실성 여부와 죽은 자가 어떤 몸의 형태로 살아나느냐 하는 그 내용과 관련하여 당시 고린도 교회 일각에서 심각한 의문이 제기되었기 때문이다.[22] 바울은 이와 관련하여 죽은 자의 부활이 없다면 그리스도도 다시 살아나지 못하였으리라(고전 15:13)는 주장으로 그리스도의 부활을 기정사실화한다. 물론 이건 합리적 증명이라기보다 신앙 고백적 역설에 가깝다. 이것이 첫째 변증이라면 둘째는, 죽은 자들이 다시 살아나지 못하면 죽은 자들을 위하여 세례 받는 자들이 무엇을 하겠느냐(고전

15:29)며 당시의 특수한 관행에 기대어 거기 잠재된 부활 신앙의 불씨를 살려낸 것이다. 나아가 죽은 자가 어떤 몸으로 다시 살아나는가 하는 문제와 관련해서 바울은 씨와 몸의 유기체적 상관관계 속에 생명의 유전과 재생의 이치를 해석의 유비항으로 사용한다. 즉, 씨가 땅에 심어져 썩은 뒤 변화하여 새 생명을 잉태하는 자연 현상을 근거로 그는 썩을 것(현생의 몸)을 심고 썩지 않는 것(영적인 몸=신령한 몸)으로 다시 살아나는 부활의 이치를 설파하였다(고전 15:35ff). 이렇듯, 바울은 예수 그리스도의 부활과 관련하여 그 정황 주변의 이야기를 들려주기보다 부활 일반에 대해 그 사실성과 신앙적 의미에 대해 역설할 뿐이다.

예수의 부활과 관련하여 잇달아 그가 부각시키는 주제는 '나타남'이다. 부활한 그리스도가 게바와 열두 제자, 오백여 형제, 그 뒤로 야고보와 모든 사도에게, 마지막으로 바울에게도 나타났다는 것이다. 이 나타남(*ōphthē*)은, 그 의미론적 분석에 기대면, 예수가 그들에게 '보이는' 방식으로 나타남을 암시한다. 제자들은 개인으로 또는 집단으로 뭔가를 본 것이다. 사도행전의 다메섹 사건을 예로 들자면 바울은 환상 가운데 강렬한 빛에 압도되면서 부활한 예수의 음성을 들었던 것으로 기록되어 있다. 그 부활한 예수의 일성인즉, "네가 어찌하여 나를 박해하느냐"(행 9:4)는 것이었다. 이와 같은 그리스도 현현의 체험은 즉각 바울의 소명을 전혀 다른 방향으로 재구성하는 동기를 부여하고, 그에게 '이방인의 사도'라는 새로운 선교적 여정을 부과한다.

이 사건의 특이성은 바울에게 삶의 운명을 송두리째 뒤집어 바꾸는 '충실성fidelity'이 새로운 변곡점을 거치면서 그리스도에게 붙잡힌 삶으로 전이되었다는 데 있다.[23] 그것은 당시 유대교의 주류 세력이 보여준 대중의 모방적 폭력과 희생양 찾아 박해하기라는 종래의 습속을 파탈하고 그 폭력의 진원지를 파헤쳐 무고한 희생의 역설을 밝히는 계기가 되었다. 이러한 개인사적 변전과 충실성의 재구성은 바울의 이후 삶에 십자가의 스캔들이 내포한 이중적 성격을 더욱 선명히 부조하였다. 정치범의 처형 틀이라는 수치스러운 표상이 그렇게 처형하거나 그 일에 동조한 익명의 대중을 정죄하는 부메랑이 되어 그들의 수치와 죄책감을 자극했던 것이다. 그리하여 십자가는 구원의 징표이기에 앞서 무고한 폭력과 억압의 구조를 만들어내고 그로써 백해무익한 고난과 희생을 양산하는 체제의 음모를 폭로하며 그들의 권좌를 침식하는 창조적 스캔들의 기능을 수행할 수 있었다.

그런가 하면 복음서에서 부활한 예수는 침묵의 정적 가운데 텅 빈 동굴무덤의 현장을 통해 증언된다. 그 텅 빈 무덤 안에는 예수의 부활을 전하는 흰 옷 입은 한 청년이 있을 뿐이다. 마가복음의 증언에 따르면 예수는 부활한 뒤 막달라 마리아에게 먼저 보였다고 한다(막 16:9). 마태복음은 막달라 마리아와 함께 동행한 다른 여인들에게 예수가 자신을 나타내 보인 것으로 기록되어 있다(마 28:9). 누가복음에서 빈 무덤의 증인은 막달라 마리아를 비롯한 여인들이었지만, 예수가 맨 먼저 직접 나타난 대상은 엠마오로 가는 두 제자로 달리 나온다(눅 24:13-35; 막 16:12-13 참조). 그들을 향한 예수의 첫마디 말은 '평화'의 인사였다(마 28:9; 눅 24:36; 요 20:21). 이와 함께 "만민에게 복음을 전파하라"(막 16:15)는 선교 명령이 주어졌다. 그에 앞서 동굴 속 청년 천사를 통해 갈릴리에서 다시 보자는 재회의 약속도 수반되고 있다(막 16:7). 이러한 일련의 부활 에피소드는 빈 무덤의 전승이 무엇보다 예수의 갈릴리 사역을 모델로 하는 선교의 지속과 이를 통한 생명의 회복에 초점이 맞추어졌음을 암시한다.

예수의 고난과 죽음이 끼친 리얼리즘의 후유증은 무엇보다 불안과 공포였다. 그 죽음에 유착된 공포의 심리는 시체의 사라짐과 함께 빈 무덤의 불안으로 나타났다. 나아가 그것은 충실한 신뢰를 보이며 따르고 의지했던 '주님'의 부재로 인한 지독한 상실감으로 이어졌을 터이다. 이것이 바로 복음서에서 부활의 증인으로 등장하는 막달라 마리아, 엠마오로 가던 두 제자 등의 내면 풍경으로 조명된 것이다. 그러나 예수의 부활이 신앙화됨에 따라 그들에게 예수의 부재는 초월적 현존의 대상으로 뒤바뀌어 평안과 평화의 임재를 선사한다. 이와 같이 부활의 첫인사와 함께 제자들에게 공여된 평화는, 갈릴리에서의 재회 약속이 시사하듯, 곧 생명을 고치고 먹이고 살리는 하나님 나라 사역의 회복으로 초점이 맞추어진다. 그것은 생명을 물리적 폭력으로 억압하고 그 고난과 희생의 종교적 메커니즘을 정당화하는 예루살렘 체제의 논리를 혁파해야 하는 대안적 선교의 사명을 진작시킨 셈이다.

여기서 우리는 예수의 부활이 증폭시키는 메시지를 일목요연하게 포착할 수 있다. 그것은 곧 '평화' 또는 '평강'으로 번역되는 '샬롬'의 세계이다. 그것은 개인의 내면적 '평안'을 배제하지 않지만 궁극적으로 사회 전체의 공동체적 평화를 지향하는 하나 됨과 통전의 가치이다.[24] 이 땅의 삶에 매이고 지칠 때, 죽음 앞에 떨고 무서워할 때, 평안은 박탈당하고 불안이 엄습한다. 더욱 자폐적으로 강박되는 욕망이 낳은 무한경쟁의 폭력적 삶의 현실 속에서 누구에게나 가장 절실한 대안 욕구는 관계의 평화로 누려지는 각자의 평안이 아닐 수 없다. 그 샬롬에 대한 희망은 모방적 경쟁과 폭력의 메커니즘이 쳐놓은 죽음과 희생의 스캔들을 넘어설 수 있다. 그 동력이 바로 무덤을 텅 빈 상태로 만드는 부활에 대한,

부활을 향한 희망이다. 다시 살아난 예수의 그 '나타남'에 신실하게 응답함으로써 우리는 죽음과의 관계를 끊어낼 수 있는 것이다. 그렇게 죽음과 결별한 제자들은 이제 갈릴리에서 하나님 나라의 푸른 꿈을 개척해 나가던 그 시절을 새롭게 갱신하며 살아가야 할 신령한 의무로 충일해진다. 그것도 부활의 희망을 동력으로 삼을 때 가능해지는 현실이다. 갈릴리는 가장 척박하고 희망 없는 이 땅의 삶의 터전을 희망의 전당으로 만들어내는 하나님 나라의 기적을 표상한다. 거기서 제자들은 예수의 부활과 함께 그 영이 부활하여 왕년의 주님과 다시 만나리라는 것이다.

죽음 너머로 샬롬을 회복하는 과제와 하나님 나라의 공적 사명을 다시 갱신하는 과제는 이제 갈릴리 이후 새롭게 펼쳐질 삶의 현장에서 일구어 나가야 할 선교적 목표가 된다. 그것은 죽음으로 폭력을 강제하거나 그 모방적 폭력의 악순환 속에 생명을 겁박하지 않는 자유의 세계와 통한다. 그렇게 예수 이전의 구체제와 결별하고 새로운 가치 질서로 구현함으로써 부활의 신세계는 실현 가능해진다. 그 대안적 세계의 질서는 일단 당위적 차원에서 선포되어야 하겠지만, 그것을 일상의 현실로 만들어 나가는 일은 무엇보다 계몽과 교육의 과제이다. 불필요한 고난과 부적절한 희생의 질곡에서 벗어난 생명의 지속성은 그 과제의 지속성을 전제로 가능해지기 때문이다. 아울러, 간단없이 지속되는 고난의 역사적 현실이 이 땅에 만연하기 때문에 예의 억압적 고난의 질곡과 구별되는 층위에서 불가피하게 당면하는 고난이나 자발적으로 무릅쓰는 희생은 당위적 의무로 전제된 추상적인 사명이기에 앞서 더불어 나누며 모두가 기꺼이 감내하는 체험적 진정성과 구체성을 살려내야 한다. 이 모든 작업은 궁극적으로 비평적 자의식의 각성과 축적되는 교육을 통해 기존의 인습적 구조를 깨는 결과로 드러나야 할 것이다. 특히 부당한 희생과 고난을 강요된 침묵으로 지속시키는 남성 중심의 가부장주의 이념이 희생의 메커니즘을 확대·재생산하는 데 기여해온 비중을 감안할 때[25] 그 교육의 핵심 목표로서 권력과 재화의 생태적 재분배에 각별히 관심을 기울여야 한다.

겟세마네의 예수처럼 죽음 앞에서도 인간의 위엄을 잃지 않고 고뇌와 슬픔과 두려움을 무릅쓰고 제 존재의 마지막 의미를 묻고 내면화하려는 결의, 그런 것은 한꺼번에 갑자기 생기지 않는다.[26] 그의 무고한 고난과 희생처럼 한 시대의 신기원을 만들며 온 몸으로 십자가의 스캔들이 되어 이 땅의 사이비 스캔들을 폭로해나가는 일, 그 역시 비상한 각오와 함께 공부의 축적이 필요하다. 그리하여 더 이상의 모방적 경쟁과 폭력의 압제하에 희생양을 구하지 않아도 되는 세상, 그것도 오랜 싸움과 연단을 통해 개척된다. 샬롬의 원융적 관계 속에 '나는 너!'라고 선포하면서 죽음 너머로 영생을 꿈꾸며 맛보는 일상의 자리… 이런 것이 모두 소중한 부활의 열매이고 또한 선교적 목표일진대 오로지 꾸준한 계몽과 교육의 과정을 통해서만 오늘의 현실이 될 수 있다. 이것이 바로 예수의 고난과 죽음, 나아가 그 부활의 극적인 사건이 우리들에게 자전적 사연으로 재의미화·재맥락화되는 경로이다.

그렇다면 기존의 고난과 희생 담론은 내부에서 그 부정적 질서를 혁파하면서 역동적 스캔들의 힘으로써 그 바깥의 세계에서 생명의 향유적 가치로 보완되어야 한다. 요컨대, 십자가를 앞세운 고난의 신학은 부활의 감격에 도취된 영광의 신학으로 건너가는 길목에서 향유의 신학이란 세례가 필요하다는 것이다. 이는 창조신학의 관점에서 구원이 생명의 향유적 가치를 극대화하는 창조의 회복으로 전유될 때 쉽사리 납득될 만한 대안적 구상이다. 이 땅의 모든 삶은 고난에 앞서 누림의 대상과 주체로 현존한다. 그것은 지고의 가치로 부여된 하나님의 은총 어린 분복이며 선물이다. 아울러, 그것은 욕망의 존재로 창조된 생명세계를 향해 부당한 금기의 미신을 극복한 연후에 조금도 지체 없이 구현되는, 또 구현되어야 하는 일상의 조화이다.[27] 샬롬은 그 일상적 누림의 생명 천지 가운데 자연스럽게 임하는 것이지 무슨 정치적 선전구호나 이데올로기처럼 아득한 미완의 목표로 표방되는 것이 아니기 때문이다.

고난과 희생 담론의 실천적 재구성

요약하자면 그리스도교와 뭇 야성적 종교가 앞세운 고난과 희생 담론의 신학적 기치는 그리 갸륵하지도 숭고하지도 못한 광범위한 음지를 숨겨오고 있었다. 그것은 폭력을 자행하며 죽인 희생자들의 무덤을 고상하게 장식하는 '회칠한 무덤'의 반복적 구태가 길게 연장된 풍경으로 유전되었을 뿐이다. 애당초 순전한 명분과 동기를 갖춘 고난과 희생도 그 당사자의 상징적 명분을 활용하여 권력 체계를 갖추면 또 다시 모방적 폭력을 앞세워 연쇄적인 고난을 부르는 메커니즘으로 조직화되는 빤한 희생양의 논리를 숱하게 되풀이했던 것이다. 불가피하게 닥치는 고난은 운명론적 전제 아래 인과응보석 징벌의 논리로 쉽사리 설명되는 풍토가 여전하였다. 예수의 십자가를 내세운 고난의 신학도 그 체험의 역사적 진정성을 망실한 채 체제 보존과 부흥을 위한 수탈과 착취의 논리로 변용되거나 자본제적 번성의 이데올로기에 편승하여 교회 성장을 위한 헌신적 희생의 강박 심리로 왜곡되어 나타났다. 한 조직이 몸집을 크게 부풀릴수록 그 내부에서 작동되는 권력의 정치적 작동 방식은 건전한 리더십과 조직폭력배의 보스적 행태를 구별하기 어렵게 만들었다. 그와 같은 공룡집단의 논리로는 이 땅의 모든 고난과 희생은 물론 이로써 빚어내는 온갖 지적인 담론을 불온하게 비치게 한다. 신학적 담론 역시 예외가 될 수 없으며, 특히 '신'을 내세우기에 고난과 희생의 신학 담론은 가장 추악한 스캔들로 폭로될 위기에 처한 것이다.

고난과 희생의 잠재적 지형은 여전히 이 시대에 잠복된 지뢰와 같이 폭발성이 강하다. 군비 경쟁과 함께 뜨거워지는 전쟁의 가능성, 정치 이데올로기에 볼모로 잡힌 각종 대규모 군중집회, 특정 인물이나 현안을 향해 들끓는 언론 매체의 집중적인 융단 폭격, 궁극적 목표를 망실한 무조건적 성장과 부흥의 편집증 등등, 그 모든 이 땅의 현실을 분석하고 해석하는 담론의 지형도 무성하게 확산되어왔다. 각종 통계와 분석을 한 꼭짓점에 모아보면 무엇보다 심각한 것은 이 사회가 거짓과 위선이 팽배한 상태에서 그것에 비례하여 억압과 폭력으로 애꿎은 고난과 희생을 강요하고 남발하는 현상이다. 이러한 현실 가운데 십자가는 더 이상 그러한 폭력이 횡행하는 사태를 방조하거나 부추기는 상징이 되어서는 안 된다. 외려 그러한 사태를 오래도록 온존해온 체계의 권력 지향적 논리를 스캔들로 폭로하고 '샬롬'의 세계를 회복시키는 치유의 논리와 접속되어야 바람직하다. 그것은 피해자와 가해자 사이에 파탄이 난 관계를 평화적으로, 평안 가운데 복원시키는 창조론적 선교를 지향한다. 교회의 조직과 제반 사역도 특정 우두머리의 위장된 탐욕에 복무하기보다 평범한 작은 생명의 상처에 민감하게 반응하고, 그 존재의 현실 개선에 우선적으로 투자할 뿐 아니라, 비평적 자의식을 갖춘 개인성을 부양하는 계몽과 교육에 힘쓰는 열린 체계로 재구성될 필요가 있다. 그것은 곧 강요된 고난이 십자가의 길과 무관하며 은폐된 희생양의 논리가 곧 사탄의 음험한 장난임을 깨치는 통찰로 이어져야 한다.

이 글을 마치면서 내 가슴에 가장 먼저 떠오르는 사람들은 교회의 하부 조직 한 구석을 담당하지만 최저생계비에 못 미치는 대우를 받으면서 그것을 십자가의 고난으로 감내해나가는 말단 교역자들이다. 그들은 많은 경우 교회의 궂은일을 도맡아 처리하면서 별반 주목을 받지 못한 채 미래의 보다 나은 현실을 바라보며 오늘의 곤경을 묵묵히 견디고 있다. 도심지의 교회들 가운데서 흔히 발견되는 이러한 현실은 단순히 재정 문제로 소급되지 않는다. 이는 그 재정을 운용하는 기관에 속한 사람의 문제이고 사고의 문제이며 결국 신학의 문제이다. 그렇다고 그 교회 공동체의 다수 교우들이 그 정도의 극빈한 상황으로 내몰려 마냥 처연한 것도 아니다. 다만 차별이 존재하고 그 차별은 십자가 고난의 이름으로 대물림되며 모방적 폭력을 은연중 실현하고 있을 뿐이다. 나아가 농어촌의 영세한 교회를 선한 명분 하나로 지키며 그 열악한 생존 여건을 버텨내고 있는 일선의 교역자들은 더더욱 딱한 형편이다. 헌신적 희생의 미명 아래 영문도 모른 채 골목길에 방치된 초췌한 어린 자식들의 표정도 그저 '감사'의 레토릭 아래 무마된다. 시골 노인들 몇 명 돌보면서 재정 형편이 나아질 수 없는 구조가 처절히 방치될망정 도회지의 부요한 교회들이 생존을 벗어나는 탐욕의 거품을 걷어내고 그들과 파격적인 고난의 코이노니아를 감행한다는 이야기를 아직 듣지 못하고 있다. 그런가 하면 교역자도 되지 못하는 직분으로 일주일 내내 집안과 직장에서 고단한 노동을 치른 뒤 이레째 교회에서 아침부터 저녁까지 온갖 '헌신'의 이름으로 그 한줌의 안식을 저당 잡힌 익명의 장삼이사들이 겪고 있는 고난 아닌 고난은 또 어쩔 것인가. 그런 유의 고난을 그저 갸륵한 것인 양 칭송만 하고 또 그 담론을 대강 정당화하면서 그 속에 감추어진 모방적 폭력의 체계를 간파하지 못하는 당신은 과연 들을 귀가 있는 자인가.

폭력적 죽음의 내력과
대안적 희망

종교와 폭력의 상관관계

종교는 평화를 말하기를 좋아한다. 실제로 종교는 평화를 위해 남아 있어야 할 최후의 보루처럼 보이기도 한다. 세계 종교의 창립 주역들이 공통적으로 평화를 역설하였고 평화를 위해 활동했으니 이러한 평화주의의 기수로서 종교를 이해하는 것도 무리는 아니다. 그러나 이러한 종교의 빛이 엄연히 역사 속에 존재한 반면 그 그늘 또한 외면할 수 없는 것이 사실이다. 종교가 평화에 역행하는 폭력과 전쟁을 정당화하고 결국 그 모든 재난을 부추긴 것과 다름없는 정황이 숱하게 탐지되기 때문이다. 특히 지난 2000년 그리스도교의 역사 가운데 구원을 앞세운 복음이 인간의 자유를 억압하고 평화를 저해한 죄악의 역사 또한 명백하게 증언되고 있는 실정이다.[1] 종교가 일부 개인도 아니고 사회와 국가 전체, 나아가 인류 전체를 죽음의 재난으로 몰아넣는 그 폭력적 동인은 어디서 비롯되는 것일까. 인간 성정의 폭력적 욕동이 종교 체제를 이용하여 그러한 비극을 유발한다고 보면 간단하지만,[2] 이러한 시각은 심리적 환원주의에 머물 뿐이다. 종교 체제뿐 아니라 종교적 교리와 종교인의 선량한 가치가 끊임없는 발본적 성찰과 자기 해체의 노력을 기울이지 않고는 언제든지 그 평화와 정반대의 결과를 낳는 대열에 끼일 가능성이 농후한 것이다.

이는 종교가 독보적 진리를 내세우는 배경과 밀접히 상관된다. 그 진리를 착하게 올바르게 실천한다고 굳게 믿는 그 신념/신앙의 체계 역시 독선과 자기 의의 함정을 만들어 사랑으로 폭력을 가하는 기이한 아이러니가 발생하는 것이다. 더구나 종교 내부의 신앙 체계가 생존과 번성을 위한 자구적 필요와 제도적 정체성의 확립을 위한 현실적 요구에 부응하고자 할 때 기실 모든 가르침의 꼭두서니에서 권위를 행사하는 종교조차 폭력적 죽음의 가해자로 얼마든지 기능할 수 있게 된다. 그것은 하나님이 가장 귀하게 여기는 인간 생명을 송두리째 넘어뜨리는 인식과 실천의 길림돌로서 가장 부정적인 스캔들의 빙폐가 아닐 수 없다. 그리스노교의 역사는 특히 이러한 측면에서 반성해야 할 범죄의 그늘이 만만치 않다. 그 모든 시대의 비극은 당대의 정치적 역학구도 아래 자행되었지만 그 폭력적 죽음을 서슴없이 저지른 자들의 신념체계를 뒷받침한 교묘한 내적인 정당화 논리가 없지 않았다. 그 결과 폭력적 죽음 → 그 죽음의 승화 작업을 통한 정당화 → 더 악화된 폭력적 죽임이란 반복적 패턴을 고스란히 역사 속에 물려주었다. 그렇게 생명 살해의 사건이 종교적 정당화의 절차를 밟아 거룩한 후광을 덧입고 그것이 마치 '하나님의 뜻'인 것처럼 호도되어온 역사는 시대적인 인식의 한계 내에서 온당히 평가되어야 한다. 이처럼 착종된 역사의 상당 부분은 성서의 전범들로 소급되거니와, 거기에는 개인적인 차원뿐 아니라 집단적인 살육이 종교적으로 승인되는 사례들이 적지 않다.

이 글은 성서에서 출발하여 종교를 앞세운 폭력적 죽음의 현실이 어떤 맥락에서 그 전범을 제공했는지 살피는 작업이 될 것이다.[3] 이를 위해 많은 이들이 자연스런 '죽음'으로 보는 사건이 어떻게 폭력적인 '죽임'일 수 있으며, 그것은 또 어떤 자기정당화의 논리를 필요로 했는지에 대한 주의 깊은 고찰이 필요하다. 폭력적 죽음/죽임의 파노라마 가운데는 개인적 사례뿐 아니라 집단살육의 형태를 띠는 것도 발견되는데 놀랍게도 이는 성서 밖의 역사 가운데 수없이 반복되며 기독교를 비롯한 여러 종교를 참혹한 범죄로 얼룩지게 만들었다. 이 때문에 종교와 폭력의 상관관계에 대한 치밀한 비판적 성찰은 불가피하며, 아울러 그 비극의 역사를 넘어서기 위한 새로운 신학적 해석학의 창출이 긴요한 시점이다. 따라서 종교와 폭력의 공생관계를 끊고 보다 나은 대안적 희망을 창출하기 위해 어떤 신학적 발상의 전환이 필요한지 면밀하게 탐구해야 할 것이다.

폭력적 죽음/죽임의 성서적 사례와 범주

성서에서 폭력에 의해 죽임을 당한 사람들은 매우 많다. 어떤 사례는 그 폭력이 노골적으로 드러난 경우가 있지만 다른 적잖은 경우에서 그 사례는 은폐되거나 위장되어 나타나기도 한다. 또한 개인적인 갈등의 상황에서 그 폭력 사태가 불거지기도 하지만 집단적인 살육의 형태로 발생할 때도 많다. 문제는 이 모든 사례들의 다양한 범주가 기실 종교적 정당성을 갖추기 위해 나름대로 변증의 시도를 보이고 있다는 것이다. 거기서 정치적 이데올로기와 순전한 신앙적 충정의 경계는 희미해지기 일쑤이다. 따라서 어떤 관점에서 해석하고 어떤 우선권에 터하여 관련 사건의 의미를 평가하느냐에 따라 천차만별의 자리매김이 가능해질 것이다.

| 개인적 범주 |

1) 가인의 형제 살해

창세기의 가인과 아벨 이야기는 인류가 자행해온 형제 살해의 고전적 전범인 양 수많은 후일담을 낳았다. 그의 부모 아담과 하와가 범한 불순종과 패역이 하나님을 향한 범죄였다면 이 두 형제의 폭력적 살해는 인간들 내부의 범죄로서 그 비극적 의미가 조명되어왔다. 이야기의 줄거리는 간단하다. 형 가인은 농사짓는 자였고 동생 아벨은 양 치는 자였다. 가인은 땅의 소산으로 제물을 삼아 여호와에게 드렸고 아벨은 양의 첫 새끼와 그 기름으로 봉헌했다. 그런데 여호와는 아벨과 그의 제물은 받고 가인과 그의 제물은 흠향하지 않았다. 이로 인해 심상한 가인이 분한 마음에 동생 아벨을 들판에서 쳐 죽였다는 것이다. 이에 대한 징벌로 가인은 비록 목숨은 부지하게 되었지만 이 땅에서 회피의 대상으로 떠돌며 유리하는 자로 살아야 했다. 심지어 그가 거주처로 삼아 정착한 '놋'이라는 땅의 의미조차도 '유리함'이었으니 그가 저지른 아우 살해의 형벌이 운명적인 징표를 담고 있다고 할 만하다.

이 인류 최초의 살인과 관련하여 다양한 추론과 해석이 나와 있다. 특히 가인의 제물이 거부되고 아벨의 제물이 수용된 것과 관련하여 여러 가지 관점이 난무한다.[4] 이미 성서에 나와 있는 모범답안인즉, "믿음으로 아벨은 가인보다 더 나은 제사를 하나님께 드림으로 의로운 자라 하시는 증거를 얻었"(히 11:4)다는 것이다. 그 믿음은 아벨이 자신의 예물을 하나님이 기쁘게 받으리라는 믿음일 수도 있지만, 히브리서 11장 전체의 맥락에서 보면 긍정적 희망과 신실한 진정성이란 함의를 내포한다. 그런데 정작 창세기의 본문에서는 이러한 그들의 내면 상태와 제사의 자세에 대한 언급이 나오지 않는다. 이러한 종교제의적 관점과 달리 도덕윤리적 관점에서 가인이 자기중심적인 삶을 살았던 반면, 아벨은 하나님 중심의 삶을 추구한 인물이라고 평가함으로써 그들의 제사가 거부되고 용납된 이유를 설명하려는 시도도 있다.[5] 역사비평적 관점에 터하면 아벨은 유목민을 대표하고 가인은 농경민을 표상하는 대립적 구도 아래 이 이야기가 농경민을 압도한 유목민의 승리와 정치적 지배력을 사후에 추인하는 방편으로 만들어진 설화라는 것이다. 이를 후대의 레위기 신학이란 틀에 비추어보면 동물의 희생 제사 위주의 예물 봉헌이 더 흠향할 만한 것으로 간주된 관행이 역으로 가인과 아벨의 불화관계에 투사된 결과로 읽을 수도 있다.

문제는 그 제사의 결과 형제 살해의 비극이 발생하고야 말았다는 것이다. 질투와 원망, 분노가 일었다 할지라도 가인은 한 번의 제사 결과에 지나치게 착념하여 그로 인해 피를 흘리는 죄를 짓지 않을 수도 있었을 것이다. 이러한 안타까움은 하나님의 목소리를 빌려 "죄가 너를 원하나 너는 죄를 다스릴지니라"(창 4:7)는 메시지로 표출되었다. 그 죄는 죽은 아벨에 대한 윤리적인 죄였을 뿐 아니라 모든 생명을 주관하는 하나님의 권한을 침해한 신학적인 범죄 행위였다.[6] 이 이야기의 해석을 좀더 심화시키면 타인과의 비교 우위에 대한 심리적인 집착이 어떻게 감정을 꼬이게 만드는지 짚어볼 수 있다. 사실 현상적으로 보면 가인과 아벨의 제물이 여호와께 용납되었는지 여부를 분간하는 기준은 모호했을 것이다. 당시의 관행에 따라 특정한 판별 기준이 있었을지라도 그것은 심리적인 현상과 무관치 않았을 터이다.[7] 하나님이 곡물보다 수육을 좋아했다거나 양 제물은 피를 흘리는 것이니 속죄적 의미를 담고 있다는 식의 발상은 후대의 상황을 투사하여 결과론에 경도된 자의적인 추론에 불과하다.[8] 제물을 태우는 연기가 하늘로 똑바로 올라갔는지, 옆으로 흩어졌는지를 그 기준으로 보는 것은 순전히 오늘날의 만화적 상상이 만들어낸 이미지다. 설사 옆으로 흩어졌다고 한들 바람으로 인하여 그런 것이고, 바람 또한 하나님이 부리는 피조물이고 보니 그 또한 하나님이 나타낸 반응의 일종이라고 볼 수 있다. 결국 제사를 드린 당사자가 그 결과를 두고 현상적으로 판단하기 나름이라는 것이다.

이렇게 볼 때 아벨은 자신의 제물이 성의껏 드려졌다는 전제하에 타인과 타인의 제물을 의식하지 않았다고 말할 수 있다. 히브리서의 '믿음'을 이런 쪽으로 해석한다면 그는 자신의 제물과 함께 그것이 잘 용납되었으리라는 믿음과 함께 평안했을 것이다. 그러나 가인은 자신의 제사와 제물을 다자인 동생의 경우와 비교하여 세가 드린 것에 대한 불만족이 생겼다. 남의 떡이 더 먹음직스럽고 더 커 보이는 이치대로 가인은 결국 내면의 불만족을 하나님의 반응과 엮어 모멸적 자의식을 발동시켰고, 그것을 다시 외부로 투사하여 동생이란 타자를 원망과 분노의 대상으로 삼기에 이른 것이다. 여기서 비극의 결정적인 동인은 이 차이화의 소용돌이 속에서 가인과 아벨의 갈등을 중재할 만한 제3의 '짝패'가 없었다는 것이다. 아벨보다 더 나은 대상을 모방함으로써 그 열등한 자의식을 위로할 만한 중간 존재가 없었기에 내부의 들끓는 분한 감정은 마침내 폭력적으로 분출할 수밖에 없었던 것이다.

　요컨대, 그는 하나님을 모방할 만한 믿음이 없었다. 농사 제물과 목축 제물의 질적인 차이와 의미는 후대에 구축된 체계일 뿐, 그 자체가 형제로서 그들의 우애를 상하게 할 것은 아니었다. 농경민에 대한 유목민의 정치적 지배를 투사했다는 주장은 정치적 이데올로기의 차원에서 합당하지만 이 폭력적 죽임의 사태에 대한 신학적 평가의 잣대로서는 부적절하다. 결국 가인의 아우 살해 사건은 특정한 부정적 자의식에 휩싸이면서 그것을 성찰하고 조절할 모방 상대를 갖지 못함으로 인해 제 내면의 감옥이 소통의 출구를 찾지 못한 결과 빚어진 관계의 파탄을 시사한다. 기원론적 설화로서 이 이야기는 언제부터 왜 이 땅에 근친 살해가 생겼는지 이를 한편으로 경계하면서 다른 한편으로 설명하기 위해 생겨났을 것이다. 그것은 인간의 가장 친밀한 관계에서 더 예민하게 작동하는 비교의 메커니즘과 우열의식, 조율되지 못하는 분노와 원한의 감정이 폭력과 죽임을 부르는 원초적 에너지임을 상기시켜준다. 사후 약방문 식으로 등장하는 하나님의 개입과 제사라는 배경 설정은 그러한 폭력적 비극의 기원을 설명하면서 그 현실을 위무하고 극복하기 위한 서사적 장치로 기능하는 듯하다. 그래서 하나님은 가인의 내면을 찌르며 그의 폭력적 심리를 추궁하고 아벨이 죽고 난 뒤 가인의 뒤처리에 개입할 뿐, 정작 사건의 본론격인 살해 자체를 막지는 못한다. 이는 폭력 사태가 이미 발생한 뒤 뒤풀이 격으로 등장하는 전통적 종교제의의 자리를 확인해주는 암시처럼 보인다.

2) 사사 입다와 모압 왕 메사의 친자 살해

가인의 아벨 살해가 형제 살해의 고전적 사례라 한다면 사사 입다와 모압왕 메사가 각각 자신의 딸과 아들을 제물로 바친 것은 종교와 제의의 명분에 의탁한 자녀 살해의 전형적인 사례라 할 만하다(삿 11:29-40). 주지하듯, 이스라엘의 사사 입다는 암몬과의 전쟁에 나가기 전에 비장한 결의를 비치며 하나님에게 서원을 한다. 전쟁을 마치고 돌아올 때 집 문 앞에서 나와 자신을 영접하는 그를 번제물로 바치겠다고 말이다. 그러나 그가 승리를 거두고 돌아왔을 때 영접 나온 상대는 동물이 아니라 자신의 무남독녀였다. 사정을 파악한 뒤 이 착한 딸은 두 달 동안 친구들과 산에 가서 자신이 처녀로 죽음을 애곡하는 의식을 치른 뒤 아비의 서원에 따라 기꺼이 번제물이 되었다는 것이다. 이 이야기는 이스라엘의 역사와 종교적 율례에 비추어 매우 곤혹스런 사태였던 터라 학자들 사이에도 여러 논란이 있어왔다. 신명기 18:10에는 분명히 자신의 자녀를 번제물로 바치는 것을 엄히 금하고 있기 때문이다.[9] 인신 제사는 이방인 종교에서 행해진 것으로 여호와는 이를 가증스럽게 여기는 것으로 알려져 있다(레 18:21). 실제로 아브라함이 이삭을 모리아 산에서 제물로 바치라는 하나님의 명령을 준행하기 직전까지 갔지만 마지막 순간 시험의 뜻을 알리고 하나님이 그 명령을 거두어 준비된 동물 세사로 내신한 이야기(창 22:1-19)도 잘 알려져 있다. 그런데 이미 율법의 시대를 거친 사사 시대에 아무리 죄악이 관영한 세태였다고 하지만 이처럼 자녀를 번제물로 바치게 된 사건은 놀라운 예외라고 할 수 있다. 실제로 이 이야기는 역사적 사실이라기보다 민간에 전래되어온 애도 축제를 합리화하기 위해 만들어진 기원론적 민담으로 보기도 한다.[10] 자신의 딸을 비극적인 상황에서 희생 제물로 바친 사례가 고대의 민담 세계에서도 더

러 탐지되기 때문이다.[11]

이 이야기의 배후 맥락과 관련하여 역시 다양한 추론이 나와 있다.[12] 무엇보다 사사 입다의 경솔한 서원이 빚은 비극으로 여김으로 그에게 비난의 화살이 집중되곤 한다. 함부로 서원하는 일의 위험함에 경각심을 불러일으키는 것도 이러한 맥락에서다. 이 대목에서 주석가들은 입다가 자신의 딸이 소고 치며 자신을 영접 나올 가능성을 상정했는지, 아니면 집안에 키우던 가축들을 염두에 두고 그렇게 서원한 것인지 상상의 나래를 펴기도 한다. 그런가 하면 그러한 경솔한 서원에 대해 제지하지 않은 채 그 상황을 그냥 방치하고 인신 제물을 그대로 허락한 하나님의 혐의까지 추궁당하기도 한다. 부족한 인간 입다가 저지른 실수를 하나님이 교정해줌으로써 애매하게 한 어린 생명이 죽임을 당하는 재앙을 막아주는 하나님다운 결정적인 개입이 (이삭의 경우와 달리) 결여되어 있다는 지적이다. 또한 애꿎게 희생 제물이 된 입다의 딸도 자신의 처지와 상황을 정당하게 항변하지 않고 기이한 종교의식을 꾸며 제 생명을 포기한 행태에 비판의 화살이 꽂힌다. 한편 여성신학적인 관점에서 그녀는 예수 그리스도의 절규 어린 탄식 '하나님이여, 하나님이여, 어찌 나를 버리시나이까'의 선재적 주인공으로 승격되어 재평가되기도 한다. 나아가 그녀의 갸륵한 희생은 망각하고 입다의 행적만이 기억되는 부당한 가부장적 편견과 그 이데올로기적 관점이 비판적으로 언급된다. 또 다른 관점에서 입다가 인신 제사를 금하는 율법의 규례에도 불구하고 이를 감행한 것은 비록 야훼주의 신앙을 걸쳤지만 그 신앙의 속내가 권력과 성공을 부추기는 바알주의였기 때문이라는 새로운 해석이 제출되기도 하였다.[13]

마지막 해석이 이 이야기의 신학적 재구성에 한 오라기 참신한 빛을 던진다면 그것은 위기를 모면하고자 거듭 자기중심의 욕구를 앞세우는 폭력적 동인이 입다의 인간관계 속에 활성화되었다는 사실이다. 그는 어설픈 서원을 통해 암몬을 쳐부수려는 의욕을 극대화하였다. 그는 협상과 거래의 달인으로 일찍이 이런 역량을 발휘하여 부족장으로서 자신의 위상을 세우는 기민한 처신을 보여준 바 있다. 그런 그가 이제 하나님과 거래를 하고자 했다. 그런데 입다의 서원은 그 대상이 명확히 드러나지 않는 점이 독특하다.[14] 그것은 전략적인 공표의 성격이 강해 보인다. 그렇게 대외적으로 서원을 공표함으로써 그는 승리를 기정사실화하고 싶었을 것이고, 함께 전장으로 떠나는 군사들에게 선동적인 메시지를 던지고자 했을 것이다. 사실 하나님은 이러한 입다의 서원에 대해 아무런 반응을 보인 바 없다. 이후에 승전하고 돌아와서도 입다는 자신의 참담한 반응과 함께 서원을 지키는 데 집중하였을 뿐, 그로써 잘못된 서원을 재고하고 이에 대한 하나님의 반응을 경청하려는 아무런 시도도 없다. 결과적으로 그의 행태는 처음 서원을 할 때나 이후 서원을 이행할 때 모두 자신의 체통과 명예, 권위와 정치적인 위상에 판단의 최종 준거가 실려 있었다고 볼 수 있다. 종교적 희생 제사는 다만 그것을 사후 승인적으로 정당화하는 형식적인 장치에 불과했던 셈이다.

이는 모압 왕 메사가 자신의 친아들을 번제로 드린 행각에서도 여실히 탐지되는 폭력적 죽임의 패턴이다. 아합이 죽은 뒤 이스라엘 왕 여호람과 유다 왕 여호사밧이 합동작전으로 이스라엘을 배반한 모압 왕 메사를 치는 상황에서 모압 쪽에 전세가 불리하게 돌아가고 있었다. 군사 700명을 이끌고 에돔 왕에게 도움을 요청하러 가려는 시도마저 여의치 않게 되자 그는 다음과 같이 극단적인 방식을 취하게 된다. "이에 자기 왕위를 이어 왕이 될 맏아들을 데려와 성 위에서 번제를 드린지라. 이스라엘에게 크게 격노함이 임하매 그들이 떠나 각기 고국으로 돌아갔더라"(왕하 3:27). 이스라엘에게 임한 '격노함'이 하나님의 반응이었다면 출구 없이 외곬으로 몰아붙인 이스라엘의 양동작전은 너무 심한 것이었을 테다. 더구나 자신의 왕위를 이을 아들까지 성 위에서 번제로 바칠 정도였으니 하나님의 관점에서 볼 때 그것은 너무 심한 공략이었다고 볼 수 있다. 그러나 이는 정치적인 동역학이란 맥락에서 보면 이스라엘의 모압 섬멸 작전이 도중에 모종의 장벽에 부닥쳐 퇴각하게 된 사정을 메사의 인신 제사를 빌미로 정당화한 결과일 수도 있다.

여하튼, 자녀를 희생 제물로 삼는 행태는 여기서도 메사가 처한 위기 상황을 극복하는 극단적인 선택으로 제시된다. 국가의 위기를 개인의 희생으로 넘어서려는 동기가 이 폭력적인 죽임을 종교제의적으로 정당화하는 시위 효과를 유발한 것이다. 이것이 굳이 '시위'인 까닭은 '성 위에서' 공개적으로 자신의 백성들과 적군들이 다 목격할 수 있게 행해진 공개적인 쇼였기 때문이다. 이로써 자국민에게는 정치적인 각성과 투쟁 의욕을 제고시키는 효과를 거둘 수 있었을 테고, 적군들에게는 상대적으로 싸움의 의욕을 꺾는 심리 효과를 볼 수 있었을 것이다. 마치 화랑 관창이 희생의 제물로 적진에서 장렬하게 전사당함으로써, 실질적으로 폭력적 죽임이었던 그 사태를 계기로 신라군의 사기(독기?)가 앙양되고 백제 진영의 극렬한 전투 분위기가 누그러진 것과 유사한 이치이다. 이는 이스라엘의 야훼 신앙과 모압의 종교제의가 그 기능적인 효과에서 서로 통하는 양상이라 할 수 있다. 야훼의 백성에게 금지된 자녀 제사가 모압의 진영에서 적극 허용되고 있는 형국이 아닌 것이다. 요컨대, 이와 같은 폭력적 죽임의 사태는 자신의 공적인 위기를 모면하려는 의도와 함께 사적인 타인을 희생의 볼모로 잡는 정략적인 계산에서 비롯된다는 점을 드러내준다. 특히 그 희생의 대상이 자신의 자녀처럼 친근한 경우, 이는

서사의 비극성을 높이면서 어떻게 그 정치적인 시위 효과를 극대화하는
지 여실히 폭로한다.

3) 다윗과 아합의 간접 살해

다윗은 이스라엘 역사에서 대표적인 성군으로 손꼽힌다. 골리앗을 무
찌른 소년 영웅의 이미지에서 선대왕 사울의 끈질긴 살해 위협에도 불구
하고 믿음을 잃지 않은 신실한 인간의 이미지도 그를 따라다닌다. 저작
권이 그에게로 돌려진 시편의 상당수 작품들 가운데 비탄의 어조를 머금
은 것들은 대번에 인간 실존의 심연을 체험하고 그 곤경을 극적으로 극
복해나가는 문학적 아우라를 더하고 수금을 탄주하며 악령을 내쫓는 모
습 속에서는 예술적인 초상을 엿보게 된다. 나중에 왕이 되어 사울의 아
들이자 자신의 친구인 요나단이 죽고 불구의 몸으로 처량하게 남은 그의
아들 므비보셋을 거두어 왕궁에 기거하도록 배려한 것은 그의 관대한 아
량과 인간적 미덕의 한 정점을 이룬다. 그런 그는 마침내 사울의 뒤를 이
어 새로운 왕조를 개창하였고 그와 맺은 언약이 영원무궁하리라는 특권
적 신탁을 받게 된다. 그러나 전쟁터에서 잔뼈가 굵은 그의 일생은 기실
칼이 칼을 부르는 칼의 시대였으며 그 칼로 묻힌 피의 후유증으로 그는
자신의 시대에 성전을 건설하는 일이 허락되지 않은 것으로 평가받을 정
도였다. 물론 그가 특권적 지위에 오르면서 자신의 칼은 권력의 상징적
기표였고, 실제로 피를 뿌린 것은 요압을 비롯한 그의 충직한 측근 부하
들이었다. 다윗의 일생에서 풍기는 피비린내를 포장해주기 위한 주변의
충신들이 있었던 셈이다.

그런데 그 충신들 가운데 충성이 적절한 답례를 받지 못한 채 외려 은
혜가 원수로 되갚아지는 경우가 있었다. 그 가운데 가장 극렬한 사례는

바로 그가 정욕에 사로잡혀 자신의 충직한 용사 헷 사람 우리아를 잔인하고 교활하게 죽인 사건이었다. 이른바 '밧세바 스캔들'로 잘 알려진 이 이야기는 종교적으로 지극히 신실하고 덕스러운 인간의 욕망 역시 폭력적 죽음을 부르는 그 하극상의 정황과 무관치 않음을 극적으로 대변한다. 사무엘하 11-12장에 기록된 그 사건은 다윗이 전장에서 왕궁으로 일상의 동선을 옮긴 뒤 벌어진다. 이제 권력 깨나 부리게 된 시점에서 그는 나신의 밧세바에 욕정이 동했고, 그녀를 범하여 임신을 시킨 뒤 그 사실을 감추기 위해 전쟁터에 가 있는 그의 남편 우리아를 불러 동침을 유도하여 그 임신된 씨가 자신의 소행이 아님을 꾸며내려 했다. 그러나 충직한 부하는 집에 가서 아내를 품기보다 제 부하들과 함께 머물기를 즐겨함으로써 다윗의 일차 음모는 불발한다. 그러자 다윗은 요압을 시켜 암몬 족속과의 싸움터에서 우리아를 앞세우도록 밀지를 보내어 마침내 그를 대적들의 칼에 우회적으로 죽게 만든다. 그 결과를 통지받은 다윗의 말은 경건하고 신실한 그의 보편적 이미지와 영 딴판으로 "칼은 이 사람이나 저 사람이나 삼키느니라"(삼하 11:25)였다. 이러한 천연덕스러운 능청과 교활한 변명은 예술적인 인간으로서나 충직한 의리와 우정의 인간 다윗의 통상적 이미지에 전혀 어울리지 않는 듯하다.[15]

다윗은 이 폭력적 사태가 선지자 나단의 준엄한 질책과 함께 폭로되면서 회개의 방향으로 선회한다. 그러나 그 회개의 내용을 사무엘하의 서사와 시편에 남았다는 회개시편을 통해 추적해도 자신의 죄악된 본성에 대한 성찰과 도덕적 자괴감은 있을망정 우리아를 죽인 그 감추어진 폭력을 해체하는 발본적 고백은 엿보이지 않는다. 외려 후대의 전승은 다윗의 입장을 두둔하면서 그의 폭력적 행태를 은폐하려는 경향을 노출한다.[16] 하나님의 징계도 그의 집안에 칼부림이 끝나지 않으리라는 모호한 비관적 예언과 함께 애꿎은 밧세바의 뱃속 생명을 죽이는 것으로 결말지어질 뿐, 결국 밧세바는 잠시의 애곡을 거쳐 이후의 침상에서 다윗과 부부로 정을 통하는 합법적인 관계를 이룬다. 거기서 태어난 솔로몬과 그 후대는 다윗의 언약을 이루어나가는 역사의 옥체들이 된다. 이러한 왕조적 역사관에 비추어보면 결국 우리아의 폭력적 죽임은 다윗 중심의 언약적 구원사를 이루어나가는 하나의 소품으로 철저히 이용되었을 뿐이다.[17] 군인으로 잔뼈가 굵은 전투적 인간이자 꽤 노회한 정치인이었던 다윗의 입장에서 아무리 치열한 언어로 자신의 종교적 신심을 꾸며내고, 또 거기에 일말의 진정성이 있다손 치더라도, 우리아와의 관계에서 그가 보여준 폭력성은 여느 시정잡배의 그것 못지않게 잔혹한 것이었다. 그 일련의 과정에서 그에게 내려진 하나님의 신탁과 징벌조차 기실 종교적 절차가 어떻게 정치권력의 가공할 폭력을 순화시켜주고 마침내 그 탐욕의 결실조차 정당화하는지 내밀한 메커니즘을 폭로한다. 결국 그의 폭력적 살육은 하나님의 뜻을 빙자하여 제 뜻을 이루었던 것이다.

아합과 이세벨이 나봇의 포도원을 탐내어 그것을 갈취하고자 벌인 폭력적 살해의 시나리오(왕상 21장) 역시 다윗의 그것과 비견할 때 구조적 패턴의 유사성을 보여준다. 편지를 써보냄으로써 음모를 꾸민 것까지 똑같다. 차이가 있다면 다윗의 경우처럼 그들 부부가 종교적 체계를 통해 그 갈등 상황을 능란하게 봉합할 줄을 몰랐다는 것이다. 아합의 경우가 외려 더 신사적인 측면이 있다. 그는 조상이 물려준 포도원을 건네줄 수 없다는 나봇의 고집과 타협하기 위해 돈으로 매입하거나 다른 포도원으로 대체해준다는 거래 조건을 내걸었기 때문이다. 그 합법적 시도가 봉쇄되자 그는 이세벨의 간계에 이끌려 마을 장로와 귀족들에게 편지를 보내어 음모를 이행한다. 그것은 두 사람의 불량자를 사주하여 나봇이 '하나님과 왕을 저주하였다'는 거짓 증언으로 나봇을 무고하게 정죄하여 돌에 맞아 죽게 하는 또 다른 폭력적 살육이었다. 여기서도 폭력의 명분에 하나님을 끄집어들여 맹랑하게 그 이름을 이용하고 있다.

이 사건으로 엘리야를 통해 전달된 하나님의 극단적 징계인즉, "네가 죽이고 또 빼앗았느냐고 하셨다 하고 또 그에게 이르기를 여호와의 말씀이 개들이 나봇의 피를 핥은 곳에서 개들이 네 피 곧 네 몸의 피도 핥으리라 하였다 하라"(왕상 21:19)는 것이었다. 다윗은 사람을 탐하여 자신의 충신을 교활하게 죽였는데도 애꿎은 뱃속 아이만 죽이고 나머지는 왕과 왕비로 영화를 누렸다. 반면 아합은 포도원을 탐하여 자신의 충신이 아닌, 외려 자신의 신사적인 제안을 거부한 나봇을 죽였는데, 시체조차 제대로 건사하지 못한 가장 참혹한 죽음으로 보응되었다. 물론 기계적인 형평성의 기준으로 그 둘의 폭력적 살해에 대한 징계를 판단하기는 어렵다. 그러나 분명한 것은 이 두 사람이 자행한 폭력적 죽임의 발단이 타인의 것을 배타적으로 소유하려는 탐욕에 기인했으며, 그 실천 방식은 잔인하였고 교활했다는 점이다. 게다가 그 사건이 진행되는 과정에서 하나님을 빙자한 종교적 장치는 결정적인 국면에서 그 사건을 결과적으로 추인하고 수습하여 정당화하는 방패막이 내지 뒤씻개의 역할을 수행했다는 것이다. 그러한 수동적인 역할은 기실 체제를 유지하고 보존하는 종교의 한 축을 대변하지만, 이는 결국 폭력적 죽임과 한 통속으로 맞물린 종교라는 체계의 무력함이나 허망함의 실상을 드러내주기도 한다. 특히 그것이 이데올로기적인 차원에서 특정 정치권력을 감싸려 할 때 빚어지는 이중적 포석의 사례를 우리는 적나라하게 포착할 수 있다.

1) 생성기 이스라엘의 이방 족속 섬멸

집단적 폭력과 살상이 일정한 명분을 띠고 대규모로, 또 지속적으로 나타나는 현상을 우리는 전쟁이라 부른다. 오늘날 '종교 전쟁'이라 일컫는 사태가 굳혀지기 이전 고대로부터 전쟁은 끊임없이 발발해왔다. 구약성서에서 종교적 승인과 신학적 정당화를 얻은 대표적인 전쟁의 유형이 바로 '야훼의 전쟁' '거룩한 전쟁'으로 불리는 것이다.[18] 그 역사적 기원은 이스라엘 백성의 출애굽 사건으로 거슬러 올라간다. 그들은 선조 아브라함에게 약속된 땅을 향해 진군하면서 자기들의 공격과 약탈, 이주와 정착을 정당화할 신학적 명분으로 옛적에 하나님이 자기 선조와 맺은 그 언약의 실현을 제시했다. 그리하여 그들이 광야의 족속들로부터 가나안 땅에 이르기까지 그 앞길을 가로막는 모든 사람들은 무력으로 싸워 무찔러야 할 대적이었다. 그들이 싸울 때 그들의 신 야훼도 함께 싸웠고, 그들이 야훼의 명령을 위반하여 탈선할 때 야훼는 싸움을 돕지 않아 결국 패배의 쓴 맛을 본 것으로 기록되어 있다. 하나님이 전사warrior의 이미지로 묘사되고 있는 것이다.[19] 이처럼 전쟁에 임하는 그들의 믿음은 이를테면 "너희 하나님 여호와는 너희와 함께 행하시며 너희를 위하여 너희 적군과 싸우시고 구원하실 것"(신 20.4)이라는 확신에 잇닿아 있었다.

그렇게 부여된 거룩한 신학적 명분 속에서 제시된 전쟁의 실상은 잔인하고 참담했다. 이스라엘의 가나안 진입과 정착 과정에서 숱하게 반복되는 야훼의 다음 명령인즉 왜 그가 전사의 이미지로 특징지어졌는지 미루어 짐작케 한다.

네 하나님 여호와께서 그 성읍을 네 손에 넘기시거든 너는 칼날로 그 안의 남자를 다 쳐죽이고 너는 오직 여자들과 유아들과 가축들과 성읍 가운데에 있는 모든 것을 너를 위하여 탈취물로 삼을 것이며 너는 네 하나님 여호와께서 네게 주신 적군에게서 빼앗은 것을 먹을지니라. 네가 네게서 멀리 떠난 성읍들 곧 이 민족들에게 속하지 아니한 성읍들에게는 이같이 행하려니와 오직 네 하나님 여호와께서 네게 기업으로 주시는 이 민족들의 성읍에서는 호흡 있는 자를 하나도 살리지 말지니 곧 헷 족속과 아모리 족속과 가나안 족속과 브리스 족속과 히위 족속과 여부스 족속을 네가 진멸하되 네 하나님 여호와께서 네게 명령하신 대로 하라(신 20:13-17).

이는 승자독식의 구도이다. 모든 적들을 남녀노소 가릴 것 없이 죽이고 탈취할 뿐 아니라 가축들까지도 공략의 대상이 된다. 이러한 전멸의 명령은 한층 더 가혹해져서 나중에는 모든 생명을 깡그리 멸절시키라는 절대적 지시로 진화한다. 가령, 사울은 아말렉과의 전쟁에서 "남녀와 소아와 젖 먹는 아이와 우양과 낙타와 나귀"까지 가릴 것 없이 모두 죽이라는 사무엘의 신탁 명령을 이행하지 않아 왕좌에서 쫓겨난 것으로 설명된다(삼상 15:1-31).

물론 야훼의 '거룩한' 전쟁이란 명분에 걸맞게 예의 신명기 구절에서는 평화의 제의가 전제된다. 그러나 그 평화의 제안을 적들이 수락한다는 것은 대등한 입장에서 조약을 맺고 공생을 위한 타협을 한다는 뜻이 아니라 항복을 의미한다. 그렇게 적들이 항복할 경우 그들을 정복하고 노예로 삼으라는 것이다. 그렇다면 이는 쌍방 간의 호혜적인 평화와 무관한 일방적인 승자독식이 전제된 전쟁이라 할 수 있다. 딴에는 그 진멸의 가혹한 명령 배후에 종교적 신앙적 의도가 있었음을 숨기지 않는다. 그들을 살려둘 경우 그들이 섬기는 이방신 숭배의 역겨운 일을 이스라엘 백성들에게 전파하여 그들이 야훼 하나님 앞에 죄를 짓게 될 위험을 사전에 제거하기 위함이라는 것이다. 그들을 살려두어 한 하나님을 섬길 수 있도록 유도하는 개종이나 이를 위한 각종 선교적 활동이 전혀 고려되지 않은 극단의 상황이 여기에 전제되어 있다.

이와 같은 이른바 '성전聖戰 신학'의 평가에는 본문의 맥락을 어떤 관점에서 짚느냐에 따라 여러 이견이 있을 수 있다.[20] 이미 성서 본문에 반영된 가장 오랜 전통으로 이스라엘의 침략 전쟁을 야훼가 주도한 거룩한 전쟁으로 보는 관점에서 그 점령 결과를 정당화하여 이방 족속과의 차별성과 종교적 순결성을 부각시키려는 시도가 있다. 그러나 이스라엘의 출애굽과 가나안 정복 전쟁과 관련하여 그 역사적 사실성에 이견이 제시되기도 한다. 즉, 일방적인 대결이 아니라 점진적 침투를 통한 유화와 동화 방식 또는 소작농의 폭동을 통한 새로운 체제의 형성이란 관점이 그 대안으로 제출된 바 있다.[21] 또한 거의 승리 일변도로 채색된 여호수아 이후의 이스라엘 역사와 달리 그 이면에 감추어진 우여곡절과 갖가지 타협적 상황도 적지 않았으리라 추론된다. 실제로 사사기 단계에도 여전히 가나안 정복이 완료되지 않은 흔적이 엿보이며, 심지어 왕조 국가 체제가 형성된 뒤에도 블레셋을 비롯하여 이방 족속들과의 전쟁이 연이어지고 있었다. 나아가 바알과 아세라 등을 섬기는 이방 종교들은 왕속을 비롯한 지배층뿐 아니라 이스라엘 대중들의 일상생활에 깊숙이 침투하여 역동적인 '습합'의 양상을 보여준다.

그렇다면 구약성서의 전쟁 기록 상당 부분은 야훼의 전쟁과 거룩한 전쟁의 개념이 성취된 역사의 반영이라기보다는 이루어내야 할 희망사항 내지 간절한 염원이 투사된 신학적 사후 승인의 결과가 아닐까? 다시 말해 이스라엘의 하나님 경험이 이러한 각박한 생존 현실을 이겨내려는 차원에서 다부진 신념체계로 형상화되었을 가능성이 높은 것이다.[22] 여기서 폭력은 죽느냐 살아남느냐의 절박한 생사의 기로를 타개하는 극단적인 선택이 된다. 공존할 수 없는, 아니 그 공존을 외교적으로 협상하고 그 대안적 가치를 담론화할 수 있는 신학적 통찰이 부재한 상황 가운데 즉각적인 무력 대결에서 제 당면한 생존의 입지를 확보하고자 몸부림쳤던 고대의 원시적 역사 현실이 이런 사후 승인적 기대 사항으로 농축되었으리라는 것이다. 이는 야훼 하나님의 신학적 지평이 일개 씨족이나 부족의 신으로서 한정된 시대적 제약을 반영할망정 생명을, 그것도 한 집단 전체를 무차별적으로 살상하는 전쟁의 당위성을 항변하는 종교적 신학적 토대로 자리매김될 수는 없는 노릇이다.

2) 엘리야의 이방 선지자 집단 살육

이스라엘의 예언 운동에 선두주자였던 엘리야는 갈멜산의 영웅으로 기억된다. 제사장과 사사라는 정치와 종교 지도자로 체제의 확립에 기여한 사무엘과 달리 엘리야는 정통 예언자의 계보에서 선구적인 위상을 차지한다. 그러나 그가 예언 활동을 벌인 시대는 정치적 토양이 그의 전 세대에 비해 상당히 척박하고 적대적이었다. 사무엘의 시대는 분명 사울과 다윗 왕조에 압도적인 영향력을 행사할 수 있는 종교적 권위가 선점되어 있었다. 다윗 시대의 나단은 왕의 범죄에 대해 추상 같이 질타하는 권위 있는 영적인 카리스마가 순조롭게 유통되던 시절이었다. 그러나 이후 왕국의 분열과 함께 반야훼주의적 정서로 가득 찬 정치권력자들은 예언자들을 광야의 반체제 인사로 내몰면서 대척적인 관계를 구축해나간 흔적이 역력하다. 엘리야는 그러한 국면 가운데 북이스라엘 예언 운동을 이끌었던 대표적인 인물이었다. 그는 특히 야훼 신앙이 바알과 아세라 종교의 세력 확장과 함께 위기에 처한 상황 가운데 이러한 판도를 역전시키기 위해 고군분투하였다. 특히 그의 맞수로 대적한 아합은 두로의 왕인 엣바알의 딸 이세벨을 아내로 삼으면서 바울과 아세라 신상 숭배에 열을 올린 것으로 알려져 있다. 더구나 이세벨은 야훼 신앙을 지닌 선지자들을 가차 없이 학살함으로써 종교적 적대세력을 척결하고 자신의 체제를 뒷받침하는 친위세력을 키운 것으로 보인다(왕상 18:4). 이방신을 숭배하던 바알 선지자 450명과 아세라 선지자 400명이 이세벨의 상에서 먹는다고 언급한 것(왕상 18:19)으로 미루어 엘리야 당시 야훼주의 신앙세력이 정치권력의 압제하에 살아남고자 활로를 모색하던 당시의 상황을 짐작해볼 수 있다.

갈멜산의 피비린내 나는 싸움은 이러한 첨예한 대립적 상황이 몰고 온 사태였다. 오바댜의 중개로 아합을 만나 대결의식을 공포한 뒤 바알의 선지자들 450명과 엘리야는 그렇게 갈멜산 위에서 만나 제물을 만들어 거기에 불을 내리는 신이 진짜 하나님임을 확증하기로 한다.[23] 그 산 위에는 야훼와 바알 사이에 머뭇거리던 백성들이 관중으로 모여 있었다. 바알 선지자들의 간구는 자신의 몸에 창과 칼로 피를 내는 극단적인 기도의 방식에도 불구하고 엘리야의 조롱거리가 되었다. 반면 엘리야의 '야훼여, 응답하소서'라는 간구는 단박에 하늘의 불로 응답되어 제물을 불사르고 그 주변의 물까지 핥아버렸다는 것이다. 한 사람 대 450인의 이 극적인 대결은 마침내 엘리야의 승리로 종결되고 그 대가는 혹독했다. 엘리야의 명령에 따라 확신이 생긴 백성들은 바알의 선지자들을 모두 붙잡아 기손 시냇가에서 도륙해버린 것이다.[24] 엘리야의 입장에서 보면 이는 이세벨이 이전에 야훼의 선지자들을 죽인 것에 대한 통쾌한 복수로 평가할 만하다. 그러나 그것이 싸움의 끝이 아니었다. 이세벨의 반격이 예비되어 있었기 때문이다. 그는 엘리야를 죽이려고 추적하고 엘리야는 승리의 꼭대기에서 급전직하 추락하며 광야로 도주하게 된다.

엘리야의 갈멜산 싸움은 이스라엘 선민의 야훼주의 신앙과 이방 족속의 이방 신앙 사이의 대결 구도란 면에서 출애굽 백성의 광야 전쟁이나 가나안 정복 전쟁과 흡사한 패턴을 띠고 있다. 물론 엘리야의 경우 그것이 물리적인 차원에서 불리하게 치우친 구도였지만 극적인 역전승을 거두었다는 점에서 구별된다. 군사를 동원한 무력 대결이 아니라 하늘의 불을 향한 기도의 싸움이었다는 것도 차이점이다. 그러나 그 결과는 별반 다를 바 없이 폭력적인 집단 학살이었다. 종교가 다르다는 것이 이유였고, 그 종교를 뒷받침하는 정치적인 배후가 다르다는 것이 또 다른 이유였다. 엘리야는 수적으로 불리한 위치에 놓여 있었지만 우유부단한 민중의 마음에 화끈한 열정의 불을 붙임으로써 전화위복의 승리를 거둘 수 있었다. 이 승리에 동원된 폭력적 살육의 이야기는 결국 민중의 가슴에 당긴 야훼주의 신앙의 충실성이란 불꽃이 지배 세력과 결탁한 반이스라엘의 종교 세력을 태워 무찌른 사태를 서사화한 결과일 듯싶다. 이러한 서사를 독자나 청자들이 접했을 때 한순간의 통쾌한 즐거움을 선사받고 지배 세력에 눌린 채 눈치 보며 살아온 연약한 백성들로서 극적인 카타르시스를 경험할 수 있었을 것이다. 아마 그것이 서서비평의 구도에서 이 갈멜산 대결 이야기에 의도된 핵심 메시지였으리라 짐작된다.

그러나 이에 대한 이세벨의 역공과 거기서 이어진 또 다른 대결 국면에 이르러 우리는 보복의 원칙이 기실 끊임없는 폭력의 악순환을 되풀이하는 구조를 통찰할 수 있게 된다. 그것은 결국 종교적 신앙을 앞세워 권력의 헤게모니를 선점하고 자신의 영향력을 확산시키려는 탐욕과 아집의 정치적 논리와 긴밀하게 접맥되어 있다. 말하자면 집단 폭력의 밑바닥에는 약자의 전복적 욕망과 함께 자기의 이익을 위해 봉사하는 동질 집단을 세력화하여 주변을 지배하려는 권력의 이데올로기적 속성과 그 동역학이 작용하고 있다는 것이다. 토라의 보복률이 시사하듯, 광야의 종교로 생성된 유대교는 동해보복의 원칙으로 전투적인 성격을 띠며 발전했다. 그러나 그 보복의 역사는 늘 역전된 구도로 또 다른 보복을 되풀이하는 흐름을 지속해왔다. 엘리야의 영웅적 승리와 적들을 향한 살육의 행태는 신앙적 순결주의의 발로로 옹호될 수 있다. 아울러 우유부단한 백성들의 양자택일을 위한 계몽과 극적인 각성의 효과도 대단하다. 그러나 그 폭력적 죽음의 실행이 보복의 차원에서 단행될 때, 엘리야의 후일담이 암시하듯, 끊임없는 곤고함과 이어지는 폭력의 악순환만이 그 결과로 잇따를 뿐이다. 따라서 예수께서 산상수훈에서 재해석한 대로 '눈에는 눈과 이에는 이' 식의 보복으로는 희망이 없으며, 외려 원수를 용서하고 적들과 화해하는 것이 작게 밑지면서 크게 남는 결산이다. 아울러, 로마서에서 사도 바울이 지적했듯이, 온전한 지식으로 계몽되지 않은 뜨거운 열정 일변도의 신앙은 그 각성의 극단적 결과가 피비린내 나는 집단 살육의 광풍으로 번질 수 있다는 점에서 극도로 조심하며 조율해야 할 대상이 아닐 수 없다.

3) 헤롯 대왕의 유아 살해

메시아가 이 땅에 뭇 생명을 구하기 위해 올 때 아무런 대가와 비용도 없을 수 있을까. 이러한 의문에 답하면서 예수의 탄생 설화는 매우 비극적인 유아 살해의 모티프를 배후에 깔고 있다. 성탄의 절기를 기쁨과 평화로 특징짓는 것이 통상적인 예임에도 불구하고, 여기에 찬물이라도 끼얹듯이 마태복음서는 아기 예수의 탄생이 수많은 어린 생명들의 희생을 비용으로 치른 결과임을 증언한다(마 2:13-18).[25] 이야기의 발단은 동방박사의 출현으로 소급된다. 그들은 동방에서 큰 별을 보고 메시아가 태어난 곳을 목적지로 향하던 중이었다. 먼저 찾은 헤롯 왕은 이들의 여행 목적을 전해 듣고 소동하며 불안해한다. 특히 대제국의 황제도 아니고 그 한 귀퉁이의 척박한 땅덩이를 차지하며 분봉왕으로 행세해온 그였던지라 예언의 성취를 내세워 운운하는 '메시아' 탄생 소식에 그 자리가 위태롭게 느껴졌을지도 모를 일이다. 여하튼 동방박사의 헤롯 방문은 결과적으로 대단한 실수였던 게 분명하다. 마태의 기록에 따르면 헤롯은 이들에게 메시아를 찾거든 자신에게 상세하게 고지해줄 것을 명령한다. 물론 그들이 정상적인 판단력을 지녔다면 이 말을 액면 그대로 따랐을 리 없다. 그들은 그 별이 멈춘 곳에서 갓 태어난 아기 예수를 찾아 경배하고 선물까지 전한 뒤 꿈에 들은 계시대로 헤롯을 되찾지 않고 다른 길로 떠나버렸다.

그러나 그것으로 일이 마무리된 게 아니었다. 아마 2년쯤 지난 시점이었을 것이다. 헤롯은 박사들에게 농락당한 사실을 알고 분노하여 불안의 진원지로 군대를 파견했다. 그 목적은 베들레헴과 그 주변 마을을 샅샅이 뒤져 메시아로 왔다는 아기를 찾아 죽이는 것이었다. 그리하여 그 아이가 누군지 모르는 상황에서 무자비한 유아 살육의 비극이 발생한다. 헤롯은 무모하게 그 지역에 있는 사내아이들을 두 살 아래로 다 죽이라고 명령한 것이다. 그 명령은 시행된 것으로 드러나고 이는 마태의 성서 변증을 통해 예레미야(31:15)의 다음 예언을 성취한 결과로 해석된다. "라마에서 슬퍼하며 크게 통곡하는 소리가 들리니 라헬이 그 자식을 위하여 애곡하는 것이라. 그가 자식이 없으므로 위로받기를 거절하였도다"(마 2:18). 주의 사자가 현몽하여 이 사태를 미리 전갈해준 덕분에 물론 예수의 가족은 미리 애굽으로 도피하여 화를 면할 수 있었다. 마태는 이 이집트 피난도 "애굽으로부터 내 아들을 불렀다"는 호세아(11:1)의 예언을 성취한 구도로 설명한다(마 2:15). 평범한 독자는 여기서 왜 주의 천사는 예수 가족에게만 이 사실을 알렸는지, 나머지 떼로 죽게 될 베들레헴 일대의 무죄한 아기들과 그 가족들한테는 왜 이를 함구했는지 의문을 품게 된다. 그 의문은 메시아로 예수가 이 땅에 오기 위해 치러야 할 비용이 필요했다는 데 생각이 미칠 때 해소된다. 두 살배기 이하의 어린아이들은 이 세상의 때가 묻지 않은 순진한 생명이다. 그들은 예수가 죄악 세상을 위해 대속의 피를 흘리기에 앞서 그 속죄양이 된 예수의 그 성역聖役을 위해 피 뿌리는 희생양들이 되어야 한 것이다. 하나의 거대한 비용을 위한 또 다른 예비적 비용의 지불이라고 볼 수 있는 셈이다.

역사비평적인 관점에서 보면 마태복음에만 나오는 이 유아 살해 이야기는 마태의 성서 변증 전략의 일환으로 해석될 수 있다.[26] 즉, 예수를 새 시대의 새 모세로 제시하기 위해 굳이 애굽으로 피난시켜 다시 출애굽하게 함으로써 모세적 행로를 재현하기 위한 신학적 의도가 깔려 있다는 것이다. 마찬가지 맥락에서 이스라엘의 역사에서 겪은 종족 말살의 비극적 경험이 투사되어 예수가 폭력과 살육으로 얼룩진 이 세상에 평강의 주로 데이났음을 역으로 드러내고자 했을 듯싶다. 아울러, 고대의 원시 종교에서 신을 위한 순전한 제물로 더러 애용된 처녀나 유아의 인신 희생과 관련된 민간 전승과 종교적 상상력이 이러한 이야기의 형성 과정에 영향을 끼쳤을 가능성도 어느 정도 점쳐진다. 그러나 여기서 내가 문제시하는 것은 이 이야기가 종교와 폭력의 상관관계라는 구도 아래 던지는 신학적 성찰의 요체이다. 이러한 시각에서 볼 때 헤롯에게 메시아의 탄생은 희망의 단서가 아니라 자신의 왕좌를 위협하는 두려움의 대상이었다. 그 두려움을 해소하기 위해 그는 종교의 영역을 이용하면서 타락시켰다. 그가 메시아 관련 정보를 취합하는 과정에서 베들레헴을 주시한 것이나 동방박사의 별빛 증언에 집착하여 군대를 그 일대에 파견한 것은 모두 그가 종교를 두려워하면서 종교를 이용한 증거이다. 그러나 그 결말은 폭력의 아우성으로 되돌아왔다. 수많은 어린 생명이 피어보지도 못한 채 졸지에 칼부림 난장의 희생물이 된 것이다. 여기서 비판적 독자의 의문은 점증한다. 한 사람의 탄생으로 인한 한 사람의 두려움을 소거하기 위해, 나아가 한 사람의 도피와 안녕을 위한 대가와 비용을 치르기 위해, 다수의 어린 생명이 무더기로 살육당할 수 있으며, 또 그것을 예언의 성취란 명분으로 정당화할 수 있다는 것이 과연 얼마나 건강한 발상인가 하는 점이다. 거기에는 종교가 폭력을 이용하고 폭력이 종교를 부리는 모호한 적대적 동반관계의 전략이 작동하는 듯하다. 이 지점에는 두려움과 폭력적 살육 사이의 권력 지향적 동역학과 그 사회심리적 상관관계뿐 아니라, 이러한 패턴의 사건과 유아 살해 같은 그 구성 입자를 종교적으로 용인하려는 끊임없는 유혹이 도사리고 있다는 것이다. 죽은 그 아이들은 마치 소모품처럼 이 이야기에 익명적 집단으로 등장했다가 아무런 소문 없이 사라진다. 후일담도 없으며 애도의 기억이나 회상도 엿보이지 않는다. 은닉된 폭력의 잔상과 함께 언제라도 되풀이될 수 있다는 개운치 않은 암시만 메아리칠 뿐이다.

폭력적 살해의 신학적 해체와 재구성

| 폭력적 살해의 구조 |

이상의 범주에서 살펴본 사례들은 인간의 폭력적 행태와 그 결과로서 빚어지는 생명 살상의 사태가 결국 개인의 욕망과 그 욕망이 운용되는 종교 및 정치의 구조와 긴밀히 연동되어 있음을 보여준다. 그것은 열등한 자의식으로 인한 투기심, 경솔한 언어적 발화로 인한 권위와 인정 욕구, 물질적 재산이든 물화된 이성이든 탐욕으로 불붙은 맹목적인 소유욕, 생존 지향적 대결의식, 순정한 종교적 열정에 사로잡힌 보복의식, 그리고 분노에 이끌린 권력욕 등 폭넓은 욕망의 구조적 패턴을 아우른다. 여기서 종교나 제의가 수행하는 기능은, 그것이 순정한 의욕의 소산이든, 정치적인 이용의 수단이든, 다분히 자의적인 정당화의 체계에 부응할 뿐, 그 자체로 이러한 사로잡힌 욕망의 구조를 발본적으로 성찰하거나 극복하는 방향과 무관한 것으로 드러난다. 말하자면, 종교의 개입은 대체로 한 발 늦게 뒷북을 치며 이미 발생한 사태를 그 필연성의 측면에서 설명하며 수습하는 모양새를 취한다. 나아가 그 일단락된 사태의 결말은 이야기를 계속 진행시키는 또 다른 사건의 전제 내지 배경으로 작용힌다. 이리한 종교제의적 기능은 주어진 상황을 정당한 설멍의 들 가운데 재구성하는, 그야말로 편리한 기능일 뿐이다. 그 가운데 작동하는 신학적 원리인즉 기실 초월적 유신론과 결정론의 극단적인 부정성을 연상시켜준다.

이렇듯, 폭력의 에너지는 애당초 종교적 신념과 무관한 상태에서, 또는 그 이전과 이후의 상황에서, 욕망 가운데 자생하다가 우발적 계기로 밖으로 표출된다. 동생의 제물과 비교하려는 비틀린 대타 의식과 남의 떡이 커 보이는 열등한 자의식이 가인과 아벨의 폭력적 비극을 자초했다. 사사 입다가 제 딸을 짐승처럼 태워 죽이는 희생은 자신의 언어에 대한 집착과 대외적 권위의식이 '서원'이란 종교적 외피를 입고 자행되었다. 그것은 순결한 종교적 의무의 이행이란 현상적 구조 아래 인정 욕구를 볼모로 잡은 결과였다고 볼 수 있다. 아리따운 여인 밧세바의 벌거벗은 신체와 나봇의 포도원은 다윗과 아합의 소유 본능을 부추김으로써 물화된 대상을 향한 탐욕적 집착이 얼마나 교활한 폭력적 살해 사건을 유발하는지 증언하는 대표적 사례이다. 그런데 이러한 사례들에서 욕망의 주체와 그 대상 사이의 관계를 중개하며 모방을 가열시키는 제3의 짝패가 등장하지 않는 점이 특기할 만하다. 그 대신 등장하는 것은 그 폭력적 살육의 사태를 방기하는 초월자이거나 부추기고 집행하는 자기동일성의 포로들이다. 욕망의 삼각형 구도에서 정립되어야 할 이러한 한 축의 결락은 종교를 성찰의 기제가 아니라 그 폭력적 범죄의 공범으로 비치게 한다. 그러한 종교와 신학의 수준에서 나올 법한 변명의 언사는 "죄가 너를 원하나 너는 죄를 다스릴지니라"(창 4:7)는 당위적인 명령의 반복이나, "칼은 이 사람이나 저 사람이나 삼키느니라"(삼하 11:25)는 죄악 세상의 현실 불가피론 따위이다.

가인의 아벨 살해라는 상황에서 개입된 야훼 하나님의 목소리는 죄의 도발적 가능성을 파악하면서도 그것을 피할 수 있으면 피해보라는 식의 무책임한 방기적 태도를 노출한다. 다만 그는 사건이 발생한 이후 등장하여 범죄한 가인의 미래를 배려하는 징표를 약속할 뿐, 죽은 아벨의 피에 대한 신원이나 구체적인 대응책에 관심을 기울이지 않는다. 번제라는 제의적 형식을 띤 입다의 딸 살해 건에서도 하나님은 무대응으로 일관하며, 입다와 딸 사이의 가해-피해 관계를 조정하는 제3의 매개 변수는 등장하지 않는다. 이미 기정사실화된 그 딸의 죽음을 함께 애도해주는 친구들만이 익명의 수동적인 들러리로 잠시 출연할 뿐이다. 여기서 종교제의는 차라리 그 딸의 죽음을 재촉한 폭력적 죽임의 체계와 한 통속을 이룬다. 다윗의 우리아 살해와 아합의 나봇 살해에 등장하는 주된 매개체는 편지와 그것의 전달자, 그리고 그 메시지의 집행자들이다. 그들은 사유와 행동의 독립적 주체로서 그 폭력을 결정적으로 유발하는 동인도 못되고, 그것을 성찰케 하는 변수로 기능하는 것도 아니다. 다만 수동적인 집행자로서 살해의 명령을 이행하는 부속물일 따름이다. 나단과 엘리야가 등장하는 것은 이미 사태가 발생한 이후의 시점이었다. 더구나 그들의 위압적인 신탁 예언은 사후 승인적인 정지작업의 차원을 크게 벗어나지 못한다. 마찬가지로 충직한 부하를 죽이고 그 아내를 물건처럼 취한 다윗의 경우와 남의 재산을 거래하려던 계획이 꺾여 그 불순종하던 신민을 무고하게 죽인 아합의 경우에서 그 죄악된 행위에 각각 보응받은 처벌도 하나님의 뜻이라고 하지만 독자를 설득할 만한 공정한 기준에는 못 미치는 듯하다.

집단적 범주의 사례들 역시 이스라엘 백성과 이방 족속들, 엘리야와 450명의 바알 선지자들, 헤롯과 두 살 미만의 유아들 사이에 그 폭력적 살상의 사태를 예방하거나 서사하는 어떤 매개 변수도 등장하지 않는다. 첫 번째 관계에서 작동한 살육의 기제는 선민주의 신학과 거기에 바탕을 둔 승자독식의 생존 지향적 이데올로기였다. 그것은 신앙적 순결이란 외피를 걸치고 있었지만 그 실상인즉 동물적 약육강식이 횡행하는 정글의 논리에 불과하다. 두 번째 관계는 첫 번째 경우의 연장선상에서 불거진 구조로 종교적 열정을 내세워 서로 물고 물리는 배타적 보복의 악순환이 어떻게 영웅적 승리의 휘장을 걸치고 폭력적 집단살육을 정당화할 수 있는지 뒤집어 보여주는 자기 성찰적 반면교사가 된다. 셋째 경우는 거룩한 메시아의 탄생이란 대사건의 그늘에 가려진 슬픈 살육의 역사를 조명한다. 종교적 거룩함의 가치를 정당화하기 위해 또 다른 무고한 생명의 희생을 요구하는 아이러니의 폭력적 구조가 그 내용의 핵심이다.

동방박사의 헤롯 방문은 그의 분노와 독선적 권력의지를 부추겨 아기 예수 가족의 애굽 도피행과 출애굽이라는 신학적 구도를 모사한다. 그러나 그로 인해 애꿎은 생명을 집단적으로 사지로 내몰아 인간 사냥의 미끼로 삼는 일이 아무런 거리낌 없이, 또 사후 수습의 절차도 없이 방치된다. 그런데 이러한 기획은 서사의 비극성 고조라는 문학적 기법에도 불구하고 오늘날의 맥락에서 신학적 정당성을 띠기 어렵다는 것이다. 여기에 매개적 인물군으로 등장하는 모세와 머뭇거리는 백성들, 동방박사 등도 다가오는 폭력적 사태에 수수방관하거나 한편으로 유착되어 나타날 뿐, 적극적으로 매개하고 조율하는 역할을 수행하지는 못한다.

| 대안적 신학의 재구성 |

이렇듯, 종교가 폭력과 죽임의 현실에 전적으로 무기력하거나 외려 그 현실을 방조하고 또 부추기는 현상은 성서의 여러 사례들로 검증된다. 그렇다면 오늘날 무고한 희생과 죽임을 부르는 폭력적 사태를 초월적 유신론과 결정론의 틀로 받아들이는 것은 무리이고 또 위험하기까지 하다. 폭력과의 관계에서 종교가 특히 더 긴장하며 경계해야 하는 이유는 초월적 신성의 권위에 의탁한 징벌 이해가 그 징벌의 집행 수단으로 폭력과 죽임을 한없이 정당화할 가능성이 있기 때문이다. 더구나 부족신 단계의 신 인식으로부터 발생한 '여호와의 전쟁'이나 '성전聖戰'의 개념을 종족적 배타주의와 차별주의를 옹호하는 원리 원칙으로 수용할 때 이로부터 생겨나는 근본주의 신학의 폐해는 인류의 미래에 암적인 존재이다.[27] 그 것은 뭇 생명을 넘어지게 만드는 부정적 스캔들의 최대치이다. 이슬람의 만능적 구호 '인샬라'(신의 뜻이라면)처럼 모든 현존하는 사태를 신의 뜻으로 치부할 때 그것은 모든 것이 신의 뜻으로 귀결된 나머지 결국 신의 뜻이 우리 삶의 결정적 국면에 무의미함을 반증할 뿐이다. 그렇다면 인류의 역사적 경험과 성서의 궁극적 메시지에서 우리가 취해야 할 상생과 평화의 가치를 살려 이미 공인된 신의 뜻을 수호하려는 의지가 무엇보다 선행되어야 한다. 동시에 성서비평가들은 폭력을 부르는 온갖 종교적 확신이 인간의 토론과 논증을 초월하는 형태로 성서의 권위를 빌려 정당화될 때 그것이 망상임을 일깨워야 할 사명이 있다.[28]

물론 개인의 의지는 욕망에 휘둘리며 쉽사리 굴절되는 경향이 있다. 아무리 외적 명분이 고결하다 하더라도 그것이 실제의 삶을 통해 나타나고 그 총화로서 평화로운 질서가 우리 삶의 여건으로 정립되지 않는다면 그 또한 공허한 구호나 이룰 수 없는 희망사항으로 그쳐버릴 공산이 크기 때문이다. 폭력과의 싸움에 패퇴하는 불리한 현실을 냉엄하게 인식할 때 우리는 폭력의 인간론에 잠재된 그 구조를 정확하게 파악할 수 있고, 그 대안적 신학의 계발을 위한 보다 섬세한 기획도 가능해질 것이다. 이를테면 우리는 인간의 본성에 내새하는 동물적 폭력성과 폭력적 동물성의 실존을 인정하는 데서부터 다시 출발해야 한다. 인간은 동물처럼 폭력을 적극 행사하고 즐기며, 또 지능적으로 그 폭력을 조장하면서 사주하는 공격적인 지향성을 가지고 있다는 것이다. 마치 식욕에 이끌려 음식을 먹고 이성을 찾아 제 몸의 정액을 분출하며 성욕을 채우려 하듯이, 인간은 사냥감을 맹획하는 야수의 몸짓으로 적극적으로 제 폭력을 발산하며 제 존재의 의미를 확인하는 것이다. 그것은 흔히 인정 욕구와 맞물려 치열한 권력 투쟁의 형태로 나타나고, 특정한 신체와 물질적 대상, 명예 따위의 추상적인 가치를 탐하여 독점적으로 소유하려는 욕구로 표출되기도 한다. 충동적인 분노가 폭력의 폭발력을 가중시키기도 하고 심화되는 복수의 심리가 폭력의 이성적 제동장치를 무력화하기도 한다. 또 맹목적인 종교적 열정에 사로잡힌 개인이나 집단이 '신의 뜻'을 빙자한 근본주의 이데올로기의 포로가 되어 무자비한 살상의 주역과 방관자로 돌출하기도 한다.

그 도발적인 폭력의 칼부림에 대응하여 오늘날의 신학은 무엇보다 제 내면의 분열하는 욕망과 폭력적 충동을 면밀히 살피는 자기비평적 성찰의 신학이 되어야 마땅하다. 그 성찰은 중층적인 작업으로 진행되어야 한다. 먼저 폭력적 행태를 미연에 방지하고 그 위험성을 각성시키는 기존 체제의 해체적 재구성이 긴요하다. 특히 종교라는 권위적 후광 아래 조직된 각종 체제는 외부의 폭력적 현실과 싸우면서 제 내부의 폭력을 다스려야 하는 독특한 위상을 띤다. 그리하여 아무리 잘하고 아무리 잘되고 있는 현 상태에서도 제 오류와 결핍의 가능성을 미리 살피는 노력이 필요하다. 폭력적 살인을 묘사하는 성서의 여러 사례 역시 그 전체적 구도와 궁극적 관점에서 비평적으로 검증되고 조율되어야 한다. 시대와 문화를 초월하여 씌어져 있는 것의 즉자적 사실화는 성서해석학의 입문 단계에도 미치지 못한 것으로 봐도 무방하다. 설사 당대에 있었던 사실의 재구성과 그 인물들의 내면적 의도를 객관적으로 재구성한 내용 가운데 폭력과 생명 학살의 불가피성을 밝혀냈다고 할지라도, 그것은 오늘날의 진보한 역사적 지평 위에서 보편타당한 해석학적 윤리를 토대로 재맥락화되어야 한다. 성서 기록의 역사적 사실성이 그 신학적 타당성과 윤리적인 규범성을 담보하지 않기 때문이다.[29]

한편 우리는 개인과 개인, 개인과 집단, 집단과 집단 사이의 관계에서 언제라도 폭발할 수 있는 폭력의 점화력에 맞서 그 잠재적 폭력성을 냉각시키는 중화中和 장치를 계발해야 한다. 그것은 비단 성서해석학 방법론뿐 아니라 우리의 일상적 활동 전반에 걸쳐 제3의 자문관이나 바깥의 조율사로서 활동할 수 있다. 그리하여 폭력의 욕망을 제어하며 새로운 욕망의 출구를 제시하는 그 매개 장치는 우리에게 새로운 모방의 대상으로 떠올라 도발적 폭력의 장난을 해지하는 역할을 수행해야 한다. 그 궁극의 지점에서 우리는 주변의 온갖 폭력적 대립과 갈등을 해소하는 그리스도의 대사로 거듭날 필요가 있다. 그 폭력 해체와 극복의 선교 사업은 우리의 한 분 하나님이 만유 위에서, 또한 만유 가운데, 만유를 통일하는 만유의 창조주라는 사실을 주지시킴으로써 적대적 폭력과 분열의 구도를 항상 화해적 소통과 충만의 지평으로 재편시켜야 하는 사명의 연장이다. 그 사명은 '하나님의 선교'가 다다르게 될 종말론적 완성의 목표이다. 이는 나아가 모든 지상의 교회가 성도의 삶에 다채롭게 개입하면서 견인해야 할 신앙적 성숙의 과제이기도 하다.

그리스도의 몸으로서 교회의 위상은 아직 미완성의 도상에서 의의 소망을 향해 자리잡아간다. 그러나 그 '자리'는 개교회의 부흥 욕망과 타자를 정복하여 제 영역을 팽창시키는 경세 짓기의 작업을 넘어 하나님의 충만을 향하여 우주적 지평으로 나아가야 한다. 유기체로서의 그 우주적 몸에 대한 생태신학적 인식이야말로 우리가 서로 잡아먹고 먹히는 동물적 자기동일성의 신학을 그치고 타자를 발견하고 공대하며 피차 경계 넘어 소통하는 폭력 해방적 신학으로 진보해야 할 것이다. 이는 곧 생명을 소생시키면서 양육하시는 하나님의 창조사역에 터한 생명신학의 활성화와 그 궤를 같이한다. 그 목표를 우주적 차원으로 확대시켜 하나님의 충만이란 관점에서 조명해보면 욕망은 제거해버릴 독소가 아니라 탐욕의 잔가지를 치지 않도록 절제하고 생명의 에너지로 조율해야 할 대상이다. 생명 학살의 온갖 파괴적 폭력이 인류 역사를 통틀어 종교의 형성 과정에서 때로 정당화되고 불가피한 상황의 결과로 수긍되었다 할지라도 그 비극적 대결과 파멸의 관계를 중재하는 제3의 창조적 짝패를 우리 삶 가운데 모셔들여야 한다. 항상 미래적 충만의 시점에서 그 역사적 시행착오를 반성하며 유사한 모방에 빠지기 쉬운 오늘날의 삶의 자리에서 부지런히 그 일탈을 교정해나가야 할 것이다.

종교와 폭력의 악순환 끊기

폭력에는 인간의 본성적 측면이 분명히 존재한다. 그러나 그것은 순치되거나 제어될 수 있는 성격의 것이어서 욕망의 이름으로 마냥 정당화될 수 없다. 앞서 살펴본 성서의 사례들은 개인과 개인, 개인과 집단, 집단과 집단의 관계에서 소유욕, 인정 욕구, 투기와 분노, 명예욕과 권력의지, 종교적 순결의 열정 등 다양한 동인과 함께 폭력이 발동되는 경로를 보여주었다. 특히 무력을 동원한 폭력의 범집단적 확산은 전쟁과 대규모 살육이라는 해악을 인류 사회에 유포시킨다. 이 가운데 종교의 역할은 무기력한 사후 승인이거나 심지어 그 현실을 방관 내지 조장하는 부정적 양상으로 드러나기 일쑤이다. 종교적 권위와 제의적 성결의 체계를 앞세워 전쟁을 의로운 행위로 정당화하는 것이 그 대표적인 일례이다. 더구나 평화조차 무력 전쟁으로 수립되고 유지될 수 있다는 이른바 '정의로운 전쟁'의 개념이 우리 시대를 압도한다. 그러나 이에 대한 반대 개념

으로 우리는 '정의로운 평화'를 추구하는 것이 바람직한 대안임을 직시한다.[30]

　인류의 역사는 숱하게 많은 폭력의 경험과 전쟁을 통한 살육의 역사를 거쳐왔다. 그 가운데 종교는 경우에 따라 평화에 기여하거나 정반대로 그 평화를 해치고 폭력에 동참하는 상반된 흐름을 보여온 것이 사실이다. 금세기에 종교가 연루된 최악의 폭력 사태로 9.11테러를 꼽을 만하고, 거기에 이슬람 근본주의 세력의 종교적 테러는 아무리 비판받아도 지나치지 않다. 그러나 이에 대한 보복의 차원에서 단행된 이후의 아프가니스탄 전쟁과 이라크 전쟁의 배후에 미국 근본주의 기독교의 정치적 이데올로기가 작용한 흔적이 역력하다.[31] 결국 눈에는 눈, 이에는 이의 상호 보복적 악순환이 되풀이되고 있는 셈이다. 이러한 폭력적 전쟁과 살상의 참극은 세계적 이목을 끄는 대규모 전쟁뿐 아니라 일상생활의 현장에서 교묘한 형태로 지속되고 있다. 점점 험해져가고 있는 가정폭력과 날마다 끊이지 않는 성폭력, 직장에서의 언어폭력 등이 그 대표적 사례이다. 이러한 폭력의 행태는 일종의 정신적 살인으로 이 세대의 지친 생명을 가혹한 억압의 사지로 내몰고 있다. 교회를 비롯한 각 종교기관 내에서의 은폐된 폭력 역시 예외는 못된다. 은폐되고 교묘하게 정당화되기에 그것은 거룩한 명분을 이루는 불가피한 수단인 양 여겨지기 쉽다. 그러나 아무리 위대하고 훌륭한 종교적 신앙도 폭력과 생명의 살상을 정당화할 수는 없다.

　이러한 폭력적 죽음의 메커니즘과 관련하여 우리는 성서적 사례 분석을 통해 그 유형과 구조를 파악했거니와, 그것은 문명 충돌과 종교적 테러리즘이 횡행하는 세태 가운데 우리에게 실천 가능한 교훈을 제시한다. 무엇보다 폭력적 에너지가 들끓는 인간의 욕망 세계와 그 왜곡된 표출

형태에 대한 합리적 이해가 요청된다. 그 전반적 이해에 근거하여 우리
는 폭력의 대상이 되는 일방통행의 관계를 조율할 제3의 창조적 '짝패'
를 필요로 한다. 그것은 파괴적 욕망을 승화하여 건설적인 삶의 에너지
로 변환시키는 매개적 기능을 수행할 수 있다. 그 매개적 존재는 제3의
외부적 목소리일 수 있고 내부에서 분열된 이질적 타자일 수도 있다. 특
히 계몽적 성찰이 결여된 종교적 열정은 그 순정주의의 포로로 사로잡혀
승자독식의 폭력적 살상을 너무 안이하게 인식하는 오류에 빠질 수 있음
을 경계해야 한다. 이와 관련하여 더 큰 폭력을 회피하거나 제지하는 수
단으로서 합리적인/합법적인 폭력의 사용을 정당화하는 시도조차 신중
해야 함은 물론이다.[32]

　따라서 성서의 종교제의와 폭력적 살해 사이의 경계가 희미하듯, 오늘
날 인간과 폭력이 별다른 세계가 아님을 예민하게 의식할 필요가 있다.
그러나 성서의 궁극적 교훈이 지시하는 방향대로 우리는 그 어떤 신학적
논리로도 생명을 말살하는 폭력적 행태에 동조할 수 없음을 선언해야 한
다. 외려 대안적 신학은 은폐된 폭력의 '회칠한 무덤' 까지도 까발리고
그것에 저항하는 지속 가능한 생명살림의 신학이 되어야 한다. '정의로
운 평화'를 부양하는 비판적 성찰과 조율의 신학이 되어야 한다. 특히,
성스러운 전쟁을 선전해온 성서의 일부 구절들이 억압과 폭력 체제를 정
당화하는 순진한 관점이 근본주의와 문자주의의 도그마를 앞세워 활개
치는 행태에 대해서는 전복적인 인식의 전환이 필요하다. 그렇게 종교와
폭력의 악순환을 끊지 않으면 종교는 그 어떤 그럴싸한 포장을 해도 폭
력의 미끼로 전락하는 수모를 벗어날 수 없다.

결론

하나님의 에누리 또는
신학이라는 스캔들

이 책의 총론에서 조망한 대로 스캔들의 개념적 지형은 때로 광대하게, 때로 협소하게 그 탄력적 조율을 하며, 딱딱한 장애물로 기존의 보수된 체제를 혁파하고 새로운 교리적 전범을 세우기도 한다. 그리스도교라는 세계 종교의 원초적 역사 공간에는 스캔들의 주인공으로 자신의 온몸을 곧추세워 완고한 규범적 체제와 부대꼈던 예수와 바울이 있었다. 그들의 몸과 삶이 역사화되면서 스캔들의 주역으로 등극한 지점을 각기 주제화하여 살펴본 것이 앞부분에서 역점을 둔 내용이다. 한 마디로 그들의 삶은 장애물로 둘러싸인 총체적 곤경의 상황에서 가장 고결한 종교적 상징 권위와 거기에 기생해온 체제의 정치권력을 '추문' 으로 만들어 걸려 넘어지게 한 공로가 있다. 아니, 그들이 그것을 넘어지게 만들어

추문이 되었고, 넘어지게 만들기도 전에 스스로 자충수를 둠으로써 추문임을 폭로하였다고 볼 수 있다. 그러나 그것이 역사적 평가라는 자장 속에서 '공로'로 자리매김되기까지의 진로는 결코 순탄하지 않았다. 거기에는 치러야 할 비용이 있었기 때문이었다.

예수의 경우 그렇게 치러진 비용은 무엇보다 자신의 출가와 함께 시작된 유랑적 스타일의 여행이었다. 그가 여행하면서 보여준 것은 단지 여러 어록과 비유 가운데 설파된 하나님 나라의 상징만이 아니었다. 또 그 여행을 통해 남긴 그의 행적이 병든 자를 치유하는 데 머물지도 않았다. 그는 자신의 발을 끌고 다니면서 지리와 문화, 종교와 사상, 종족과 인류의 경계를 집적이며 옹골차게 그 변방의 점이 지대를 확보해나갔다. 그것이 바로 신학적 '교통 공간'의 은근한 메타포로 설정될 만한 근거를 제시해준다. 그 교통의 점이 지대에서 예수는 수많은 사람들과 만났고 부대꼈으며 그들의 현실이 정당화하는 삶보다 더 나은 삶의 지평을 가리켜 보여주었다. 그것은 보기에 따라 내부를 외부로 뒤집거나 외부를 내부로 끌어들인 것으로 평가할 수 있고, 또 그렇게 함으로써 자기동일성의 그물망에 포획된 삶의 동선을 이질적인 타자성의 세계로 끌고 나가 민활하게 횡단하는 방식으로 나타났다고 볼 수도 있다.

그러나 넘어지게 하는 것이 마냥 능사만은 아니었다. 어리고 약한 자에게 넘어지게 함은 곧 생명의 붕괴로 직결될 수도 있는 사안이었기 때문이다. 예수의 가르침은 이에 따라 스캔들을 타자와 호응하는 타자의 윤리와 접맥시키는 또 다른 해석의 골을 파놓았다. 나쁜 스캔들의 진원지는 약자와의 불화뿐 아니라 신체적 욕망의 균열이나 충실성의 붕괴를 통해서 탐지되었다. 그것은 자아가 바깥을 살피다가 내부의 허방에 빠져 넘어지거나 타인과의 관계에서 신뢰의 가치를 체현하지 못할 때 드러나는 스캔들의 함정이라 할 수 있다. 마침내 예수는 스캔들에 대해 말하고 그 이중성을 드러낸 삶의 마감 시점에 이르러 제 육체가 겪어야 했던 수난과 죽음의 현장에서 침묵과 절규의 방식으로 이 땅과 저 하늘을 향해 스캔들이 폭로와 성찰의 양면적인 기능을 떠맡는 맥점을 암시적으로 드러낸다. 얼핏 모순된 이 대응 방식 가운데 우리는 예수가 체현한 스캔들의 상징성이 자신의 죽음까지 진실을 드러내는 '재서술'의 질료로 삼는 열정적인 '아이러니스트'의 길을 본다.[1] 바깥의 체계를 아무리 비판적으로 오지게 갈구어대고 내부의 균열을 놓쳐버리거나 언어 바깥으로 방황하는 제 운명의 표정을 눙쳐버리는 자세는 아무래도 역설과 아이러니를 주축으로 삼아야 할 신학의 길이 아니었던 셈이다.

예수의 신학적인 수제자 바울에게 스캔들은 곧 십자가였고, 그 십자가의 이중성이 스캔들의 신학적 진정성을 대변했다. 그는 예수의 죽음을 제 몸에 짊어지고 다니는 심경으로 십자가의 걸림돌에 민감했다. 정치범의 형틀이 하나님의 어리석은 방식으로 구원을 베푸는 복음의 능력으로 변화했다는 데 십자가의 의미가 있었다. 그 복음을 듣기 거부하고 그 능력을 받아들이기 싫어하는 자들에게 십자가는 수치와 죄악의 표상일 수밖에 없었다. 로마의 지식인들에게 십자가에서 구원과 부활의 미래를 읽는 방식은 이성의 합리적인 규준에 비추어 혹세무민하는 미신이나 미밍에 다름 아니었다. 그러나 바울은 그것을 뒤집어 그 대속적 의미 한 켠에서 세상의 보편적 죄악을 폭로하는 하나님의 의를 발견해낸다. 이 세상에 의인이 하나도 없으니 십자가가 그 죄인 천지의 세상을 향해 마치 투명한 거울처럼 그 회칠한 무덤의 컴컴한 내부를 보여준다는 식이다.

그러나 이 세상에 파괴와 해체만으로 생명을 세울 만한 생산적인 일이란 없다. 그런 까닭에 십자가로 표상되는 스캔들의 역설은 이 땅에서 생

명을 옥죄는 온갖 내면의 죄악과 관계의 불화를 제거하는 기준이 되기도
한다. 로마서와 고린도 서신에서 바울은 바로 이와 같이 예수 그리스도
의 죽음에 대한 신학적 재구성을 통해 선명하게 스캔들의 역설적 이중성
을 보여주었다. 그것은 선험적으로 스캔들을 제거하거나 아니면 그 속내
에서 경험적으로 좌충우돌 그 스캔들의 상황을 내파하는 방향으로 초기
신앙공동체의 위기에 대응해나가는 방식이었다. 그런가 하면 빌립보서
의 경우가 대변하듯, 스캔들의 동선은 무엇보다 고난당하는 몸의 시위적
인 형태로 갇힌 상태에서 빛을 발하기도 하였다. 아니, 오히려 갇혀 있는
몸이었기에 마치 십자가에 달린 예수처럼 바깥세상에서 자유로운 듯 활
보하는 자들에게 그 내부의 감옥을 살펴보도록 도전할 수 있었던 것이다.

　이러한 스캔들과 연루된 신학적 거대 담론은 마침내 오늘날 우리의 일
상적 삶의 자리로 내려와 한층 더 복잡한 스캔들의 지형을 펼쳐 보인다.
그것은 그리스도교의 종교성이 휘둘러온 온갖 억압과 금기의 기제 가운
데 더욱 뚜렷한 흔적으로 드러나거니와 그 가운데 몇몇 평범하면서도 문
제적인 징후들이 우리 논의의 틀 가운데 다루어졌다. 종교적 수행의 명
분을 앞세워 욕망의 비움과 절제를 모색하는 미덕은 어느덧 '금기'의 악
덕으로 변신하여 온갖 규범과 인습 가운데 폭압적 기제로 작용해온 현실
이 그중 윗줄에 속한다. 금욕하면서 금기의 체계를 구축하는 종교적 자
아가 신학적 주체로 활성화되어온 역사의 그늘을 외면하지 않는다면 21
세기의 문화적 삶의 자리에서 금기에서 향유로 그 신학적 주체가 선회해
야 할 명분도 이제 확연히 탐지된다. 날마다 하루의 새 세계가 열리면서
들고 날기를 거듭하는 잠과 꿈이나 간혹 특이한 계기로 잠 대신 불면의
골짜기에서 불안해하는 경험 가운데 향유의 부재와 충일함이 어긋나면
서 생명의 굴곡진 스캔들도 지속된다. 그런가 하면 성서에 숱하게 반복

변용되어온 식사와 치유를 통한 건강한 신체의 갈망은 인간 생명의 마지막 순간까지 집요하게 달라붙어 있다가 군더더기 문화의 찌끼를 털어낸 순간 제각각 '마지막 욕망'과 함께 존재의 미학에 기여한다.

욕망의 결핍과 충족이란 반복적 스캔들의 자맥질에 지쳐 제 몸의 바깥을 느껴볼 양이면 그 대안적 메타포로서 광야가 적격이다. 성서에서 일정한 유형을 따라 산포된 광야 체험의 신학적 구조는 헐벗고 메마른 광야의 자연에 역사의 열기와 함께 문화의 온기를 부여한다. 그로부터 우리네 삶의 실존은 다채롭게 굴절해가면서 광야 속에서, 광야와 함께 고독한 몸을 놀려가면서 도피와 안돈, 방랑과 모험, 탈주와 갱생, 시련과 극복, 성찰과 모색의 실험을 계속해간다. 바람과 먼지만이 친구인 광야의 지리적 조건과 공간적 환경은 역설적으로 문명 속의 현대인이 억압과 폭력의 질곡 속에서 허우적대는 인간의 초상을 부각시켜준다. 특히 예수와 바울의 고난과 스캔들을 경직되게 전유하여 보수화시킨 그리스도교의 주류 속에서 그 기원을 감추고 있는 고난의 상징은 온갖 헌신과 희생의 아름다운 명분으로 저당 잡히고 살고 있음을 일깨워준다. 성서는 폭력의 현실에서 폭력의 경험을 일상적인 상처로 앓으면서 가해자와 피해자가 뒤얽힌 채 살아온 역사의 단면을 적나라하게 보여준다. 그 폭력의 가해와 피해의 선복적인 구도는 다분히 스캔들의 징후적 특징을 공유한다. 전형화된 악인뿐 아니라 세칭 성군이나 의인조차도 그 폭력의 가해자로 돌올할 때의 당혹스러움과 피해자가 트라우마의 에너지를 또 다른 폭력적 행위로 왜곡시킬 때의 어지러움이 이 폭력 세상의 구석구석에 지뢰처럼 숨겨져 있다.

그러나 지라르가 이미 설파했듯이 성서의 특이함은 이 모든 폭력적 사태의 정점에 위치한 예수의 폭력적 죽음을 유죄가 아니라 무죄로 선언하는 데 있다. 가령, 가인의 형제 살해, 사사 입다와 모압 왕 메사의 친자 살해, 다윗의 우리아 살해, 아합과 이세벨의 나봇 살해, 그리고 헤롯의 유아 살해 등등에 반영된 폭력적 죽음은 그 가혹한 권력의 탄압에도 불구하고 생생한 역사의 증언으로 무죄한 희생의 폭력성을 추상 같이 고발하고 있지 않은가. 어쩌면 그들은 예수의 십자가에 복선으로 깔린 무죄한 희생양이었다. 그러나 이와 같은 사례에서 엿보이는 스캔들의 이중성은 고난과 희생 담론과 함께 꼭 짚어야 하는 십자가 신학의 그늘을 겨냥한다. 십자가 고난의 가학성/피학성이 폭력과 희생의 모방 체계를 답습케 하는 메커니즘으로 작동하곤 하는 현실을 무시할 수 없는 것이다. 고난과 함께 고난을 넘어 더 이상의 고난을 제거하는 데 불가피한 고난의 목표가 설정되지 않을 때 그 고난은 은근히 강요되면서 또 다른 억압적 체제를 정상적인 질서로 규율화하기 때문이다.

따라서 고난은 공동체의 유지를 위해 치러야 할 불가피한 비용이란 차원에서 그 성원들 가운데 공정하게 분배되어야 합리적이다. 기존의 고난으로 인한 상처를 치유하고 분열증의 세계를 샬롬의 체제로 재편할 때 거기에서 부득이하게 치러야 하는 고난의 비용은 최소치로 공유되며 공감을 얻어낼 수 있다. 특정 개인에 의한 희생의 공력이 권위의 근거가 되고 그 희생이 또 다른 희생을 강요하는 식으로 신학화되는 고난은 그것의 제의적 실천 가운데 개입하는 사제의 권위와 희생양의 제물을 소외시키는 주범이다. 여기서 희생은 미끼로 왜곡되기도 하고 개죽음으로 은폐되거나 방기될 수도 있다. 폭력과 희생의 역사 가운데 탐지되는 고난신학의 현장에는 그러한 비인간화의 실상들이 허다했다. 우상을 해체하며 희망을 재구성하는 스캔들의 역동적 선순환을 방해하고 애꿎은 생명을 부당하게 파괴하거나 특정 개인을 숭배하는 악순환의 걸림돌로 작용한 증거가 아닐 수 없다.

성서 속의 하나님이 보여준 언행을 톺아보건대 그는 약속과 말씀의 열매로써 숱한 일을 이루었다. 심판과 구원이 그 일의 대표적 브랜드였으며, 저주와 강복이 그 징조로 언약 백성과 이방 족속의 운명을 수놓았다. 그러나 그 하나님은 더 많은 경우 동문서답의 아이러니와 침묵을 통해 더 많은 일을 해왔다는 것이 또 다른 발견의 요처이다. 사실 성서 텍스트의 이야기 현장은 인류의 모든 역사를 기록해놓은 것도 아니고 이스라엘과 유대교만 관련해서 봐도 하나님보다 인간의 생활세계가 주도해온 무대이다. 거기서 나는 하나님의 언외적 계시로서 에누리의 신학적 의미를 발견한다. 아니, 그것은 굳이 딱딱한 전통적 개념어로 '계시'라는 명패를 붙이지 않고서도 편하게 유통시킬 수 있는 일종의 여백이다. 그 여백에서는 주로 역설과 아이러니로 소통을 추구한다. 그러한 맥락에서 진실과 허위, 정의와 불의, 선과 악의 세계는 늘 뫼비우스의 띠처럼 경계가 없이 연이어져 작동하고, 마침내 병 주고 약 주는 '파르마콘'의 이중성을 닮아 넘어지게 하면서 다시 살리는 스칸달론의 원리가 자생하는 것이다.

21세기의 생활세계에서 추체험되는 하나님에게 에누리의 자리는 어쩌면 변덕의 끗과 통한다. 그것은 시구 근대 신학의 신정론이 디디른 막다른 길목에서 파국 대신에 선택해야 할 소박한 미로 속의 희망이다. 그 막다른 길목에 이르기까지 추적해온 커다란 목표의 실종 앞에서 해찰을 부리면서 그 골목의 양지에 피어난 풀 한 포기와 작은 개미 한 마리에 시선을 던지는 두리번거림 가운데 하나님의 에누리는 전혀 생경한 방식으로 진리 너머의 진리를 현시한다. 그것이 바로 그 미로에서 포착된 희망의 유비적 내용이다. 로고스의 추상을 넘어 제 나름의 직관을 가지고 하나님의 침묵이 이 우주를 향해 던지는 무한의 입자들은 전통적인 인식론과 존재론의 최대치 범주로서도 포괄할 수 없는 비밀의 여백이다. 그 비밀이 소우주의 인체 속에도 존재하고 천변만화하는 내면의 감추어진 심성은 물론 온갖 인간관계가 뒤얽혀 각종 어리석음을 빚어내는 세속의 한 구석에서도 탐지되리라는 발상은 오로지 에누리의 신학적 의미 지평 위에 성립될 수 있다. 따라서 하나님의 에누리를 신학적 주제로 문제 삼는 시도는 그 자체로 스캔들의 풍경이다. '신 넘어 신God beyond god'을 구하는 메타적 신 이해의 구경적 자리는 반드시 최선의 열매가 다시 뿌리로 돌아가는 회귀적 반전이 불가피하기 때문이다.

　에누리는 잔여이고 과장이며 거품이다. 그것은 동시에 멀리서 명멸하는 아우라이고 희망의 불씨이다. 이스라엘이 남은 자의 사상적 전승을 통해 멸망의 밑바닥에서 다시 희망을 견인했듯이, 하나님도 서구 신학의 전통이란 강고한 고체 위로 기체처럼 피어오르는 에누리의 비본질적 잉여로써만 그 익명의 세계를 현시할 수 있다. 그렇다면 신학은 무엇보다 스캔들로서 제 존재 의미를 재구축해야 할 것이다. 감각할 수 없는 하나님을 학문의 대상으로 삼아 말과 글로 표현해야 하는 이 신학이라는 생물은 이제 제각각의 신비주의로 무장한 도착적 주체들의 난장 가운데 혼란의 아수라를 통과해왔다. 그 한 정점이 '도그마'라는 표상일 테지만, 도그마의 토대는 이제 많이 헐거워진 상태에 우리는 살고 있다. 도그마는 더 이상 긍정적 미덕의 기운을 풍기지 않는다. 그것이 긍정되는 영역은 오로지 자기동일성의 신념체계로 똘똘 뭉친 극단적 근본주의 신학의 동네에 국한된다.

　그러므로 하나님의 에누리에 입각하여 하나님의 익명성을 재발견해야 할 시점에서 이 시대의 신학은 스스로 게토화된 다리 밑 걸인들의 장막임을 인정해야 한다. 그것은 추한 거주처이고, 그 추함을 스스로 폭로하는 것이 거지의 거지됨을 드러내는 치열한 생존의 기술이듯, 신학은 스스로 스캔들이 되어 난장으로 착종된 신의 스캔들부터 폭로해야 할 것이다. 아무리 바깥의 체계를 향해 비판의 날을 세워도 자기 내부와의 창조적 불화를 감내하지 못하는 학문은 아직 타자성의 비밀에 무감각하다고 볼 수 있다. 따라서 신학의 미래적 운명은 오래 묵은 공룡의 화석과 같은 그 가건물을 얼마나 철저하게 해체하고 어떻게 그 위에서 또다시 광야의 바람을 경험하느냐가 관건이다. 그것은 애당초 안과 밖의 구별 없이 이질적인 타자들이 대책 없이 만나 교섭하고 거래하며 번역하던 원초적 교통 공간, 즉 광야와 바다의 그 뫼비우스적 공간이 어떻게 신학의 마당에 형성되느냐 하는 점과 접맥된다.

실로 이 시대는 겸손한 수사학의 망토를 걸친 신들의 이미지가 현란하게 발호하는 풍조 가운데 떠내려가고 있다. 정치와 경제, 문화와 예술, 교육과 종교 시장에서 인신의 권력은 세련된 문화적 코드를 덧입고 각종 미디어에 출현한다. 그것은 매체 시대의 뚜렷한 체계로 군림하는 또 다른 계시적 변종이 아닐 수 없다. 그들은 한결같이 근엄한 표정을 띠거나 예외 없이 아름다운 미소와 함께 성육한 말씀과 이미지를 후광으로 두른 채 곳곳에 출몰하는 유령으로 익명의 개인늘과 교신하며 교감한다. 그러나 그것이 소통이 아닌 것은 아무도 묻지 않는 것을 말하고 말하지 않는 것을 제각각의 자폐된 문법 속에 듣고 또 읽어내기 때문이다. 이처럼 떠다니는 이미지와 정보의 홍수 속에서 신학은 이 시대에 진정한 믿음 없음을 폭로하는 번개나 화살이 되어야 한다. 그 어느 기관의 해체보다 독하고 악랄한 해체의 결기를 벼르고 세워 신을 잃은 시대에 신의 유산을 재생시키는 과업의 낯선 의미를 깨달아야 한다. 금기를 건드리는 자가 금기의 요주의 대상이 되는 항간의 이치를 뒤집어, 하나님의 낯익은 모습을 에누리의 시선으로 다시 낯설게 되돌리는 예언적 상징 행위가 신학의 이름으로 절실한 것이다.

이 시대의 신학이 게토화된 다리 밑의 장막인 것은 교회 공동체를 떠받드는 조건 아래 챙기는 물질적 상징적 리베이트야말로 그 근본적 생존 조건이 되기 때문이다. 여전히 고답적인 운신으로 옛적의 골동품을 보듬는 호사가처럼 성서를 필두로 옛적의 텍스트에 감추어진 주석적 의미를 찾는 노동에 골몰하면서 이 세상의 변화무쌍한 천태만상 가운데 스쳐 지나는 하나님의 동선은 자주 놓치고 만다. 파당적 진영의 감각에 매여 이합집산하는 무리들의 한구석에는 초라한 포즈로 이 세상의 첨단 담론과 점점 멀어져가는 신학자들이 있다. 그 사상적 속내의 한켠에는 여전한 중세적 체질로 순치된 상태에서 절대자와의 특수한 인연으로 챙기던 옛적 권위에의 향수가 곰팡내를 풍기고 있다. 교단과 교권의 위세에 눌려 신학의 얼굴은 수시로 생존의 변신술을 발휘하며 신학으로 정치하고, 정치로 신학의 위엄을 도모하는 버릇도 더욱 심화되어간다. 예수 시대에 율법을 의문儀文으로 삼아 그 손가락이 가리키던 대상을 놓친 채 그 손가락을 잘라 신줏단지처럼 섬기던 자들을 비판한 역사의 공력 위에 세워진 그리스도교와 그 이론적 토대로서의 신학은 그 토대의 텍스트를 다시 의문, 곧 글자 나부랭이의 메마른 우상으로 퇴락시켰다. 이렇듯, 신학이 그 자체로 추문이 될 수밖에 없는 사연은 수두룩하다.

그러나 게토화된 다리 밑의 장막처럼 운신하는 신학이란 동네가 그 남루한 몰골이 부끄러워 더 진한 회반죽으로 칠을 한들 그 무덤의 속내가 달라질 리 없는 법! 다만 유일한 출구는 그 몰골의 남루를 세상의 한가운데로 끌고 가서 광인의 춤사위로 이 세상의 고상한 것들 역시 스캔들의 부정성을 유포하는 절망의 숙주임을 까발리는 것이다. 그 오래전 예루살렘 성전 앞에서 오지병을 깨트리며 사람들을 놀라게 한 예레미야의 현신이 되어야 하는 것이다. 인분으로 음식을 구워먹어야 하는 동물적 슬픔을 체현한 에스겔의 몸짓이나 창녀가 된 아내를 다시 또 찾아 데려와야 했던 호세아의 비애 어린 운명 또한 그러한 신학의 유비적 등가물이다. 신학은 이와 같이 무정형의 생물처럼 예기치 않은 곳에서 전혀 뜻밖의 우발적인 방식으로 제 몸을 드러냄으로써 새로운 학문으로 거듭나야 한다. 그 거듭남의 동체들은 정치와 경제의 변두리에서, 문화와 예술의 뒷골목에서, 교육과 종교의 지하실에서 하나님의 에누리를 찾아 암약하는 언더그라운드 기관임을 선언하고 실현해나가야 할 것이다. 이것이 신학이라는 스캔들이 신학이 낳은 온갖 스캔들의 부정성을 훼파하고 새로운 시대의 지평 위에서 실성한 듯 보이는 신의 희망을 다시 부재에서 충만으로, 또는 충만에서 부재로 이끄는 길이다.

신학이 하나님의 에누리에 터하여 환골탈태하기 위해서는 또 다른 한 편으로 전위적인 시학의 불온함을 닮아야 한다. '신학'의 '신' 자를 떠받치고 있는 'ㄴ' 받침을 떼어낸 시학의 불안한 긴장감은 말씀을 다시 모시며 언어의 사원〔詩〕을 일구려는 결기로 종말과 태초의 감각을 복원해야 함을 이른다. 바타이유의 지적대로 시는 여타의 예술적 행위처럼 '파멸에 의한 창조'를 가장 극명하게 보여줌으로써 잉여 에너지의 비생산적 소모를 예시한다. '피투성이의 희망'을 견인하여 '저주의 몫'을 기꺼이 감당하는 것이 바로 이 잉여의 소모와 사치인 것이다. 이는 신학적 에누리의 등가물로서 일찍이 성육신의 메타포로 우리에게 전래된 변신의 가치이다. 신이 인간으로 변신하고 인간이 부활과 함께 신의 성품에 참여하는 방식으로 이 시대의 신학은 항간의 각설이처럼 세속의 한가운데서 깊숙이 세속을 제 몸 안에 받아들이고 그 세속의 벗들과 함께 세속의 숨겨진 거룩함과 아름다움을 잉태하는 학문이 되어야 한다. 물론 성속의 이분법은 실제의 신앙적 실천 현장에서 쉽사리 극복되지 않을 것이다. 그러나 하나님의 에누리라는 시선으로 재구성되는 신학은 성과 속의 경계에서 그 성과 속이 둘이 아니라 하나의 몸으로 굴러가는 성육신적 실재를 보여주어야 한다. 그것은 얼핏 혼종적 불온함이고 이단적인 섭동이며 불규칙한 탈주일 수 있다. 그러나 생명은 컴컴한 자궁에서 잉태되고 양육받아 비로소 빛을 보게 되지 않던가. 바로 이 점에서 신학의 염결주의적 예외성이 그 고답적인 자폐성의 도돌이표가 되지 않도록 애써 불온한 시의 언어를 신학의 몸으로 터득해야 하는 것이다.

I부. 신학적 스캔들의 원형: 예수와 바울

01_ 예수의 여행과 '교통 공간'

1) 공간이나 장소의 개념이 인문학적 사유와 성찰의 대상으로 연구된 사례는 흔하지 않다. 그 가운데 특히 공간과 장소를 현상학적 관점에서 조명하면서 '장소화' '장소 상실'이란 개념을 수립한 에드워드 렐프/김덕현 · 김현주 · 심승희 옮김, 『장소와 장소 상실』(서울: 논형, 2005)이 주목된다. 이를 한국문학과 성서/신학에 접맥시켜 신학적 담론화를 시도한 연구로 차정식, "'중심'의 괴로움과 '틈'의 구원,"「한국기독교신학논총」59(2008), 223-249 참조. 그러나 여기서 논의된 '공간'이나 '장소'의 개념은 전통적인 공동체의 삶을 상실케 만든 오늘날의 획일화된 공간에 대한 비판 개념으로 사용되었다는 점에서 이 논문에서 핵심 개념으로 다루는 '교통 공간'이란 탈공동체적 개념과 근본적인 차이점을 보여준다. 이 논문이 발표된 2010년 한국신약학회 정기학술대회 자리에서 이 점을 지적하며 사석에서 논평해준 반재광 교수(성산효도대학원대학교)에게 감사드린다.

2) 이는 구약성서 연구의 양식비평을 개척한 궁켈에 의해 '기원론적 전설'(etiological legend)이란 양식으로 범주화된 바 있다. Hermann Gunkel, *The Legends of Genesis: The Biblical Saga and History* (Metairie, LA: Cornerstone Book Publishers, 2009) 참조.

3) '교통 공간'에 대한 개념 정의는 별도의 항목을 설정하여 아래서 다루게 될 것이다. 여기서는 일단 동질적인 요소들의 결합체인 '공동체'와 달리 이질적인 것들의 계약적 관계로 이루어진 '사회'의 개방적 구조라고 간략하게 정의한다. 이는 가라타니 고진이 서구 분화와 사상, 종교가 보여준 자기동일성의 체세를 비판하기 위해 조형한 개념이다.

4) 게오르그 짐멜/김덕영 · 윤미애 옮김, "알프스 여행,"『짐멜의 모더니티 읽기』(서울: 새물결, 2005), 133-134.

5) 장 그르니에/김용기 옮김, 『일상적인 삶』(서울: 민음사, 2001), 13-34.

6) 그 유명한 어록의 전문은 다음과 같다: "좁은 문으로 들어가라. 멸망으로 인도하는 문은 크고 그 길이 넓어 그리로 들어가는 자가 많고 생명으로 인도하는 문은 좁고 길이 협착하여 찾는 자가 적음이라"(마 7:13-14). 이와 같이 두 가지 길로 삶의 방식을 비유한 사례는 이전에도 통상적으로 응용되어 하나의 교훈적 패턴을 형성하고 있었다.

7) 이러한 관점은 일찍이 19세기 독일의 철학자 프리드리히 니체로까지 소급되는데 근래의 대표적인 연구는 F. Gerald Downing, *Christ and the Cynics: Jesus and Other Radical Preachers in First-Century Tradition* (Sheffield: JSOT Press, 1988); *Cynics and Christian Origins* (Edinburgh: T. & T. Clark, 1992) 참조.

8) 이러한 비판적 관점의 연구로는 Hans Dieter Betz, "Jesus and the Cynics: Survey and Analysis of a Hypothesis," *JR* 74(1993), 453-475; 박홍용, "예수와 견유학파의 상관성에 관한 비판적 고찰,"「신약논단」14/2(2007), 301-345 참조.

9) 예수의 해당 어록을 구도자적 관점에서 해석한 글로는 차정식, "담백한 낙관주의,"『묵시의 하늘과 지혜의 땅 – 예수신학 비평』(서울: 대한기독교서회, 2001), 25-36 참조.

10) 가라타니 코오진/권기돈 옮김,『탐구』2 (서울: 새물결, 1998), 249-256; 가라타니 고진/이경훈 옮김,『유머로서의 유물론』(서울: 문화과학사, 2002), 29-43.

11) 고진,『유머로서의 유물론』, 36.

12) 앞의 책, 38-39.

13) 앞의 책, 36.

14) 앞의 책, 36-37.

15) 선원, 상인, 농부에 대한 알란의 비유는 코오진,『탐구』2, 249-252 참조.

16) 앞의 책, 252 참조.

17) 앞의 책, 255-256 참조.

18) 이와 관련하여 그는 모든 종교와 철학의 기원에서 우리가 발견하는 것은 공동체성이 아니라 오히려 공동체를 해체하는 '교통 공간' 이라고 본다. 고진,『유머로서의 유물론』, 41.

19) 물론 예수의 치유 기적이 이행된 방식에 주목하여 예수의 기적 사건을 마술이나 마법(magic)으로 간주하고, 그의 정체성을 마법사(magician)로 규정하는 시도가 제출되기도 한다. Morton Smith, *Jesus the Magician* (Lyndhurst, NJ: Barnes & Noble, 1993); John Dominic Crossan, *The Historical Jesus: The Life of a Mediterranean Jewish Peasant* (SanFrancisco: HarperOne, 1993). 그러나 이러한 관점은 예수의 치유 기적 등에 나타난 주술적 '형식' 에 집착하여 그 신학적 의미 내지 사상적 의의를 축소하거나 외면한다. 나는 예수의 치유 기적이 기존의 마법에 상응하는 대안 마법이 아니라 교통의 채널이었다고 본다. 고진의 정의에 따르면 "마술은 자기애적이며 인간중심주의적이며 '감정이입' (볼린거)적인 것으로 실제로는 타자(외부)를 갖지 않고 결코 타자와 마주치지 않는 사고"로 인간을 움직이고 조종하기 위해 "공동체 내부에서만 통용된다". 코오진,『탐구』2, 252 참조.

20) 고진,『유머로서의 유물론』, 41.

21) 여러 차례 부연되고 보충된 이 흥미로운 논문의 출전은 다음과 같다. 지그문트 프

로이트/이윤기 옮김, 『종교의 기원』 재간 (서울: 열린책들, 2003), 255-428.

22) 이에 대한 개관은 Norman K. Gottwald, *The Hebrew Bible: A Socio-Literary Introduction* (Philadelphia: Fortress Press, 1985), 261-276 참조.

23) 5세기경 이 지역을 식민지로 삼아 거주한 유대인들이 남긴 것으로 추정되는 이 기록의 의미와 관련해서는 야훼의 실체화된 속성을 가리킨다는 또 다른 해석이 나와 있다. Walter A. Maier III, "Anath(Deity)," *ABD* vol. 1, 225-227 참조.

24) 이러한 관점은 김진호, "내 이름은 에스바알," 제3시대그리스도교연구소 웹진 (http://minjungtheology.net) 참조.

25) 유다 왕국 멸망의 전후 사정, 바빌론과 이집트의 디아스포라 상황, 나아가 이후 페르시아 지배 체제하의 유대 민족의 동향에 대한 서술로는 J. Maxwell Miller & John H. Hayes, *A History of Ancient Israel and Judah* (Philadelphia: The Westminster Press, 1986), 416ff; John Bright, *A History of Israel*, 3rd edition (Philadelphia: The Westminster Press, 1972), 341-390 참조.

26) 전자의 사례는 에스라, 느헤미야, 에스겔 등에서 확인되는 데 비해 후자의 경우는 제2이사야(40-55장), 제3이사야(56-66장)와 요나서 등에서 탐지된다.

27) 예수의 선교 동선에 나타난 유형적 특징과 신학적 의미에 대해서는 차정식, "생성기 기독교의 선교 지형에 비추어 본 지방화와 세계화의 문제," 「한국기독교신학논총」 40(2005), 129-162 참조.

28) 고진은 문화 발상지가 외국 무역이나 중계 무역의 장소였던 유럽의 경우와 달리 아시아가 대륙적 성격의 폐쇄성을 띠었다는 막스 베버의 지적을 비판하면서 유학이든 노장학이든 동양 사상의 핵심인 도(道)의 개념이 사람이 왕래하는 곳을 가리키며 기본적으로 '교통 공간'이라고 주장한다. 코오진, 『탐구』 2, 254 참조. 이와 관련하여 예수의 신학을 조명하는 핵심 개념으로서 이 '도'(*to hodos*)를 설정하여 장소 신학적 의미를 탐구한 졸고로 다음을 참조할 것: Jung-Sik Cha, "Jesus' Travel Route and Its Theological Implications as Reflected in the *Tao* Concept," *Scripture and Interpretation* 2/2(2008), 190-199.

29) 이와 같은 선교 특수주의와 선교 보편주의의 대립에 대한 학계의 논란은 수많은 해법을 낳았다. 그 가운데 나는 이러한 상이한 관점을 예수 그리스도의 선교(*missio Christi*)가 교회의 선교(*missio ecclesiae*)로 이행된 마태공동체의 발전적인 신학적 정체성의 결과로 보는 것이 합리적이라고 판단한다. 이와 관련하여 Eung Chun Park, *The Mission Discourse in Matthew's Interpretation*, Wissenschaftliche Untersuchungen Zum Neuen Testament, 2, Reihe 81 (Tübingen: J. C. B. Mohr, 1995) 참조.

30) 예수의 여행과 그 교통 공간에 나타난 이러한 특질은 적잖은 차이점에도 불구하고 다문화와 다종교를 가로지르며 포용 반경을 넓혀나간 후대의 선교 지형에도 계

승·발전된다. 요컨대, 신약성서 시대의 다문화적 삶이란 자리에는 그리스도교적 민족이나 나라, 그리스도교적 언어나 특정한 문화, 그리스도교적 사회가 따로 있었던 게 아니었다. 다만 꾸준히 교통하며 그 정체성의 반경을 확대시켜나갔던 것이다. Andreas Lindemann, "Multicultural Life in New Testament Times," 「다문화와 평화」 3/2(2009), 15-50 참조.

31) 고진은 교통 공간을 '무한'이란 개념과 결합시키면서 스피노자를 인용한다. "스피노자의 무한관(無限觀)은 직접 어떤 종교에서 나온 것이 아니다. 그에게는 종교가 지닌 안과 밖의 분할 바로 그것(신자와 이교도, 성직자와 속인)이 부정되어야 할 것이었다. … 그것〔= 세계 종교〕은 스피노자가 말하는 의미에서 '무한'의 관념을 개시(開示)하는 것, 달리 말해 그 너머의 외부가 없는 '세계'를 발견하는 것을 의미하고 있다." 고진, 『유머로서의 유물론』, 34 참조.

02_ 스캔들과 타자의 윤리

1) Hans Dieter Betz, *The Sermon on the Mount* (Minneapolis: Fotress Press, 1995), 236 참조.

2) 앞의 책, 237.

3) 알랭 바디우/현성환 옮김, 『사도 바울』 (서울: 새물결, 2008) 참조.

4) 데밍은 그들을 예수의 제자들로 이해하고 야브로 콜린스는 그들을 어린아이들로 이해한다. 이러한 차이는 그들이 이 어록의 상황적 배경을 어디서 취하느냐에 따라 생겨난 것이다. Will Deming, "Mark 9:42-10:12; Matthew 5:27-32, and *B. Nid.* 13b: A First Century Discussion of Male Sexuality," *NTS* 36(1990), 130-141, 특히 132, 138; Adela Yarbro Collins, *Mark: A Commentary*, Hermeneia (Minneapolis: Fortress, 2007), 450 참조.

5) Yarbro Collins, *Mark*, 450.

6) 이러한 그의 학문적 관심은 다음의 책들에 폭넓게 드러나 있다: 르네 지라르/김치수·송의경 옮김, 『낭만적 거짓과 소설적 진실』 (서울: 한길사, 2001); 르네 지라르/김진석·박무호 옮김, 『폭력과 성스러움』 개정판 (서울: 민음사, 2001); 르네 지라르/김진식 옮김, 『희생양』 (서울: 민음사, 2007).

7) 지라르의 폭력 이론은 다음의 연구서에서 상세하게 개관되고 적용되고 있다: 김모세, 『르네 지라르 – 욕망, 폭력, 구원의 인류학』 (서울: 살림, 2008); 김현, 『르네 지라르 혹은 폭력의 구조』 (서울: 나남, 1991).

8) '스캔들'에 대한 지라르의 논의가 처음 개진된 것은 다음의 책 마지막 장에서이다: Rene Girard, *Things Hidden from the Foundation of the World* (Palo Alto, CA: Stanford University Press, 1987).

9) 르네 지라르/김진식 옮김, 『나는 사탄이 번개처럼 떨어지는 것을 본다』(서울: 문학과지성사, 2004), 52 참조.

10) 앞의 책, 같은 쪽.

11) 앞의 책, 59.

12) 앞의 책, 30.

13) 앞의 책, 32.

14) 물론 그는 '초석의 돌'인 십자가를 통해 스캔들이 변화할 수 있는 가능성을 제시하기도 하는데, 이를 '개종'이라고 표현한다. 르네 지라르/김진식 옮김, 『그를 통해 스캔들이 왔다』(서울: 문학과지성사, 2007), 93 참조. 그러한 개종을 통해 억울하게 희생당한 자들은 '복권된 희생양'으로 거듭나게 된다(앞의 책, 70).

15) 르네 지라르, 『나는 사탄이 번개처럼 떨어지는 것을 본다』, 32.

16) 가령, 우리 사회가 내란의 혐의를 부과하여 공동의 제물로 정죄하고 징치하여 감옥으로, 백담사로 추방한 전두환, 노태우 같은 전직 대통령이나 부정부패에 연루된 재벌 회장들은 '희생양'의 외관을 뒤집어쓴 우두머리 범죄자 아니었던가.

17) 반면 가룟 유다의 경우 배신은 참회로 이어지기보다 참회의 또 다른 방식인 자살로 마감되었다. 이는 베드로의 선택과 극명히 차별되는 정반대의 귀결로 보이지만 고대 유대교의 한 전통에 따르면 특정한 상황에서 자살은 자신의 속죄를 자발적으로 이행하는 극적인 선택의 일종으로 인정되었다. 차정식, "통곡이냐, 자살이냐 – 두 배반자의 초상, 혹은 그 해석의 궤적,"『예수는 어떻게 죽었는가 – 예수의 수난전승 탐구』(서울: 한들출판사, 2006), 47-83. 아울러, Caroline E. Whelan, "Suicide in the Ancient World: A Re-examination of Matthew 27:3-10," *Laval theologique et philosophique* 49/3(1993), 505-522 참조.

03_ 침묵과 절규

1) 고난에 대한 이러한 심리적 내면 풍경과 그 성서신학적 성찰에 대해서는 예수의 수난신학과 연관하여 쓴 다음의 졸고를 참조할 것. 차정식, "예수의 고난과 함께 걷는 순례의 길,"「기독교사상」통권 614(2010/2), 22-33 참조.

2) 신약성서학자들은 수난사화의 마가 이전 전승 단위에 골몰하여 나름대로 그 잠재적 원형을 재구성하는 작업을 시도해왔는데, 그 다양한 갈래에도 불구하고 상대적으로 다수의 학자들은 겟세마네 이야기(막 14:32-42)를 그 시작점으로 설정하는 경향을 보인다. 가령, Adela Yarbro Collins, *The Beginning of the Gospel: Probing of Mark in Context* (Philadelphia: Fortress, 1992) 참조.

3) 겟세마네는 히브리어와 아람어 어원에 따르면 '기름 짜는 틀'(oil press)을 가리킨다. 이는 오늘날 예루살렘 동편 기드론 골짜기 건너편에 위치한 감람산의 일부로 그

곳에는 지금도 수령 천 년이 넘는 올리브나무들이 자리 잡고 있다. 당시에 이곳에 올리브기름을 짜는 틀이 있었으리라 추정된다. Donald A. D. Thorsen, "Gethsemane," *ABD* vol. 2, 997-998 참조.

4) 겟세마네 이야기에 대한 총체적인 분석과 연구로는 다음의 논문을 참조할 것. Jung-Sik, Cha, "The Story of Gethsemane in Mark 14:32-42 and Its Historical Legacy," Ph.D. dissertation (The Divinity School, The University of Chicago, 1996).

5) 여기서 예수의 감정은 브라운의 지적대로 "무서운 사건 앞에서 신체적으로 표현된 난해한 혼란, 즉, 곧 오싹하게 만드는 공포"(a profound disarray, expressed physically before a terrifying event: a shuddering horror)를 반영한다. Raymond R. E. Brown, *The Death of Messiah* vol. 1 (New York: Doubleday, 1994), 153 참조. 특히 예수의 그 공포는 그가 자신의 죽음과 관련된 사실, 의미, 가치, 진실 등을 확실히 이해하지 못하는 상태에서 비롯된 자연스런 인간적 감정의 일부로 이해된다. Gene Szarek, "A Critique of Kelber's 'The Hour of the Son of Man and the Temptation of the Disciples': Mark 14:32-42," *SBL Seminar Paper* 10 ed. by George MacRae(1976), 111-118, 특히 114 참조.

6) 인간의 감정에 대한 신학적 의미화 작업은 Wolfhart Pannenberg, *Anthropology in Theological Perspective*, tr. by Matthew J. O'Connel (Philadelphia: The Westminster Press, 1985), 244-265 참조.

7) 소크라테스의 마지막 날들과 죽음에 얽힌 에피소드와 관련해서는 Christopher Gill, "The Death of Socrates," *Classical Quarterly* 23(1973), 25-28 참조. 아울러, 소크라테스의 휴머니즘 전통이 바울을 위시한 후대 그리스도교 신학에 끼친 영향과 관련해서는 H. D. Betz, *Der Apostel Paulus und die sokratische Tradition* (Tübingen: J. C. B. Mohr, 1972) 참조.

8) 문학적 양식에 관한 한 위태로운 상황에서 큰 소리로 기도하는 것은 빈번한 상례로 확인된다(눅 17:15, 19:37-38; 왕상 8:55; 겔 11:13; 느 9:4). 아울러, 이러한 절규의 기도는 어둠의 종말론적 요소와 유사한 묵시문학적 징표로 인식된다. 그러나 예수의 상기 절규가 표현한 내용은 혹자의 주장대로 '격분'이라기보다는 '기도'라고 보아야 한다. Raymond, R. E. Brown, *The Death of Messiah*, vol. 2, 1044-1045 참조.

9) 그러나 그럼에도 불구하고 예수의 이 기도는 겟세마네의 기도와 비교할 때 '나의 하나님'과 '아바 아버지'라는 중요한 차이를 드러낸다. 브라운은 이 차이에서 후자의 경우 하나님의 무응답과 맞물려 가중된 '비관적인 파토스'(pessimistic pathos)의 증거를 본다. 앞의 책, 1047.

10) 이러한 관점을 표명하는 대표적인 학자는 던이다. 그는 예수가 이 순간 평소에 친숙한 예배의 언어들에 의존했을 가능성을 상정한다. James D. G. Dunn, *Jesus*

Remembered (Grand Rapids, MI: Wm B. Eerdmans; Cambridge, U.K., 2003), 780-781 참조.

11) 그동안 수많은 서양 철학자 및 신학자들에 의해 논쟁 대상이 되어온 이 주제는 이즈음 동양사상과 과정사상에 의해 새로운 돌파의 기미를 보이고 있다. 박혁순, "신정론적 주제에 관한 노자철학과의 대화," 장로회신학대학교 석사학위논문, 2006; 데이빗 그리핀/이세형 옮김, 『과정신정론 – 하나님, 힘, 그리고 악에 대한 물음』 (서울: 이문출판사, 2007) 참조.

12) 예수의 성전 관련 어록에 대해서 가장 정밀한 분석과 추론은 역사적 예수 탐구의 맥락에서 샌더스에 의해 제출된 바 있다. E. P. Sanders, *Jesus and Judaism* (Philadelphia: Fortress Press, 1985), 61-76 참조.

13) 여기서 마가복음의 예수는 시편 110:1과 다니엘 7:13을 결합하여 8:27-31에서 아직 드러나지 않은 인자 메시아와 종말의 심판자로서 자신의 정체성을 분명히 한다. 이를테면 이 어록은 예수의 메시아적 정체성에 대한 마가의 서사적 재해석이라 할 수 있다. Adela Yarbro Collins, *Mark: A Commentary* (Minneapolis: Fortress Press, 2007), 704-705 참조.

14) 이는 능란한 정치꾼으로서 빌라도의 위상을 우회적으로 조명해준다. 이어지는 판결에서도 그는 예수의 무죄함을 확신했지만 대중의 소요에 대한 우려로 인해 사법적인 정의의 기준을 외면하고 정치적인 판단을 서슴지 않는다. 빌라도의 이런 파행적 정치지향성과 관련해서는 차정식, "불의한 정의 – 빌라도의 경우," 『예수는 어떻게 죽었는가 – 예수의 수난 전승 탐구』 (서울: 한들출판사, 2006), 85-108 참조.

15) 이는 마치 예수의 주기도문에서 하나님의 거룩한 이름과 제왕적 통치와 하늘의 뜻이 이 땅에 구현되길 간구하는 항목들이 하나님의 당연한 의무를 상기시켜주는 역할을 하는 것과 유사하게 연계된다. 이러한 관점의 이면에 깔린 기본적인 신학사상은 이른바 혈통 가족을 넘어서는 '하나님의 가족'(familia Dei)이고 그 가족의 구성원으로서 모든 자녀들이 아버지인 그 하나님을 향해 이러한 개방적이고 친밀한 소통과 상기의 의무가 있다는 것이다. 이러한 기도 신학의 측면에 대해서는 Hans Dieter Betz, *The Sermon on the Mount* (Minneapolis: Fortress Press, 1995), 377-382 참조.

16) 르네 지라르/김진석·박무호 옮김, 『폭력과 성스러움』 개정판 (서울: 민음사, 2001) 참조.

17) 요한복음의 수난신학에 대한 대표적 연구로 Godfrey C. Nicholson, *Death as Departure* (Chico, CA: Scholars Press, 1983); Anton Dauer, *Die Passiongeschichte im Johannesevangelium* (Münster: Kösel-Verlag, 1972); Barnabas Lindars, "The Passion in the Fourth Gospel," in *Essays on John*, ed. by C. M. Tuckett (Leuven: University Press, 1992), 67-85 참조.

18) 이와 같은 겟세마네 전승에 대한 요한복음의 특이점에 대한 연구는 B. P. Robinson, "Gethsemane: The Synoptic and the Johannine Viewpoints," *CQR* 167(1966), 4-11; Frédéric Manns, "Le Symbolisme du Jardin dans le Récit de la Passion selon St Jean," *Liber Annuus* 37(1987), 53-80 참조.

19) 장 그르니에/김용기 옮김, 『일상적인 삶』(서울: 민음사, 2001), 103-122 참조. 아래 문단의 인용과 서술 내용은 이 책에서 요약적으로 참조한 것이다.

04_ 스캔들을 제거하는 스캔들

1) 이 단어의 성서적 함의에 대해서는 Stählin, "σκάνδαλον, σκανδαλίζω," *TDNT* vol. Ⅶ, 339-358 참조.

2) 이와 관련한 바울의 대표적 어록은 다음과 같다: "우리는 십자가에 못 박힌 그리스도를 전하니 유대인에게는 '거리끼는 것'(*skandalon*)이요, 이방인에게는 미련한 것이로되 오직 부르심을 받은 자들에게는 유대인이나 헬라인이나 그리스도는 하나님의 능력이요 하나님의 지혜니라"(고전 1:23-24); "형제들아 내가 지금까지 할례를 전한다면 어찌하여 지금까지 박해를 박으리요. 그리하였으면 십자가의 '걸림돌'(*skandalon*)이 제거되었으리니…"(갈 5:11).

3) 이는 바울이 이방 종교에서도 하나님의 신성을 초보적인 수준에서나마 알 만한 신학적 근거가 있음을 인정한 증거로 읽힌다. 이러한 그의 진술에는 고대 희랍의 철학에서 발원하는 이른바 '자연신학'(natural theology)의 요소가 탐지된다. James D. G. Dunn, *Romans 1-8*, WBC 38A (Dallas, TX: Word Books, 1988), 56 참조.

4) 바울이 이 대목에서 특히 비판하는 점은 동성애 행위인데, 그는 이것을 우상숭배에서 발원하는 '왜곡의 상징'으로 본다. 그 '왜곡'은 물론 창조에 하나님의 활동이 나타났다는 것을 인간들이 인정하길 거부하는 표현이다. Joseph A. Fitzmyer, *Romans*, AB vol. 33 (New York: Doubleday, 1992), 276 참조.

5) '합리적 종교'(reasonable religion)라는 문구는 로마서 12:1에 나오는 *logikē latreia*를 원문의 맥락에서 재해석한 것이다. 그것은 무지와 무감각의 종교, 곧 온전한 이해와 납득이 미치지 못하는 유대교와 이방 종교를 극복하는 제3의 대안 종교로서 그리스도교를 제시한 바울의 신학적 통찰을 반영한다. H. D. Betz, "Christianity as Religion: Paul's Attempt at Definition in Romans," *JR* 71(1991), 315-344 참조.

6) 이 말씀은 "율법의 행위로는 의롭다 하심을 얻을 수 없다"(롬 3:20, 28)는 반대 진술과 맞물려 난해한 논쟁을 야기한다. 그 행위가 율법의 전체 내용을 준수하는 것이냐, 도덕적인 선행을 가리키는 것이냐, 또는 유대교의 정체성을 나타내는 할례와 음식 규례 등과 같이 특별한 조항을 가리키는 것이냐 등의 의견들로 갈린다. 이와 관련된 논의로는 권연경, "'율법의 행위'는 '율법 준수'를 의미하는가," 「신약논단」 14/3

(2007), 679-708. 그는 이 논문의 결론으로 율법의 행위가 할례로 대표되는 정체성의 지표라고 주장하지만, 거기에 율법의 도덕적 준수가 전제된 것은 아니라고 단서를 붙인다. 아울러, 조광호, "로마서에 나타난 바울의 율법 이해,"「신약논단」11/3 (2004), 717-747 참조.

7) 이러한 근거하에 로마서가 바울이 이방인 교회를 대표하여 예루살렘 교회 앞에서 전하고자 하는 자기 방어적 메시지를 담고 있으며 이러한 목적으로 로마 교회의 연대와 지지, 중보를 요청하기 위해 씌었다고 주장하는 학자도 있다. 대표적인 경우로 Jacob Jervell, "The Letter to Jerusalem," Karl P. Donfried ed. *The Romans Debate* (Peabody, MA: Hendrickson Publishers, 1991), 53-64.

8) 이러한 정황을 통해 로마서가 로마 교회로 보낸 편지이지만 그 관심 내용들이 고린도 교회의 현실을 반영하고 있기 때문에 최근 고린도 교인들을 이 서신의 2차 수신자로 보려는 관점이 제기되기도 하였다. 샬로테 하르트비히 · 게르트 타이센/노태성 역, "로마서의 제2수신인으로서의 고린도교회 – 바울의 자기 본문 사용과 가장 긴 바울 서신의 의사소통 상황,"「신약논단」14/3(2007), 773-808 참조.

9) 로마 교회의 기원과 발전 과정에 대해서는 다음을 참조할 것: 차정식,『성서주석: 로마서』1권 (서울: 대한기독교서회, 1999), 56-67; 정승우, "옛날 옛적 로마에서는: 로마의 크리스찬 공동체의 기원과 형성에 대해서,"「신약논단」11/1(2004), 89-117; Wolfgang Wiefel, "The Jewish Community in Ancient Rome and the Origins of Roman Christianity," Karl P. Donfried ed. *The Romans Debate*, 85-101 참조.

10) 차정식,『성서주석: 로마서』1권, 313에 따르면, 공권력에 대한 '정치적 정적주의'나 순응적 자세는 유대인과 유대교의 역사를 통해 생존 전략의 차원에서 요청된 신학적으로 필연적인 귀결이었다.

11) 람페의 분석에 따르면 로마서 16장에 등장하는 26명의 이름 가운데 15%만이 유대적 기원을 가진 이름들이다. P. Lampe, "The Roman Christians of Romans 16," Karl P. Donfried ed. *The Romans Debate*, 216-230, 특히 225 참조.

12) 이러한 견해는 막센의 주장 이래 대체로 수긍되어왔다. W. Marxen, *Introduction to the New Testament: An Approach to Its Problems* (Philadelphia: Fortress Press, 1968), 92-109; Joseph A. Fitzmyer, *Romans*, 76-78.

    왓슨은 이 사실에 근거하여 한 걸음 더 나아가 강한 자의 주축을 이루는 이방인 그리스도교도가 바울주의자들이었고, 반면 약한 자의 주축을 이룬 유대인 그리스도교도는 초기 회당공동체의 세력으로 유대인 추방령 이후 재결성된 그룹이었다고 추론한다. 또한 후자의 그룹은 바울의 복음에 대하여 '의혹'을 품고 있었으며, 전자의 그룹과 함께 예배하는 공동체를 이루지 못한 상태였다고 한다. 이러한 상황에서 바울은 양쪽의 그룹을 화합시켜 함께 예배하는 공동체가 되도록 권유하였고, 결

과적으로 그들이 모두 바울의 선교에 우호적인 바울주의자들이 되기를 기대했다는
것이다. Francis Watson, "The Two Roman Congregation: Romans 14:1-
15:13," Karl P. Donfried ed. *The Romans Debate*, 203-215; Francis Watson,
Paul, Judaism and the Gentiles (Cambridge: Cambridge University Press, 1986),
22 참조. 그러나 로마의 이방인 그리스도교도와 유대인 회당공동체의 분리가 바울
의 유일한 목표였던 것인 양 주장하는 것은 과잉 해석이다. James D. G. Dunn,
Romans 1-8, lvii 참조.

13) 이 그리스도론적 신앙고백의 공식 문구는 기실 바울 이전 단계의 유대적 그리스도
교의 전승을 반영하는 것으로 보인다. Vern S. Poythress, "Is Romans 1:3-4 a
Pauline Confession After All?" *ExpT* 87 (1975-76), 180-183 참조.

14) 로마서에서 일관되게 견지된 유대인과 이방인의 동등성 원칙은, 서동수에 따르면,
"로마공동체에게 접근하는 바울의 태도이며 분열상황에서 기인한 공동체 통합의
저술목적과 주제를 풀어나가는 신학전개의 원칙이자 동시에 해석학적 원리에 해당
한다." 서동수, "로마서의 해석학적 원리: 유대인과 이방인의 동등성," 「신약논단」
11/3(2004), 683-715, 특히 692 참조. 아울러, J. M. Bassler, "Divine Impartiality
in Paul's Letter to the Romans," *NovT* 26 (1984), 43-58 참조.

15) 로마서 9-11장은 숱한 논란을 야기하면서 지난 몇 년 동안에 로마서 연구의 가장
뜨거운 감자로 부각된 바 있다. Heikki Räisänen, "Paul, God, and Israel: Romans
9-11 in Recent Research," Jacob Neusner et al ed. *The Social World of Formative
Christianity and Judaism: Essays in Tribute to Howard Clark Kee* (Philadelphia:
Fortress Press, 1988), 178-206 참조.

16) 바울은 이러한 역설적 전복의 이치를 다음과 같이 묘사한다: "하나님이 모든 사람
을 순종하지 아니하는 가운데 가두어 두심은 모든 사람에게 긍휼을 베풀려 하심이
로다"(롬 11:32).

17) 이방인 그리스도교도와 유대인 그리스도교도를 두루 포용하고자 한 이 선언적 구
호의 수사적 의도와 목회적 전략에 대해서는 정승우, "그리스도, 율법의 종결자인
가 성취자인가? - 로마서 10:4의 '텔로스'(τέλος)의 이중적 의미와 바울의 목회전
략," 「신약논단」 14/2(2007), 491-522.

18) 로마서 16장은 로마서 연구의 또 다른 아킬레스건 또는 로마 교회의 정체를 규명하
는 비밀열쇠에 해당된다. 이 텍스트의 진정성 문제는 여전히 논란이 분분하고, 또
이것을 로마서의 일부로 수용할 때, 로마서의 기원과 집필 목적, 바울의 신학적 지
향과 외교적 전략까지 아우르는 영양가 높은 물증으로서의 비중을 차지하고 있다.
여기에 등장하는 26명의 로마 크리스천들은 9명의 여자와 17명의 남자이며, 대략 5
개의 가정 교회를 구성하고 있었으리라 추론된다. Karl Paul Donfried, "A Short
Note on Romans 16"; Peter Lampe, "The Roman Christians of Romans 16," Karl

P. Donfried ed, *The Romans Debate*, 각각 44-52, 216-230 참조.

19) 모방 욕망을 성서적 맥락에서 도출된 '스캔들'의 개념으로 처음 규정한 학자는 르네 지라르라는 인류학자였다. 그런데 그에게 그 스캔들의 핵심 비중은 사탄이었지 예수 그리스도가 아니었다. 이는 그가 모방 욕망의 파괴성에 경도된 나머지 모방하지 않는 존재의 원형인 하나님만을 모방한 예수 그리스도의 스캔들에 담긴 긍정성을 충분히 간파하지 못했기 때문이다. 아울러 그는 십자가의 스캔들에 내포된 신학적 역설과 그 배경을 헤아리지 못한 것으로 보인다. 그러나 그는 선구적으로 스캔들의 신학적 이론을 제출한 대표 학자로 우뚝하다. 그의 모방 욕망 이론과 스캔들 이론에 대해서는 다음의 저서들을 참조할 것: 르네 지라르/김진석 옮김, 『그를 통해 스캔들이 왔다 - 모방적 욕망과 르네 지라르 철학』(서울: 문학과지성사, 2007); 『나는 사탄이 번개처럼 떨어지는 것을 본다』(서울: 문학과지성사, 2004); 르네 지라르/김진석 · 박무호 옮김, 『폭력과 성스러움』(서울: 민음사, 1997).

05_ 스캔들을 내파하는 스캔들

1) 차정식 "토라에서 그리스도의 법으로 - 바울의 율법 이해," 『바울신학 탐구』(서울: 대한기독교서회, 2005), 194-222 참조.

2) 고린도 교회 분열의 정치적 성격과 그 의미에 관해서는 Lawrence L. Welborn, "On Discord in Corinth: 1 Corithians 1-4 and Ancient Politics," *JBL* 106/1(1987), 85-111 참조.

3) 고린도전서를 이러한 견지에서 분석하면서 바울이 '화해의 수사학'이라는 일관된 대응 논리를 전개하고 있다고 주장한 견해로 다음을 참조하라. Margaret M. Mitchell, *Paul and the Rhetoric of Reconciliation: An Exegetical Investigation of the Language and Composition of 1 Corinthians* (Philadelphia: Coronet Books, 1991).

4) 2010년 2월 중순 성지순례차 들른 고린도 유적지에서 나는 현지 소식에 정통한 가이드로부터 아고라 밑의 대로를 따라 내려오다가 좌회전하여 뻗은 점포 건물지에서 최근 수육을 팔았던 흔적을 보여주는 문자 유물이 발굴되었다는 소식을 들었다.

5) 실제로 "네가 우상의 집에 앉아 먹는 것을 누구든지 보면…"(고전 8:10)이란 구절을 보면 그러한 가능성을 충분히 상정할 수 있다.

6) '양심'(*syneidēsis*)이란 말은 본래 유대교 전통에서 생소한 개념이었다. 스토아 사상을 발원지로 하는 이 개념은 그리스도교 전통 가운데 전승되어 신앙 양심의 차원에서 대략 세 가지 범주로 발전해나간 것으로 보인다. (1) 동일 계통의 어휘 '의식'(*syneidos*)이나 자신에 대한 성찰적 지식(*synoida*)에서 파생된 '자의식'의 의미; (2) 그릇된 짓을 했다는 인식에서 오는 내면의 고통; (3) 자신의 행동을 하나님의

뜻과 일치시키는 도덕적 신념의 근원으로서 자율적인 동인. 바울은 현 논의의 맥락에서 '양심'이란 어휘를 두 번째 범주에 근접하게 사용하고 있는 듯하다. Robert W. Wall, "Conscience," *ABD* vol. 1, 1128-1130 참조.

7) 대다수의 학자들은 고린도후서가 본래 단 하나의 서신이 아니라 여러 개의 서신을 편집한 결과라고 주장한다. 이 서신이 본래 어떻게 분할되었는지에 대해 다양한 학설이 있지만 보른캄의 입론 이후 대체로 그의 견해를 수정 보완하여 다음과 같이 여섯 개의 단위로 나누는 것이 통상적인 관행이다. A. 2:14-6:13(일차 변증서신); B. 10:1-13:10(눈물의 서신); C. 1:1-2:13, 7:5-16(화해의 서신); D. 8장 전체(모금을 위한 행정서신 및 디도를 위한 추천서); E. 9장 전체(모금을 위한 행정서신); F. 6:14-7:1(반바울/비바울 서신의 조각). Hans Dieter Betz, "Second Epistle to the Corinthians," *ABD* vol. 1, 1148-1154 참조.

8) 이와 같이 자신의 고난의 경험을 제시하며 청중/독자의 신뢰를 얻어내는 수법은 고대의 정치적 선동가나 대중지도자들의 대중 조직기술에서 발견되는 특징이라고 한다. Scott B. Andrews, "Too Weak Not to Lead: The Form and Function of 2 Cor 11.23b-33," *NTS* 41(1995), 263-276 참조.

9) 이 '육체의 가시'의 정체에 대해서는 숱한 논변과 추측이 있지만 대체로 바울의 육체적 질고와 연관이 있었다는 것이 대세를 이룬다. T. J. Leary, "'A Thorn in the Flesh' - 2 Corinthians 12:7," *JTS* 43(1992), 520-522.

10) 이러한 연약한 자로서의 자기 이미지는 바울이 그의 선교 사역 내내 견지해온 사도적 임무 수행의 방식이었던 것으로 보인다. Jerry L. Sumney, "Paul's 'Weakness': An Integral Part of His Conception of Apostleship," *JSNT* 52(1993), 71-91 참조.

11) 이러한 논점과 관련해서는 Margaret M. Mitchell, *Paul, the Corinthians and the Birth of Christian Hermeneutics* (Cambridge: Cambridge University Press, 2010) 참조.

12) 이는 바울이 다른 곳에서 그리스도의 (십자가) 고난을 함께 한다는 의미에서 '고난의 코이노니아'라고 언급한 진술과 통한다. 또한 바울의 친필 서신 여부에 대한 논란이 있긴 하지만 그의 다음 고백은 바로 이러한 십자가 정신의 '체질화'를 대변하는 뚜렷한 증거로 취할 만하다. "나는 이제 너희를 위하여 받는 괴로움을 기뻐하고 그리스도의 남은 고난을 그의 몸 된 교회를 위하여 내 육체에 채우노라"(골 1:24).

13) 이러한 이미지들에 대한 자화상적 분석은 차정식, "바울의 자화상," 『바울신학 탐구』, 15-61, 특히 54-56 참조.

14) 이 두 이미지에 대한 분석은 앞의 논문, 45-49 참조.

15) 여기서 바울이 자기 변론을 위해 차용하는 자기 자랑, 패러디, 아이러니 등의 그레코-로마 수사학의 요소들과 관련해서는 Christopher Forbes, "Comparison, Self-

praise and Irony: Paul's Boating and the Conventions of Hellenistic Rhetoric,"
NTS 32(1986), 1-30 참조.

16) 여기서 우리는 필연적으로 고린도후서의 배후에 있는 바울의 적대자들이 누구였는
지 그 정체에 주목하게 된다. 그들은 혹자(Schmithals)에 따르면 영지주의자들이
었다고 하고, 또 일부 학자(Bornkamm, Georgi)는 기적과 예언, 영감 어린 연설
등을 중시하고 헬레니즘의 신인(divine man) 사상에 경도된 유랑 예언자나 마법사
계통의 사람들이었다고 주장한다. 그러나 보다 오래된 다수의 견해는 그들이 팔레
스타인 출신의 유대인 그리스도교도였다는 것이다(Baur, Windisch, Käsemann,
Kümmel). 그러나 그들이 팔레스타인 출신의 사도들이었다고 해도 바울이 정죄하
는 그 '거짓 사도'가 '지극히 큰 사도들'과 동일 부류였는지 그 가능성이 그리 높지
않지만 정확한 진위 여부를 확인하기 어렵다. 이와 연관선상에서 전자와 후자가 어
떤 관계에 있었는지 확인하기도 쉽지 않다. 전자가 후자와 직접 연계되어 있었다면
예루살렘 교회가 이방인 교회를 자기의 관할과 통제 아래 두려고 사자를 파송했을
것이고, 아니라면 전자가 후자의 이름과 권위를 가탁하여 바울의 약점을 지적하고
역사적 예수에 대한 지식을 과시하며 고린도 교회에 권위적으로 군림하려고 했을
것이다. C. K. Barrett, *A Commentary on the Second Epistle to the Corinthians*
(Peabody, MA: Hendrickson Publishers, 1973), 32-33, 276 참조.

17) 이 점에서 바울은 자신의 적대자들이 놓은 스캔들에 대응함에 있어 그 모방과 적대
적 경쟁을 회피하는 대신 십자가의 스캔들을 변용한 자신의 비루한 초상을 또 다른
전복적 스캔들로 제시함으로써 적대자들의 부정적 스캔들을 극복하고 화해와 평화
를 도모했다고 볼 수 있다.

06_ '매인 몸'의 나타남과 그 계시적 징후

1) 한 뉴스 보도에 따르면 한국에서 매년 여름 물놀이 사고로 죽는 사람의 수는 300명
을 넘는다고 한다.

2) 바울 서신의 연구에서 내가 개척한 새로운 문학적 장르로서 '자화상'(self-portrait)
이란 것이 있는데, '예수 그리스도의 죄수'라는 것도 그 자화상의 하나로 볼 수 있
다. '자화상'이 바울 서신에서 구체적으로 어떻게 나타나고 작동하는지에 대해서는
차정식, "바울의 자화상,"『바울신학 탐구』(서울: 대한기독교서회, 2005), 15-61
참조.

3) H. D. Betz, *Galatians* (Philadelphia: Fortress Press, 1979), 224 참조.

4) 나는 이 흥미로운 구절과 관련하여 "예수의 흔적"이라는 제목의 작은 논문을 써서
「성서마당」65(2004/3)에 발표한 적이 있다. 이후 이 글은 "상처와 권위, 혹은 예수
의 흔적"이란 제목으로 조금 개작·보완되어 한남대학교, 광신대학교 등에서 강연

원고로 사용되었다. 이 글은 『예수와 신학적 상상력』 (파주: 한국학술정보, 2008), 390-401에 게재되었다.

5) 그 실체에 대해서는 많은 추론이 제출되었는데, 간질, 약화된 시력, 말더듬증 등 다양하다. C. K. Barrett, *A Commentary on the Second Epistle to the Corinthians* (Peabody, MA: Hendrickson Publishers, 1973), 315.

6) 바울이 되풀이한 이 어록의 철학적 배경과 그 맥락의 차이에 대해서는 D. W. Palmer, "'To Die Is Gain' (Philippians I, 21)," *NovT* 17(1975), 203-218.

7) 이에 근거하여 실제로 일부 학자들은 바울이 감옥에서 자신의 인간적 굴욕과 수치를 벗어나는 차원에서 자살을 심각하게 고민하였다고 주장한다. 물론 이 당시는 어거스틴에 의해 자살에 대한 정죄가 본격적으로 교리화되기 이전의 단계였고, 자살이냐 타살이냐 하는 죽음의 방법보다 그 명분이 중요하게 여겨지던 시대였다. 아울러, 자살은 철인들에게 종종 자유의 주체적 행사를 위한 자율적 선택의 차원에서 '고상한 죽음'(noble death)의 방식으로 존중되기도 하였다. H. D. Betz, *Paul's Concept of Freedom in the Context of Hellenistic Discussions about Possibilities of Human Freedom* (Berkeley, CA: The Center for Hermeneutical Studies in Hellenistic and Modern Culture, 1977); Arthur J. Droge, *"MORI LUCRUM*: Paul and Ancient Theories of Suicide," *NovT* 30(1988), 263-286. 최근 이러한 주장에 대한 반론이 제기되었다. N. Clayton Croy, ""To Die Is Gain"(Philippians 1:19-26): Does Paul Contemplate Suicide?" *JBL* 122/3(2003), 517-531; Steve S. H. Chang, ""To Depart Is Far Better": Paul's Death Wish in Philippians 1:21-24," *Scripture and Interpretation* 3/2(2009), 191-201.

8) 엘리야는 이세벨의 살해 위협에 쫓기며 광야로 도망치던 중 로뎀나무 그늘 아래에서 하나님께 다음과 같이 죽음을 간청한 바 있다: "여호와여 넉넉하오니 지금 내 생명을 거두시옵소서. 나는 내 조상들보다 낫지 못하나이다"(왕상 19:4).

9) "그리스도와 함께 있음"(*syn Christō einai*)이란 문구는 유대 묵시문학을 그 배경으로 깔고 있는데 바울의 내세관을 표현한 중요한 문구로 인식되어왔다. 이와 관련하여 종교사적으로 다양한 논의가 제출된 바 있다. G. 그닐카/김경희 역, 『필립비서』 (서울: 한국신학연구소, 1988), 140-164.

10) 단순히 그 '앎'에서 그치지 않고 바울은 실제로 자기가 출옥하여 장차 그들에게로 '속히' 가게 되리라고 믿었다(빌 2:24.)

11) 물론 빌립보 교인들은 역으로 바울의 '자랑'이기도 했다(빌 1:26).

12) 이러한 도전과 자극은 당시 바울의 투옥이 지역 교회에 타격을 주었으며 이로 인해 교회에 큰 위험이 현존하고 있었음을 시사한다. G. 그닐카, 『필립비서』, 115.

13) 그 반대의 가능성을 뒷받침하는 작은 증거로 빌립보서 1:28에서 바울이 빌립보 교인들을 싸잡아 호칭한 '너희'의 대척점에 '대적하는 자들'을 명기한 사실을 들 수

있다.

14) 인간 욕망의 뿌리를 모방적 경쟁과 갈등 관계라는 구도에서 찾아 이를 탁월하게 이론화한 대표적인 학자는 르네 지라르(René Girard)이다. 특히, 그는 성서를 이런 관점에서 매우 창조적으로 해석했는데 이와 관련해서는 르네 지라르/김진식 옮김, 『나는 사탄이 번개처럼 떨어지는 것을 본다』(서울: 문학과지성사, 2004) 참조.

15) 이 그리스도 찬송시는 빌립보서에서 가장 많은 주목을 받은 연구 대상이었다. 이 찬송시에 대해서는 그것이 바울의 작품인지 초대 교회 찬송의 인용인지, 그 신학적 초점이 기독론인지, 윤리적 규범인지 등에 대한 다양한 논의가 진행되어왔다. 배재욱, "빌립보서 2:6-11의 '그리스도 찬송'에 대한 기독론적인 연구,"「신약논단」 14/1(2007), 99-133.

16) 빌립보 교회 내의 적대자들에 관해서는 초기 기독교적 영지주의 세력이라는 주장도 있지만(H. 쾨스터), 당시 '영지주의'의 실체가 모호하다. 오히려 이들이 유대교 세력과 연계되어 있었고 십자가 고난과 부활의 효능을 부인하였으며, 고린도후서의 대적들과 동일하거나 유사한 거짓 교사들이었으리라는 그닐카의 추론이 설득력을 띤다. 그닐카, 『필립비서』, 328-338.

17) 그 권위의 전염성은 그 전제로서 고난 어린 신앙적 싸움의 전염성과 맞물려 있다. "너희에게도 그와 같은 싸움〔=대적자들로 인한 두려움, 고난을 받는 것〕이 있으니 너희가 내 안에서 본 바요 이제도 내 안에서 듣는 바니라"(빌 1:30).

18) 바울 서신의 코이노니아 사상에 대해서는 다음의 졸고를 참조할 것: 차정식, "바울의 '코이노니아'와 사회복지사상,"「신학사상」 136(2007), 65-96.

19) 고대 로마 사회에서 이것을 '소키에타스'(societas)라고 불렀는데 이는 희랍어 '코이노니아'의 라틴어 번역이다. 이는 혈통관계를 위주로 구성된 '유전적 소키에타스'(hereditary societas)와 혈통관계를 초월한 참여 주체들의 자발적 합의가 중시된 '자발적 소키에타스'(voluntary societas) 또는 '합의적 소키에타스'(consensual societas)로 나뉜다. J. Paul Sampley, *Pauline Partnership in Christ: Christian Community and Commitment in Light of Roman Law* (Philadelphia: Fortress Press, 1980) 참조.

20) 에바브로디도에 대해서는 다음을 참조할 것: R. A. Culpepper, "Co-Workers in Suffering. Philippians 2:19-30," *RevExp* 77(1980), 349-358; John Gillman, "Ephaphroditus," *ABD* vol. 2, 533-534.

21) 바울과 빌립보 교인들 사이의 관계는 고난과 고통의 코이노니아인 동시에 상호간 의무 이행의 코이노니아이기도 했다. 바울은 자신이 감옥에 갇혀 있었기 때문에 감정의 고양이 필요했고 안위가 필요했다. 그 안위는 영적인 희락과 함께 정서적인 환기에서 견인될 수 있었다. 이러한 내적인 필요는 바울이 반복해서 스스로 기뻐하고 있음을 밝히고 빌립보 교인들에게도 기뻐하라고 권고하는 데서 확인된다. 주지

하듯, 그 기쁨을 가능케 한 코이노니아의 내용인즉, 빌립보 교인들이 그의 고난에 함께 하는 징표로 보내준 물질적 후원금과 에바브로디도, 그리고 과거에 바울이 그들과 더불어 나눈 좋은 기억과 그것에 대한 바울의 감사였다(빌 1:3). 좋은 기억이 어떻게 안위의 조건이 되고 그것이 빌립보서에 어떻게 나타나는지에 대해서는 Paul A. Holloway, "Thanks for the Memories: On the Translation of Phil 1.3," *NTS* 52/3(2006), 419-432.

22) 이와 같이 돈독한 우정의 증표들을 근거로 일부 학자는 빌립보서의 문학양식을 '우정의 서신'(a letter of friendship)으로 규정하기도 한다. John T. Fitzgerald, "Epistle to the Philippians," *ABD* vol. 5, 318-326 참조.

23) 이러한 요청에 부응이라도 하듯, 최근 몸 관련 책들은 붐을 이루고 있다. 인터넷 서점에서 '몸'이라는 검색키를 누르면 같은 제목의 책들이 우르르 쏟아진다. 근래 출판된 이런 분야의 사상서들로는 미셸 푸코/오생근 옮김, 『감시와 처벌: 감옥의 역사』(서울: 나남출판, 2003); G. 레이코프 · M. 존슨/노양진 · 임지룡 외 옮김, 『몸의 철학』(서울: 박이정, 2002); 김정현, 『니체의 몸철학』(서울: 문학과현실사, 2000); 크리스 쉴링, 『몸의 사회학』(서울: 나남출판, 1999) 참조.

24) 최근 우리 사회에 난무한 건강 열풍과 몸만들기 열정, 이른바 '몸짱' 신드롬 따위가 이런 추세를 반영한다.

25) 아가서의 몸 이해에 대해서는 이종록, "관음을 넘어 응시로 - 〈아가〉 4장 1~5절을 중심으로 살펴보는 몸 이야기," 『성서로 읽는 디지털 시대의 몸 이야기』(서울: 책세상, 2004), 37-57 참조. 그런데 이 글의 결론에서 필자는 '에로스'에서 '아가페'로의 전이를 메시지로 남기는데, 이는 아가서의 신학적 본질과 관련하여 생뚱맞은 것이거나 전통 신학의 되풀이에 맴도는 것이다. 다시 말해, 아가서의 몸 이야기에 대한 핵심적 결론이 아니라는 것이다.

Ⅱ부. 진화하는 스캔들의 신학: 성서와 함께, 성서를 넘어

01_ 금기와 향유, 또는 신학적 주체의 전회

1) 이 주제는 국내의 학계에서 논의의 파장을 일으키면서 본격적으로 다루어진 적이 있다. 권혁범 · 임지현, 『우리 안의 파시즘』(서울: 삼인, 2000) 참조.

2) 몸에 대한 담론은 1990년 이후 줄기차게 소개되어 국내에서도 욕망론과 함께 지식사회를 달구어온 주요 영역이다. 이 방면의 대표적인 출판물로는 강신익, 『몸의 역사 몸의 문화』(서울: 휴머니스트, 2007); 정화열/김주환 · 박현모 · 이동수 · 이병택 옮김, 『몸의 정치와 예술, 그리고 생태학』(서울: 아카넷, 2005); 조광제, 『몸의 세계, 세계의 몸』(서울: 이학사, 2004); G. 레이코프 · M. 존슨/노양진 · 임지룡

옮김, 『몸의 철학』 (서울: 박이정, 2002) ; 브라이언 터너/임인숙 역, 『몸과 사회』 (서울: 몸과마음, 2002) ; 모리스 메를로 퐁티/류의근 옮김, 『지각의 현상학』 (서울: 문학과지성사, 2002) ; 크리스 쉴링/임인숙 역, 『몸의 사회학』 (서울: 나남출판, 1999) 참조.

3) 프로이트의 정신분석학에서 주요한 이 두 개념에 대해 권택영은 다음과 같이 요약한다. "자극이 없는 상태, 아무런 욕망이 없는 충만의 상태를 프로이트는 쾌락원칙 (pleasure principle)이라 했다. 그리고 이런 상태는 오직 유아기에 어머니의 품안에서 타인을 의식하지 못할 때만이 가능하다. 세 살쯤 되어 어머니가 자신만의 것이 아니라 아버지의 연인이요, 형제들의 어머니이기도 하다는 것을 의식하면서 아이의 마음은 세상의 발길에 던져진다. 너와 나만이 아니고 남들과 더불어 살아야 하는 곳, 이것이 의식의 거처요, 현실원칙(reality principle)이 지배하는 불만의 세상이다." 권택영, 『감각의 제국 – 라캉으로 영화 읽기』 (서울: 민음사, 2001) 참조. 그 원전은 지그문트 프로이트/윤희기 옮김, 『정신분석학의 근본 개념』 프로이트 전집 11권 (서울: 열린책들, 2004) 참조.

4) 이와 관련하여 주로 성적 금기의 문제에 국한하여 다루고 있지만 매우 유익한 글로 김윤성, "종교는 반드시 금욕적인가 – 종교와 성문화," 박규태 외, 『종교 읽기의 자유』 (서울: 청년사, 1999), 256-273 참조.

5) 이 개념에 대한 설명으로 지그문트 프로이트/이윤기 옮김, "터부와 감정의 양가성," 『종교의 기원』 프로이트 전집 13권 (서울: 열린책들, 1997), 54-240, 특히 54f. 참조.

6) 앞의 책, 55.

7) 앞의 책.

8) 앞의 책, 62.

9) 금기 음식의 목록은 옛날에만 아니라 오늘날에도 각 종교마다 제각각의 계율적 이유에 더하여 경제적·생태적·사회문화적 측면의 배경을 깔고 있는 것으로 보인다. 정한진, 『왜 그 음식은 먹지 않을까 – 세계의 금기음식 이야기』 (서울: 살림, 2008) ; 스튜어트 리 앨런/정미나 옮김, 『악마의 정원에서 – 죄악과 매혹으로 가득 찬 금기 음식의 역사』 (서울: 생각의나무, 2005) 참조.

10) 이에 대한 대표적인 문서가 바로 '바나바 서신' 이다. 이후 기독교의 유비적 해석을 통해 동물의 상징적 의미를 집대성한 자료로 피지올로구스/노성두 옮김, 『기독교 동물상징사전』 (서울: 지와사랑, 1999) 참조.

11) 고대 근동의 종교에서 이와 같이 복잡하고 세부적인 금기 음식의 체계가 나타나지 않는 것으로 미루어볼 때 이는 유대교의 전통에서 매우 특징적인 부분으로 이해된다. Gene Schramm, "Meal Custom: Jewish Dietary Laws," *ABD* vol. 4, 648-650 참조. 이러한 음식이 단지 건강위생상의 문제가 아니라 제의적 정결로 직결되었다

는 사실은 신약 시대에 우상 제물로 바쳐진 고기를 먹느냐 여부가 공동체의 신앙적 관심사로 부각된 점에서도 확인된다. 이와 관련해서는 Gregory W. Dawes, "The Danger of Idolatry: First Corinthians 8:7-13," *CBQ* 58/1(1996), 82-98 참조.

12) 이러한 냉정한 현실주의적 관점은 Adela Yarbro Collins, Mark: *A Commentary*, Hermeneia (Minneapolis: Fortress Press, 2007), 356; Yair Furstenberg, "Defilement Penetrating the Body: A New Understanding of Contamination in Mark 7.15," *NTS* 54(2008), 176-200 참조.

13) 문화인류학적 관점에 비추어보면 그러한 도전적 행위는 당시 예수를 '전복적 현자' 내지 '대중적 영웅'으로 비치게 할 만한 요소였을 것이다. Dieter Neufeld, "Jesus' Eating Transgressions and Social Impropriety in the Gospels of Mark: A Social Scientific Approach," *BTB* 30/1(2000), 15-26 참조.

14) 이에 대해서는 Clinton Wahlen, "Peter's Vision and Conflicting Definition of Purity," *NTS* 31(2005), 505-518 참조.

15) 이에 대한 대표적인 증거가 "하나님의 나라는 먹는 것과 마시는 것이 아니요 오직 성령 안에 있는 의와 평강과 희락이라"(롬 14:17)는 바울의 진술이다.

16) 목회서신 등에 나타난 이러한 가부장주의적 규례의 신학적 의의와 평가와 관련해서는 박경미, "초대교회의 가부장주의화 과정과 가정 훈령 – 목회서신을 중심으로,"「신학사상」102(1998), 221-254; 윤철원, "그레코-로마적 관점에서 본 목회서신의 결혼 문제,"「신약논단」8/1(2001), 123-148 참조.

17) 이와 같은 금기와 향유의 통전성은 고통과 쾌락이 동일한 욕망의 뿌리에서 발원하고 있음을 시사한다. 가령, 다음과 같은 바타이유의 진술을 보라. "인간의 생명을 전체적으로 살펴보면 생명이란 극도의 괴로움도 무릅쓰는 낭비, 견딜 수 없는 극도의 괴로움을 무릅쓴 극한 상황에서의 낭비를 간절히 욕구한다. … 우리의 내부 깊은 곳에 자리 잡고 있는 열병과도 같은 어떤 충동은 죽음으로 하여금 우리를 휩쓸도록, 짓밟도록 요구한다." 조르주 바타유/조한경 옮김,『에로티즘』2판 (서울: 민음사, 2009), 68.

18) 예수의 안식일 이해에 대해서는 양용의,『예수와 안식일 그리고 주일 – 마태복음을 중심으로』(서울: 이레서원, 2000) 참조.

19) 이 에피소드에 나타난 '마지막 식사'의 모티프와 그 문화사적 신학적 의미에 대해서는 필자의 졸고 "마지막 만찬과 함께 이별을,"『묵시의 하늘과 지혜의 땅 – 예수 신학 비평』(서울: 대한기독교서회, 2001), 299-311 참조.

20) 이 에피소드의 신학적 의의는 필자의 또 다른 졸고 "향유(香油), 그리고 향유(享有)," 앞의 책, 287-298 참조.

21) 물론 프로이트에 따르면 쾌락의 반대는 고통이 아니라 불쾌이다. 이는 고통과 쾌락의 피상적 이율배반성을 넘어 이 양면적 가치가 긴밀하게 내통하는 이치를 암시한

다. 가령, '고통의 쾌감' 이란 말은 단지 수사적 조어만이 아닌 것이다. 반면 불쾌는
쾌락 원칙을 연기하는 현실 원칙에 속한다.

22) 종교학의 관점에서 욕망의 문제를 종합적으로 정리해서 보여준 글로 박규태, "욕망
을 부정할 수 있을까 – 욕망과 종교," 박규태 외, 『종교 읽기의 자유』, 312-321 참조.

23) 그는 죽음까지 욕망하는 삶의 에너지로서 에로티즘의 개념을 폭넓게 조형하면서
그 저변에 깃든 위반의 충동을 갈파하였다. 조르주 바타유/조한경 옮김, 『에로티
즘』, 71-78 참조.

24) 르네 지라르/김진식, 『나는 사탄이 번개처럼 떨어지는 것을 본다』 (서울: 문학과지
성사, 2004), 특히 1부 "성서의 폭력 이해" 참조.

25) 바울에게 예수의 수난과 죽음은 상징화와 제의화라는 신학적 해석의 맥락 가운데
그 고통의 부정성이 극복된다. 차정식, "바울 서신에 나타난 예수의 수난 전승,"
「한국기독교신학논총」 21(2001), 27-59.

26) 알랭 바디우/현성환 옮김, 『사도 바울』 (서울: 새물결, 2008) 참조.

27) 앞의 책, 148.

28) 앞의 책, 149.

29) 앞의 책.

30) 엠마누엘 레비나스/강영안 옮김, 『시간과 타자』 (서울: 문예출판사, 1996) 참조.

31) 에로스는 타자성이 나타나는 태반이라고 할 수 있다. 그것은 "타자성과의 관계요,
신비와의 관계이다." 에로스는 애무를 통해 낯선 무엇인가를 찾아가는 놀이를 벌인
다. 그런 점에서 에로스는 '미래와의 관계' 라고 할 수 있다. 앞의 책, 107-109 참조.

32) 앞의 책, 84.

33) 앞의 책, 85.

34) 앞의 책, 69.

02_ 잠과 꿈, 그리고 불면의 신학적 의미

1) 수면에 대한 이러한 임상의학적 관찰 결과에 대한 상세한 설명은 윌리엄 C. 디멘트/
김태 옮김, 『수면의 약속』 (서울: 넥서스BOOKS, 2007) 참조.

2) 장 그르니에/김용기 옮김, 『일상적인 삶』 (서울: 민음사, 2001), 149-170 참조.

3) 이와 관련된 내용은 빌 헤이스/이지윤 옮김, 『불면증과의 동침』 (서울: 사이언스북
스, 2008), 15-16 참조.

4) 엠마누엘 레비나스/강영안 옮김, 『시간과 타자』 (서울: 문예출판사, 1996), 112-
118; 강영안, 『타인의 얼굴: 레비나스의 철학』 (서울: 문학과지성사, 2005), 115-
116.

5) 엠마뉘엘 레비나스/서동욱 옮김, 『존재에서 존재자로』 (서울: 민음사, 2003), 116-

117 참조.

6) 장 그르니에, 『일상적인 삶』, 155-156.

7) 지그문트 프로이트/김인순 옮김, 『꿈의 해석』 (서울: 열린책들, 1997), 206.

8) 실제로 그는 자신이 유년기에 꾼 꿈이 이후 평생의 삶을 지배한 경험을 고백적으로
   회고한 바 있는데, 특히 둥근 천정과 팔루스의 형상과 관련하여 그는 그것이 인간의
   집단 무의식에 잠재된 욕망이 원형적 이미지로 자리 잡고 있음을 전제하고 있다. 카
   를 구스타프 융/A. 아페 편집/조성기 옮김, 『카를 융: 기억 꿈 사상』 (서울: 김영사,
   2007), 23-52 참조.

9) 융의 분석심리학적 관점에서 보면 그 근심과 걱정은 무의식 가운데 피력된 보상심리
   가 현세의 삶 가운데 제대로 충족되지 않은 결과로 해석될 수 있다. 이러한 맥락에서
   꿈의 보상적 기능을 연구한 논문으로 김성민, "꿈의 의미와 꿈의 보상적 기능 – C.
   G. 융의 분석심리학적인 입장에서," 「한국기독교신학논총」 70(2010), 361-380 참조.

10) 존 A. 샌포드/정태기 옮김, 『꿈 – 하나님의 잊혀진 언어』 (서울: 대한기독교서회,
    1988).

11) 앞의 책, 11-34 참조.

12) 성서의 꿈에 대한 연구로 대표적인 것은 Jill M. Munro, *Dreams and Dream
    Narratives in the Biblical World* (Sheffield: Sheffield Academic Press, 2000). 그
    밖에 Morton, T. Kelsey, *God, Dreams, and Revelation: A Christian Interpretation
    of Dreams*, revised and expanded edition (Minneapolis: Augsburg Books,
    2006); Janet Meyer Everts, "Dreams in the New Testament and Greco-Roman
    Literature," *ABD* vol. 2, 231-232 참조.

13) 복음 선교의 과정에서 꿈과 환상의 주도적 기능은 사도행전에서 일관되게 나타난
    다(9:10, 10:10, 11:5, 16:9, 22:17f., 27:23)

14) 누가는 하나님의 계시적 매개로서 꿈과 구약성서의 상호 관련성 속에서 나름대로
    독특한 신학적 입장을 견지하는 것으로 드러난다. B. J. Koet, *Dreams and
    Scriptures in Luke-Acts: Collected Essays* (Leuven: Peeters Publishers, 2006) 참조.

15) 이 구절은 구약성서 요엘 3:1-5에서 인용한 것으로 기본적인 내용은 칠십인역
    (LXX)과 일치한다. 여기서 누가는 베드로가 성령의 은사를 모든 사람들에게 선포
    하리라 기대하지 않는다. 고넬료 이야기(행 10:44ff., 11:18)에 이르러서야 비로
    소 이 예언의 결정적인 전환점을 맞이한다. Ernst Haenchen, *The Acts of the
    Apostles: A Commentary* (Philadelphia: The Westminster Press, 1971), 179 참조.

16) 에마뉘엘 레비나스/서동욱 옮김, 『존재에서 존재자로』, 108.

17) 앞의 책, 109 참조.

18) 상기 어록의 이러한 전복적 메시지와 그 신학적 의미에 대해서는 차정식, "눈과 빛
    의 암유(暗喩)," 『묵시의 하늘과 지혜의 땅』 (서울: 대한기독교서회, 2001), 15-

24 참조.

19) 근래 역사학 연구의 또 다른 방법으로 관심을 끌고 있는 미시사에 대한 개론적인 논의는 곽차섭 엮음/강문형·김동원·최승원·최재호 옮김, 『미시사란 무엇인가』(서울: 푸른역사, 2000); 위르겐 슐룸봄/백승종·장현숙 옮김, 『미시사의 즐거움 – 17~19세기 유럽의 일상세계』(서울: 돌베개, 2003); 마우리치오 그리바우디, 찰스 틸리 지음/위르겐 슐룸봄 엮음/백승종·장석훈·장현숙 옮김, 『미시사와 거시사』(서울: 궁리, 2001) 참조. 한편 신학에서 '우발성'의 요소를 도입하여 하나님의 역사 계시와 연관시켜 해석한 선구적인 신학자는 판넨베르그이다. W. 판넨베르그, 『역사로서 나타난 계시』(서울: 대한기독교서회, 1979) 참조.

20) 이와 같은 회개와 전환으로서의 불면 모티프는 구약성서의 종말론적 구원사란 맥락에서 파수꾼 이미지와 결부되어 종종 등장한다(사 21:5, 6, 8, 52:8, 56:10, 62:6; 렘 6:17, 31:6, 51:12; 겔 3:17, 33:2, 6-7; 호 9:8; 미 7:4).

21) 그 시인은 오규원이고 해당 시의 전문은 다음과 같다. "잠자는 일만큼 쉬운 일도 없는 것을, 그 일도 제대로 할 수 없어/ 두 눈을 멀뚱멀뚱 뜨고 있는/ 밤 1시와 2시의 틈 사이로/ 밤 1시와 2시의 空想의 틈 사이로/문득 내가 잘못 살고 있다는 느낌, 그 느낌이/ 내 머리에 찬물을 한 바가지 퍼붓는다.// 할말 없어 돌아누워 두 눈을 멀뚱하고 있으면,/내 젖은 몸을 안고/ 이왕 잘못 살았으면 계속 잘못 사는 방법도 방법이라고/ 악마 같은 밤이 나를 속인다." "잠이 오지 않는 밤이 잦다/ 오늘도 감기지 않는 내 눈을 기다리다/ 잠이 혼자 먼저 잠들고, 잠의 옷도, 잠의 신발도/ 잠의 門牌도 잠들고/ 나는 남아서 혼자 먼저 잠든 잠을/ 내려다본다// 지친 잠은 내 옆에 쓰러지자마자 몸을 웅크리고/ 가느다랗게 코를 곤다./ 나의 잠은 어디 있는가./ 나의 잠은 방문까지는 왔다가 되돌아가는지/ 방 밖에서는 가끔/ 모래알 허물어지는 소리만 보내온다./ 남들이 詩를 쓸 때 나도 詩를 쓴다는 일은/ 아무래도 민망한 일이라고/ 나의 시는 조그만 충격에도 다른 소리를 내고// 잠이 오지 않는다. 오지 않는 나의 잠을/ 누가 대신 자는가./ 남의 잠은 잠의 평화이고/ 나의 잠은 잠의 죽음이라고/ 남의 잠은 잠의 꿈이고/ 나의 잠은 잠의 현실이라고/ 나의 잠은 나를 위해/ 꺼이꺼이 울면서 어디로 갔는가." 이 두 시에 대한 분석과 신학적 의미 탐색에 대해서는 차정식, "불멸에 이르는 불면 – 오규원과 남진우의 '불면' 시," 『한국 현대시와 신학의 풍경』(서울: 이레서원, 2008), 153-172 참조.

22) 가령, 예수는 열 처녀의 비유를 통해 그들이 신랑을 맞아 구원의 대열에 동참하느냐 탈락하느냐 여부가 결정적인 신랑의 도래 시점에 그들이 준비 없이 졸고 있느냐 준비한 채 깨어 있느냐로 판가름 난다고 교훈한다(마 24:32). 그 밖에도 신약성서만 해도 수십 군데 발견되는 이러한 깨어 있음의 교훈은 종말 신앙과 결부되어 기도와 근신의 자세를 강조하면서 예컨대 다음과 같이 표현된다: "그런즉 깨어 있으라 너희는 그 날과 그 때를 알지 못하느니라"(마 25:13); "기도를 계속하고 기도에

감사함으로 깨어 있으라"(골 4:2) ; "근신하라 깨어라 너희 대적 마귀가 우는 사자 같이 두루 다니며 삼킬 자를 찾나니"(벧전 5:8).

03_ 식사와 치유, 혹은 '마지막 욕망'에 대한 성찰

1) 최승호, 『고슴도치의 마을』(서울: 문학과지성사, 1985), 16-17에 나오는 시 "세 개의 변기"라는 작품의 한 시구. 이 작품에 대한 분석으로는 김현, "거대한 변기의 세계관 – 최승호의 시세계," 『젊은 시인들의 상상세계/말들의 풍경』 김현문학전집 6 (서울: 문학과지성사, 1992), 213-224, 특히 219 참조.

2) 이에 대한 대표적인 참고 자료는 자크 라캉/권택영 엮음, 『욕망 이론』(서울: 문예출판사, 1994) 참조.

3) 가령, 어원론적으로 따져보자면 희랍어에서 '텔레마'(*thelēma*)라는 단어는 자신의 내면적 소원을 나타내는 '욕망'의 의미와 함께 '의지' '뜻'이라는 함의를 공유하고 있다. '욕망'으로 번역되는 또 다른 보편적 어휘 '에피튀미아'(*epithymia*) 역시 그 중성적인 '욕망'의 의미 좌우편에 '의욕'과 '탐욕'이라는 긍정적 부정적 함의를 두루 거느리고 있다.

4) 식사의 향유적 가치에 대해서 전도서의 애착은 대단하다. 이와 관련된 아래 구절들의 예에서 우리는 전도서 저자가 허무주의적 인생관을 보상하는 신적 은총의 향유적 분깃으로 먹음의 일상적 행위에 관심을 기울였음을 알 수 있다. "사람이 먹고 마시며 수고하는 것보다 그의 마음을 더 기쁘게 하는 것은 없나니…"(전 2:24) ; "사람마다 먹고 마시는 것과 수고함으로 낙을 누리는 그것이 하나님의 선물인 줄도 또한 알았도다"(전 3:13) ; "사람이 하나님께서 그에게 주신 바 그 일평생에 먹고 마시며 해 아래에서 하는 모든 수고 중에서 낙을 보는 것이 선하고 아름다움을 내가 보았나니 그것이 그의 몫이로다"(전 5:18) ; "내가 희락을 찬양하노니 이는 사람이 먹고 마시고 즐거워하는 것보다 더 나은 것이 해 아래에는 없음이라"(전 8:15) ; "너는 가서 기쁨으로 네 음식물을 먹고 즐거운 마음으로 네 포도주를 마실지어다… 네 의복을 항상 희게 하며 네 머리에 향 기름을 그치지 아니하도록 할지니라. 네 헛된 평생의 모든 날 곧 하나님이 해 아래에서 네게 주신 모든 헛된 날에 네가 사랑하는 아내와 함께 즐겁게 살지어다. 그것이 네가 평생에 해 아래에서 수고하고 얻은 네 몫이니라"(전 9:7-9).

5) 이에 대한 대표적인 논문으로 게오르그 짐멜/김덕영 · 윤미애 역, "식사의 사회학," 『짐멜의 모더니티 읽기』(서울: 새물결, 2005), 141-151 참조.

6) 인간의 신체적 감각이 어떻게 사회적 문화적 양식으로 굳어져갔는지에 대하여, 또 인간들 사이의 관계에서 신체적 감관의 제반 기능이 어떻게 사회적 현상의 표피 구조를 뒷받침해왔는지에 대하여, 앞의 책, 153-174("감각의 사회학") 참조.

7) 신약성서에 나타난 음식과 식사의 신학적 의미에 대해서는 차정식, "음식과 식사의 신학적 지형학,"『하나님 나라의 향연 – 신약성서의 사회복지론』(서울: 새물결플러스, 2009), 179-210 참조. 아울러, 구약성서 시대의 식생활에 대해서는 Alan W. Jenks, "Eating and Drinking in the Old Testament," *ABD* vol. 2, 250-254; 서명수, "구약성경과 식생활,"「성서마당」 66(2004), 4-8 참조.

8) 이에 대한 대표적인 증거가 바로 레위기 11장의 음식규례로 이는 이후 유대교, 그리스도교의 전개 과정에서 그 신앙적 규범을 형성하는 데 지속적인 영향을 끼쳤다. 유대교의 음식규례 전통이 이 규정에 근거하여 그후로 오랫동안 유대인들의 삶을 어떻게 지배해왔는지에 대해서는 Gene Schramm, "Meal Custom: Jewish Dietary Laws," *ABD* vol. 4, 648-650 참조.

9) 이러한 주제에 대해서는 차정식, "평등한 식탁, 식탁의 구원 – 마가복음 2:13-17," 『예수와 신학적 상상력』(파주: 한국학술정보, 2008), 273-293 참조.

10) 이 개념의 기원과 발전 과정은 Dennis E. Smith, "Messianic Banquet," *ABD* vol. 4, 788-791 참조.

11) 이러한 해석적 관점은 차정식, "마지막 만찬과 함께 이별을,"『묵시의 하늘과 지혜의 땅 – 예수신학 비평』(서울: 대한기독교서회, 2001), 299-311 참조.

12) 이 개념에 대해서는 Arthur Droge & J. D. Talbot, *A Noble Death* (San Francisco: Harper, 1992); 이 개념의 기독교적 변용에 대해서는 Adela Y. Collins, "From Noble Death to Crucified Messiah," *NTS* 40(1994), 481-503 참조.

13) 김윤식, 『이상연구』(서울: 문학사상사, 1987); 김윤식 엮음, 『이상문학전집』 5 (서울: 문학사상사, 2001) 참조. 이러한 후일담을 포함하여 이상의 죽음에 얽힌 비밀을 파헤쳐 상상적으로 재구성한 소설이 생산되기도 하였다. 김연수, 『굳빠이 이상』(서울: 문학동네, 2001) 참조.

14) 이인성, "죽음 앞에서 낙타 다리 씹기 – 김현 선생의 마지막 병상,"『김현문학전집』 16: 자료집 (서울: 문학과지성사, 1993), 337-364.

15) "법정 스님 '마지막 한 달' 간병일기 입수,"〈한국일보〉 2010. 3. 12 사회면 기사.

16) 그와 친밀한 교우관계를 유지한 이동원 목사의 회고에 따르면 그는 평상시 "열린 마음의 고결한 완벽주의자"였다고 한다. 목회와 신학 · 빛과 소금 편, 『故 옥한흠목사추모집: 예수님의 신실한 제자가 되겠습니다』(서울: 두란노, 2010), 32-35 참조. 그의 그런 완벽주의적 기질이 막판에 하나님 품에 안기고자 하는 의탁의 마음과 함께 식사를 거부하는 방식으로 나타난 것은 자연스럽다. 게다가 그의 설교를 기다린다는 한 교우의 간절한 요청에 그가 마음이 동해 다시 강단에 서고 싶은 열정을 살려 식사를 들이라고 했다는 사실은 설교자와 목회자로서 그의 열정적인 소명감을 반영하는 대목일 테다. 하지만 동시에 이를 돋보이게 하기 위해 죽음에 임박하여 무언가 먹고자 한 그의 마지막 인간적 욕망을 배제하는 것은 고인에 대한

애도와 추모의 정이 지나쳐 그의 내면 풍경에 명멸하던 마지막 삶의 욕망을 신화화하는 우려를 범할 수 있다.

17) 질병이 역사에 개입해온 맥락과 인간의 의료 기술이 질병을 다루어온 체계의 작동 방식에 대해서는 마이클 비디스프레더릭 F. 카트라이트/김훈 옮김, 『질병의 역사』 (서울: 가람기획, 2004); 조병희, 『질병과 의료의 사회사』 (서울: 집문당, 2006) 참조.

18) 이종록, 『이 뼈들이 능히 살겠느냐』 (서울: 한국성서학연구소, 2000) 참조.

19) 그리스도교를 위시한 서구종교 전통에서 금욕주의의 기원과 전개 과정에 대해서는 Joseph Ward Swain, *The Hellenic Origins of Christian Asceticism* (New York: General Books LLC, 2010); Vincent L. Wimbush, *Asceticism and the New Testament* (New York: Taylor & Francis, 2007); Owen Chadwick, *Western Asceticism* (Louisville, KY: Westminster John Knox Press, 1979) 참조.

20) 다행히도 최근에 이르러 성서신학적 관점에서 인간의 몸에 대한 긍정적 해석의 출구를 개척한 사례가 더러 눈에 띈다. 이종록, 『성서로 읽는 디지털 시대의 몸 이야기』 (서울: 책세상, 2004). 나아가 몸의 신학적 의미를 선교론의 관점에서 전유하여 억압과 치유라는 모티프와 연계시킨 고찰이 있어 주목된다. 채수일, "신학에서 왜 몸이 문제인가?," 『에큐메니칼 선교신학』 (오산: 한신대학교출판부, 2002), 215-225 참조.

21) 그는 특히 그리스도교 전통에서 고백이 어떻게 성의 담론을 지배해왔는지 집중 분석한 바 있다. 미셸 푸코/이규현 옮김, 『성(性)의 역사 1: 앎의 의지』 재판 (서울: 나남출판, 2004) 참조.

22) 이 역시 푸코의 학문적 기여가 뚜렷한 분야이다. 그는 서구 근대 사회의 법규 체계와 감옥의 구조가 어떻게 '순종하는 신체'를 양산하여 규율 사회의 기틀을 확립해왔는지 계보학적 통찰로 낱낱이 밝힌 바 있다. 미셸 푸코/오생근 옮김, 『감시와 처벌: 감옥의 역사』 재판 2쇄 (서울: 나남출판, 2004) 참조.

23) 이 주제에 대해서는 차정식, "치열한 연민, 혹은 치유와 갱생의 회로," 『묵시의 하늘과 지혜의 땅』, 163-176 참조.

24) 이 '거룩한 사치'는 김영민 교수가 자본주의가 길들여온 사치의 대체로서 제시한 '부재의 사치'라는 개념에 빗대어 '충일함의 사치'로 바꾸어 부를 수 있을 것이다. '부재의 사치' 개념에 대해서는 김영민, 『동무론: 인문 연대의 미래 형식』 (서울: 한겨레출판, 2008), 493-533(19장 "무능의 급진성(4): 사치의 존재론과 부재의 사치") 참조. 아울러 자본주의의 사치론에 대해서는 베르너 좀바르트, 『사치와 자본주의』 (서울: 문예출판사, 1997); 베르너 좀바르트/이필우 옮김, 『사랑과 사치와 자본주의』 (서울: 까치글방, 1997) 참조.

25) 쥬디스 버틀러/김윤상 옮김, 『의미를 체현하는 육체』 (고양: 인간사랑, 2003), 특

히 I부 1장의 "의미를 체현하는 육체"(63-116) 참조.

26) 이즈음 몸의 권력은 특히 남성의 근육질 체형과 여성의 섹시한 몸을 매개로 번성하는 추세이지만, 몸과 권력의 상관관계는 이미 미셸 푸코의 '몸의 정치 기술'(political technology of body)이란 개념에 함축된 바 있다. 아울러, 몸을 정치권력이 운용되는 대상으로 인식하여 정치화된 그 몸이 주권을 박탈당한 벌거벗은 생명으로 전시되고 그러한 인식의 체계가 역사화되어온 내력에 대해서는 조로조 아감벤/박진우 옮김, 『호모 사케르: 주권 권력과 벌거벗은 생명』(서울: 새물결, 2008).

27) 바타이유는 인간의 조건 없고 이유 없는 이 증여 행위에서 '잉여 에너지의 파국적인 소모'를 발견한다. 조르주 바타이유/조한경 옮김, 『저주의 몫』(서울: 문학동네, 2007), 24 참조.

28) 이 주제에 대해서는 별도의 에세이를 통해 이미 논의한 바 있다. 차정식, "향유(香油), 그리고 향유(享有)," 『묵시의 하늘과 지혜의 땅』, 287-298 참조.

29) 적어도 이 에피소드의 맥락에서 그 증여 행위가 답례의 의무를 전제로 한 '교환된 증여'였다는 증거는 없다. 종교적 헌신의 동기도 엿보이지 않으니 신에 대한 선물의 차원에서 보기도 어렵다. 그렇다고 '포틀래치' 방식의 과시적이고 경쟁적인 선물로 파악할 만한 근거도 희박하므로 나는 여기서 이를 '잉여의 사치'가 변용된 순수한 증여 행위로 규정하기로 한다. 증여의 제반 이론에 대해서는 마르셀 모스/이상률 옮김, 『증여론』(서울: 한길사, 2002) 참조.

30) 이 기도에 나타난 예수의 대화주의자적 면모에 대해서는 차정식, "죽음을 통과하는 방식으로서의 기도 – 겟세마네 기도의 세계," 『마음의 빛을 부르는 기도 – 신약성서의 기도와 신학』(서울: 대한기독교서회, 2003), 191-219 참조.

31) G. E. Lessing, *Laocoön: An Essay on the Limits and Poetry*, tr. by Edward Allen McCormick (Indianapolis & New York: The Bobbs-Merrill Company, Inc., 1962); 고트홀트 에프라임 레싱/윤도중 옮김, 『라오콘: 미술과 문학의 경계에 관하여』(서울: 나남출판, 2008) 참조.

32) 실제로 서구의 미술사에 반영된 죽음의 역사는 이러한 죽음 소외 현상을 가중시키면서 전개되어왔다. 특히 현대 문명이 강조하는 청결과 위생의 관념은 죽음을 회피와 격리의 대상으로 가중시켜온 감이 짙다. 오늘날 이 땅에서 죽음을 인식하는 방식과 태도 역시 이런 방향으로 나아가고 있는 것은 사실이지만 전통 문화와 종교적 의례 속에서 죽음은 오히려 평상적 기억 속에 길들여지고 친밀하게 공대해야 할 삶의 일부였던 것으로 드러난다. 이러한 일련의 진술에 대응하는 참고 자료로 다음을 보라: P. 아리에스/유선자 옮김, 『죽음 앞에 선 인간』 상하권 (서울: 동문선, 1997); 진중권, 『춤추는 죽음』 1-2권 (서울: 세종서적, 2000); 노베르트 엘리아스/김수정 옮김, 『죽어가는 자의 고독』(서울: 문학동네, 1999); 김열규, 『메멘토 모리, 죽음을 기억하라』(서울: 궁리, 2001).

04_ 광야 체험의 유형과 신학적 구조

1) 김승철, 『대지와 바람 – 동양 신학의 조형을 위한 해석학적 시도』 (서울: 다산글방, 1994), 33.

2) 성서의 광야 모티프를 신학화하고자 한 시도는 이미 상당한 수준에서 산출된 바 있다. 이 분야의 종합적인 대표 연구로 R. L. Cohn, *The Shape of Sacred Space* (Chico, CA: Scholars Press, 1981), 7-23; R. B. Leal, *Wilderness in the Bible: Toward a Theology of Wilderness*, Studies in Biblical Literature 72 (New York: Peter Lang, 2004) 참조.

3) 지금은 별로 이 학설에 비중을 두지 않고 있지만 모세의 이집트인설은 19세기 독일을 중심으로 한 구약학계의 한 축을 형성하고 있었고 프로이트가 이 학설을 수용하여 종교의 기원이란 관점에서 꽤 방대한 해석적 재구성을 시도한 바 있다. 지그문트 프로이트/이윤기 옮김, 『종교의 기원』 (서울: 열린책들, 2004), 257-428. 여기에는 "인간 모세와 유일신교"라는 제하에 "이집트인 모세" "모세가 이집트인이었다면" "모세 및 모세의 백성과 유일신교" 등 세 편의 논문이 편집되어 있다.

4) 하비 콕스는 출애굽 사건을 "정치의 비신성화"로 규정하였고 세속 도시의 익명성을 이러한 관점에서 창의적인 동인으로 파악하였는데, 이는 일찍이 모세의 미디안 광야 체험을 통해 예시되었다고 볼 수 있다. 하비 콕스/이상률 옮김, 『세속도시』 (서울: 문예출판사, 2010) 참조.

5) 이러한 관점에서 광야 체험을 정체성의 재발견과 연계지어 설명하려는 시도는 자연스럽게 비쳐진다. L. Wall, "Finding Identity in the Wilderness," R. S. Sugirtharajah ed., *Wilderness: Essays in Honor of Francis Young* (London: T. & T. Clark, 2005), 66-77 참조.

6) 이스라엘 민족의 광야 방랑기를 하나님의 '연단'이란 주제로 설명하려는 관점은 보편적인 설득력을 얻어왔다. 이는 이후 신약성서에서도 지속되는 관점인데, 특히 히브리서(3:1-4:11, 11:8-39, 12:5-13)에서 동 시기를 잠언 3:11-12의 원리에 터하여 '연단'(*paideia*)이란 관점에서 파악했다는 주장이 제기된 바 있다. Matthew Thiessen, "Hebrews 12:5-13, the Wilderness Period, and Israel's Discipline," *NTS* 55/3(2009), 366-379 참조.

7) 하비 콕스는 이 시내산 언약 사건을 '가치의 비성별화'라는 맥락에서 주제화하였다. 하비 콕스/이상률 옮김, 『세속도시』 참조.

8) 출애굽기 24장, 신명기 18:15-19 등에서 제시된 이 광야의 신적 현현 체험은 하나의 역사적 기억으로 전승되어 신약 시대에 예수의 변화산 사건을 서사화하는 태반으로 작용한 것으로 드러난다. David M. Miller, "Seeing the Glory, Hearing the Son: The Function of the Wilderness Theophany Narratives in Luke 9:28-36," *CBQ* 72/3(2010), 498-517 참조.

9) 여기서 '장소성' 또는 '장소화'의 개념은 다음의 책에서 원용한 것으로 삶의 체취와 흔적을 통해 추상화된 공간에 새겨진 역사화된 기억의 자리를 가리킨다. 에드워드 랠프/김덕현·김현주·심승희 옮김, 『장소와 장소상실』 (서울: 논형, 2005) 참조.

10) 여기서 강한 바람과 지진, 불의 관문은 그 자체로 신적 현현의 예비적 징조로 기능하는 측면도 부정할 수 없지만 세속 도시의 권력 지향적 욕망을 탈각시키는 정화적 이미지로서 그 의미도 확연하다. 다시 말해, 이러한 문학적 이미지는 그의 탈주를 완성하는 동시에 하나님과의 계시적 만남을 통해 향후의 갱생으로 인도하는 역할을 수행하는 셈이다.

11) 마가복음에서 광야 주제에 대한 가장 포괄적인 연구로 Ulrich Mauser, *Christ in the Wilderness: The Wilderness Theme in the Second Gospel and Its Basis in the Biblical Tradition* (SBT 39; London: SCM Press, 1963).

12) 이는 겸비한 자기 성찰과 새로운 도약의 모색이란 점에서 엘리야의 광야행과 부분적으로 겹친다. 그러나 그 아라비아 광야에서 바울에게 어떤 계시적 사건이 있었는지는 불확실하다. 이 두 광야행 모티프의 비교 연구로는 N. T. Wright, "Paul, Arabia, and Elijah(Galatians 1:17)," *JBL* 115/491996), 683-692 참조.

13) 광야는 그 존재 자체로 생존을 강요하는 환경적 특성을 가졌거니와, 광야의 체험이 생존의 모티프가 연계되어 구원사적 맥락에서 제시된 가장 오래된 서사적 전승 자료로 우리는 하갈과 이스마엘 이야기를 꼽을 수 있을 것이다. Thomas B. Dozeman, "The Wilderness and Salvation History in the Hagar Story," *JBL* 117/1(1998), 23-43 참조.

14) 이러한 광야 신학의 전통은 후기 유대교와 이후 신약 시대에도 일관되게 계승된 것으로 드러난다. R. W. Funk, "The Wilderness," *JBL* 78(1959), 205-214; H. Najman, "Toward a Study of the Uses of the Concept of Wilderness in Ancient Judaism," *DSD* 13/1(2006), 99-113 참조.

15) 여기서 '탈영토화'라는 개념은 기존의 모든 문명사적 공간을 탈주하며 횡단하는 유목적 해체 동선을 강조한 들뢰즈, 가타리의 지리철학적 용어를 적용한 것이다. 질 들뢰즈·펠릭스 가타리/김재인 옮김, 『천개의 고원』 (서울: 새물결, 2001), 특히 967-970 참조.

16) '교통 공간'의 개념 정의와 이 개념의 광야 연관적 의미는 가라타니 코오진/권기돈 옮김, 『탐구』 2 (서울: 새물결, 1998), 249-256; 가라타니 고진/이경훈 옮김, 『유머로서의 유물론』 (서울: 문화과학사, 2002), 29-43 참조. 아울러, 이 개념이 모세의 출애굽 공간과 예수의 여행 공간에 어떻게 적용될 수 있는지 그 가능성을 타진한 졸고로 차정식, "예수의 여행과 '교통 공간'," 「한국기독교신학논총」 70(2010), 31-56 참조[이 책의 II부 1장에 수록됨].

17) '고통의 코이노니아'(*koinōnia tōn pathē matōn*)는 바울이 빌립보서(3:10)에서

조형한 개념이고 '형제 됨의 조건'은 그 고통의 가장 큰 관문인 '죽음의 고통'을 먼저 체험한 예수 그리스도가 인간의 고난을 체휼할 만한 자격 조건을 갖춘 것으로 조명한 히브리서의 관점에서 내가 추출한 개념이다. 차정식, "'죽음의 고난' 또는 형제 됨의 조건 - 히브리서에 투영된 수난 전승,"『예수는 어떻게 죽었는가 - 예수의 수난전승 탐구』(서울: 한들출판사, 2006), 199-232 참조.

05_고난과 희생 담론의 신학적 스캔들

1) 이와 관련하여 금세기의 대표적인 사례는 오사마 빈 라덴의 근본주의 이슬람 집단이 자행한 9.11 테러 사건에 대한 복수로 미국의 부시 대통령이 주도하여 아프가니스탄과 이라크에서 벌인 이른바 대(對)테러 전쟁일 것이다. 이 전쟁의 결과는 외관상 미국의 승리로 끝났지만 그 전쟁의 명분으로 내세운 대로 오사마 빈 라덴의 세력을 완전히 척결하지도, 대량살상 화학무기를 발견하지도 못한 채 수많은 무고한 생명을 앗아간 무익한 해프닝으로 흐지부지되고 있다. 현재의 승전보와 함께 획득한 기존 체제의 정치 경제적 이권 이외에 그 전쟁의 와중에 영문도 모른 채 스러져간 그토록 많은 생명의 희생과 고난은 무엇으로 보답할 수 있을 것인가.

2) 모든 고난과 고통의 쓸모없음을 갈파한 대표적인 학자는 레비나스이다. 그는 실제로 "쓸모없는 고통"(Useless Suffering)이란 제목의 논문을 써서 서구 전통 속에 옹호되어온 신정론을 전적으로 거부하였다. 심지어 그는 기독교 전통에서 주창해온바, 고통을 대속의 신비한 능력으로 제시하는 입장에도 적극 반대한다. 홀로코스트의 경험을 토대로 그는 모든 서구 전통의 신정론의 근원에는 개인을 전체로 환원하려는 형이상학적 폭력이 자리하고 있다고 간주하였다. 타인의 고통을 합리화하는 온갖 시도야말로 그에게는 '모든 비도덕성의 근원'이기 때문이다. 이에 대한 대안은 타인의 얼굴이 현시하는 고통에 대한 전적인 수용성을 가지고 책임을 지고자 하는 고통의 연대 의식이다. 그 타자의 윤리야말로 신적인 초월성이 계시되는 유일한 자리이다. Emmanuel Levinas, *Entre Nous: On Thinking-of-the-Other*, tr. by Michael B. Smith & Barbara Harshav (New York: Columbia University Press, 1998); 박원빈, 『레비나스와 기독교』(서울: 북코리아, 2010), 특히 제3장 "타자윤리"(51-108) 참조.

3) 이와 관련하여 가장 적절한 성서의 가르침은 베드로전서 2:20의 다음 구절일 것이다: "죄가 있어 매를 맞고 참으면 무슨 칭찬이 있으리요. 그러나 선을 행함으로 고난을 받고 참으면 이는 하나님 앞에 아름다우니라."

4) 이러한 논점을 뒷받침하는 가장 적절한 성서의 증거는 히브리서 12:7-11의 다음 구절이다: "하나님이 아들과 같이 너희를 대우하시나니 어찌 아버지가 징계하지 않는 아들이 있으리요. 징계는 다 받는 것이거늘 너희에게 없으면 사생자요 친아들이 아

니니라. 또 우리 육신의 아버지가 우리를 징계하여도 공경하였거든 하물며 모든 영의 아버지께 더욱 복종하며 살려 하지 않겠느냐. 그들은 잠시 자기의 뜻대로 우리를 징계하였거니와 오직 하나님은 우리의 유익을 위하여 그의 거룩하심에 참여하게 하시느니라. 무릇 징계가 당시에는 즐거워 보이지 않고 슬퍼 보이나 후에 그로 말미암아 연단 받은 자들은 의와 평강의 열매를 맺느니라."

5) 선악 이원론의 종교적 교리를 갖춘 데서는 이러한 신정론적 물음은 불필요하다. 선신에 대항하여 악신이 발호한 결과로 치부하면 되기 때문이다. 또한 동양 종교의 존재론적 선악 일원론적 관점에서도 선과 악을 하나로 간주함으로써 신정론의 곤경을 벗어난다. 그러나 선과 악이 둘이면서 하나이고 하나이면서 둘이라는 역설적 명제 아래 신정론의 물음은 불가피하게 출현한다. 특히 서구 그리스도교 전통에서 신이 전지전능한 동시에 정의로우며 고통의 실재가 엄연함을 인정하는 맥락에서 다양한 신정론의 설명 체계가 양산되었다. 이에 따라 악의 기원에 대한 신정론적 변증 몇 가지를 간추려보면, 1) 선과 악은 붙어 있다(즉, 악은 선의 부재); 2) 인간이 자유의지를 남용한 결과; 3) '더 좋은 인간'이 되기 위한 연단의 과정; 4) 추후에 그 원인이 밝혀지리라는 종말론적 확신의 희망; 5) 고통의 자리에 동참함으로써 하나님이 인간과의 친교를 맺기 위한 목적 등으로 정리된다. 김윤성, "선과 악은 둘인가 하나인가"(277-293), 장석만, "착한 사람이 왜 고통을 받아야 하나"(294-303), 박규태 외, 『종교 읽기의 자유 - 상상력으로 읽는 종교 · 종교로 상상하는 문화』(서울: 청년사, 2004) 참조.

6) 이 구절들의 배후에 걸쳐진 종교사적 맥락과 관련하여 나는 당시 팔레스타인 지역을 스쳐간 환생사상의 흔적과 파문이란 측면에서 해당 본문을 주해하고 그 나름의 의의를 평가한 바 있다. 차정식, 『신약성서의 환생 모티프와 그 신학적 변용』(서울: 한들출판사, 2007), 특히 117-153 참조.

7) 이러한 작업은 본디오 빌라도, 가룟 유다를 포함하는 일련의 인물들에 대한 연구와 함께 예수의 수난과 죽음을 둘러싼 입체적 구도 분석은 물론 외부에서 비롯된 수난에 대한 예수의 주체적 대응이란 관점에서 나의 다음 연구서를 통해 본격적으로 실행된 바 있다. 차정식, 『예수는 어떻게 죽었는가 - 예수의 수난 전승 탐구』(서울: 한들출판사, 2006) 참조.

8) 그의 그런 과오로 인한 결말은 자살이라는 비극적인 종말을 초래했지만 그 또한 빠져나갈 역사적 알리바이가 전혀 없는 것은 아니다. 유대교 일각에서 자살이 그 외의 다른 방식으로 속죄할 수 없는 처지에서 자신의 죄악을 씻어 그 족쇄에서 해방되기 위한 방편으로 용인된 경우가 있었기 때문이다. D. Daube, "Death as Release in the Bible," *NovT*5(1962), 82-104. 마찬가지의 맥락에서 그리스-로마의 전통 역시 자살과 관련하여 명예 회복 차원에서 그와 같은 긍정적 기능을 수긍한 것으로 드러난다. Caroline E. Whelan, "Suicide in the Ancient World: A Re-examination of

Matthew 27:3-10," *Laval theologique et philosophique* 49/3(1993), 505-522; Annelies G. Moeser, "The Death of Judas," *Bible Today* 30(1992), 145-151 참조. 다른 한편으로 수난사화의 서사적 구도에서 저자가 강조한 것은 가룟 유다의 자살이 아니라 그로써 예수를 죽이는 데 공모하고 그 음모를 주동한 대제사장들 및 장로들의 불의한 죄악에 대한 고발이었다는 주장도 제기되었다. L. Nortje, "Matthew's Motive for the Composition of the Story of Judas' Suicide in Matthew 27:3-10," *Neotestamentica* 28/1(1994), 41-51; Audrey Conrad, "The Fate of Judas, Matthew 27:3-10," *Toronto Journal of Theology* 7(1991), 158-168 참조.

9) 예수의 죽음을 둘러싼 역사적 알리바이에 대해서는 차정식, "예수 살해 혐의자들과 그 역사적 알리바이 – 한 연극적 해석,"『예수는 어떻게 죽었는가』, 303-336 참조.

10) 아래 약술되는 지라르의 분석적 논리에 대해서는 다음의 책들을 참조하라: 르네 지라르/김치수 · 송의경 옮김,『낭만적 거짓과 소설적 진실』(서울: 한길사, 2007); 르네 지라르/김진식 · 박무호 옮김,『폭력과 성스러움』(서울: 민음사, 2001).

11) 르네 지라르/김진식 옮김,『나는 사탄이 번개처럼 떨어지는 것을 본다』(서울: 문학과지성사, 2004) 참조.

12) 이 주제에 대해서는 매우 방대하고 상세하게 국내에서 그 사례가 수집된 바 있다. 조찬선,『기독교 죄악사』상하권 (서울: 평단문화사, 2000).

13) 특히, 유대인 박해와 학살의 역사는 그리스도교 역사의 가장 일관된 폭력적 희생양 찾기의 사례로 반셈족주의(anti-Semitism)의 기치하에 이른바 그리스도교의 가장 위대한 신학적 영웅들 가운데서도 자행되었다. Hermann L. Strack, "Anti-Semitism," James Hastings ed., *Encyclopedia of Religion and Ethics*, vol. 1 (Edinburgh: T & T Clark, 1981), 593-599; 김상근, "그리스도교 역사에 나타난 반(反)유대주의(Anti-Semitism)의 실체: 요한 크리소스톰에서 마르틴 루터까지,"「한국기독교신학논총」53(2007), 331-358 참조.

14) 성서에 나오는 폭력의 사례와 그 관련 본문의 분석과 평가를 담은 연구로 이 책의 II부 6장에 실린 "폭력적 죽음의 내력과 대안적 희망"을 보라.

15) 이 구절에 대한 지라르의 해석은 "아폴로니우스의 기적"이란 제하로 작성된 글 가운데 한 부분을 차지하고 있다. '초석적 폭력'이라는 개념도 이 해석에 근거하여 조명된다. 르네 지라르/김진식 옮김,『나는 사탄이 번개처럼 떨어지는 것을 본다』, 69-84.

16) 한 가지 씁쓸한 에피소드는 이 영화를 만든 멜 깁슨 감독이 이 영화가 항간의 화제가 되던 즈음, 아마 그 노역을 달래고자 한 목적이었는지, 아내 몰래 사귄 새 연인과 카리브해의 고급 휴양지에서 수영복 데이트를 즐기던 중에 망중한을 누리던 장면이 파파라치의 사진기에 포착되어 해외 토픽이 되었다는 사실이다. 그 끔찍한 가학적 수난의 이미지와 그 호사스런 쾌락의 경험은 결국 같은 욕망의 뿌리에서 발원

374

한 것 아니었을까.

17) 해당 본문과 연계된 이 주제와 관련해서는 나의 졸고 차정식, "대를 잇는 희생의 한 계보," 『예수와 신학적 상상력』(파주: 학술정보, 2008), 308-325 참조.

18) 복음서의 맥락에서 고난을 제거하는 고난은 하나님 나라 현장에 동참함으로써 초 래되는 고난으로 특징지어지는데 이는 주로 Q자료에 투사되는 제자들의 핍박 현실 로 예시된다. L. Ann Jervis, "Suffering for the Reign of God. The Persecution of Disciples in Q," *NovT* 44/4(2002), 313-332 참조.

19) 이러한 관점에 대한 좀더 상세한 설명으로는 박원빈, 『레비나스와 기독교』제4장 "케노시스와 고통"(109-152) 참조.

20) 이처럼 하나님의 지혜를 이 땅에 성육화된 실재로 견인하기 위해서는 결국 '회칠한 무덤' 으로 낙착되는 종교적 인간의 제의적 유형을 탈피하여 욕망에 붙잡힌 '겉사 람' 의 수준을 넘어 '속사람' 의 보양을 통해 온전한 인간을 지향하는 결단이 필요하 다. 이 주제와 연계된 신약성서의 인간론적 성찰을 위해 다음의 논문을 참조하라: 차정식, "'속사람' 의 신학적 인간학과 대안적 인성계발," 한국기독교학회 39차 정 기학술대회 발표 원고.

21) 이 두 가지 부활 전승과 그 신학적 요체에 대해서는 차정식, "부활의 믿음, 믿음의 부활 – 무서움이 견고한 믿음을 낳기까지," 『예수와 신학적 상상력』, 326-344 참조.

22) 부활의 장으로 알려진 고린도전서 15장에 대한 연구의 현황과 지형에 대해서는 서 용원, "부활 전승의 의의와 동향," 『생존의 복음』(서울: 한들출판사, 2000), 207- 233 참조.

23) 알랭 바디우가 조형한 이 개념에 따르면 '충실성' 이란 다메섹 도상에서 부활한 그 리스도를 만남으로써 도래한 진리-사건에 응답하는 바울의 선언 방식이다. 이를 기점으로 보편성과 개별성이 합류하여 새로운 주체성을 구성하고 이로써 진리-사 건을 선언하는 충실성의 이행 과정 자체가 바로 구원이라는 것이다. 이러한 견지에 서 바디우에게 충실성은 온갖 시련을 극복하는 신앙적 주체와 함께 추구되는 종교 적 희망 그 자체이다. 알랭 바디우/현성환 옮김, 『사도 바울 – '제국' 에 맞서는 보편 주의 윤리를 찾아서』(서울: 새물결, 2008); 김학철 · 고형상, "알랭 바디우 철학 의 신학적 수용 – 알랭 바디우의 『사도 바울』을 중심으로," 「한국기독교신학논총」 70(2010), 57-83, 특히 69 참조.

24) 신약성서의 평화 개념, 평화와 평안 개념의 상관관계에 대해서는 차정식, "예수의 평화, 그리스도의 평안," 『예수와 신학적 상상력』, 402-419 참조.

25) 이와 관련하여 엠마뉴엘 레이노/김희정 옮김, 『강요된 침묵 – 억압과 폭력의 남성 지배 문화』(서울: 책갈피, 2001) 참조.

26) 겟세마네의 예수 상(像)에는 '내적인 대화' 의 과정을 통해 자신의 의지와 갈등선 상에 있는 하나님의 뜻을 분명하게 도출하는 비극문학의 독백 양식이 가미되어 있

다. 이 점에 대해서는 Jung-Sik Cha, "Confronting Death: The Story of Gethsemane in Mark 14:32-42 and Its Historical Legacy," Ph.D. dissertation (The Divinity School, The University of Chicago, 1996) 참조; 겟세마네 이야기를 포함하는 수난사화와 그리스 비극문학 사이에 유사한 양식적 요소에 대해서는 A. J. Lunn, "Christ's Passion as Tragedy," *SJT* 43(1990), 308-320; Ernest W. Burch, "Tragic Action in the Second Gospel: A Study in the Narrative of Mark," *JR* 11(1931), 346-358; Louis A. Ruprecht, Jr., "Mark's Tragic Vision: Gethsemane," *Religion and Literature* 24/3(1992), 1-25; Steven H. Smith, "A Divine Tragedy: Some Observations on the Dramatic Structure of Mark's Gospel," *NovT* 37(1995), 209-231 참조.

27) 이 주제에 대해서는 이 책의 II부 1장에 수록된 "금기와 향유, 또는 신학적 주체의 전회" 참조.

06_ 폭력적 죽음의 내력과 대안적 희망

1) 이와 관련해서 매우 도발적인 기독교 비판서로 조찬선,『기독교 죄악사』상하권 (서울: 평단문화사, 2000)이 주목된다. 이 책에서 그는 강자의 관점에서 빚어진 역사의 기만이란 측면에서 기독교의 치부를 낱낱이 사건별로 고발하고 있다.

2) 실제로 종교와 폭력의 관계를 이런 관점에서 연구하여 항상 모방적인 인간의 욕망이 상호간의 경쟁관계를 매개로 폭력을 낳으며, 그 폭력이 인간 사회를 위기로 몰아넣는다고 보는 관점이 유력한 설명의 틀로 제출되어 있다. 이런 입장을 대표하는 학자가 바로 르네 지라르이다. 그는 나아가 그 폭력을 저지하는 방안까지도 제시하는데 그것이 바로 희생제의라는 뿌리에서 발전해온 종교이며 그 종교가 모든 인간 문화의 근본이라는 입장이라는 것이다. 이와 관련한 개괄적 설명은 박규태, "인간은 폭력 없이 살 수 있나 – 폭력과 종교," 박규태 외,『종교 읽기의 자유』, 304-311 참조.

3) 실제로 성서는 미크 발(Mieke Bal)의 지적대로 "죽이는 권세를 부여받은 가장 위험한 책"으로까지 일컬어진다. John J. Collins, "The Zeal of Phinehas: The Bible and the Legitimation of Violence," *JBL* 122/1(2003), 3에서 재인용.

4) 하나님이 왜 아벨의 제물은 받고 가인의 것은 거부했는지에 대해서 웬함은 서구학자들의 견해를 다음의 다섯 가지로 정리해놓았다: 1) 하나님이 농부보다 목자를 더 좋아해서(Gunkel); 2) 동물 제물이 농작물 제물보다 더 받을 만하여(Skinner, Jacob); 3) 하나님의 신적인 선택과 자유의지의 결과(von Rad, Vawter, Golka, Westermann); 4) 히브리서 11:4에 의거하여 하나님만이 간파한 두 형제의 상이한 동기에 기인함(Calvin, Dillman, Driver, König); 5) 아벨은 선택된 첫 동물을 드렸지만 가인은 평범한 땅의 소산 일부를 드렸기에, 즉 예물의 질적인 차이로 인해.

Gordon J. Wenham, *Genesis* 1-15, WBC (Waco, Texas: Word Books, 1987), 104 참조.

5) 이영재, "창세기 4장 2절의 '오베드 아다마'," 「신학과 사회」 24/1(2010), 7-36, 특히 28-29 참조.

6) 피와 생명은 오로지 하나님께만 속해 있기 때문에 그 피를 흘리고 생명을 말살하는 행위는 인간이 하나님의 소유권을 침해하는 셈이다. Gerhard von Rad/한국신학연구소, 『창세기』(서울: 한국신학연구소, 1981), 114 참조.

7) 이러한 측면을 간과하고 이 사건의 발단을 하나님의 반응으로 소급시킬 때 이 사건은 폰 라트의 표현대로 하나님 때문에 일어난 첫 살인이 되어버린다. 앞의 책, 113 참조.

8) 실제로 스키너는 후대의 관점에 기대어 이스라엘의 가나안 정착 당시 그들의 유목 종교의 동물 제물이 가나안의 바알에게 드려진 식물 제물보다 우월하다는 견해가 견지되었을 가능성이 있다고 본다. John Skinner, *Genesis* (Edinburgh: T. & T. Clark, 1976), 106 참조.

9) 물론 예외적인 경우도 있다. 인신의 희생 제물은 절박한 상태에 드려지거나(왕하 16:3), 야훼의 징벌로 명령되는 경우가 언급된다(겔 20:25-26, 31).

10) Robert G. Boling, *Judges*, AB (Garden City, NY: Doubleday, 1975), 210 참조.

11) 가령, 크레테 왕 이도메나에노아가 폭풍에 난파된 절박한 상황에서 되돌아가면 맨 처음 나오는 사람을 넵튠에게 바치겠다고 맹세한 경우(Aeneid 11.264)와 아가멤논이 자신의 딸 이피게니아를 제물로 바친 사례를 들 수 있다. J. 알베르토 소긴/한국신학연구소 학술부 역, 『판관기』(서울: 한국신학연구소, 1992), 308 참조.

12) 이 이야기에 대한 최근 연구로는 김재구, "입다의 딸, 누구를 위한 희생인가?," 「한국기독교신학논총」 64(2009), 29-51 참조.

13) 앞의 논문 참조.

14) Trent C. Butler, *Judges*, WBC (Nashville: Thomas Nelson, 2009), 288 참조.

15) 다윗이 굳이 우리아를 죽이게 된 까닭에 대하여 밧세바와 다윗의 명예를 외부적으로 보호하기 위한 것이었다는 지적이 나와 있다. 결국 폭력적 죽임은 대외적 명예의 볼모가 된 것이다. A. A. Anderson, *2 Samuel*, WBC (Dallas, Texas: Word Book, 1986), 156 참조.

16) 예컨대 후대의 랍비 문헌(Shabbat 56a)은 당시 전쟁에 나가는 사람들이 먼저 이혼장을 써두던 관행을 근거로 밧세바가 다윗과 동침하였을 때 그가 우리아와 결혼한 상태가 아니었다고 주장한다. 아울러, 집에서 자라는 다윗의 명령에 불복한 우리아는 왕의 권위를 침해했기에 반역의 죄가 있다고 볼 정도였다. P. Kyle McCarter, *II Samuel*, AB (Garden City, NY: Doubleday, 1984), 288 참조.

17) 실제로 뱃속에서 죽은 첫아이는 '비인간'이었고, 다시 태어난 솔로몬을 야훼는 기

뻐하는 것으로 묘사된다. 이런 식으로 화자는 다윗의 악행에 면죄부를 주었고 이어지는 밧세바-솔로몬의 행로를 신학적으로 합법화하고자 시도한다. 프리쯔 스톨쯔/박용옥 역, 『사무엘상·하』(서울: 한국신학연구소, 1991), 407 참조.

18) 이 개념의 사용 범주와 의미에 대해서는 강사문, "전쟁할 때와 평화할 때,"「한국기독교신학논총」26(2002), 27-79 참조. 그런데 이 두 개념은 구별되어 사용할 수 있다. 야훼의 전쟁이 성전(聖戰)에서 유래하기보다 야훼의 전쟁으로 얻은 승리를 기념하는 전승 과정에서 그것이 성전으로 재해석되었다는 것이다. G. H. Jones, "Holy War or YHWH War?" *VT* 25(1975), 642-658 참조. '성전'(holy war)이라는 개념이 구약학계에 본격적으로 연구의 주제로 부각된 것은 G. von Rad, *Der heilige Krieg im Alten Israel* (Zürich, 1951) 이후로 알려져 있다.

19) 전사로서의 하나님 이미지는 일찍이 출애굽기 15장, 사사기 5장, 하박국 5장 등에서 보듯 이스라엘의 군사적 승리를 기록한 고전적 시들에 나타났다가 왕조 시대와 그 이후에 지속적으로 계승된다. 구약성서 시대 이후에도 외경과 쿰란 문헌을 경유하여 묵시문학을 위주로 초기 그리스도교 문헌에도 유사한 형태로 등장한다. Theodore Hiebert, "Divine Warrior," *ABD* vol. 6, 876-880 참조.

20) 강사문, "전쟁할 때와 평화할 때," 42ff. 참조.

21) Normann K. Gottwald, *The Hebrew Bible: A Socio-Literary Introduction* (Philadelphia: Fortress Press, 1985), 261-276 참조.

22) 실제로 이스라엘의 타 민족 섬멸과 정복 전쟁은 고대의 원시 국가들이 대체로 그러했듯이 국가의 생존 기능으로 용인된 측면이 강했다고 볼 수 있다. P. C. Craigie, *The Problem of War in the Old Testament* (Grand Rapids, MI: Wm. B. Eerdmans, 1978), 66ff. 참조.

23) 이 이야기의 문학적 양식은 '신정재판'으로 분류되며 여기서 그 판결 기준으로 언급되는 '불'은 번갯불을 가리킨다. 번개는 민간 전승에서 신 현현의 매개로 불의 개념과 긴밀히 연계되어 나타난다. 존 그레이/한국신학연구소 옮김, 『열왕기상』(서울: 한국신학연구소, 1992), 568, 593 참조.

24) 물론 이 결과에 대한 보고는 '유형론적' 묘사라고 볼 수 있다. 그것으로 바알 종교가 그 땅에서 사라진 것이 아니기 때문이다. 오므리 왕조가 종말을 고하고 새 왕조가 들어설 때까지 바알 제의는 사마리아에서 뿌리 뽑히지 않은 상태였다(왕하 10:18-28). Mordechai Cogan, *1 Kings*, AB (New York: Doubleday, 2000), 447-448 참조.

25) 반면 그 유아 살해의 주체인 헤롯에 초점을 맞출 때 이는 고대 애굽의 바로가 히브리 어린아이들을 살해하라고 지시한 그 악한 왕의 비유적 패턴으로 이해할 수 있다. Raymond E. Brown, *The Birth of the Messiah: A Commentary on the Infancy Narratives in the Gospels of Matthew and Luke* (New York: Doubleday, 1993),

615 참조.

26) 이 이야기를 역사적 사실로 보는 학자들도 있지만 여러 증거를 취합해볼 때 이는
대체로 있을 법한 사건을 뒷받침하는 비유(verisimilitude) 정도로 인식된다. 유사
한 사례가 로마 황제 아우구스투스의 탄생 몇 개월 전 한 왕이 될 한 아기의 탄생을
예고하는 놀라운 징조가 나타나 원로원에서 어떤 아이의 양육도 금지한 명령을 내
렸다는 이야기에서 확인된다. 아울러, 하나님이 아기 예수만 구원하고 나머지 무죄
한 히브리 어린아이들은 방치한 사연을 따져 묻는 신정론도 이 이야기의 주요 초점
은 아니다. 저자의 관심사는 외려 이스라엘의 어린 자녀들을 죽이는 경우 진정한
왕이 될 수 없는 헤롯에 대한 예수의 승리에 초점이 맞추어져 있다. 앞의 책, 615-
616 참조.

27) 종교적 근본주의의 폭력 지향성과 그 폐해에 대해서는 차정식, "옹골찬 '근본'과
딱딱한 '주의'의 불화," 「기독교사상」 통권 620(2010/8), 66-77 참조. 이 글에서
필자는 근본주의의 폐해를 유치증에 근거한 비사유의 기질적 강박과 우민주의에
터한 선동정치를 집중적으로 비판하고 있다.

28) John J. Collins, "The Zeal of Phinehas: The Bible and the Legitimation of
Violence," *JBL* 122/1(2003), 21 참조.

29) 앞의 논문, 3-21 전체가 바로 이러한 논점을 일관되게 견지한다.

30) '정의로운 평화'의 개념은 1988년 WCC 총회에서 '정의로운 전쟁'의 대안적 개념
으로 동독의 교회 대표들이 제안한 것으로 알려져 있다. 손규태, "한국 개신교 평화
윤리 서설,"『폭력과 전쟁 그리고 평화』한국기독교윤리학논총 제4집 (서울: 한들
출판사, 2002), 9-28, 특히 25 참조.

31) 이 사건이 종교와 폭력의 관계를 근본적으로 다시 성찰하게 되는 계기가 된 것은
분명해 보인다. 관련 연구로 브루스 링컨/김윤성 옮김,『거룩한 테러 – 9·11 이후
종교와 폭력에 관한 성찰』(서울: 돌베개, 2005) 참조.

32) 기독교 신학과 역사에서 폭력에 대한 입장은 대체로 다음의 세 가지로 정리되어 있
다: 1) 대체로 폭력을 부정하면서 국가 등의 합법적 기구를 통해 행사되는 특정한
종류의 폭력을 '무력'(force)으로 구별하여 용인하는 타협적 입장; 2) 모든 종류의
폭력을 거부하는 전적인 비폭력주의의 입장; 3) 예수의 성전 정화나 가난한 자들의
생존을 지키기 위한 자구책으로서의 폭력 등을 용인하는 합법적인 저항의 폭력. 이
가운데 어떤 하나의 논리를 택하더라도 그 폭력의 현장은 인종, 성별, 계층, 성적
성향, 나이, 육체적 조건 등의 기준뿐 아니라 정치와 종교, 사회와 문화 등 다양한
삶의 공적 사적 영역에 따라 복잡한 구조를 드러내기 때문에 그 윤리적 판단의 준
거 역시 간단하지 않다. 강남순, "폭력개념의 다의성과 폭력적 현상의 일상성에 대
한 비판적 고찰," 앞의 책, 61-86, 특히 75-79.

결론 _ 하나님의 에누리 또는 신학이라는 스캔들

1) '재서술'과 '아이러니스트'는 리처드 로티의 용어이다. 그에 따르면 '재서술'(re-description)은 습관화된 마지막 어휘로 자신을 서술하는 상식의 반대 개념으로 아이러니스트의 주된 방법이다. 그렇다면 '아이러니스트'는 무엇인가. 그의 정의에 따르자면 아이러니스트는 다음 세 가지의 조건을 충족하는 사람이다: (1) 그는 다른 어휘들에 의해서, 즉 자신이 마주친 사람이나 책을 통해 마지막이라고 간주되는 어휘들에 의해 각인되어왔기 때문에, 자신이 현재 사용하는 마지막 어휘에 대해 근본적이고도 지속적인 의심을 갖는다. (2) 그는 자신의 현재 어휘로 구성된 논변은 이와 같은 의심을 떠맡을 수도 해소할 수도 없다는 점을 깨닫고 있다. (3) 자신의 상황에 대해 철학함에서, 그는 자신의 어휘가 다른 것들보다 실재에 더 가깝다고, 달리 말해서 그것이 자기 자신이 아닌 어떤 파워와 접촉하고 있다고 생각하지 않는다. 리처드 로티/김동식 · 이유선 옮김, 『우연성 아이러니 연대성』(서울: 민음사, 1996), 146 참조. 나는 여기서 이 '재서술'과 '아이러니스트'의 개념을 가령 예수가 하나님나라와 관련하여 여러 비유적인 언어와 상징적인 행동을 통해 그 실체와 희망을 변용해나간 측면과 자신의 죽음을 결정짓는 마지막 어휘를 유보적으로 조율하면서 끝까지 자신의 죽음과 화해를 지연시킨 점과 결부시켜 전유할 만하다고 생각한다.

참고문헌

강남순. "폭력개념의 다의성과 폭력적 현상의 일상성에 대한 비판적 고찰," 한국기독교
　　윤리학회. 『폭력과 전쟁 그리고 평화』 한국기독교윤리학논총 제4집. 서울: 한들
　　출판사, 2002, 61-86.
강사문. "전쟁할 때와 평화할 때,"「한국기독교신학논총」 26(2002), 27-79.
강영안. 『타인의 얼굴: 레비나스의 철학』. 서울: 문학과지성사, 2005, 115-116.
고진, 가라타니/이경훈 옮김. 『유머로서의 유물론』. 서울: 문화과학사, 2002.
곽차섭 엮음/강문형, 김동원, 최승원, 최재호 옮김. 『미시사란 무엇인가』. 서울: 푸른
　　역사, 2000.
권연경. "'율법의 행위'는 '율법 준수'를 의미하는가,"「신약논단」 14/3(2007), 679-
　　708.
권택영. 『감각의 제국 – 라캉으로 영화 읽기』. 서울: 민음사, 2001.
권혁범 · 임지현. 『우리 안의 파시즘』. 서울: 삼인, 2000.
그닐카, J./김경희 역. 『필립비서』. 서울: 한국신학연구소, 1988.
그레이, 존/한국신학연구소 옮김. 『열왕기상』. 서울: 한국신학연구소, 1992.
그르니에, 장/김용기 옮김. 『일상적인 삶』. 서울: 민음사, 2001.
그리바우디, 마우리치오 & 틸리, 찰스 지음/위르겐 슐룸봄 엮음/백승종, 장석훈, 장현
　　숙 옮김. 『미시사와 거시사』. 서울: 궁리, 2001.
그리핀, 데이빗/이세형 옮김. 『과정신정론 – 하나님, 힘, 그리고 악에 대한 물음』. 서
　　울: 이문출판사, 2007.
김모세. 『르네 지라르 – 욕망, 폭력, 구원의 인류학』. 서울: 살림, 2008.
김상근. "그리스도교 역사에 나타난 반(反)유대주의(Anti-Semitism)의 실체: 요한 크
　　리소스톰에서 마르틴 루터까지,"「한국기독교신학논총」 53(2007), 331-358.
김성민. "꿈의 의미와 꿈의 보상적 기능 – C. G. 융의 분석심리학적인 입장에서,"「한
　　국기독교신학논총」 70(2010), 361-380.
김승철. 『대지와 바람 – 동양 신학의 조형을 위한 해석학적 시도』. 서울: 다산글방,
　　1994.
김연수. 『굳빠이 이상』. 서울: 문학동네, 2001.
김열규. 『메멘토 모리, 죽음을 기억하라』. 서울: 궁리, 2001.
김영민. 『동무론: 인문 연대의 미래 형식』. 서울: 한겨레출판, 2008.
김윤성. "종교는 반드시 금욕적인가 – 종교와 성문화," 박규태 외. 『종교 읽기의 자유 –
　　상상력으로 읽는 종교 · 종교로 상상하는 문화』. 서울: 청년사, 1999, 256-273.

______. "선과 악은 둘인가 하나인가," 박규태 외.『종교 읽기의 자유 – 상상력으로 읽
　　　　는 종교 · 종교로 상상하는 문화』. 서울: 청년사, 2004, 277-293.

김윤식.『이상연구』. 서울: 문학사상사, 1987.

김윤식 엮음.『이상문학전집』5. 서울: 문학사상사, 2001.

김재구. "입다의 딸, 누구를 위한 희생인가?"「한국기독교신학논총」64(2009), 29-51.

김정현.『니체의 몸철학』. 서울: 문학과현실사, 2000.

김진호. "내 이름은 에스바알", 제3시대그리스도교연구소 웹진(http://minjungtheolo-
　　　　gy.net).

김학철 · 고형상. "알랭 바디우 철학의 신학적 수용 – 알랭 바디우의『사도 바울』을 중
　　　　심으로,"「한국기독교신학논총」70(2010), 57-83.

김현.『르네 지라르 혹은 폭력의 구조』. 서울: 나남, 1991.

______. "거대한 변기의 세계관 – 최승호의 시세계,"『젊은 시인들의 상상세계/말들의
　　　　풍경』김현문학전집 6. 서울: 문학과지성사, 1992, 213-224.

들뢰즈, 질 · 가타리, 펠릭스/김재인 옮김『천개의 고원』. 서울: 새물결, 2001.

디멘트, 윌리엄 C./김태 옮김.『수면의 약속』. 서울: 넥서스BOOKS, 2007.

라캉, 자크/권택영 엮음.『욕망 이론』. 서울: 문예출판사, 1994.

레비나스, 엠마누엘/강영안 옮김.『시간과 타자』. 서울: 문예출판사, 1996.

레비나스, 엠마뉘엘/서동욱 옮김.『존재에서 존재자로』. 서울: 민음사, 2003.

레싱, 고트홀트 에프라임/윤도중 옮김.『라오콘: 미술과 문학의 경계에 관하여』. 서울:
　　　　나남출판, 2008.

레이노, 엠마뉘엘/김희정 옮김.『강요된 침묵 – 억압과 폭력의 남성 지배 문화』. 서울:
　　　　책갈피, 2001.

레이코프, G. & 존슨, M./노양진 · 임지룡 옮김.『몸의 철학』. 서울: 박이정, 2002.

렐프, 에드워드/김덕현 · 김현주 · 심승희 옮김.『장소와 장소상실』. 서울: 논형, 2005.

로티, 리처드/김동식 · 이유선 옮김.『우연성 아이러니 연대성』. 서울: 민음사, 1996.

링컨, 브루스/김윤성 옮김.『거룩한 테러 – 9 · 11 이후 종교와 폭력에 관한 성찰』. 서
　　　　울: 돌베개, 2005.

메를로 퐁티, 모리스/류의근 옮김.『지각의 현상학』. 서울: 문학과지성사, 2002.

모스, 마르셀/이상률 옮김.『증여론』. 서울: 한길사, 2002.

바디우, 알랭/현성환 옮김.『사도 바울』. 서울: 새물결, 2008.

바타유, 조르주/조한경 옮김.『에로티즘』2판. 서울: 민음사, 2009.

바타이유, 조르주/조한경 옮김.『저주의 몫』. 서울: 문학동네, 2007.

박경미. "초대교회의 가부장주의화 과정과 가정 훈령 – 목회서신을 중심으로,"「신학사
　　　　상」102(1998), 221-254.

박규태. "인간은 폭력 없이 살 수 있나 – 폭력과 종교," 박규태 외.『종교 읽기의 자유』.

서울: 청년사, 1999, 304-311.

______. "욕망을 부정할 수 있을까 – 욕망과 종교." 박규태 외.『종교 읽기의 자유』. 서울: 청년사, 1999, 312-321.

박원빈.『레비나스와 기독교』. 서울: 북코리아, 2010.

박혁순. "신정론적 주제에 관한 노자철학과의 대화." 장로회신학대학교 석사학위논문, 2006.

박흥용. "예수와 견유학파의 상관성에 관한 비판적 고찰."「신약논단」14/2(2007), 301-345.

배재욱. "빌립보서 2:6-11의 '그리스도 찬송'에 대한 기독론적인 연구."「신약논단」14/1(2007), 99-133.

버틀러, 쥬디스/김윤상 옮김.『의미를 체현하는 육체』. 고양: 인간사랑, 2003.

샌포드, 존 A./정태기 옮김.『꿈 – 하나님의 잊혀진 언어』. 서울: 대한기독교서회, 1988.

서동수. "로마서의 해석학적 원리: 유대인과 이방인의 동등성."「신약논단」11/3(2004), 683-715.

서명수. "구약성경과 식생활."「성서마당」66(2004), 4-8.

서용원. "부활 전승의 의의와 동향."『생존의 복음』. 서울: 한들출판사, 2000, 207-233.

소긴, J. 알베르토/한국신학연구소 학술부 역.『판관기』. 서울: 한국신학연구소, 1992.

손규태. "한국 개신교 평화윤리 서설." 한국기독교윤리학회.『폭력과 전쟁 그리고 평화』한국기독교윤리학논총 제4집. 서울: 한들출판사, 2002, 9-28.

슐룸봄, 위르겐/백승종 · 장현숙 옮김.『미시사의 즐거움 – 17~19세기 유럽의 일상세계』. 서울: 돌베개, 2003.

쉴링, 크리스.『몸의 사회학』. 서울: 나남출판, 1999.

스톨쯔, 프리쯔/박용옥 역.『사무엘상 · 하』. 서울: 한국신학연구소, 1991.

아감벤, 조로조/박진우 옮김.『호모 사케르: 주권 권력과 벌거벗은 생명』. 서울: 새물결, 2008.

아리에스, P./유선자 옮김.『죽음 앞에 선 인간』 상하권. 서울: 동문선, 1997.

양용의.『예수와 안식일 그리고 주일 – 마태복음을 중심으로』. 서울: 이레서원, 2000.

앨런, 스튜어트 리/정미나 옮김.『악마의 정원에서 – 죄악과 매혹으로 가득 찬 금기음식의 역사』. 서울: 생각의나무, 2005.

엘리아스, 노베르트/김수정 옮김.『죽어가는 자의 고독』. 서울: 문학동네, 1999.

윤철원. "그레코-로마적 관점에서 본 목회서신의 결혼 문제."「신약논단」8/1(2001), 123-148.

융, 카를 구스타프/A. 아페 편집/조성기 옮김.『카를 융: 기억 꿈 사상』. 서울: 김영사, 2007.

이영재. "창세기 4장 2절의 '오베드 아다마',"「신학과 사회」 24/1(2010), 7-36.

이인성. "죽음 앞에서 낙타 다리 씹기 – 김현 선생의 마지막 병상,"『김현문학전집』 16: 자료집. 서울: 문학과지성사, 1993, 337-364.

이종록.『이 뼈들이 능히 살겠느냐』. 서울: 한국성서학연구소, 2000.

______. "관음을 넘어 응시로 –〈아가〉 4장 1~5절을 중심으로 살펴보는 몸 이야기," 『성서로 읽는 디지털 시대의 몸 이야기』. 서울: 책세상, 2004, 37-57.

장석만. "착한 사람이 왜 고통을 받아야 하나," 박규태 외.『종교 읽기의 자유 – 상상력으로 읽는 종교 · 종교로 상상하는 문화』. 서울: 청년사, 2004, 294-303.

정승우. "옛날 옛적 로마에서는: 로마의 크리스찬 공동체의 기원과 형성에 대해서," 「신약논단」 11/1(2004), 89-117.

______. "그리스도, 율법의 종결자인가 성취자인가? – 로마서 10:4의 '텔로스'(τέλος) 의 이중적 의미와 바울의 목회전략,"「신약논단」 14/2(2007), 491-522.

정한진.『왜 그 음식은 먹지 않을까 – 세계의 금기음식 이야기』. 서울: 살림, 2008.

정화열/김주환 · 박현모 · 이동수 · 이병택 옮김.『몸의 정치와 예술, 그리고 생태학』. 서울: 아카넷, 2005.

조광제.『몸의 세계, 세계의 몸』. 서울: 이학사, 2004.

조광호. "로마서에 나타난 바울의 율법 이해,"「신약논단」 11/3(2004), 717-747.

조병희.『질병과 의료의 사회사』. 서울: 집문당, 2006.

조찬선.『기독교 죄악사』상하권. 서울: 평단문화사, 2000.

좀바르트, 베르너/이상률 옮김.『사치와 자본주의』. 서울: 문예출판사, 1997.

______/이필우 옮김.『사랑과 사치와 자본주의』. 서울: 까치글방, 1997.

지라르, 르네/김치수 · 송의경 옮김.『낭만적 거짓과 소설적 진실』. 서울: 한길사, 2001.

______/김진석 · 박무호 옮김.『폭력과 성스러움』개정판. 서울: 민음사, 2001.

______/김진식 옮김.『나는 사탄이 번개처럼 떨어지는 것을 본다』. 서울: 문학과지성사, 2004.

______/______.『희생양』. 서울: 민음사, 2007.

______/______.『그를 통해 스캔들이 왔다』. 서울: 문학과지성사, 2007.

진중권.『춤추는 죽음』 1-2권. 서울: 세종서적, 2000.

짐멜, 게오르그/김덕영 · 윤미애 옮김.『짐멜의 모더니티 읽기』. 서울: 새물결, 2005.

차정식.『성서주석: 로마서』 1권. 서울: 대한기독교서회, 1999.

______.『묵시의 하늘과 지혜의 땅 – 예수신학 비평』. 서울: 대한기독교서회, 2001.

______. "바울 서신에 나타난 예수의 수난 전승,"「한국기독교신학논총」 21(2001), 27-59.

______. "죽음을 통과하는 방식으로서의 기도 – 겟세마네 기도의 세계,"『마음의 빛을

부르는 기도 – 신약성서의 기도와 신학』. 서울: 대한기독교서회, 2003, 191-219.

______. "생성기 기독교의 선교 지형에 비추어 본 지방화와 세계화의 문제,"「한국기독교신학논총」40(2005), 129-162.

______. "토라에서 그리스도의 법으로 – 바울의 율법 이해,"『바울신학 탐구』. 서울: 대한기독교서회, 2005.

______.『예수는 어떻게 죽었는가 – 예수의 수난전승 탐구』. 서울: 한들출판사, 2006.

______. "바울의 '코이노니아' 와 사회복지사상,"「신학사상」136(2007), 65-96.

______.『신약성서의 환생 모티프와 그 신학적 변용』. 서울: 한들출판사, 2007.

______. "'중심' 의 괴로움과 '틈' 의 구원,"「한국기독교신학논총」59(2008), 223-249.

______.『예수와 신학적 상상력』. 파주: 한국학술정보, 2008, 273-293.

______. "불멸에 이르는 불면 – 오규원과 남진우의 '불면' 시,"『한국 현대시와 신학의 풍경』. 서울: 이레서원, 2008, 153-172.

______. "음식과 식사의 신학적 지형학,"『하나님 나라의 향연 – 신약성서의 사회복지론』. 서울: 새물결플러스, 2009, 179-210.

______. "예수의 고난과 함께 걷는 순례의 길,"「기독교사상」통권 614(2010/2), 22-33.

______. "예수의 여행과 '교통 공간' ,"「한국기독교신학논총」70(2010), 31-56.

______. "옹골찬 '근본' 과 딱딱한 '주의' 의 불화,"「기독교사상」통권 620(2010/8), 66-77.

채수일. "신학에서 왜 몸이 문제인가?,"『에큐메니칼 선교신학』. 오산: 한신대학교출판부, 2002, 215-225.

최승호.『고슴도치의 마을』. 서울: 문학과지성사, 1985.

카트라이트, 마이클 비디스프레더릭 F./김훈 옮김.『질병의 역사』. 서울: 가람기획, 2004.

코오진, 가라타니/권기돈 옮김.『탐구』2. 서울: 새물결, 1998.

콕스, 하비/이상률 옮김.『세속도시』. 서울: 문예출판사, 2010.

터너, 브라이언/임인숙 역.『몸과 사회』. 서울: 몸과마음, 2002.

판넨베르그, W.『역사로서 나타난 계시』. 서울: 대한기독교서회, 1979.

푸코, 미셸/오생근 옮김.『감시와 처벌: 감옥의 역사』. 서울: 나남출판, 2003.

______/이규현 옮김.『성(性)의 역사 1: 앎의 의지』재판. 서울: 나남출판, 2004.

프로이트, 지그문트/김인순 옮김.『꿈의 해석』. 서울: 열린책들, 1997.

______/이윤기 옮김.『종교의 기원』프로이트전집 13권. 서울: 열린책들, 2003.

______/윤희기 옮김.『정신분석학의 근본 개념』프로이트 전집 11권. 서울: 열린책들, 2004.

피지올로구스/노성두 옮김. 『기독교 동물상징사전』. 서울: 지와사랑, 1999.
하르트비히, 샬로테 · 타이센, 게르트/노태성 역. "로마서의 제2수신인으로서의 고린도
　　　교회 – 바울의 자기 본문 사용과 가장 긴 바울 서신의 의사소통 상황," 「신약논
　　　단」 14/3(2007), 773-808.
헤이스, 빌/이지윤 옮김. 『불면증과의 동침』. 서울: 사이언스 북스, 2008.

Anderson, A. A. *2 Samuel*, WBC. Dallas, Texas: Word Book, 1986.
Andrews, Scott B. "Too Weak Not to Lead: The Form and Function of 2 Cor 11.23b-
　　　33," *NTS* 41(1995), 263-276.
Barrett, C. K. *A Commentary on the Second Epistle to the Corinthians*. Peabody,
　　　MA: Hendrickson Publishers, 1973.
Bassler, J. M. "Divine Impartiality in Paul's Letter to the Romans," *NovT* 26(1984),
　　　43-58.
Betz, Hans Dieter. *Der Apostel Paulus und die sokratische Tradition*. Tübingen: J. C.
　　　B. Mohr, 1972.
______. *Paul's Concept of Freedom in the Context of Hellenistic Discussions about
　　　Possibilities of Human Freedom*. Berkeley, CA: The Center for Hermeneutical
　　　Studies in Hellenistic and Modern Culture, 1977.
______. *Galatians*. Philadelphia: Fortress Press, 1979.
______. "Christianity as Religion: Paul's Attempt at Definition in Romans," *JR*
　　　71(1991), 315-344
______. "Jesus and the Cynics: Survey and Analysis of a Hypothesis," *JR* 74(1993),
　　　453-475.
______. "Second Epistle to the Corinthians," *ABD* vol. 1, 1148-1154.
______. *The Sermon on the Mount*. Minneapolis: Fotress Press, 1995.
Boling, Robert G. *Judges*, AB. Garden City, NY: Doubleday, 1975.
Bright, John. *A History of Israel*, 3rd edition. Philadelphia: The Westminster Press,
　　　1972.
Brown, Raymond R. E. *The Birth of the Messiah: A Commentary on the Infancy
　　　Narratives in the Gospels of Matthew and Luke*. New York: Doubleday, 1993.
______. *The Death of Messiah*, vol. 1 & 2. New York: Doubleday, 1994.
Burch, Ernest W. "Tragic Action in the Second Gospel: A Study in the Narrative of
　　　Mark," *JR* 11(1931), 346-358.
Butler, Trent C. *Judges*, WBC. Nashville: Thomas Nelson, 2009.
Cha, Jung-Sik. "The Story of Gethsemane in Mark 14:32-42 and Its Historical

Legacy," Ph.D. dissertation, The Divinity School, The University of Chicago, 1996.

______. "Jesus' Travel Route and Its Theological Implications as Reflected in the Tao Concept," *Scripture and Interpretation* 2/2(2008), 190-199.

Chadwick, Owen. *Western Asceticism*. Louisville, KY: Westminster John Knox Press, 1979.

Chang, Steve S. H. ""To Depart Is Far Better": Paul's Death Wish in Philippians 1:21-24," *Scripture and Interpretation* 3/2(2009), 191-201.

Cogan, Mordechai. *1 Kings*, AB. New York: Doubleday, 2000.

Cohn, R. L. *The Shape of Sacred Space*. Chico, CA: Scholars Press, 1981.

Collins, Adela Yarbro. *The Beginning of the Gospel: Probing of Mark in Context*. Philadelphia: Fortress, 1992.

______. "From Noble Death to Crucified Messiah," *NTS* 40(1994), 481-503

______. *Mark: A Commentary*, Hermeneia. Minneapolis: Fortress, 2007.

Collins, John J. "The Zeal of Phinehas: The Bible and the Legitimation of Violence," *JBL* 122/1(2003), 3-21.

Conrad, Audrey. "The Fate of Judas, Matthew 27:3-10," *Toronto Journal of Theology* 7(1991), 158-168.

Craigie, P. C. *The Problem of War in the Old Testament*. Grand Rapids, MI: Wm. B. Eerdmans, 1978.

Crossan, John Dominic. *The Historical Jesus: The Life of a Mediterranean Jewish Peasant*. SanFrancisco: HarperOne, 1993.

Croy, N. Clayton. ""To Die Is Gain" (Philippians 1:19-26): Does Paul Contemplate Suicide?" *JBL* 122/3(2003), 517-531.

Culpepper, R. A. "Co-Workers in Suffering. Philippians 2:19-30," *RevExp* 77(1980), 349-358.

Daube, D. "Death as Release in the Bible," *NovT* 5(1962), 82-104.

Dauer, Anton. *Die Passiongeschichte im Johannesevangelium*. Münster: Kösel-Verlag, 1972.

Dawes, Gregory W. "The Danger of Idolatry: First Corinthians 8:7-13," *CBQ* 58/1(1996), 82-98.

Deming, Will. "Mark 9:42-10:12; Matthew 5:27-32, and B. Nid. 13b: A First Century Discussion of Male Sexuality," *NTS* 36(1990), 130-141.

Donfried, Karl Paul. "A Short Note on Romans 16," Karl P. Donfried ed. *The Romans Debate*. Peabody, MA: Hendrickson Publishers, 1991, 44-52.

Dozeman, Thomas B. "The Wilderness and Salvation History in the Hagar Story,"
      JBL 117/1(1998), 23-43.

Downing, F. Gerald. *Christ and the Cynics: Jesus and Other Radical Preachers in
      First-Century Tradition*. Sheffield: JSOT Press, 1988.

______. *Cynics and Christian Origins*. Edinburgh: T. & T. Clark, 1992.

Droge, Arthur J. "MORI LUCRUM: Paul and Ancient Theories of Suicide," *NovT*
      30(1988), 263-286.

Droge, Arthur & Talbot, J. D. *A Noble Death*. San Francisco: Harper, 1992.

Dunn, James D. G. *Romans 1-8*, WBC 38A. Dallas, TX: Word Books, 1988.

______. *Jesus Remembered*. Grand Rapids, MI: Wm B. Eerdmans; Cambridge,
      U.K., 2003.

Everts, Janet Meyer. "Dreams in the New Testament and Greco-Roman Literature,"
      ABD vol. 2, 231-232.

Fitzgerald, John T. "Epistle to the Philippians," *ABD* vol. 5, 318-326.

Fitzmyer, Joseph A. *Romans*, AB vol. 33. New York: Doubleday, 1992.

Forbes, Christopher. "Comparison, Self-praise and Irony: Paul's Boating and the
      Conventions of Hellenistic Rhetoric," *NTS* 32(1986), 1-30.

Funk, R. W. "The Wilderness." *JBL* 78(1959), 205-214.

Furstenberg, Yair. "Defilement Penetrating the Body: A New Understanding of
      Contamination in Mark 7.15," *NTS* 54(2008), 176-200.

Gill, Christopher, "The Death of Socrates," *Classical Quarterly* 23(1973), 25-28.

Gillman, John. "Ephaphroditus," *ABD* vol. 2, 533-534.

Girard, Rene. *Things Hidden from the Foundation of the World*. Palo Alto, CA:
      Stanford University Press, 1987.

Gottwald, Norman K. *The Hebrew Bible: A Socio-Literary Introduction*. Philadelphia:
      Fortress Press, 1985.

Gunkel, Hermann. *The Legends of Genesis: The Biblical Saga and History*. Metairie,
      LA: Cornerstone Book Publishers, 2009.

Haenchen, Ernst. *The Acts of the Apostles: A Commentary*. Philadelphia: The
      Westminster Press, 1971.

Hiebert, Theodore. "Divine Warrior," *ABD* vol. 6, 876-880.

Holloway, Paul A. "Thanks for the Memories: On the Translation of Phil 1.3," *NTS*
      52/3(2006), 419-432.

Jenks, Alan W. "Eating and Drinking in the Old Testament," *ABD* vol. 2, 250-254.

Jervell, Jacob. "The Letter to Jerusalem," Karl P. Donfried ed. *The Romans Debate*.

Peabody, MA: Hendrickson Publishers, 1991, 53-64

Jervis, L. Ann. "Suffering for the Reign of God. The Persecution of Disciples in Q," *NovT* 44/4(2002), 313-332.

Jones, G. H. "Holy War or YHWH War?" *VT* 25(1975), 642-658.

Kelsey, Morton, T. *God, Dreams, and Revelation: A Christian Interpretation of Dreams*, revised and expanded edition. Minneapolis: Augsburg Books, 2006.

Koet, B. J. *Dreams and Scriptures in Luke-Acts: Collected Essays*. Leuven: Peeters Publishers, 2006.

Lampe, P. "The Roman Christians of Romans 16," Karl P. Donfried ed. *The Romans Debate*. Peabody, MA: Hendrickson Publishers, 1991.

Leal, R. B. *Wilderness in the Bible: Toward a Theology of Wilderness*, Studies in Biblical Literature 72. New York: Peter Lang, 2004.

Leary, T. J. "'A Thorn in the Flesh' -2 Corinthians 12:7," *JTS* 43(1992), 520-522.

Lessing, G. E. *Laocoön: An Essay on the Limits and Poetry*. Tr. by Edward Allen McCormick. Indianapolis & New York: The Bobbs-Merrill Company, Inc., 1962.

Levinas, Emmanuel. *Entre Nous: On Thinking-of-the-Other*. Tr. by Michael B. Smith & Barbara Harshav. New York: Columbia University Press, 1998.

Lindars, Barnabas. "The Passion in the Fourth Gospel," in *Essays on John* ed. by C. M. Tuckett. Leuven: University Press, 1992, 67-85.

Lindemann, Andreas. "Multicultural Life in New Testament Times,"「다문화와 평화」 3/2(2009), 15-50.

Lunn, A. J. "Christ's Passion as Tragedy," *SJT* 43(1990), 308-320.

Maier, Walter A. III. "Anath(Deity)," *ABD* vol. 1, 225-227.

Manns, Frédéric. "Le Symbolisme du Jardin dans le Récit de la Passion selon St Jean," *Liber Annuus* 37(1987), 53-80.

Marxen, W. *Introduction to the New Testament: An Approach to Its Problems*. Philadelphia: Fortress Press, 1968.

Mauser, Ulrich. *Christ in the Wildersness: The Wilderness Theme in the Second Gospel and Its Basis in the Biblical Tradition*, SBT 39. London: SCM Press, 1963.

McCarter, P. Kyle. *II Samuel*, AB. Garden City, NY: Doubleday, 1984.

Miller, David M. "Seeing the Glory, Hearing the Son: The Function of the Wilderness Theophany Narratives in Luke 9:28-36," *CBQ* 72/3(2010), 498-517.

Miller, J. Maxwell & Hayes, John H. *A History of Ancient Israel and Judah*.

Philadelphia: The Werstminster Press, 1986.

Mitchell, Margaret M. *Paul and the Rhetoric of Reconciliation: An Exegetical Investigation of the Language and Composition of 1 Corinthians.* Philadelphia: Coronet Books, 1991.

______. *Paul, the Corinthians and the Birth of Christian Hermeneutics.* Cambridge: Cambridge University Press, 2010.

Munro, Jill M. *Dreams and Dream Narratives in the Biblical World.* Sheffield: Sheffield Academic Press, 2000.

Najman, H. "Toward a Study of the Uses of the Concept of Wilderness in Ancient Judaism," *DSD* 13/1(2006), 99–113.

Neufeld, Dieter. "Jesus' Eating Transgressions and Social Impropriety in the Gospels of Mark: A Social Scientific Approach," *BTB* 30/1(2000), 15–26.

Neusner et al ed. *The Social World of Formative Christianity and Judaism: Essays in Tribute to Howard Clark Kee.* Philadelphia: Fortress Press, 1988, 178–206.

Nicholson, Godfrey C. *Death as Departure.* Chico, CA: Scholars Press, 1983.

Nortje, L. "Matthew's Motive for the Composition of the Story of Judas' Suicide in Matthew 27:3–10," *Neotestamentica* 28/1(1994), 41–51.

Palmer, D. W. "'To Die Is Gain' (Philippians I 21)," *NovT* 17(1975), 203–218.

Pannenberg, Wolfhart. *Anthropology in Theological Perspective.* Tr. by Matthew J. O'Connel. Philadelphia; The Westminster Press, 1985.

Park, Eung Chun. *The Mission Discourse in Matthew's Interpretation,* Wissenschaftliche Untersuchungen Zum Neuen Testament, 2, Reihe 81. Tübingen: J. C. B. Mohr, 1995.

Poythress, Vern S. "Is Romans 1:3–4 a Pauline Confession After All?" *ExpT* 87(1975–76), 180–183.

Räisänen, Heikki. "Paul, God, and Israel: Romans 9–11 in Recent Research," Jacob Neusner et al ed. *The Social World of Formative Christianity and Judaism: Essays in Tribute to Howard Clark Kee.* Philadelphia: Fortress Press, 1988, 178–206.

Robinson, B. P. "Gethsemane: the Synoptic and the Johannine Viewpoints," *CQR* 167(1966), 4–11.

Ruprecht, Louis A. Jr. "Mark's Tragic Vision: Gethsemane," *Religion and Literature* 24/3(1992), 1–25.

Sampley, J. Paul. *Pauline Partnership in Christ: Christian Community and Commitment in Light of Roman Law.* Philadelphia: Fortress Press, 1980.

Sanders, E. P. *Jesus and Judaism*. Philadelphia: Fortress Press, 1985.

Schramm, Gene. "Meal Custom: Jewish Dietary Laws," *ABD* vol. 4, 648-650.

Skinner, John. *Genesis*. Edinburgh: T. & T. Clark, 1976.

Smith, Dennis E. "Messianic Banquet," *ABD* vol. 4, 788-791.

Smith, Morton. *Jesus the Magician*. Lyndhurst, NJ: Barnes & Noble, 1993.

Smith, Steven H. "A Divine Tragedy: Some Observations on the Dramatic Structure of Mark's Gospel," *NovT* 37 (1995), 209-231.

Stählin. "σκάνδαλον, σκανδαλίζω," *TDNT* vol. VII, 339-358.

Strack, Hermann L. "Anti-Semitism," James Hastings ed. *Encyclopedia of Religion and Ethics*, vol. 1. Edinburgh: T. & T. Clark, 1981, 593-599.

Sumney, Jerry L. "Paul's 'Weakness': An Integral Part of His Conception of Apostleship," *JSNT* 52 (1993), 71-91.

Swain, Joseph Ward. *The Hellenic Origins of Christian Asceticism*. New York: General Books LLC, 2010.

Szarek, Gene. "A Critique of Kelber's 'The Hour of the Son of Man and the Temptation of the Disciples: Mark 14:32-42," SBL *Seminar Paper* 10, ed. by George MacRae (1976), 111-118.

Thiessen, Matthew. "Hebrews 12:5-13, the Wilderness Period, and Israel's Discipline," *NTS* 55/3 (2009), 366-379.

Thorsen, Donald A. D. "Gethsemane," *ABD* vol. 2, 997-998.

von Rad, G. *Der heilige Krieg im Alten Israel*. Zürich, 1951.

von Rad, Gerhard/한국신학연구소. 『창세기』. 서울: 한국신학연구소, 1981.

Wahlen, Clinton. "Peter's Vision and Conflicting Definition of Purity," *NTS* 31 (2005), 505-518.

Wall, L. "Finding Identity in the Wilderness," R. S. Sugirtharajah ed. *Wilderness: Essays in Honor of Francis Young*. London: T. & T. Clark, 2005, 66-77.

Wall, Robert W. "Conscience," ABD vol. 1, 1128-1130.

Watson, Francis. *Paul, Judaism and the Gentiles*. Cambridge: Cambridge University Press, 1986.

______. "The Two Roman Congregation: Romans 14:1-15:13," Karl P. Donfried ed. *The Romans Debate*. Peabody, MA: Hendrickson Publishers, 1991, 203-215.

Welborn, Lawrence L. "On Discord in Corinth: 1 Corithians 1-4 and Ancient Politics," *JBL* 106/1 (1987), 85-111.

Wenham, Gordon J. *Genesis 1-15*, WBC. Waco, Texas: Word Books, 1987.

Whelan, Caroline E. "Suicide in the Ancient World: A Re-examination of Matthew 27:3-10," *Laval theologique et philosophique* 49/3(1993), 505-522.

Wiefel, Wolfgang. "The Jewish Community in Ancient Rome and the Origins of Roman Christianity," Karl P. Donfried ed. *The Romans Debate*. Peabody, MA: Hendrickson Publishers, 1991, 85-101.

Wimbush, Vincent L. *Asceticism and the New Testament*. New York: Taylor & Francis, 2007.

Wright, N. T. "Paul, Arabia, and Elijah(Galatians 1:17)," *JBL* 115/491996), 683-692.